中国养老实务手册
当代养老产业研究院
中华慈善总会大众慈善促进委员会 组织编写

居家养老实务手册

JUJIA YANGLAO SHIWU SHOUCE

刘开海 主编

中国社会出版社
国家一级出版社·全国百佳图书出版单位

图书在版编目（CIP）数据

居家养老实务手册／刘开海主编．—北京：中国社会出版社，2018.4

（中国养老实务手册）

ISBN 978－7－5087－5953－1

Ⅰ．①居…　Ⅱ．①刘…　Ⅲ．①养老－社区服务－中国－手册　Ⅳ．①D669.6－62

中国版本图书馆 CIP 数据核字（2018）第 086357 号

丛 书 名：中国养老实务手册
书　　名：居家养老实务手册
主　　编：刘开海

出 版 人：浦善新
终 审 人：尤永弘
责任编辑：陆　强

出版发行：中国社会出版社　　**邮政编码：**100032
通联方式：北京市西城区二龙路甲 33 号
电　　话：编辑部：（010）58124868
邮购部：（010）58124848
销售部：（010）58124845
传　真：（010）58124856
网　　址：www.shcbs.com.cn
shcbs.mca.gov.cn
经　　销：各地新华书店

中国社会出版社天猫旗舰店

印刷装订：中国电影出版社印刷厂
开　　本：185mm×260mm　1/16
印　　张：20
字　　数：440 千字
版　　次：2018 年 7 月第 1 版
印　　次：2018 年 7 月第 1 次印刷
定　　价：110.00 元

中国社会出版社微信公众号

《中国养老实务手册》编委会

《居家养老实务手册》编委会

主　编： 刘开海

副主编： 王华民　秦永红　司纪雷　刘　露　孙晓霞

成　员（按姓氏笔画排序）：

丁建石　王华民　付　乐　司纪雷　司明舒
吕术琼　刘开海　刘日安　刘　露　李贝贝
张　平　张志勤　陈剑青　陈淑凤　秦永红
袁　治　顾晓霞　徐　林　高环成　萧　端
傅　力　詹　柯　谭小娅　谭　俊

序言一

自20世纪末我国进入“老龄化”社会以来，我国养老产业走过将近20年的探索之路，正在沿着有序、稳健、良性、快速发展的轨道前进！一个完美的、全面的小康社会正在建成，这将非常有利于为建设一个有中国特色的养老产业提供丰富的物质基础和良好的社会基础。

我国是一个发展中的大国，也是世界上老年人口最多的国家，我们正面临着“老龄化”社会带来的重大的机遇和挑战，这对于我国当前的调结构、促增长，全面建设小康社会和完成“两个一百年”的奋斗目标具有重要的战略意义和积极的促进作用。

积极应对人口老龄化是国家一项长期的战略任务，国家和社会正在采取有效措施，建立健全保障老年人权益的各项规章制度，逐步改善保障老年人生活健康安全，以及参与社会发展的条件，实行老有所养、老有所医、老有所为、老有所学、老有所乐的理想社会目标。

依法治国是我国的基本方针，《中华人民共和国宪法》《中华人民共和国老年人权益保障法》《中华人民共和国婚姻法》《中华人民共和国民法通则》等一系列基本的法律法规为我国的广大老年人幸福养老、安度晚年提供了重要的法律保障。5000年的灿烂文明，中华民族优秀的文化传统和我国人民大众长期以来爱老、敬老、养老的社会美德源远流长，经久不息。这是我国能够建设一个有中国特色的养老新型模式的文化传承基础和历史渊源所在。

国家以建立多层次的社会保障体系，逐步提高对老年人的保障水平，实现建立以居家为基础、社区为依托、机构为支撑的社会养老服务体系的总目标。我们正在进行伟大的养老事业的发展工作，我们的发展目标是到2020年全面建成以居家为基础、社区为依托、机构为支撑的，功能完善、规模适度、覆盖城乡的养老服务体系，养老服务产品更加丰富，市场机制不断完善，养老服务的业务持续增长；建设服务体系更加健全，产业规模显著扩大，发展环境更加优化，能够基本满足养老服务的多元化需求与保障老年人权益，共享改革发展成果，拉动消费、扩大就业、保障和改善民生、促进社会和谐、推动社会经济持续发展的中国养老产业新型模式。

民政部主管的当代养老产业研究院的研究人员，邀请和组织全国20多位著名的养老产业专家、教授、学者、企业家、养老机构高级管理人员、行政管理部门领导组成顾问委员会，并且邀请全国重点大学、高等职业院校、研究机构、著名养老机构的高级管理人员等20多人组成写作团队，用一年多的时间完成的这部《中国养老实务手册》比较全面地介绍了全国各地及先进国家的居家养老、社区养老、机构养老的模式和特点，是我国第一部比较系统的、完整的、具有参考和指导价值的实务丛书，为提高我国养老服务理论水平和服务质量提供了有益的咨询和帮助，感谢他们为我国养老事业所做的工作和努力。

我们正处在一个继往开来的时代，希望有更多的人讨论我国的养老产业；希望有更多的养老专业的好作品早日问世；希望我国的老年人不断提高生活质量和生命质量；愉快地养老。

是为序！

民政部原副部长
中华慈善总会原会长 范宝俊

2018 年元月于北京

序言二

当代养老产业研究院和中华慈善总会大众慈善促进委员会邀请我为《中国养老实务手册》作序，我虽已经进入退休者行列，但考虑到曾经在民政部和老龄办长期分管过老龄工作和慈善公益事业，发展老龄事业和产业又是我国当前和今后相当长一个时期经济社会发展的重要任务，所以还是针对这本手册谈谈我的个人看法。

《中国养老实务手册》是在党的十八届三中、四中、五中、六中全会精神指导下，为了迎接伟大的中华人民共和国成立68周年庆典和党的十九大胜利召开而编写的一部中国养老机构管理实用性和操作性很强的工具书。本书的出版发行，有助于实现到2020年全面建成以居家为基础、社区为依托、机构为补充，医养相结合的功能完善、规模适度、覆盖城乡的养老服务体系，从而推动养老服务产品更加丰富，市场机制不断完善，养老服务业持续健康发展；有助于帮助各类养老服务业机构和个人，为实现国家和社会采取措施、健全保障老年人权益的各项规章制度，逐步改善保障老年人生活、健康、安全，以及参与社会发展的条件，实现老有所养、老有所医、老有所为、老有所学、老有所乐的基本目标作出更大贡献。

本书以学习宣传、贯彻落实党和国家基本养老的法律、法规和政策为己任，以我国基本国情和各地区的基本经济、社会、文化状况为出发点，积极研究和探索应对我国人口老龄化挑战和机遇的基本方法和途径，为各种级别和各种类型的养老机构提供有效的政策咨询和实践指导。

《中国养老实务手册》共分为三册。第一册是居家养老，主要介绍了中华民族传统养老的悠久文化和历史传承，介绍了其他国家的一些先进养老理念、经验和方法；也综述概括了国内居家养老的基本模式和基本方法，同时总结提炼了一些典型的成功经验和做法，有利于研究机构人员、大专院校师生、各级民政管理部门、各级老龄办的干部阅读，对基层干部和各种类型养老机构工作人员都会起到很好的启迪与指导作用。第二册是社区养老，是针对社区养老机构规模小、数量大、问题多、情况具体而特殊的状态编写的，还专门对革命老区、偏远山区、边境地区和少数民族地区的社区养老管理分别列出并进行讨论，提出了操作性较强的咨询意见，对各级政府负责养老的干部和基层养老机构的工作人员都是很有帮助的。第三册为机构养老，主要讲述国有公办养老机构管理，其中包括国有公办、公办民营、民办公助等类型的养老机构的基本管理方法和要求；还为乡（镇）、村公办和社会举办的养老机构管理提供指导和咨询服务。

本书由民政部主管的当代养老产业研究院和中华慈善总会大众慈善促进委员会组

织，聘请了民政部和国家老龄办、北京大学、清华大学、中国人民大学、北京社会管理职业学院、天津职业大学、海南职业科技学院、国家开放大学老年学院、湖南广播电视大学、西南交通大学等对养老管理专业有专门研究和有创意的领导与专家学者担任顾问委员会成员。本书是由清华大学、中国科学院微电子研究所、中国人民大学、北京社会管理职业学院、四川大学、山东大学、福建农林大学、淄博职业学院、华光职业学院的20多位高级专家、学者共同执笔编写而成的，是目前我国养老领域中一部比较系统、全面涉及居家养老、社区养老、机构养老等多种养老方式的指导丛书，希望其出版发行能对全国各级、各地、各类养老机构和设施的建设起到参考、借鉴和指导作用。

一册在手，养老无忧！

全国老龄办原副主任
中国老龄事业发展基金会常务副理事长　阎青春

2018年1月6日

目 录

第一篇 居家养老概述

第二篇　我国城市的居家养老

第三篇　新型综合社区智能居家养老模式

第四篇　老少偏边地区居家养老实务

第一篇

居家养老概述

第一章　中国居家养老的历史

中华民族以古老文化和悠久的历史屹立在世界东方，中国是世界上唯一经过五千多年历史而保持高度统一的国家，在所有社会文化形态中，居家养老传统的保持是中华民族团结一致、兴旺发达的重要条件之一。

第一节　养儿防老简介

人类社会发展的历史告诉我们，人类社会在经过原始社会的部落阶段向以家庭为单位的社会进化过程中，家庭体制长期以父系维持，因此产生了“养儿防老”主流和正统的观念，使我国的居家养老社会形态始终占主导的地位，直到今天仍然非常重要。

一、孔子简介和分析

（一）孔子世代的简介

1. 孔子生平简介

孔子名丘，字仲尼，春秋时期鲁国人。据有关史料记载，孔子出生于鲁国陬邑昌平乡（今山东省曲阜市东南的南辛镇鲁源村），其出生时间有两种说法：《公羊传》和《穀梁传》中认为，孔子生于鲁襄公二十一年（前551），在《史记·孔子世家》中所记，孔子生于鲁襄公二十二年（前550），终年72岁。孔子是我国古代伟大的思想家和教育家，儒家学派创始人，世界最著名的文化名人之一。

孔子处于诸侯争霸、社会动荡的时期。但他仍然怀着救国救民的极大热情，率领众弟子奔走呼号，宣传其以“仁爱”为核心的政治观点，试图改变礼崩乐坏的社会，恢复周礼，建立一个天下大同的和谐社会。《论语·为政》曰：“吾十有五而志于学，三十而立，四十而不惑，五十而知天命，六十而耳顺，七十而从心所欲不逾矩。”孔子一生历经磨难，早在十五岁时就已经开始关注天下之事，试图通过仕途来改变民不聊生的社会。“三十而立”，三十岁的孔子，已经在当时的鲁国引起了社会的关注，但由于其政治观点并不能为当时的鲁国政要所接受，遂出走于鲁国。在暂居齐国之时，受到了齐景公的赏识和重用，并针对齐国政局的混乱，提出了“君君臣臣父父子子”的观点，阐释了“礼”在政治生活中的重要性。

2. 孔子——中华民族的圣人

《论语》是孔子的代表作。孔子首先是一个乐于学习、善于思考的学者。孔子的一生都对学问有着不懈的追求。《论语》开篇就是“学而时习之，不亦说乎”，孔子重德守礼，是一位深受大家尊敬的长者。孔子后学孟子就曾在《孟子·公孙丑·章句上》中以倾赞之笔写道：“以德服人者，中心悦而诚服也，如七十子之服孔子。”孔子守礼是源于其以恢复周礼作为恢复政治、民生安乐的基础观念。

孔子的一生都在实践着其“知其不可为而为之”的人生信仰，为后世留下了丰富的思想宝藏和文化遗产。

（二）孔子养老观的思想基础——“孝道观”

1. 孔子养老观的社会背景

春秋之际，社会动荡，“臣弑其君者有之，子弑其父者有之”（《孟子·滕文公上》），各国君主忙于扩张领土，传统的西周礼乐制度遭到破坏，“孝亲”观念逐渐淡漠，面对这样混乱的局面和人心，孔子提出以“孝”为核心的养老观，试图通过将周人对祖先崇拜的“孝道”观念发展成以“孝亲”为主的家庭伦理观念。而孔子对于“孝”的阐释主要通过两种方式得以传与后人，一是见于他晚年所整理的古籍，二是直接表现在记录孔子言论行为的儒家经典《论语》。

经过多方面考证，孔子对我国第一部诗歌总集《诗经》进行了整理，形成了流传至今的《诗经》版本。《诗经》中反映孝道的篇章不在少数，这和孔子对于“孝”的重视不无关系，《诗经·葛覃》“言告师氏，言告言归。薄污我私，薄浣我衣。害浣害否？归宁父母”，写到探望父母时内心的喜悦。最为代表性的当属《诗经·小雅·蓼莪》：“蓼蓼者莪，匪莪伊蒿。哀哀父母，生我劬劳。蓼蓼者莪，匪莪伊蔚。哀哀父母，生我劳瘁。瓶之罄矣，维罍之耻。鲜民之生，不如死之久矣。”

《易经》是我国上古时期具有哲学意义的著作。孔子被后世尊称为“大成至圣先师”，《孔子世家》记载：“孔子晚而喜易，序彖，象，说卦，文言。”《仲尼弟子列传》则进一步佐证曰：“孔子传易于瞿。”孔子作《易传》，这是一部理解《易经》的经典著作。孔子认为，做父亲的尽父道，做儿子的尽孝道，做兄长的像兄长，做弟弟的像弟弟，做丈夫的尽夫道，做妻子的尽妇道，因而家道兴盛。家道正则天下安定。这是在天人合一的前提下，把自然与社会、自然秩序和家庭秩序进行有序的结合，使整个社会成为和谐统一的整体。

孔子对于“孝”的主要阐释还体现在《论语》之中。据相关资料统计，《论语》中直接论及“孝”的共18处，涉及孝的观念近20处。但孔子论“孝”如对其他问题一样，常以对话形式流传下来，并没有做出系统的论述。

2. 孔子以孝亲观念为核心的养老观主要内容

（1）子女的责任——以孝养为基础的孝敬观念。

孔子总结的西周时期“赡养父母”的道德观念，提出在物质生活方面的侍奉父母是最低最基础的，还必须达到精神层面的“孝”——“孝敬”。《论语·为政》记载：“子曰：‘今之孝者，是谓能养。至于犬马，皆能有养。不敬，和以别乎？’”如果我们不能做到在精神上孝敬父母，那么我们赡养父母又和圈养犬马有何区别？所以，我们在赡养父母之时，不仅要让其衣食无忧，更重要的是在精神上敬爱和尊重父母，作为孝子更应该察言观色，努力去了解父母的心思，为父母化解疑难，这正是《论语·为政》中所谓"以色事亲"，让父母身心愉悦。而当我们和父母意见相左或者父母做错之时，我们也要采取委婉的言语、耐心地劝导和恭敬的态度和父母交谈，正如《论语·里仁》中提到以"孝亲"为核心的家庭伦理道德是孔子养老观的现实基础，也是其最为重要的一面。

（2）父母的胸怀——仁者寿。

子曰："知者乐水，仁者乐山；知者动，仁者静；知者乐，仁者寿。"（《论语·雍也》）何为"仁者"，在孔子看来"仁者，爱人"。老年人更应该保持道德高尚，严于律己，宽厚待人，方可积善延寿。正所谓"心底无私天地宽"，性格豁达开朗、内心安宁的老人，往往身体健康、精神矍铄。始终能将自己的身心维持在泰然自若的状态，"不以物喜，不以己悲"，这就是孔子养老观的关键。这就需要老年人用丰富的兴趣爱好充实自己的生活，用琴棋书画锻造身心，对待子女则要谅解他们生活中的辛劳；对于身边的亲朋好友，则要用积极乐观的心态与其交往，不倚老卖老，而是以长者的睿智得到家族的尊重。

（3）社会的担当——老者安之。

子曰："盍各言尔志？"子路曰："愿车马，衣轻裘，与朋友共，敝之而无憾。"颜渊曰："愿无伐善，无施劳。"子路曰："愿闻子之志。"子曰："老者安公之，朋友公信之，少者怀之。"孔子把"老者安之"放在立志的首位来教育他的众弟子，是因为在孔子看来，老年人想要达到一种平和安宁的心境，享受衣食无忧的晚年生活事关天下之大道。正如《礼记·运记》中记载的孔子关于老有所终的言论，"大道之行也，天下为公。选贤与能，讲信修睦，故人不独亲其亲，不独子其子，使老有所终，壮有所用，幼有所长，矜、寡、孤、独、废疾者皆有所养，男有分，女有归。货恶其弃于地也，不必藏于己；力恶其不出于身也，不必为己"。安定祥和的大同社会是"老者安之"的基本条件，也是孔子养老观的社会基础。

（三）孔子养老的学术分析

1. 世代的传输

孔子是伟大的思想家、教育家，儒家学派的创始人，承担着"知其不可为而为之"的社会重担，面对春秋之际"礼崩乐坏"的混乱局面，孔子在总结西周宗法制关系上提出了以"孝养"为核心、"仁者寿"为关键、"天下大同"社会为基础的养老观念，尽管孔子生前郁郁不得志，甚至被人讽刺为"丧家之犬"，但孔子以其丰富的思想影响后世弟子，据《史记·孔子世家》记载："孔子以诗、书、礼、乐教，弟子盖三千焉，身通六艺者七十有二人。"这些孔门弟子游走在诸侯各国，开门讲学，传播孔子学说。按照《韩非子·显学》记载："自孔子之死也，有子张之儒，有子思之儒，有颜氏之儒，有孟氏之儒，有漆雕氏之儒，有仲良氏之儒，有孙氏之儒，有乐正氏之儒。"儒家文化分八派，但万变不离其宗，其最终都促进了儒家文化发扬光大。这也使得儒家的基本养老观念得以最终形成。

2. 经济价值

人们通常认为孔子留给后世的是宝贵的精神财富。首先，先秦儒家建立的养老观，是维护家庭和谐与稳定以及维护集体利益和国家利益的重要文化基础。其次，先秦儒家孝道思想反映了人的本质力量，具有普遍性。最后，先秦儒家仁爱思想是净化心灵、提高道德修养的重要手段。

除了文化价值，我们还能从孔子思想理论体系中挖掘到适用于当今社会的经济价值。我国是人口老龄化的大国，解决人口老龄化事关国家的发展和社会的和谐。孔子养老观中还着重强调老年人提高自我修养，建立广泛兴趣爱好，参加丰富的人际交往活动的重要性。以老年活动中心、老年旅游、老年书籍等为代表的老年产业的发展不仅会降低子女赡养父母的精神负担，丰富老年人的晚年生活，更重要的是创造老年经济效益，在承担人口压力的同时，以自身创造的经济价值提高整个社会的效益。

二、孟子简介和分析

（一）孟子世代的简介

1. 孟子生平简介

孟子（约前372—前289），名轲，战国时期邹国（今山东省邹城市）人，后世将其与孔子并称为“孔孟”。孟子三岁丧父，母亲独自将他养育成人。孟母教子有方，留下了千古美谈的“孟母三迁”感人故事，成为后世家庭教育的典范。

孟子是我国古代伟大的思想家和教育家，战国时期儒家学派的代表人物。孟子生活的年代是诸侯争霸的高潮时期，一些诸侯大国纷纷加入统一天下的争夺中，而此时，以不同派别组成的思想界也达到了百家争鸣的高潮时期。孟子学说正是这个时期的产物。孟子深受孔子学说的影响，《史记·孟轲荀卿列传》记载：“受业子思之门人。”孟子对孔子极为推崇，他在《孟子·公孙丑上》中说道：“自生民以来，未有盛于孔子也。”“乃所愿，则学孔子也。”孟子也曾效仿孔子，奔走呼号，率领众弟子在各诸侯国宣扬自己的观点，期望统治者能接受其仁政、德治的政治主张。但他却遭受了和孔子如出一辙的命运，因为在春秋争霸之际，君主忙于宣王权、定天下，无暇接受以“仁”为核心的治国之略。最后，孟子只得退出政界，著书立说。

2. 孟子的主要著述

《孟子》一书是孟子言论汇编。和《论语》不同，《孟子》是由孟子及其弟子共同编纂而成，书中记录了孟子丰富的思想观点，他在孔子的“仁爱”思想基础上，进一步发展成为“仁政”学说，并提出众多影响深远的政治观点，如王霸、民本；文艺理论，如以意逆志、知言养气等。南宋时期，朱熹将《孔子》《孟子》《大学》《中庸》合称为“四书”，并把其作为教材，直至清末，“四书”仍是科举考试的重要内容。

（二）孟子的养老观

1. 养老的政治基础——“以民为本”的仁政思想

孟子是孔子养老观的继承人。孟子的养老观念是对孔子养老观的继承与发展，孔子认为建立一个天下大同的社会是“老者安之”的基本条件，孟子则在此基础上提出了以民为本的社会政治观。

中华文明精华之一是民本思想，产生于商周交替之时。《尚书》中写道：“德惟善政，政在养民。”“民惟邦本，本固邦宁。”《礼记》记载孔子曰：“古之为政，爱人为大。”爱人为大就是以民为大。在《论语·尧曰》中孔子也说过：“因民之所利，而利之。”在孔子看来，人民的利益就是国家的利益。到了孟子这里，使民本观念进一步具体化，并提出了“民为贵，社稷次之，君为轻”的君民关系思想。孟子认为，在正确处理国家、君、民三者关系上，应该把人民的利益放在第一位，这样君主的权力才能得到巩固，国家也能繁荣昌盛，孟子的养老观正是基于此种良性循环的社会背景之上的，社会所能提供的物质保障是我国传统养老的一个重要的现实基础。

2. 孟子“使民以时”思想的创造

孟子首先注意到了“使民以时”的重要性。“五亩之宅，树之以桑，五十者可以衣帛矣；鸡豚狗彘之畜，无失其时，七十者可以食肉矣；百亩之田，勿夺其时，数口之家，可以无饥矣；谨庠序之教，申之以孝悌之义，颁白者不负戴于道路矣。七十者衣帛食肉，黎民不饥不寒；然而不王者，未之有也。”（《孟子·梁惠王上》）这段话是说政府顺应农业生产的基本规律，不以征兵等为由去打扰百姓的日常劳作，这样子女才会有充裕的粮食赡养父母，使老者衣帛食肉，不饥不寒，安享天年，这是孟子养老观下所建立的大同社会。另外，孟子提出了“贤君必恭俭礼下，取于民有制”（《孟子·滕文公上》）的观点，统治阶级不能以繁重的赋税徭役压榨百姓的生活，因为“治于人者食人，治人者食于人”。

三、养老的家庭传统——以“性善论”为核心的孝亲观

（一）“性善论”创立者

孟子十分注重个体家庭中的孝亲，“性善论”是孟子学说的核心内容，也是其民本观念和仁政思想发展的基础，孔子曾提出人性问题“性相近也，习相远也”（《论语·阳货》），但他并未论及性善恶之分，孟子则是提出性善论的第一人。《孟子·告子上》：“人性之善也，犹水之就下也。人无有不善，水无有不下。”人性向善，就像水往低处流一样。人性没有不善良的，水也没有不向低处流的。孟子把人性向善看作规律性的存在，而恶的产生则是后天环境的影响改变了人之初的本性。子女对父母的侍奉是其善良本性的体现，“人之有是四端也，犹其有四体也”（《孟子·公孙丑·章句上》）。恻隐之心、羞恶之心、辞让之心、是非之心是人与生俱来的本能，而那些对待父母如弃履的不孝不亲之人，是因为后天的险恶环境改变了他们本性纯良的内心。

（二）“子女的品质和节操论”简介

孟子强调子女侍奉父母，同时，对子女的品质和节操提出了要求。《孟子·离娄上》：“事，孰为大？事亲为大；守，孰为大？守身为大。不失其身而能事其亲者，吾闻之矣；失其身而能事其亲者，吾未之闻也。孰不为事？事亲，事之本也；孰不为守？守身，守之本也。”孟子认为侍养亲老十分重要，但同时也注重对子女“守身”的要求，做子女的品行端正，让父母放心，才是真正的“事亲”。

（三）孔子——“几谏”倡导者

在面对父母的过错时，孔子提出了“几谏”的原则，即以顺从孝敬的态度对待父

母，不生怨恨之心。孟子十分注重家庭伦理和长幼有序的原则，本着“亲亲为大”出发，提出“父子不责善。责善则离，离则不详莫大矣”。在孟子看来，责善是朋友之道，君子之交应坦诚相见，而父子之间应该通过“易子而教”的方式解决。面对父母的过失，子女应该顺从孝敬，以行动感化父母。

四、养老的社会教育——“孝悌之道”的大众普及

（一）教育传播了“孝悌之道”

自孔子开办私学以来，打破了学在官府的教育体制，使更多的平民获得教育。孟子沿袭孔子的办学模式，提倡学在民间，以教育的方式传播人伦道德观点。在《孟子·梁惠王上》中，孟子提出“谨庠序之教，申之以孝悌之义”来解决“颁白者不负戴于道路矣”的状况。在孟子看来，通过教育使孝亲观念得以在社会中传颂，使每一个民众都怀有善良之心，“老吾老以及人之老，幼吾幼以及人之幼”，社会也会因此而改变。

（二）孟子养老的学术分析

1. 世代的传输

由于历史的局限性，资料记载有一些不完全的地方，所以对于古代孔子、孟子的思想研究也有较多的流派和各类观点，我们选择其中关于居家养老方面的内容进行介绍。

孟子提出性善论，并认为子女对父母的奉养正是人性使然，尽管作为集百家之长的荀子提出了与孟子人性学说相反的“性恶论”，但其主旨皆在强调人经过后天的“君师”和“法制”，也即我们现代社会的教育和法律，才能成为一个有道德修养的君子。

荀子是继孟子之后，先秦儒家思想的最后一位大师，他学宗孔子又广泛吸取各家思想理论，是先秦诸子百家的集大成者。孟子强调民贵君轻，把人民的利益放在首位，这是实现全民养老的思想基础。荀子则发展了孟子的民本观，提出“君者舟也，庶人者水也，水则载舟，水则覆舟”（《荀子·王制》）。百姓是统治者实现权力的基础，君舟民水的思想也是实现封建时期养老的社会条件。此后，民本思想在各个朝代都有系统的阐述和发展。

改革开放以来，中国共产党始终代表最广大人民的根本利益，以“全心全意为人民服务”为宗旨，坚持“一切为了群众、一切依靠群众”，“从群众中来、到群众中去”的群众路线，切实解决百姓所关心的民生问题。而居家养老已经成为我国民生问题的重中之重。

及至汉代董仲舒，在总结孔孟之道的基础上，进一步提出需要后天教化的“性未善说”以及人性划分的“性三品说”，但他并不否认孟子的“人有四端”，并认为“性有善端，动之爱父母”。其肯定了人性是敬爱父母的根本，也是养老的重要方面。“性善论”的当代价值也不容忽视，在提倡和谐社会的今天，人与人和平相处，邻里之间相互照顾，对于老年人的居家生活和精神方面具有重要的意义。

2. 经济分析

孟子的民本思想、教育观念、伦理道德学说、人性学说在当今社会具有重要的经

济价值。

首先，民生工程的提出正是践行了孟子的民本思想。民生工程是政府坚持以人为本贯彻落实科学发展观，切实保障公民基本权利，提高生活水平，重点关心困难群体，采取的一系列积极政策举措，使百姓住有所居，病有所医，学有所往。

其次，孟子强调社会救济，“老而无妻曰鳏，老而无夫曰寡，老而无子曰独，幼而无父曰孤，此四者，天下之穷民而无告者”，以现代语言理解，国家应该通过福利救助的方式优先照顾这些困难群体，通过引导企业、社会公益组织等慈善机构对空巢老人慰问和照顾，给予其生活上和精神上的帮助。

最后，孟子提出“善政不如善教之得民也”，教育对于明人伦、知善恶发挥着重要作用，也可以通过教育的方式来传播正确的居家养老知识，除了公益性的宣传，社会老年教育的发展对我国老龄化也具有重要意义。

五、“孝道”传统观念主导下的养老模式

（一）孝道的含义

1. 孝道的简介

孝道是中国传统文化原生性概念，孝道的产生和发展与“孝”的概念的演变有着密不可分的联系。《尚书》最早使用“孝”的概念，而“孝道”一词最早见于《史记·仲尼弟子列传》：“曾参：‘孔子以为能通孝道，故授之业，作《孝经》’。”东汉史学家班固在《汉书·艺文志》中提道：“《孝经》者，孔子为增资陈孝道也。”《孝经》作为儒家十三经之一，是儒家关于孝道的专论，其思想全面完备，把孝之地位与作用推至极致，成为儒家极其重要的经典，它是对孔子、曾子、孟子孝道思想的全面继承、发展和阐发，标志着儒家孝道理论创造的完成。在《先秦儒家孝道研究》一书中关于孝道的产生提到两个观点。第一，生殖崇拜与祖先崇拜是孝道产生的源头，具体而言，是指在生产力和科技水平低下的远古时期，“孝”的本质是生命繁衍，但是“种族的需要绵续并不是靠单纯的生理冲动及生理作用而满足的，而是一套传统的规则和一套相关的物质文化设备活动的结果”。因此，“孝”的产生正是由于我们祖先把繁殖的自然性上升为文化的社会性得以延续，这也是为什么会有“不孝有三，无后为大”的说法。第二，孝道观念萌发于人类养老实际生活的需要。随着生产力水平的提高，孝道观念由一个家庭扩展为父系氏族，父系氏族制度在我国封建社会生活和经济生活中占有重要地位，这种抱团式的集体生活使得人们能够抵御自然灾害，如洪水、干旱等，并且能够兴建大型公共设施以及抵御外敌入侵，“孝道”成为以血缘关系为基础的氏族家庭的精神纽带，它的产生正是适应了封建社会发展的需要。正是以上两点，使得以“善事父母”为基本内涵的孝道得以最终确立，成为我国宝贵的文化财富。

2. 孝道观念传输

孝道观念的世代传输对当今中国社会主义道德建设具有重要意义，随着时代的进步，为统治阶级服务的孝道观念已经丧失了其政治功利性，“孝治天下”的传统观念被尊老爱幼的社会主义家庭美德所取代，而其主张“和谐”的精神内核融入社会主义精

神文明建设之中，形成了新的“孝道”观念。其主要的改变有以下两个方面：一是父母与子女之间以平等的价值观取代儒家提倡的“几谏”原则和“父子不责善”的观念；二是丧葬仪式的淡化，传统孝道注重祖先崇拜和祭祀仪式，而新时期的孝道主张简化形式，追求精神上的追悼，革除了浓厚的封建主义色彩，摒弃了传统文化中落后的价值观。

新“孝道”观念体现了社会主义核心价值观的要求，为解决当代居家养老问题提供了思想指导，对社会主义和谐社会建设具有重要作用。

（二）孝道与居家养老

1. 历史条件决定下的孝道

中国的孝道文化历史悠久，黑格尔曾说过：“中国纯粹建筑在这以道德的结合上，国家的特征便是客观的家庭孝敬。”我国学者贺麟从儒家孝道出发，在《文化与人生·五伦观念的新检讨》中也曾道出：“五伦的观念是几千年来支配我们中国人道德生活的最有力量的传统观念之一。”尽管中国的孝道文化在不同的历史时期或是被颂扬或是被批判，但这都与当时的社会背景有着密切的关系，因而显示出独特的时代风貌。

远古时期具有浓厚神秘色彩的生殖崇拜和祖先崇拜是孝道观念产生的源头，夏商时期的宗法等级制度为孝道的继续发展提供了政治基础。经孔子及其后学的发展，孝道思想日益丰富，例如曾子、孟子学派和荀子都对孝道有十分精辟的见解。而《孝经》的产生，更是将先秦儒家孝道思想系统化、理论化。及至汉代，董仲舒提出“罢黜百家，独尊儒术”，以孔子为代表的儒家学派“孝悌观”得以确立，汉代主张“孝治天下”，并将传统孝文化推广至民间，成为家庭伦理准则，既维护了国家稳定也保证了家庭和睦。

魏晋南北朝时期，由于战乱频仍，传统的儒家文化遭到破坏，尽管“玄风”盛行，但并不影响文人士子对于孝文化的推崇。

隋唐时期，随着道教文化和佛教文化在中原的传播与发展，传统的儒家思想受到了冲击，但隋唐时期的应试考试仍以《论语》《孝经》等儒家经典读物为必修书目，孝悌观念深入人心。

宋代是孝文化发展的巅峰时期，宋代坚持“孝治天下”的原则，大力推广《孝经》，在《宋史·孝义传》中记载了大批孝道楷模供世人学习。朱熹等宋代大儒更是将儒家传统文化发扬光大，但由于元代奉行民族歧视政策，传统的儒家文化受到重创，孝道思想在缓慢中发展。

明清时期是孝文化发展的又一个高潮时期。明太祖朱元璋以身示范，大力推崇孝道思想，给予《孝经》高度评价：“孔子明帝王治天下之大经大法，以垂万世。”对于孝文化的发扬实则以忠孝节义来巩固政治稳定，但对于孝女典范的树立则被披上了理性禁欲的色彩，其中一些关于“愚孝”的规定受到了后世的批驳。但值得注意的是，明清时期的养老政策体现了对传统孝文化的延续，如“存问高年贫民令”等，当今我国的居家养老保障体系的建设与明清时期的律令一脉相承。

到了近代，尤其是五四时期，以陈独秀创办的《新青年》杂志为阵地，开启了对儒家文化的全面批判，传统的孝道思想成了批判的重点。在《复辟与尊孔》中，陈独秀批判传统的忠孝合一思想，胡适在《每周评论》上发表《我的儿子》一文，宣扬西方的父子平等精神，摒弃传统儒家“君君臣臣父父子子”观念，作为时代先锋的鲁迅在他的短篇小说《狂人日记》中，以犀利的手笔批判了传统孝道的虚伪性、残酷性对于现代人身心的伤害。

在特定的历史条件下，人们对封建文化传统的批判——特别是对于我国以居家养老为主体的社会结构——孝道文化的批判，还有许多有待商榷的地方，这是我们在研究现代居家养老的时候，必须充分认识到的重要问题之一。

中华人民共和国成立后，我们秉持批判性继承原则对传统的孝道文化开展了科学的研究和考察，20 世纪 80 年代，随着改革开放的浪潮，儒家文化在“走出去”的背景下，传统的孝道文化日益受到学界、政府和广大群众的重视，研究的广度和深度不断拓展，研究方法更加多元化，这使得新时期的孝道文化得到了前所未有的大发展。

在纪念孔子诞辰 2565 周年国际学术研讨会上的讲话中，习近平总书记指出：“优秀传统文化是一个国家、一个民族传承和发展的根本，如果丢掉了，就割断了精神命脉。我们要善于把弘扬优秀传统文化和发展现实文化有机统一起来，紧密结合起来，在继承中发展，在发展中继承。”

2. 孝道模式分析

（1）孝道与国家——“孝治天下”政治观；

（2）孝道与家庭——长幼有序，子孙满堂；

（3）孝道与女性——“贞节观”的两面性。

六、个体的养老模式

（一）小农经济决定了我国古代个体家庭的养老模式

小农经济是中国古代社会主要的经济模式，它是自然经济的一种，也可以说是自耕农经济，其特点主要表现为以家庭为单位，农业和家庭手工业结合，其生产的主要目的是满足自家生活需要和纳税。

西汉时，晁错曾就我国的小农经济这样说道：“今农夫五口之家，其服役者不下二人，其能耕者不过百亩。”在这样人口众多而农地不足的经济模式下，每个家庭都有自己的生产资料、生产工具和劳动力，生产积极性较高，但劳动密集，日出而作、日落而息成为生活的规律，为了获得丰收、家庭的稳固和家庭成员众多成为必要条件，男耕女织的组织方式使得孝道文化在个体家庭的传播显得十分必要，家庭本位、亲情至上、男女有别、养儿防老等传统孝道思想在小农经济模式下生根发芽，成为几千年来中原本土家庭最基本的思想特征。

（二）大家族居家养老模式

个体家庭的力量毕竟是有限的，农耕社会的农民对土地的生产条件极为依赖，任何一次自然灾害都有可能使一个家庭毁灭。为了抵御天灾人祸，个体家庭也需要依赖以血缘为纽带、以地缘为基础的宗族庇护。一个宗族共同体的全体成员共同居住，共同劳作，共同生活，每个个体小家庭只是相对独立的生产单位和生活单位。在宗族内部有祭祀共同祖先的宗庙。个体家庭有着浓厚的宗族认同心理和宗族依赖性。

从先秦时代的父系家长制家族到明清时期的封建式大家族，宗法制度一脉相承，影响深远，尽管宗法社会在秦统一中国之前已经开始解体，并被个体家庭取代，但封建大家族中仍保留着传统宗法思想，“长者至尊”的养老观念延续了几千年，尽管在五四时期家族长者唯我独尊的形象遭到了批判，如我国著名文学家巴金在他的“激流三部曲”最精彩的一部小说《家》中便塑造了一个封建家族大家长的权威形象，但这只是对腐朽的封建文化的一次洗礼。

我们清楚地看到，时至今日，包括港澳台和海外华人聚居区的所有华人都表现出对大家族家长的尊重和礼仪制度以及祭祀仪式的延续。这就是中华民族居家养老传统文化的魅力所在。

第二节　1949—1979 年的居家养老

这一时期，由于中华人民共和国成立的时间还很短，又遭到外国势力的包围和各种类型制裁，国内经济建设也受到了一定的困难和挫折，这 30 年期间的居家养老，还处于以传统为主要形式的阶段。

一、中华人民共和国成立前后的过渡阶段

（一）过渡阶段的居家养老

1. 老解放区的居家养老

在中华人民共和国的建设过程中，人民的武装在不同的时期，出现过许多层次的老解放区，最早的就是瑞金革命政权的建立，由于当时处于战争状况，养老的问题还没有提到重要的议事日程，从当时的资料来看，敬老、养老问题都已经在有关管理规定之中。

在延安革命根据地，尊敬老人的理念和行为已经有了相当的地位；在东北老解放区，革命政权已经把敬老爱老养老列入管理程序。

2. 1949—1952 年的居家养老

由于帝国主义、封建主义、官僚资本主义的统治和长期的战争，中国社会经济十分落后而且破坏严重。1949 年中华人民共和国成立，我国进入国民经济恢复时期，在社会主义改造和工业化建设的时代浪潮中，居家养老体系也开启了新时期探索的征程。

首先，传统养老观念的变革，由“家庭本位”思想过渡到“集体帮扶”新观念。这一时期，战争的结束并没有消退民众的革命热情，广大群众积极响应共产党人的号召，在配合国家生产的同时，在养老方面也努力给国家减轻负担，在政府的强制社保实行之前，老百姓一直采取的是“积谷防饥”的养老方式。

其次，养老机构的整顿和规划。中华人民共和国成立初期，新生政权在积极发展

生产、强化社会调控能力的同时，还需要维护社会秩序稳定。为收容安置受灾群众、贫民、散兵游勇、失业人员和无依无靠的孤老残幼等人员，新政府在原有社会救济机构的基础上设立了生产教养院，对他们进行救济、教育和劳动改造。在社会主义改造期间，收养机构并未对救助对象进行细分，比如尚未成立专门的养老机构。同时，这些机构除了承担救济的职能外，还有教育功能和劳动改造功能。截至1953年年底，全国大约有920个生产教养院，收容孤老残幼人员10万人左右。

最后，养老制度的初步探索。1949年中华人民共和国成立前夕，政治协商会议召开并出台《共同纲领》，“逐步实行劳动保险制度”被写入其中。中华人民共和国成立后，便由时任中央劳动部部长李立三牵头，展开了《劳动保险条例》的起草，1951年初由政务院颁布，这也是2010年《中华人民共和国社会保险法》出台之前的六十年里，中国唯一的社会保障法规。根据《条例》，养老金是被纳入劳动保险基金体系内通盘考虑——企业根据工资总额的3%按月提取劳动保险基金，其中70%留存企业基层工会，用于支付职工养老、医疗等各种保障性开支，30%上缴中华全国总工会统筹。退休职工则是根据工龄，从劳动保险基金中获得原工资的35%～60%（1953年提高到50%～70%）的养老金。

（二）居家养老的过渡

1. 收养孤儿和残疾儿童

收养制度源远流长，不同时代、不同国家收养的相关法律也不尽相同。早在汉代，最高统治者皇帝颁发的诏书中，屡见强调社会福利的文字。而丧失家庭抚养的孤儿成为社会福利救赎的主要受益者之一，孤儿因为丧失原生家庭的成长环境，往往身心承受着巨大的痛苦，因此，早在中华人民共和国成立初期，随着新民主主义到社会主义的过渡，我们迎来了全面建设社会主义的新时期，我国的收养制度也随之起步。

收养制度秉持保护子女合法权益的原则，《最高人民法院关于收养关系诸问题的几点意见》就曾指出，收养不得违背社会公德，养父母对养子女有虐待、遗弃等事实的，可解除收养关系。

1965年4月2日《最高人民法院司法行政厅关于收养子女公正问题函》指出，收养子女可办公证。而通过法定程序收养他人子女的行为，在一定程度上可以看作造福残疾儿童的社会福利工程，这也是养育残疾儿童的最佳方式。一个温暖的港湾为身有残疾、心里承受压力的孩童提供了一个健康快乐的成长环境。收养制度的逐步建立，不仅有利于更多的孤残儿童和弃婴得到家庭的温暖，享受家庭生活权，而且有利于那些愿意为儿童福利事业作出贡献、奉献爱心、希望家庭增添新成员的人们实现其愿望。

2. 乞丐和流浪者的收养院

中华人民共和国成立初期，乞丐是一个特殊的群体，他们是帝国主义侵略和封建旧制度双重压迫下的产物，乞丐的存在严重影响经济的发展和社会的稳定，因此，对于乞丐的救助和治理迫在眉睫。

1949年4月，北京市政府组织了对城市乞丐的详细调查，并形成了基本的收容救助乞丐的处理意见。在《处理乞丐暂行办法〈草案〉》中，其中一条就是把现有的救济院和收养所加以整合扩大，成立乞丐收养院，并且作为一个常设的社会福利机关。继1949年5月8日，天津市为加强对于该市乞丐的收容和管理，决定专门设立“天津市收容处理乞丐委员会”后，北京市也成立了专门的乞丐收容和管理机构，在北京市设立多处收容所，供收容乞丐和乞丐暂居之用。全国各地纷纷效仿北京乞丐收容救助办法，建立完善的救助机制，秉持“劳动、改造、教育和团结”的方针，成立以救助乞丐和流浪汉为主要目的的收养院。

二、退休制度的建立

（一）中华人民共和国最初的退休制度

1. 1951年2月26日政务院通知颁布

退休制度是指国家公务人员工作达到一定年限，按规定退出公职，享受一定待遇以终养余年的制度，包括退休原则、条件、待遇、审批手续、安置管理等规定。1951年2月26日，中央人民政府政务院根据《共同纲领》关于逐步实行劳动保险制度的规定，颁布了《中华人民共和国劳动保险条例》（简称《劳保条例》）。这标志着中华人民共和国职工养老制度的建立，职工的退休养老保障是其中十分重要的内容，有关职工养老待遇的实施范围则包括铁路、邮电、航运及有职工100人以上的工厂、矿场等。该条例规定男职工的退休年龄为60周岁，女职工的退休年龄为50周岁。

2. 民族资本改造时期的退休制度

1958年颁布的《国务院关于工人、职工退休处理的暂行规定》是对机关事业单位工作人员和企业职工实行的统一的退休办法，标志着我国的退休制度从分立走向统一。该规定将企业和机关职员的退休年龄统一规定为男职工55周岁，女职工为50周岁。在退休制度的调整时期，我国还确立了军官的退休制度，并补充了集体制单位的退休制度，更多的群体被纳入退休制度的体系中。

在当时条件下，退休年龄之所以规定较低，主要是中国人民在近代以来，长期受到外国侵略者和国内统治阶级的压迫和剥削，生活条件较差，平均寿命大约为35岁。

（二）居家养老的法规建设

1. 婚姻法是我国第一个涉及养老的法律

1950年5月1日公布施行的《中华人民共和国婚姻法》是中华人民共和国成立以来颁布的第一部法律。内容以调整婚姻关系为主，同时涉及家庭关系方面的各种重要问题，其中涉及了养老方面的具体内容。后来《中华人民共和国婚姻法》（以下简称《婚姻法》）又经过两次修改，但是在第一部分提出的、关于养老的内容基本上还保持下来，主要内容如下：

（1）《婚姻法》“总则”第2条中明确提出保护老人的合法权利。

（2）“总则”第4条明确提出，家庭成员间应当敬老爱幼，互相帮助，维护平等、和睦、文明的婚姻家庭关系。

（3）《婚姻法》第三章第21条明确提出，父母对子女有抚养教育的义务，子女对父母有赡养扶助的义务。父母不履行抚养义务时，未成年的或不能独立生活的子女，有要求父母付给抚养费的权利。子女不履行赡养义务时，无劳动能力的或生活困难的父母，有要求子女付给赡养费的权利。

（4）《婚姻法》第三章第28条明确提出，有负担能力的祖父母、外祖父母，对于其父母已经死亡或其父母无力抚养的未成年的孙子女、外孙子女，有抚养的义务。有负担能力的孙子女、外孙子女，对于其子女已经死亡或其子女无力赡养的祖父母、外祖父母，有赡养的义务。

（5）《婚姻法》第三章第29条明确提出，有负担能力的兄、姐，对于父母已经死亡或父母无力抚养的未成年的弟、妹，有扶养的义务。由兄、姐扶养长大的有负担能力的弟、妹，对于缺乏劳动能力又缺乏生活来源的兄、姐，有扶养的义务。

（6）《婚姻法》第三章第30条：子女应当尊重父母的婚姻权利，不得干涉父母再婚以及婚后的生活。子女对父母的赡养义务，不因父母的婚姻关系变化而终止。《婚姻法》的制定，涉及赡养老人的法定义务，这为中华人民共和国养老体制的建设提供了宝贵的经验。

2. 其他法律制度关于养老的规定和解析

除上述几部法律之外，我国的根本大法《中华人民共和国宪法》第45条第1款规定："中华人民共和国公民在年老、疾病或者丧失劳动能力的情况下，有从国家和社会获得物质帮助的权利。"第49条第3款规定："父母有抚养教育未成年子女的义务，成年子女有赡养扶助父母的义务。"该条第4款规定："禁止破坏婚姻自由，禁止虐待老人、妇女和儿童。"

3. 特殊时期养老退休制度的中断

在"文化大革命"的十年中，我国的社会保障制度受到了严重的冲击，退休制度也遭到了前所未有的破坏，社会保险事务处于无人管理的状态，混乱的制度执行环境完全摧毁了退休制度。根据1978年的统计，企业应退未退的职工有200多万人，国家机关和事业单位应退未退的工作人员有60多万人。

三、革命解放军人的安置

（一）残疾军人的安置

1. 革命残疾军人的安置

1950—1958年中华人民共和国成立后的第一次大规模安置工作的具体政策中就包含对于衰弱、患病、残疾等军人的安置办法。对于年老体弱、长期患病、丧失劳动能力且又无人赡养的军人，应当由民政部门送至革命残疾军人教养院或贫民生产教养院加以收容教养。对带病还乡和伤口复发的，应当切实负责医治。对患有精神病需要治疗的复员建设军人，应当由当地卫生部门负责收容治疗，生活供应由民政部门负责。尽管1979年6月25日出台了《关于做好部队退伍义务兵伤病残战士安置工作的通知》（国发〔1979〕161号），但由于我国正处于国民经济恢复时期，安置伤、病、残士兵渠道不畅，安置工作难度大。

2. 新"兵役法"中伤病残士兵的安置

1984年的新"兵役法"和1987年的《退伍义务兵安置条例》使伤、病、残士兵的安置向法制化、制度化的方向迈出了一大步，极大地推动了伤病残士兵安置工作的进行。不过，随后出现的新问题又向原有的安置政策提出挑战。这些问题主要有：特等、一等伤残军人建房经费不落实，退伍的精神病病员接收和入院治疗问题突出，退伍的慢性病病员医疗和生活困难较大，二等和三等伤残军人安排工作困难，等等。这些问题的存在，使数千名伤病残士兵长期滞留部队，不仅影响了部队建设，而且在社会上造成了不良影响。针对这种情况，国务院、中央军委及时发出了《关于进一步做好伤病残义务兵退伍和安置工作意见的通知》（国发〔1992〕4 号），提出了具体而明确的要求，对在新形势下继续做好伤病残退伍义务兵安置工作起到了积极的推动作用。

（二）革命军人的安置

1. 安置工作的三个阶段

中华人民共和国成立以来，我国的退伍军人安置工作大致经历了三个阶段，即1950—1958 年的复员军人安置阶段、1958—1980 年以退伍义务兵为主的安置阶段和 1980年以后复员退伍军人安置的规范化阶段。中国人民革命战争取得胜利之后，毛泽东主席在中国共产党七届三中全会上指出："人民解放军应在 1950 年复员一部分，保存主力。必须谨慎地进行此项工作。"根据这一指示，1950 年 6 月、1954 年 10 月、1955 年 5 月人民革命军事委员会、政务院、国务院先后发布了《关于人民解放军 1950 年的复员工作的决定》《复员退役军人安置暂行办法》和《国务院关于安置复员建设军人工作的决议》。

这些决定、决议中，明确了复员工作的总原则是服从国家经济建设和国防建设的需要，并使二者结合起来；在军队要做到"走者满意，留者安心"；在地方要做到"妥善安置，各得其所"。不论军队还是地方，"只许做好，不许做坏"。复员军人安置的具体政策包括：一是安置复员军人是中央各部门和各级地方政府机关、人民团体以及各种企业、事业单位不容推卸的责任，各单位在调用干部、调配劳力和招收工人、学徒、职员、技术人员时，都应当把复员建设军人作为第一位录用的对象；二是原农村参军的复员军人如无专门技术的，仍然应当全部回到农村参加农业生产。

2. 实行义务兵役制时的安置工作

1955 年实行义务兵役制时的义务兵，从 1958 年起开始退伍。国务院在总结复员安置工作经验的基础上，根据当时的情况，于 1958 年制定的《关于处理义务兵退伍的暂行规定》，使征兵和退伍安置工作开始走上了制度化的道路。1966—1976 年的"文化大革命"期间，退伍安置工作受到干扰。主管退伍安置工作的内务部被撤销，各级安置部门受到了削弱，安置工作处于停顿状态。

四、城市福利院和农村敬老院

（一）城市福利院的建设

1. 民政福利事业的开始

民政福利事业是民政工作和社会福利事业长期发展的必然产物，它是政府在社会事业发展过程中维护人民群众切身利益的一种行为，是社会成员因有自然灾害、意外事故和个人生理、心理等原因而导致陷入生存困难不能维持最低限度生活水平时，由国家或社会有关部门依法给予一定的物质或资金的救助和扶助，以使其基本生活得到保证的一种社会保障措施。

中华人民共和国成立初期是中国民政事业的初创时期。这一时期的民政事业经历了整顿、改造和初步建设的发展历程。一方面，接收和改造了国民政府时期的“救济院”“慈善堂”和封建地域下的“教养院”以及其他国家来华创办的宗教救助机构；另一方面，大力宣传救济福利事业。除此之外，鼓励贫困地区农民自救，建立以贫民手艺为主的福利生产。

截至20世纪50年代，全国共有城市福利救助站920多个，收容的乞丐、流浪汉、妓女多达150万人，孤儿、老人、精神病人30余万人。1953年第二次民政会议之后，我国的民政福利事业进入初步发展的阶段。这一时期的民政福利救助相较于之前更加注重具体化，分门别类地对社会贫弱对象实施分流救助。经过中华人民共和国成立初期的发展阶段，我国的民政福利事业走上了从无到有、从大到精的道路，但在1956年底，由于对当前阶段社会发展认识不足，民政福利超常发展，出现了很多严重的社会问题，例如真正贫困的人群得不到救助，但“假大空”的福利企业却层出不穷。这些问题，在后来的改革开放时期都得到了深刻的认识和更正，为新时期我国民政福利事业建设留下了宝贵的经验。

2. 福利院中的养老问题

中华人民共和国成立初期的福利院以救助保障为基本原则，主要是政府筹划福利院的建设以及老年人的救助问题。以北京为例，北京的社会福利事业始于20世纪50年代初，当时北京市人民政府合并所有外国教会、民间团体开办的救济院、慈幼院，建立了北京市第一所社会福利院，最初的社会福利服务对象是因战争、灾害造成的难民、灾民、无依无靠的孤老残幼、城市无业游民和少量经政府打击制裁的地痞流氓恶棍中无劳动能力的人。政府对这些人的福利政策是保障其最基本的吃、穿、住、医、葬需求。

1953年以后，北京农村以乡镇为主，兴建了一批农村敬老院，收养农村中无儿无女、无劳动能力的孤寡老人，对他们提供保吃、保穿、保住、保医、保葬的“五保”，费用由乡、村两级统筹，其基本保障形态都是救济型的社会福利，这也是由当时的政治体制和计划经济的社会背景所决定的。

北京作为全国的样板，在全国加以推广实施，无论城市还是乡村。

（二）农村敬老院的建立

1. 农村五保户的具体供养制度

《农村五保供养工作条例》中提到的“五保”供养对象，主要包括村民中符合下列条件的老年人、残疾人和未成年人。“五保”对象指农村中无劳动能力、无生活来源、无法定赡养扶养义务人（虽有法定赡养扶养义务人但无赡养扶养能力的老年人）、残疾人和未成年人。

中华人民共和国成立初期，党和政府十分关心农村困难群众，但由于经济尚处于恢复阶段，人均收入水平较低，我国经济发展的重点放在了社会主义工业化建设上，因此毛泽东主席在50年代提出走农业合作化道路，以集体合作社之力帮助贫困农民解决生产生活问题。

1955年，毛泽东在《中国农村的社会主义高潮》一书中提道："一切合作社有责任帮助鳏寡孤独缺乏劳动力的社员（应当吸收他们入社）和虽然有劳动力但生活上十分困难的社员，解决他们的困难。"《一九五六年到一九六七年全国农业发展纲要（草案)》第31条规定："农业生产合作社对于社内缺乏劳动力，生活无依靠的鳏寡孤独的农户和残废军人，应当在生产上生活上给以适当的安排，做到保吃，保穿，保烧，保教，保葬，使这些人生养死葬都有指靠。"随后在一届人大三次会议通过的《高级农业生产合作社示范章程》，使得五保供养制度从此成为我国第一项农村社会保障制度，其具体措施包括：一是对有一定劳动能力的对象，安排他们从事力所能及的劳动；二是补助劳动日；三是补助款物。尽管后期"五保"制度在"左"的思想影响下遭受挫折，但它仍然成为我国影响深远的农村保障制度，一直沿用到今日。

2. 在"城镇化"进程中的农村"三无"老人的供养

由于我国正在进行"城镇化"建设，有些原来的"农村户口"实际上已居住在城市，这部分人一旦成为"三无"老人，需要进行相当于城镇"三无"老人的供养。

第三节　1979—2012年的居家养老

1979—2012年这30多年是中国人民从站起来、走向富起来的年代，中国城乡的居家养老有了历史性的根本的改善。

一、1979—1998年快速"老龄化"条件下的居家养老

（一）养老保险未形成制度化的居家养老

1. 城镇退休职工的居家养老

中国的养老保险制度建于20世纪50年代初期，初期推行的养老制度是效仿苏联的"国家保险"模式，这种保险制度与就业高度重合，意味着工作即有保障，覆盖面狭窄，只有国有企业和集体企业的正式员工才能享受这一保险待遇。

改革开放以来，随着我国现代化程度的提高和国民经济的可持续发展，传统单位养老模式的弊端日益凸显，成本高、资源浪费以及管理难度上升都使得改革迫在眉睫，个人依附于单位、单位依附于国家的生存格局被市场经济规律打破，单位养老也随之解体，取而代之的是社区养老新格局。

2. 农村的居家养老

1978年我国实行的家庭联产承包责任制，解放了大批农村剩余劳动力，而城市的建设对于劳动力的大量需求也使得农村青壮年进城求学、务工、经商，这种现象间接地造成了农村空巢老人数量的急剧增多。传统的家庭养老方式面临挑战，例如，外出打工者无能力和精力陪伴年迈的父母，由于空间的疏远而出现严重的代际隔阂等问题，集体养老在这样的背景下应运而生。

集体养老又称社区养老，是指集体经济实力比较雄厚的乡村或者乡镇组织等一定区域范围内对老年人进行赡养的一种养老模式。这种集中养老的模式不仅可以使老人的日常生活得到照料，还可以减轻其子女的负担，实现集体成员养老资源的共享，但对于某些欠发达的农村地区，社会养老则成为主要的养老模式，它的特点在于依靠全体社会成员为老人提供生活保障。

（二）职工和农民退休制度的建立

1. 1991 年城镇退休职工制度改革开始

1991 年是我国企业养老保险制度变革具有重要意义的一年。《国务院关于企业职工养老保险制度改革的决定》（国发〔1991〕33 号）指出："我国企业职工的养老保险制度是五十年代初期建立的，以后在一九五八年和一九七八年两次作了修改。近年来，各地区适应经济体制改革的需要，又进行了以退休费用社会统筹为主要内容的改革，取得了一定成效。按照国民经济和社会发展十年规划和第八个五年计划纲要的要求，在总结各地经验的基础上，国务院对企业职工养老保险制度改革作了决定，其中第一条便是根据我国生产力发展水平和人口众多且老龄化发展迅速的情况，企业职工养老保险制度改革要处理好国家利益、集体利益和个人利益，目前利益和长远利益，整体利益和局部利益的关系。"这份文件中首次提出养老保险要由国家、企业、个人三方负担，改变了过去养老保险只由企业负担的传统，虽然这一构想直到 1995 年才在制度上得到落实，但它仍然是改革的里程碑。

由于我国改革开放成果的不断扩大，国家在第十二个五年规划期间，对企业的医疗保险制度和养老保险改革作了重大的改革和调整，使人们得到了更多的收获。党的十八大召开以来的五年里，城镇职工的退休金得到了多次的上调，广大职工的基本养老已经得到了较好的改善。

2. 农村人口居家养老的唯一选择——"新农保"

1991 年 1 月，国务院决定由民政部选择一批有条件的地区开展县级农村养老保险制度的试点。同年 6 月，民政部原养老办公室制定了《县级农村社会保险基本方案》，确定以县级为基本单位开展社会养老保险的原则。

从此之后，20 多个省区市开展试点，保险费用以个人缴纳为主，集体给予扶助，国家给予政策支持。1995 年 10 月召开了全国农村社会养老保险工作会议，提出了适度地在能建设农村养老保险的地方，建立地方农村社会保险制度，争取在 2000 年建立全国农村养老保险制度。1998 年，九届人大通过的政府改组方案中，建立社会保障部门统一的医疗、失业、养老保险基金，在大力推进城镇养老保障方式的同时，建立农村社会保障体系。进入 21 世纪，我国开始试行新农村社会养老保险制度。

2009 年 9 月，国务院发布了具有深远历史意义的《国务院关于开展新型农村社会养老保险试点的指导意见》，"新农保"政策应运而生，目标是到 2020 年实现对全国农民的覆盖。"新农保"，成为农村居家养老的唯一选择。

二、1999—2012年医疗养老保险体制建立中的居家养老

（一）城镇医疗保险体制的建立

1. 医疗保险基本解决后的居家养老

社会医疗保险制度是我国为解决居民疾病防治等问题而推行的一种社会保险制度，旨在减轻居民因生病或意外伤害就医住院而支出的费用。

20世纪90年代，我国加快了医疗保险改革步伐，在1994年启动的镇江、九江职工医疗保险制度改革试点工作的基础上，于1998年出台了《国务院关于建立城镇职工基本医疗保险制度的决定》，为新一轮的医疗保险改革提供指导性意见。《2014年中国人口老龄化和老龄事业发展报告》中提道：参加医疗保险的老年人占85.89%，医疗保障体系覆盖了包括基本医疗保险、退休职工大病医疗保险、互助医疗基金、老年人口医疗救助和老年人医疗专项基金等领域。老年人年老体衰是不可抗拒的自然规律，特别是老年慢性病多，诸如非传染性的血液循环器官、癌症和糖尿病以及各种精神方面的疾病等，对于中低收入家庭来说，医疗保险大大减轻了他们的经济负担，保障了老年人的医疗服务权利。

2. 城镇个体户和无职业老人的居家养老

2007年，国务院发布了《关于开展城镇居民基本医疗保险试点的指导意见》，为城镇个体户和无业人员建立了以住院医疗和门诊大病为主的医疗保险制度，并在全国逐渐推广。对没有经济来源的老年人来说，社会医疗救助是老年医疗保障的底线，作为医疗保障的补充，社会慈善机构以及国家专项医疗基金对于那些长期患病的老年人来说是有力保障。

社会在发展，历史在前进，在中国特色的社会主义新时代，医疗保险制度已经得到了更好的完善。

（二）农村老人医疗保险体系开始建立

1. 有医疗保险的老人的居家养老

农村医疗保险是我国社会保障的一部分，是由政府提出、引导、支持，农民自愿参加，个人和集体多方筹资，以大病统筹为主的农民医疗互助制度。目前我国的农村医疗保险包括合作医疗、医疗保险、统筹解决住院费及预防保健合同等多种方式。

农村合作医疗从2003年起，各省、自治区、直辖市选择县（市）进行试点，截至2004年，在全国已有6444个乡实施了新型农村合作医疗制度。实践证明，合作医疗试点地区农民就医状况有所改变，医药费用负担减轻，门诊挂号和住院率明显提升。但仍存在保障资金不足、地区资源分布不均等问题。

2. 无医疗保险的老人的居家养老

据卫计委“第二次全国卫生服务调查”显示，农村合作医疗在高收入地区的覆盖率为22.2%，但在中西部欠发达地区仅为1%~3%，可见农民参加医疗保险比例较低。那些无医疗保险的老人常常只能依靠家庭子女或是村镇组织的帮扶，往往就医率较低，直接影响其健康。这就需要政府依据地区经济发展不同，发挥积极的引导作用，提供

价廉质优的医疗服务，创新农村医疗保险模式，让更多农民积极参与进来，推进城市农村医疗体系一体化建设。

党的十九大报告中，把“医养结合”提到了十分重要的位置。随着十九大报告精神的贯彻和落实，医疗保险制度会在社会上得到充分的覆盖，老年人会享受到更加实惠的医疗保险。

2018 年第十三届全国人大《政府工作报告》已对全民医疗保险制度作了新的改进，农村每年每人增加 40 元医疗保险金，主要用于大病保险。

第四节　新时代下的居家养老

在党的十九大召开以后，我国已经进入了习近平新时代中国特色社会主义，尤其在 2020 年精准脱贫完成以后，居家养老会有更好的形式和更高的质量要求。

一、城市社保全覆盖下的居家养老

（一）城市社保全覆盖下的居家养老质量

1. 根本性的保证

党的十八大报告指出：“社会保障是保障人民生活、调节社会分配的一项基本制度。要坚持全覆盖、保基本、多层次、可持续方针，以增强公平性、适应流动性、保证可持续性为重点，全面建成覆盖城乡居民的社会保障体系。”制度全覆盖，意味着不分城乡、不分地域、不分性别、不分工作与否，所有居民都可以根据自己的情况在各种“制度组合”中对号入座。

2. 养老质量更优化

社保全覆盖的提出，更加健全了养老体系，在新时期的背景下，从物质上和精神上让老年人“老有所养，老有所乐”，减轻人口老龄化对我国城镇发展的冲击。

以江苏省为例，2015 年该省围绕“人人享有基本社会保障”的目标，基本养老保险、最低生活保障、五保供养、临时生活救助、医疗救助以及农村部分计划生育家庭奖励扶助等政策和制度构筑了全覆盖的养老社会保障体系，全省基本实现动态管理下低保对象应保尽保，保障城市低保对象 30.61 万人，其中老年人 7.53 万人，占 24.60%，平均保障标准为每人每月 536 元。城市社保全覆盖使得城市养老质量更优化。

（二）大多数社保职工选择居家养老

1. 2015 年前我国城市社保平均费较低

党的十八届三中全会明确指出，扩大参保缴费覆盖面，适时适当降低社会保险费率。人社部有关负责人表示，2015 年，我国城乡居民养老保险平均缴费水平接近 230 元，有 12 个省份缴费超过 200 元，其中既有经济发达地区，也有经济欠发达地区。

但是，相对于增长较快的农民收入来说，城乡居民养老保险的参保缴费水平总体上增长幅度很小，下一步人社部门将引导广大城乡居民多缴费，早参保。

2. 经济条件的决定性解析

居家养老的选择和经济发展水平密切相关。由于我国城市老年人退休职工养老金体制不断完善，为城市老年人居家养老提供了基本的经济基础。

另外，城市子女往往因为工作繁忙而无暇陪伴父母，因此以社区为单位的居家养老模式日益兴起。为满足城市老年人的养老需求，促进其身心健康，社区服务也变得越来越专业化和系统化。社区诊所、社区教育、社区文化娱乐产业应运而生，这为社区环境创造了众多服务岗位，增加了经济效益，反过来提升了居家养老质量，老年人生活水平也随之提升。

二、城乡医保老年全覆盖下的居家养老

（一）老有所依的居家养老

1. 医疗保险总体偏低

我国医疗保险体制在不断探索中发展，因此不免会出现一些问题以致医疗保险率总体偏低，其主要问题有：

一是医疗保险相关法律制度不完善，《社会保险法》出台较晚，关于医疗保险具体实施细则不明确；二是医疗费用上涨过快，药品利益链直接导致居民经济负担过重；三是医疗资源分布不均，东部沿海城市常常能享受到全方位立体化的医疗服务，而中西部欠发达地区专业医疗人员稀缺，医疗器械不完备。

这些都影响了医疗保险效用的发挥。

2. 门诊和住院的两难选择

门诊和住院的两难选择常常在医疗保险的实际运行中凸显出来，通常人们认为住院就是大病，门诊就是小病。其原因如下：

第一，大多数的农民有病并不一定选择住院，看门诊的更多，但只看门诊不住院，即使其花费超过最低起付标准，甚至上千元，也不能报销，影响参保积极性；

第二，重大疾病和住院医疗服务发生概率较小，只保大病会降低参合者的预期，威胁新农合的可持续性；

第三，保大病事实上放弃了对大多数人基本医疗需求的保障责任，难以获得良好的投入绩效，甚至出现小病拖成大病的现象；

第四，出现逆向选择，农民参加合作医疗一段时期后，会有一部分健康者认为没有得到实惠而退合，而参合者往往是经常患病的人，逆向选择由此产生。逆向选择一旦产生，推广新农合的难度就会加大。这不但影响参合率，还会使医疗经费出险，当医疗经费入不敷出时，新农合就难以持续发展。

（二）城镇医保全覆盖

1. 养老质量大大提高

2015 年，国务院发布《关于全面实施城乡居民大病保险意见》（以下简称《意见》），部署加快城乡居民大病保险制度建设，筑牢全民基本医疗保障网底，让更多的

人受益。

《意见》提出，2015 年年底前，大病保险覆盖所有城乡居民基本医保参保人群，大病患者就医负担减轻，到 2017 年，建立起比较完善的大病保险制度，与医疗救助等制度紧密衔接，共同发挥托底保障功能，有效防止发生家庭灾难性医疗支出，城乡居民医疗保障的公平性得到显著提升。

2. 医疗保险改革正在进行中

我国医疗保险改革在借鉴欧美发达国家经验的基础上，结合中国国情，在探索中不断发展，统一的医疗保险管理体系已建立，并形成了有效的制约与激励结合的医疗保险新机制，医疗费用日益规范化，医疗保险覆盖范围不断拓展。

同时我们也要认识到医疗改革中出现的严重问题，以认真的态度、切实的行动，进一步完善医疗保险制度。其主要措施包括住院门诊两不难、医药分开结算、整合医疗资源等。

三、老有所养、所医、所教、所学、所为、所乐

（一）我国养老基本目标的建立

1. 基本目标——老有所养、所医、所教、所学、所为、所乐

社会保障体系的全覆盖，医疗保险制度的逐步推广，皆在探索一条具有中国特色的养老之路，面对人口老龄化的挑战，需要我们开动脑筋，尝试新模式，塑造新理念。“医教学为乐”一体化的人文养老模式，兼顾了老年人的身体健康和精神享受，它依托于大型多功能综合社区的建设，使每一位入住的老人“老有所养，病有所医”，同时将老年事业与青年志愿者衔接，更好地发扬社会主义精神文明，将居家养老、社区养老、机构养老紧密结合，带动“夕阳”产业为社会主义现代化建设创造经济财富。

2. 基本目标的最低要求

“老有所养，老有所医，老有所乐，老有所为”是我国养老基本目标的最低要求。

（二）基本目标的实现

1. 现在的缺陷

尽管“医教学为乐”新理念已经开始被广大群众所接受，但在实际落实中还是出现了一些问题值得我们反思。首先是机构、社区、家庭联系不紧密，常常出现脱节现象，例如社区服务跟不上，缺少社区活动中心，社区医院也常常派不上用场。其次，机构养老管理体制不全面，敬老院服务人员综合素质参差不齐，常常出现老年人受到虐待的现象。最后，以上种种因素，直接导致家庭成员排斥社区和机构，间接导致养老成本的增加。

2.“教学为”目标亟待加强

在需求多元化的当今社会，只有把居家、社区、机构三种养老方式结合起来，构建多层次的养老服务体系，才能有效应对人口老龄化的严峻挑战，实现现阶段养老的基本目标。推广“医教学为乐”居家养老模式，必须建立政府主导，社会参与，家庭

和社区双向互动、双向制约的服务机制。

首先，政府应明确职责，做好居家养老的顶层设计，并建立有效的监督机制；其次，社区与家庭双联互通，与家庭子女签署居家养老服务协议，建设大型养老院、活动中心等，并主动与该地区学校、医院、企业建立长期稳定的合作互助关系；最后，家庭成员积极配合社区活动，子女为父母提供充足的物质供给和精神陪伴，努力发扬中华民族传统孝道文化。

知识拓展

中国的孝道文化自产生以来，对于巩固家庭传统的生产和社会体制起了重要的积极作用，但是，在长期的封建社会统治过程中，统治阶级把中国的孝道文化的内容加以无限扩大，提出了“君叫臣死，臣不得不死，父叫子亡，子不得不亡”的愚忠愚孝思想观念，为社会发展和人类进步带来了极大的障碍。因此，我们要正确认识我国孝道文华的历史地位和作用。

案例点评

简介：关于“岳母刺字”的历史故事，传说中岳飞的母亲在他的背上刺下了“精忠报国”四个字，说明了古代居家教育中的重要概念。

点评：上述历史故事充分说明，由于家庭教育的结果，岳飞后来成了爱国主义英雄。居家养老对社会的发展具有重要的积极作用。

第二章　政府对居家养老的政策支持和体系建设

根据中国的具体国情，居家养老是整个养老体系当中的基础部分，要提高养老质量和管理水平，还需要政府社会做大量的工作。

第一节　政府对居家养老的顶层设计

在世界许多国家进入老龄社会以后，政府通过制定法律政策法规来支持养老已成为整个国际社会的共识。在党的十八大以后，中国政府对于居家养老的顶层设计进入了新时代。党的十九大的召开，使我国的养老事业有了更大的发展。

一、政府鼓励支持居家养老模式的原因简析

（一）中国人口特征对养老需求的巨大需求和压力

居家养老是指以家庭为核心、以社区为依托、以专业化服务为依靠，为居住在家的老年人提供以解决日常生活困难为主要内容的社会化服务。居家养老是将家庭养老与社区养老、机构养老优势相结合，实现资源共享的一种新模式。既区别于机构养老，也有别于传统的家庭自然养老，居家养老以家庭为核心，以社区为依托，以老年人生活照料（日常护理或者特殊护理）、医疗康复（包括陪同到医院看病、治疗、配药等）、精神慰藉（每天和老人交流，发现老人的需求，排除老人的孤独感）为主要内容，以上门服务和社区日托为主要形式。养老产业的潜在需求取决于人口老龄化的进程，老龄化加速养老产业的需求释放。随着未来5～10年中华人民共和国成立后第二次“婴儿潮”一代逐渐进入老年，中国老龄化进程将会进一步加速，“养儿防老”的家庭模式越发难以维系，养老将成为巨大的社会问题而不容社会各方面忽视。

1. 老年人口规模稳居世界第一，老龄化程度持续加深

由于我国出生率的大幅下降和预期寿命的不断增加，老龄化进程呈现加快趋势。21世纪前半叶是中国老年人口规模大幅攀升的时期。目前，中国60岁及以上的老年人口规模大约2.42亿人，位居全球各国首位，约占世界老年人口总量的24.3%。在这一规模基础上增加的第一个1亿人大约用时12年，到2026年时，中国老年人口规模将达到大约3.1亿人，约占世界老年人口总量的25.0%。而增加的第二个1亿人大约用时10年，到2036年时，中国老年人口规模将达到大约4.1亿人，约占世界老年人口总量的25.6%。2040年前后，中国老年人口规模将比现在翻一番，约占世界老年人口总量

的24.5%。2050年前后，中国老年人口规模将超过4.7亿人，老龄人口占比将超过30%，高于美国等大部分发达国家，这基本上是其在整个21世纪中的峰值，仍居全球各国首位，约占世界老年人口总量的22.5%。可见，在未来20年间，中国老年人口规模的增长速度有所加快，高于但又不会大幅高于世界平均水平；在此之后，中国老年人口规模增长速度逐渐趋缓，可能将会低于世界平均水平。

因此，规模增长带动比例提升，中国老龄化（60岁及以上老年人口所占比例）程度将会随之不断加深。60岁及以上的老年人口目前已占中国人口总量的16.1%。从国际比较来看，日本在全球各国中的老龄化程度最深，其60岁及以上的老年人口比例高达32.7%，高于中国约17个百分点。与中日两国同处东亚地区的韩国的相应比例约为17.8%，高于中国近2个百分点。在老龄化持续发展的进程中，中国老年人口比例将在2024年前后跨过20%的“门槛”，在2041年前后突破30%的“边界”。到21世纪中叶，中国老年人口比例可达34.0%。相比之下，日本的老年人口比例将在2050年达到42.5%，高于中国约8.5个百分点，而韩国则会陡然增至41.5%，年均提升约6.6个百分点，而中国同期年均提升约5.2个百分点。可见，虽然中国的老年人口规模在较长一段时期内都稳居世界第一，但中国的老龄化程度并不是最高的。

2. 老年人口年龄结构不断老化，高龄老年人口规模快速扩大

中国未来老龄化的总体趋势不仅表现为老年人口总体规模的膨胀，还突出地表现为老年人口内部年龄结构的快速老化。2015年，中国的老年人口所占比例持续下降。到2035年，老年人口相比于2015年已经出现较大收缩。到2050年，老年人口金字塔的顶部已出现非常明显的膨胀。

除了高龄化程度不断提高，中国高龄老年人口的绝对规模也在加速膨胀，从2000年的1200万人，到2015年达到2500万人，2032年将超过5000万人，2048年将超过1亿人，2050年将攀升至1.09亿人。21世纪中叶的高龄老年人口规模将为21世纪初的9倍多，而21世纪中叶60岁及以上老年人口规模将仅为21世纪初的近4倍。中国高龄老年人口规模的膨胀速度远高于全部老年人口规模的增速。

3.“养老”负担快速加重，成为最主要的社会抚养负担

随着老龄化进程的深入，未来中国社会中照料者（劳动年龄人口）和被照料者（少儿人口和老年人口）之间的数量关系处于不断变化之中。其中，作为被照料者之一的少儿人口的规模因受生育政策调整的影响会出现一定的波动，但在整个21世纪前半叶大致稳定在2亿多的水平上，而另一类被照料者——老年人口的规模在近期与少儿人口规模基本相当，但随后则将出现明显的膨胀，并大大超过同期的少儿人口规模。作为照料者的劳动年龄人口的规模则随时间推移出现明显的收缩。可见，未来中国社会的抚养结构将出现很大变化，全社会的抚养负担日益加重，且逐渐以老年抚养负担为主，这也是人口老龄化的必然结果。

（二）居家养老是结合养老传统、经济成本和人文关怀的最佳选择

1. 文化传统是居家养老的基础

首先，从文化传统出发，居家养老符合多数老年人的传统观念，养老院缺乏“家”

的感觉，不符合中国“叶落归根”的传统观念，并且集中宿舍式的生活可能会使老年人丧失适应社会的能力。当然，我们对“叶落归根”应该有新的理解，在社区养老和机构养老中会有说明。其次，从经济效率出发，居家养老既可充分利用现有家庭物质资源，又可根据老年人多年的生活习惯安排日常生活，节省开支的同时有利于保证老年人生活质量。最后，在心理学层面，居家养老被认为有利于老年人的身心健康。在养老机构中的老年人远离自己生活过的社区，心理上易产生一种被家人和社会冷落的孤独感。而且在养老机构中常目睹同伴们死去，产生额外的心理恐惧和精神压力。在自己长期生活过的社区中养老，熟悉的环境能帮他们保持原来的生活习惯，亲朋好友、熟人也能使老年人精神愉悦。

居家养老符合我国“未富先老”的老龄社会特点，满足了老年人长期的生活和心理习惯。“空巢”独居老人规模庞大，亟须实施家庭支持政策，推动家庭养老功能再实现。现阶段，中国老年人口中有近一半是“空巢”老人，总量已经突破 1 亿人。其中，单独一人居住的老年人占老年人口总数的 10%，与配偶同住的老年人则占到老年人口总数的 41.9%。老年人口的空巢化和独居化是快速现代化及城镇化背景下家庭结构发生深刻变迁的必然结果。随着人口迁移流动的频繁化以及分户居住现象的普遍化，一方面，家庭规模日益小型化，2013 年中国平均家庭户规模已跌至 3 人以下（2.98 人），而且家庭内部代际结构也日益简化。当今中国，无论在城市还是农村，三代、四代“同堂而居”的家庭已不多见，二代户和一代户已成为当下主流的家庭类型，其中，有近四成的家庭内只有一代人，这一代人还通常是老年人，家庭规模变小以及内部代数的减少，直接导致家庭内部可长期提供老年人照护的人力资源严重萎缩，家庭传统的养老照料功能削弱明显。另一方面，家庭居住的离散化使得家庭关系日益松散疏离。如今早已不是“父母在，不远游”的时代，面对激烈的社会竞争和快速的生活节奏，子女为了谋生和获得更好的发展，不得不长期在外学习工作，从而与父母两地分居，即便与父母居住较近的子女也大多迫于现代生活的沉重压力而不能常常承欢父母膝下，照顾父母，这导致中国事实意义上的空巢老人和独居老人规模非常庞大。可以预见，随着现代化进程的持续，中国的“空巢”老人和独居老人规模还将继续攀升。

规模日渐庞大的空巢老人和独居老人将给整个社会带来沉重的养老负担。

2. 当前需要解决的一些问题

为了找到能够有效缓解这一负担的对症之药，需要厘清两个问题：

一是空巢和独居老人的大量出现是源于国民孝道的衰落还是现代生活的压力。与西方社会崇尚个人主义不同，中国是个“伦理本位”的社会，国民的家庭观念很重。从古至今，在生产生活的方方面面，家庭都处于举足轻重的地位，整个社会呈现为一种以血缘关系为核心的“差序格局”，而且中国民众长久以来受到儒家“孝”文化的熏陶和教导，“百善孝为先”“尊老敬老”“老有所养”“养儿防老”等思想观念早已根植于国民的血液之中，赡养父母也已经内化成国民的行为习惯。目前，空巢老人和独居老人的涌现以及家庭养老功能的削弱并非源于子女主观上赡养父母意愿的消退或所谓的“孝道衰落”，而实属现代生活多重压力下的无奈之举。

二是生育更多的子女是否意味着能够有效避免晚年陷入空巢或独居状态。2014 年起，“单独二孩”政策正式启动实施，2016 年全面“二孩政策”启动实施，我国生育政策的逐步放开，意味着20 世纪70 年代以后的出生队列在步入老年后平均将比五六十年代的出生队列（这一出生队列的生育期恰逢独生子女政策实施时期）步入老年后拥有更多的子女，但这在逻辑上并不能推断出拥有更多子女的一代，在晚年需要照料时就一定会有更多的子女“侍奉左右”。事实上，我国现如今的空巢老人大多数是在计划生育政策实施之前就完成了自己的生育历程，他们大多拥有两个以上的孩子，但他们现在依然处于空巢状态。这说明，现代社会中生育更多的子女并不能避免人们在晚年陷入空巢或独居之中。换言之，老年空巢和独居现象出现的根本原因并非子女数量太少，而是源于现代化进程导致的生活工作模式以及家庭结构的变迁。

家庭养老在我国有悠久的历史传统和丰富的实践积累，不仅年青一代依然有孝顺和照料父母的自发意愿，老一代也有强烈的依赖子女亲人的情感偏好和享受“儿孙绕膝”的天伦之乐的精神需求。这说明在现代化进程中重新激发家庭养老模式的活力、推动家庭养老功能的再实现是非常必要的，也是可行的。由于现阶段家庭养老功能实现受阻的关键原因，在于子女普遍缺乏足够的时间、精力以及财力，而且通常与父母居住得较远，因此，为了“对症下药”，实现家庭养老功能的重生，政府应该采取有效措施，为子女提供时间、精力以及财力等多方面的支持和鼓励，使他们能够有条件，也更愿意与父母住得更近，进而方便为父母提供更多的照料和陪伴。

具体来说，政府可以通过给予子女与老年人共同居住的家庭税收优惠和多种形式的经济补贴，或通过出台子女与老年人共同居住的租房、购房优惠制度等手段激励子女与父母同住，直接减少老年人空巢和独居现象的出现。此外，政府还可以尝试建立父母照料假制度，为有照料父母需求的在职子女提供一定时间的带薪假期；为家庭照料者提供无偿的专业技能培训和心理疏导，以提高家庭照料的效率和质量；为家庭照料提供适度经济补助，弥补由于部分家庭成员长期脱岗照料老人而导致的经济损失；对于需要长期照料重度失能老年人的家庭照料者，应通过政府购买的方式，为其提供“喘息服务”，使其得到必要的休息和调整；等等。总之，政府和社会应提高对家庭照料者身心健康状况的重视程度，为其提供全方位多层次的支持和指导，从而有效地推进家庭养老功能的再实现，并促进有老年人的家庭的健康、和谐发展。居家养老不会将老人束缚在养老院中，让老人身处熟悉的环境中自由享受养老服务，通过正式和非正式的资源构建为老人服务的社会支持网，服务理念顺应了中国传统“伦理性”的儒家思想，通过老人嵌入社区，利用社会资本实现“居家照顾”，同时符合目前老龄化、高龄化、空巢化的社会急剧增长的社会化养老服务需求。居家养老有着其他传统养老方式没有的优势，几种养老方式的特点比较详见表 2 - 1。

表2－1　几种养老方式的特点比较

	家庭养老	机构养老	社区养老	居家养老
养老供给主体	家庭	政府社会	社会	家庭、社会、社区、政府
提供服务形式	家庭成员照顾	全托服务	社区照顾	子女照看、上门照料、日托服务等
养老资源来源	内部家庭成员	外部政府、社会	协调社区资源	整合共享社会、社区、政府、家庭资源
服务主要内容	经济支持	生活照料	精神慰藉	经济支持、生活照料、精神慰藉、医疗看护等
设施投入成本	无成本，设施匮乏	成本高，设施丰富	成本较低，设施一般	可利用家庭、社区已有资源设施，成本低
经济负担比例	家庭个人全部负担	家庭个人全部负担	家庭个人部分负担	家庭个人负担小，政府无偿补助比例大
便利和舒适度	受个人条件约束大	便利性强，自由度低	受社区环境约束大	便利性强，舒适度高，自由度高
老人养老意愿	符合老人传统意愿	不符合老人意愿	符合老人养老意愿	符合不同老人不同的传统养老意愿

资料来源：根据文献材料阅读和整理总结。

二、政府出台的相关养老居家支持政策和措施

（一）相关政策支持及力度

西方发达国家实行大规模的社会福利：政策始于19世纪末，以医疗保险和社会保障为主干。在20世纪30年代，发达国家开始更多地介入社会福利事务，产生了现代意义上的福利国家。第二次世界大战后，西方福利国家开始膨胀，公民“从摇篮到坟墓”都在国家的福利网络之中，这种福利政策对保障全体公民最基本的生活需要、保证经济长时间良性运行和社会稳定曾经起到了至关重要的作用。但是福利国家的高福利积累使政府背上了沉重的包袱，带来了国家经济发展动力的减退，同时产生了大量的社会问题，使得各国政府不得不采取削减福利项目或降低福利水平的措施。

近年来，发达国家将地方自治政府的部分权力向基层社区下放，由社区居民组成的各种社会团体（邻里法人、邻里协会、邻里社区协会等）自主管理自己的事务。戴维·奥斯本和特德·盖布勒指出：“我们各级政府开始把公共服务的所有权和管理权从官僚和专业人士手中夺回来交给社区。”

在中国特定的语境下，需要政府在发挥其主导作用的同时，调动市场资源和社会资源来共同实现人口老龄化问题的治理愿景。对此，中国政府制定的“十二五”规划，提出了“政府引导与社会参与相结合，按照社会主义市场经济的要求，加强政策指导、资金支持、市场培育和监督管理”，“家庭养老与社会养老相结合，构建居家为基础、社区为依托、机构为支撑的社会养老服务体系，创建中国特色的新型养老模式”的政

策主张和治理框架，明确了应对老龄化的基本原则。在党的十九大召开以前，政府部门主要做了以下工作：

（1）出台《中国老龄事业发展“十三五”规划》，加快老龄事业的快速发展；

（2）十部门联合下发《关于加快发展养老服务业的意见》指导并促进养老服务业的快速发展；

（3）中央发布了《中共中央、国务院关于加强老龄工作的决定》等文件；

（4）实施“社区老年福利服务星光计划”；

（5）出台了扶持福利性老年社区政策，十七大《报告》强调要以“基本养老”为重点。

2000 年 2 月，国务院办公厅转发了 11 个部委制定的《关于加快实现社会福利社会化的意见》，明确了社会福利社会化的指导思想，“在供养方式上坚持以居家为基础、以社区为依托、以社会福利机构为补充的发展方向”。这为居家养老模式奠定了较高的起点和良好的基础。同年，各地陆续建立了不同形式的居家养老试点，对居家养老模式进行实践探索。2006 年 2 月，国务院召开的第二次全国老龄工作会议上，提出要加快以居家养老为基础、社区服务为依托、机构养老为补充的养老服务体系建设步伐。这标志着居家养老已经成为我国解决养老服务问题的基本政策取向，确立了居家养老在我国养老服务体系中的基础地位。

2001 年全国社区老年福利服务星光计划启动实施，经过持续建设，“星光老年之家”在部分地区已经实现全覆盖，能够为社区老年人提供入户服务、紧急援助、日间照料、保健康复和文体娱乐等多种服务。2005 年以来，民政部在全国范围内启动了养老服务社会化示范活动，我国部分地区立足于当地人口老龄化的发展水平和老年人社会化养老的实际需要，在居家养老中实施了财政资金购买服务和相关组织提供养老服务的政策。至此，我国依托城乡社区初步建立起居家养老服务体系。但是，居家养老服务的发展还停留在初级阶段，实际状况与国家总体改革发展的要求不相适应，与人口老龄化发展的要求不相协调，与老年人口提高生活质量的要求相去甚远。

（二）政府为主导的居家养老体系的建设

1. 中央为主导，地方更主动

在构建社区居家养老服务体系的具体实践中，地方各级政府根据自己的实际情况，在运作模式、服务内容、操作规范等方面不断进行探索创新，积累了大量经验，形成了多种模式。其中，以地方政府购买服务的方式为老年人提供社区居家养老服务，作为政府支持社区居家养老的模式在北京、上海、南京、广州、天津、重庆、成都、武汉等城市社区得到较为普遍的运用，这一模式在其他地区也开展了积极探索和试点。以南京市鼓楼区政府向社会组织“心贴心老年服务中心”购买社区居家养老服务为例，2003 年，南京市鼓楼区开展了社区居家养老服务社会化示范活动，创建了“居家养老服务网”，探索“政府购买服务，民间组织运作”社会化养老服务模式，形成了以政府购买服务、社会组织运作模式实施社会化养老服务的体系。“居家养老服务网”以项目委托的方式委托社会组织“心贴心服务中心”具体运作，为独居老人家庭免费提供起居梳洗、买菜做饭、打扫居室、清洗衣被、陪同看病等生活照料服务。为构建新型社会化养老服务体系提供了经验，被称为“中国式城市养老的鼓楼样本”。从制度设计上看，大连市通过“居家养老服务”补贴政策，引导各种资源向养老服务汇集，形成以政府津贴为主要渠道，对孤寡老人、“三无”老人和其他部分弱势困难老人承担起福利照顾职责；同时，为慈善机构和有意愿的企业提供政府津贴和种子资金，引导它们进入养老服务业，创办“家庭养老院”，形成多元化的社会资源整合机制，使社区居家养老服务事业能够持续发展。

从实际效果看，大连市在政府主导、财政支持的前提下，以家庭养老院建在自己家中、社会多方提供支持的模式，使老年人在维持原有的生活环境、社会网络和亲情关系的前提下，获得了更多的社区服务。同时，也在一定程度上解决了社区内人员的再就业问题，推进了社区福利的发展。

上海市的做法是“依托社区向老年人提供综合性服务，实行规范化和标准化管理”，全方位打造居家养老服务体系。到 2012 年年底，全市 17 个区县共有 231 家社区助老服务社、3.2 万名社区居家养老工作人员，为 27.2 万名居家老年人提供社区居家养老服务，约占本市户籍老年人口的 8%，为其中的 25.1 万名老年人提供上门服务。12.6 万名老年人经评估得到养老服务补贴，约占服务总人数的 46%，年度补贴资金总额约 2.9 亿元；14.6 万名老年人自费购买服务，约占服务总人数的 54%。另有近 1 万名老年人将养老服务补贴带入养老机构。建成并投入使用的社区老年人日间照料中心 313 家，为 1.1 万多名老年人提供日间照料服务；开设社区老年人助餐服务点 492 家，受益老年人 5.4 万名。

在提供日常居家养老服务的同时，上海市还从积极老龄化的理念出发，实施“老伙伴”计划，在全市开展“为 10 万名高龄老人提供家庭互助服务”活动。所谓“老伙伴”计划即是在政府倡导支持下，在老年人中组织志愿服务的互助活动，由低龄老人充当志愿者，对高龄独居老人进行电话访问并提供上门探访服务。截至 2012 年年底，“老伙伴”计划共有 10.55 万名高龄老人成为受益人，共 2.13 万名老年志愿者参与计划；完成电话访问 654.18 万次，上门探访 189.93 万次。与此同时，为丰富社区居家养老的内涵和外延，形成全社会共同参与治理人口老龄化问题的新局面，该市还为社区中有需求的独居老人、重病老人、高龄老人和离休干部提供家庭病床服务，为居家重度失智困难老人提供人道救助；实施“适老性改造工程”，为 1000 个低保困难老年人家庭提供居室适老改造服务，组织志愿者帮助低保困难老年人家庭改善包括安全性、无障碍、整洁性等内容的室内居住环境；开办老年大学，推动老年教育发展；组织双月为老服务，为社区的老年人提供免费便民服务。这些项目的开展，使社区居家养老服务形式多样化、内涵更丰富，在治理老龄化问题、推动老年福利发展中做出了积极探索。

2. 沿海经济发达地区的示范行动

2004 年 5 月 12 日，宁波市海曙区政府办公室颁发了《关于海曙区社会化居家养老工作的指导性意见》（海政办〔2004〕第 29 号文件），提出按照“政府扶持、非营利组织运作、社会参与”的工作思路，建立新型的社会化居家养老服务体系，为老年人提供全方位的服务，全面提高老年人的生活质量。其中在服务方式的第三条提出：“对家庭经济困难生活不能自理或半自理，家属又无能力照顾，需要提供生活服务的老年人，由政府通过购买服务的方式解决其生活困难。”

从2005年3月起，海曙区决定在全区65个社区中全面推广“政府购买服务”这一新型养老服务模式，海曙区政府购买居家养老服务的政策内容可以概括为：政府通过年度财政预算，每年花150万元向非营利组织——海曙区星光敬老协会购买居家养老的服务，每个老人每年的预算是2000元，政府购买的服务时间是每位老人每天一小时。服务由各社区提供，居家养老服务员为各社区的下岗、失业和困难人员，服务员经社区上报到星光敬老协会，并经敬老协会培训后，方可上岗。2015年9月，服务员每小时的报酬是5.5元，现在根据劳动部门的最新规定已上调至每小时5.7元。享受服务的是海曙区辖区内高龄、独居的困难老人（包括残疾人）。各社区根据本社区的老人和居家养老服务员的情况，进行上门结对服务。服务内容包括生活照料（日常护理或者特殊护理）、医疗康复（包括陪同到医院看病、治疗、配药等）、精神慰藉（每天和老人交流，发现老人的需求，排除老人的孤独感）。额外的服务要靠志愿者上门、企业捐助或老人自己购买。居家养老服务员的服务质量由海曙区星光敬老协会和各社区监督。

海曙区政府购买居家养老服务还有其他配套政策，海曙区政府形象地把它概括为“走进去”和“走出来”的“两走”居家养老模式。

所谓“走进去”，主要是指对一些高龄、独居的困难老人，通过政府购买服务，由专门的服务人员走进老人的住所，提供上门服务。除此之外，“走进去”的服务方式还有志愿者无偿服务、老人自己有偿购买服务和企业为老人购买服务等。所谓“走出来”，就是让大部分行动方便的老年人，走出小家庭，融入社区大家庭，老人“走出来”的载体有老人“日托”中心和各种老年民间组织。

海曙区政府购买居家养老服务的政策有一套特有的运作机制，即“政府扶持、非营利组织运作、社会参与”。

三、政府主办，层级联动模式的养老模式

1. 市场经济条件下的养老选择

在西方国家，政府作为公共物品的提供者，有两种具体的形式，一种是政府直接举办公共物品的生产机构，承担这类机构所有的经济责任，这种形式可能产生成本高而效率低的弊端；另一种是政府作为公共物品的购买者来承担职能，让非政府部门去生产公共物品，同时政府作为购买者，可以根据市场的规律，选择价格低、产品质量好的公共物品提供给社会。政府从直接生产公共物品的领域退出，促使多个非政府的组织生产公共物品，从而形成了良好的竞争态势，竞争的良性机制又可促使生产公共物品的机构努力降低成本，形成政府—社会—市场的良性互动关系。

政府购买社会服务在西方国家起源于第二次世界大战前。第二次世界大战后，政

府购买服务的金额在政府采购中所占比例迅速扩大。1963 年美国政府购买服务在政府采购总量中的比例达到 27% 以上。

2. 政府购买服务是突出的特点

在西方国家政府购买居家养老服务的过程中，政府首先向社会公布社会福利服务预算，并公布政府购买服务的价格、数量和与服务要求相关的各项质量指标。那些从事社会公共服务的非营利组织和社会服务组织将通过投标的方式竞争，在中标之后拿到政府购买服务的拨款，并按照政府的要求完成服务。

从西方国家政府购买居家养老服务的经验来看，西方政府在购买居家养老服务的过程中十分强调制定政府购买服务的宏观政策，通过政策来引导政府购买服务的工作；重视对服务承包者综合服务能力的评估，政府的专门机构对承包者进行全面的考察；有严格的控制、检查和评估服务质量的制度，评估体系是提供养老服务的非营利组织资金来源的主要凭证。

非营利性组织所具有的正规性、民间性、非营利性、自治性、志愿性、公益性等特征，使得它不仅可以弥补市场失灵和政府失灵，而且在公共服务的输送上可以和政府形成紧密的“协作”关系。首先，可以利用老年人资源，建立起居家养老义工服务模式。这项工作同时也带动了“义工银行”的兴起。其次，可以动员社会力量，为老人购买服务。有两家企业分别认购了 5 万元“居家养老服务券”，另有企业和个人紧跟其后，直接与高龄老人结对“认养”，即认养一位老人，每月提供给老人 200 元生活补助金，直到老人去世。再次，可以整合社区的公共卫生资源。海曙区是全国首批社区卫生服务示范区，现有 24 个社区卫生服务站，老人看病到社区卫生服务站，只需要不到 10 分钟的路程，这一便利的社会资源，解决了在居家养老模式下老人的看病难问题。最后，可以整合社区信息资源。海曙区政府把居家养老和“81890”社区信息服务平台联系起来，专门为老人开通了 24 小时亲情服务热线，老年人遇到情况后只需要拨通“81890”，信息中心的电脑屏幕上就会出现有关这个老人的姓名、住址、年龄、身体健康状况、病史以及子女情况等资料，以便接线员根据实际情况做出反应。此外，政府还定做了一批“一键通”电话机，免费安装到独居、高龄的老人家里，一键直达“81890”信息中心。

第二节　我国特大型中心城市的居家养老

20 世纪以来，我国出现了一系列特别大型的中心城市，人口迅速增长，养老所面临的问题日益凸显，由于我国政府的高度重视，选择以居家养老为基础、社区养老为依托、机构养老为补充，医养结合、统筹发展的养老体系，取得了显著的效果。

我们在研究居家养老的时候，学习北京、上海等各大城市的经验，各地可以根据自己的实际情况，探索一套适合于本地居家养老的有效方法。

一、北京居家养老的特征

（一）社区养老为主与居家养老相结合模式

1. 社区老年公寓的建立

北京的居家养老突出的特点之一，就是把社区养老与居家养老有机地结合起来。在开始应对老龄化的初期，北京市委、市政府和各相关的行政组织都十分重视养老问题，在北京市土地很稀缺、房价很贵的情况下，北京市政府重视老年公寓的建设，以满足老年人的需求。据不完全统计，北京市的政府部门、区政府、县政府、街道居民委员会几乎都建设有老年公寓，这就解决了21世纪初期进入老龄期的大部分老年人的养老问题。

老年公寓是世界经济发达国家比较普遍采用的养老形式之一。北京重视老年公寓的建设，体现了我国在世界的地位，为很多国家解决老龄化问题树立了榜样，起到了示范作用，也为我国许多中心城市的养老起了带头作用。北京的首都功能充分体现，解决了人口高度聚集区和老龄化问题。

2. 社区老年活动中心的普遍设立

北京是我国房地产开发比较先进的中心城市之一，也是房地产价格比较贵的城市之一。北京市在社区建设中处于比较领先的地位，其中突出的特点之一，北京的社区基本上建有老年活动中心，为老年人居家养老提供了有效的场所，提高了北京老年人居家养老的生活质量。这是可以供各地有效借鉴的经验之一。

但是，根据我们的调查研究发现，北京还有部分新建社区的老年活动中心，处于空置状态，有关政府的老龄办公室管理功能缺失，小区物业管理公司也缺乏相应的管理功能。这既是一种浪费，又是对老年人生活的一种亏欠。相信随着党的十九大精神的贯彻和落实，这个不和谐的情况会得到较大的改变。

（二）居家养老模式新发展

1. 新兴社区硬件设施大改造

在中华人民共和国和城乡建设部关于新型小区的建设标准发布以后，全国各地都兴起了对旧的小区进行适老化改造普遍行动。北京是对城区的旧的小区进行适老化改造的先进城市之一，政府有关部门投资，对大量的小区进行适老化改造，主要是增加盲道、残疾人通道、楼梯扶手，卫生间的安全设施改造，三层以上的公寓楼增加电梯设施，老年人紧急呼叫系统的安装，小区卫生室的建立，社区医院老人病房的增加，市、区级医院的老年人专科门诊要增加爱老、敬老、养老方面的设施。这从根本上改善了老年人的居住环境，提高了他们的生活质量和养老水平。

2016年12月，国家发改委等部门发布了关于充分利用国有大中型企业原有的疗养院、招待所、宾馆等设施进行养老机构改造的意见，北京市作为国有大中型企业最为集中的中心城市，有关部门进行了养老设施设备的改造和建设，也为北京市的养老作出了一定的贡献。

2. 居家养老服务试点令人鼓舞

北京市政府各有关部门都特别重视居家养老这个基础工作，多次出台制定相关的文件，为居家养老工作规定了相关的优惠政策，有关研究机构已对居家养老进行了大量的社会调查和课题研究，提高了北京居家养老的质量，创新了居家养老的模式。

2015 年，北京市西城区对居家养老服务进行了试点，主要方法是，由区政府买单，与有关家庭养老服务机构签订合同，为居家养老的老人提供十三项服务内容，包括助洁、助医、助购、助餐等适合于老人需求的服务，每一项服务有具体的收费标准和要求，只要符合相关的规定，所需要费用由政府报销，每位老人每月报销标准为 400 元，超出部分由老人自己负担。

北京市西城区的这一改革试点，受到了广大老人、研究机构、养老服务机构、老人家属、社会人士等各方面的欢迎和支持。我们相信这一改革的成功经验会在全国各地得到推广，以提高老年人的生活质量和生命质量。

3. 北京市居家养老研究成果丰硕

北京已经举行多届国际老龄产业博览会，从 2012 年开始发布《北京养老产业蓝皮书：北京养老产业发展报告（2012）》对养老产业、智能化养老服务业等方面作了研究。2016 年《北京养老产业蓝皮书：北京居家养老发展报告（2016）》，对北京市居家养老的现状和未来前景进行了有益的探索。同时对北京、上海、南京、天津等地老年膳食服务的政策进行比较，并对进一步发展提出了相应的政策建议，对全国的居家养老都具有积极的指导作用。

二、上海居家养老模式探讨

（一）老城区居家养老新模式

1. 充分发挥社区管理功能

上海是我国近代发展最快的城市之一，有大量的街道、胡同、老旧小区，同时有大量新型小区，因此，上海充分发挥了社区的管理功能，对居家养老系统进行了较为科学合理的管理开发。上海居家养老水平、老人的生活质量走在全国的前列，成为全国各地居家养老服务先进榜样。

上海是全国甚至全世界老龄化程度最为严重的中心城市之一，早在 2014 年，老年人口就占全市人口的 28.8%，到 2017 年年末早已超过全市人口的 30%。这是全国任何一个城市难以比拟的，上海能够把居家养老问题处理得这么出色，与政府部门制定相关的政策、出色的服务紧密相关。其中，社区组织作为最基层的管理部门，发挥了聚居地积极的重要的作用。上海处理该问题的经验值得各地政府管理部门和养老机构学习参考。

这里要提醒大家注意的一点是，我们讨论的是居家养老，是在社区中居家养老老人的养老管理范围。与我们专门讨论的社区养老是有一点区别的。

2. 志愿者队伍模范作用充分发挥

上海是我国志愿者队伍发展最早、人数最多、组织机构最为健全的城市之一。特别是上海老城区的居家养老问题是比较突出的，活动在大街小巷的众多的志愿者，为老人的服务提供了绝好的条件，这是需要我们积极推广的重要的居家养老的服务方法和手段之一。

在现代文明的今天，世界各地的志愿者队伍都有广泛的发展，我国作为发展中的大国，是世界第二大经济体，有着古老的优秀的文明传统，现在我们的志愿者队伍发展情况，在全世界处于中等偏下的水平，还有很大的发展空间，特别是对于居家养老的老人来说，更为普及、更加广泛的志愿者的服务是非常需要的，这也是我国社会文明和进步的重要标志之一。

（二）政府支持居家养老具体化、人性化

1. 具体化

上海作为我国最为发达的中心城市之一，政府对居家养老非常支持，出台了多种具体的优惠政策和措施，并且各项措施充分得到落实，对老人的关怀可以说是体贴入微。根据有关部门研究，上海市对居家养老老人的经济补贴政策内容的拟定十分具体，项目较多，在全国属于领先地位。譬如，上海市政府对于居家养老的老人夏天有高温防暑降温补贴，冬天有防寒取暖补贴，这是一些城市的老人难以想象的，有些地区的老人甚至无法得到社会和政府部门的帮助。

2. 人性化

上海市政府有关部门和老年社会工作者对居家养老老人的关怀爱护帮助具有非常人性化的特征。特别是对无子女老人和失能老人的关怀尤为说明问题。比如，上海市民政局在2009年6月9日发布了《上海市民政局关于进一步规范本市社区居家养老服务工作的通知》，对居家养老服务提出了许多具体的可操作性强的要求，对全国的居家养老服务起到引领的作用。其中有很多关于人性化的规定，直到今天都具有积极的指导意义。

知识拓展

2016年12月27日《国务院关于印发〈“十三五”深化医药卫生体制改革规划〉的通知》中指出，要兴建医疗、养老、健康体检等健康服务机构，促进医疗与养老结合，发展健康养老产业。

案例点评

简介：2018年1月20日，上海市召开人民代表大会，市长在会上作了关于养老产业发展的有关报告，指出2018年上海市增加7000个养老床位，以及其他养老措施。

点评：上海市长的报告具有代表性和导向性。

第三章　国外居家养老模式研究

自20世纪80年代以来，世界工业化发达的国家早已进入老龄化社会，他们关心应对老龄化的很多经验和教训，有很多方面可以供我国参考和借鉴。

第一节　国外老年化社会与养老需求研究

国外老龄化社会应对的最大特点是，他们人口相对很少，医疗水平和人均收入都比我国高，所以他们的应对办法比较多一些。

一、国外老年化社会与养老需求

（一）养老模式概念与养老模式选择

1. 养老模式的含义

养老模式是在养老实践过程中探索总结出来的为解决老年人口的养老问题，缓解人口老龄化对社会、家庭所带来的现实和潜在问题而形成的系统的、典型的相对稳定的方式方法。

养老模式体现了对养老的基本认识、基本原则和基本价值观。养老模式代表了对养老问题的整体思维，而养老方式具体实施了赡养老人的行为，养老方式是养老模式的有机组成部分。

2. 养老模式的本质特征

养老模式的本质特征主要体现在两个方面。一是养老模式体现的是一种特殊的文化模式，它是各民族或国家具有的独特的文化体系，是由各种文化特质有机结合而形成的。围绕养老的文化特质，形成了养老的饮食文化、居住文化、护理文化、养老制度文化、孝文化、祭奠文化等文化丛。所以养老文化不是简单维系老年人口的生存和生活，是不断强化和实践特有文化价值观的过程。二是养老模式具有可持续性。养老的方式可随着时代、科技的发展而进步，从而不断地丰富和发展。在这一过程中，养老模式得以发展、持续和稳定，其可持续性是国家意识形态、经济形态、思想文化、代际关系等诸因素的合力的结果。

综上所述，养老模式具有文化模式的稳定性，是由社会生产力发展水平决定的具体养老方式的总称。以及与此相适应的社会经济制度、思想观念和社会习俗等因素决定的，具有内在规律性及运行原理。

养老模式不是凭人们的主观愿望而定，而是由各种因素合力综合作用所致。养老模式在世界各国地区的存在并非是单一的，而是相互交叉、相互结合，呈现多样化的特征。

至于养老模式的选择是老年人根据自身的需求，对多种养老模式的优劣进行比较后做出的一种符合自身客观条件和主观愿望的选择。老年人共同的选择是择优后的综合选择。

（二）国外人口老龄化社会现状

1. 世界人口老龄化社会现状概况

人口结构方面的这一长足进展以及21世纪上半叶人口的迅速增长，意味着60岁以上的人口从2000年的大约6亿增加到2050年的将近20亿。2005年联合国发布的预测显示，世界60岁以上老年人口比例将由2005年的10%上升到2025年的15.1%，2050年的21.7%，65岁以上老年人口比例相应由6.5%上升到10.5%、16.1%。

2. 国外人口老龄化现状

（1）美国：目前，美国65岁及以上老年人占全国人口的12.5%左右，2050年将达到20.7%。其中，85岁及以上人口数量将达到1800多万，是1995年的将近6倍。

在预期寿命方面，根据美国人口调查局的资料显示，1950年出生的人口预期寿命为68岁，而2000年出生的则为77岁。目前，男、女65岁老人的预期寿命分别为16年和19年。而在20世纪初分别为11年和12年，男、女65岁老人的预期寿命分别增长约40%和60%。

在医疗需求方面，美国约40%的老人需要在医院或其他护理机构度过一段时间，而约有4.5%的老人将在那里度过余生。而且，根据目前增长速度估计2030年美国入住护理院的人数将达到300万，约为1995年的2倍。这些都预示着人口老龄化将给国家带来前所未有的压力。

（2）日本：日本人口的现状可概括为“超老”。日本是一个长寿国，2003年统计平均寿命为男性78岁，女性85.33岁，65岁以上的老年人口占19.24%。目前，日本人平均寿命还在呈上升趋势。专家预测2050年65岁以上的老年人口将上升到33.7%。同时2003年未满15岁的年幼人口占人口总数的14.03%，表明日本人口另一重要特点——“少子化”。2010年，日本人口总数开始转为负增长，到2100年将降到6736.6万人，即仅相当于1998年人口的一半略多一点。

目前，日本是全世界最高寿的国家，同时也是人口老龄化速度最快的发达国家。1960—1990年日本的老龄人口所占比例增加了6.4%，美国、德国、法国和英国分别只增加3.3%、3.5%、2.4%和4.0%。日本虽然到1970年才达到老龄化国家标准，而美欧发达国家在第二次世界大战以前甚至在19世纪就已达到这一标准，但是，从65岁以上人口占总人口比重由7%上升到14%所需时间而言，日本却比欧美任何一个发达国家都快。

（3）澳大利亚：澳大利亚早在1940年就已步入老年型社会。澳大利亚统计局报道，1990年至2010年11月65岁及以上老人所占本国总人口百分比从11.1%增加到

13.6%。同期85岁及以上老人所占总人口百分比提高了1倍，即从1990年6月的0.9%提高到2010年的1.8%。

（4）韩国：据韩国国家统计厅介绍，2006年韩国有4800万人口，预计，2045—2050年，韩国人口将以平均每年1%的速度递减，届时韩国将成为世界上人口减少最快的国家。到2050年65岁以上的人口将占到韩国国内总人口的38.2%，而世界平均比例是16.2%，韩国将成为世界最“老”的国家。韩国的分析人士警告说，低出生率将导致国内劳动力减少，加剧社会老龄化，给政府带来沉重的养老负担。

（5）芬兰：芬兰人口老龄化的速度快于欧盟其他国家，全国530万人口中65岁以上占15%，女性的平均寿命为81岁，男性为74岁。同时，芬兰在解决人口老龄化问题上较其他西方国家先行一步。

（6）欧盟：欧盟委员会发表的欧盟人口绿皮书显示，到2030年欧盟人口总数将达4.687亿，劳动力人口的缺口将达2080万。届时2名劳动力人口，即15~64岁的人要养活1名非劳动力人口（65岁以上）。2005—2030年，欧盟65岁以上的老龄人口将增加52.3%。而15—64岁的人口数量将下降6.8%。要想弥补老龄化带来的就业缺口，欧盟平均就业率必须达到70%，而目前欧盟的平均就业率仅为60%。

（三）国外老年化社会养老需求与老年生活质量

1. 中西方家庭观念差异

现代社会有两种主要的家庭结构：核心家庭与延伸家庭。一对夫妇加上儿女，两代人组成的家庭称为核心家庭。三代甚至四代同堂的家庭是延伸家庭。中国人比较注重“养儿防老”，但这句话在西方意义并不大。西方家庭多为核心式，儿女成人后一般自立门户，三代同堂极为少见。

在西方，独立性的培养始于孩提时代，做父母的认为小孩靠自己劳动挣钱有助于他们认识到金钱的来之不易，并从小培养起自立的意识。子女18岁成年后就独立在外闯荡，或上学、或工作，他们宁愿租房也不愿与父母同住，他们认为与父母同住是不可思议的。很多西方年轻人认为中国父母长期和已婚子女同住一个屋檐下匪夷所思。

美国的父母也丝毫没有将子女留在身边尽孝的念头，他们鼓励成年子女独立生活，认为子女一旦成家立业就理所当然地应该搬出去住。平时子女和父母外出共同就餐，侍者也会很自然地询问是否分开付账。美国人认为生儿育女是自己的事，父母没有为子女当保姆的义务。如果麻烦父母帮忙带一天小孩，也应按照社会上的劳务费标准支付费用。美国法律规定父母抚养子女是必尽的义务，但没有规定子女必须赡养父母。西方社会老年人养老基本上是依靠社会和社区等，老年人养老需求向外求，而非在家庭内部解决，老年人普遍感觉孤单，社会养老的需求巨大。

2. 西方多元化养老需求与老年生活质量

西方国家由于有着完善的市场经济体制、强大的第三方组织和社会保障机制，所以养老社会化程度很高，但是由于世界各国风俗习惯、文化氛围、经济状况各有不同，退休老人的生活志趣也不相同。

（1）美国老人：不改冒险性格。美国老人退休后，既不甘愿呆坐家中，又不再做

“与世相争”的事，乐于做力所能及而又有所寄托的社区义工。他们仍不改冒险的性格，常出门旅游，在旅途中感受大自然和生命的搏动。当今美国大多数老年人在年轻的时候忙于赚钱无暇出游，退休以后有闲暇也有一定的积蓄，身体也很健康，所以实现年轻时周游世界的梦想就成了老年人的主要选择之一。除了旅游之外，上学也是美国老年人的选择。有的老年人作为特殊学生，在正规大学就读；可以获得从学士到博士的各种学位。美国老年人还非常愿意去国外。一项调查发现，80%的美国人有意在退休后找点事做，不愿意仅仅在“玩”中度过晚年。

（2）法国老人：寄情公益活动。法国老人年龄再大也不服老，最忌被人看作需要照顾的人。他们除了自娱自乐外，还积极参加一些社会公益活动，特别是乐于为中小学生提供无偿辅导。

（3）波兰老人：有学习热情。波兰的老人退休后依然渴求学习更多的新知识，如学电脑、音乐、外语、写作等，并且视学习为一种不可缺少的生活乐趣。

（4）新加坡老人：愿享清闲。新加坡的退休老人，一般不太看重发挥余热。他们退休金较高，足够日常生活开销，同时，子女又多不愿意让退休的父母再操劳。所以在新加坡，大凡退休老人，都过着悠闲的生活。

（5）瑞士老人：乐于助人。到瑞士旅游的游客都有这样的体会，如果迷了路，老人会为他们热心指路，有的老人甚至会直接将游客带到目的地，他们觉得这样做很快乐。

（6）英国老人：富有创新精神。在英国，退休老人除了参加志愿性的慈善机构外，不少人还开创新事业，如开咖啡馆、小饭店或是做企业顾问、开办咨询公司等。有的老年人干脆当起“作家”，在家写作，以积极的方式丰富自己的退休生活。

（7）加拿大老人：喜过田园生活。加拿大老人退休后不从事社会工作，喜爱过悠闲的田园生活。乡村小别墅是老人晚年向往的归宿，平日常去庄园田间喂养牲畜和种植花卉，以打发时光。

（8）日本老人：充实自己，关注家庭。日本老人既注意充实自己又很顾全家庭。除了日常保健活动和文化娱乐生活外，不少人还入读老年大学和参与社区活动，与社会团体保持密切联系。在家庭里，他们关心孙辈的学习，也会给子女们一些资助。

总之，随着社会经济和人口老龄化的发展，人们越来越认识到，社会保障制度只是一种手段，而提高生活质量才是人生的最终目的。生活质量是物质基础与心理感受的有机结合。尽管许多生活方式都可以为老年人带来愉快和幸福，但是，按照老年人自己意愿安排的生活才能最大限度地满足老年人的精神心理需求。

老年人的生活安排带给我们两条重要启示。第一，老年人的生活质量与国家社会经济发展水平相关联。发达国家的老年人一般有较为充裕的经济基础，国家也能够为老年人提供必要的物质条件和社会环境，所以他们能够做些自己想做的事情。第二，老年人的生活质量是与老年人的心态和精神追求分不开的。西方发达国家的老年人崇尚独立，追求成就感，有较强的参与意识。

二、西方国家的社会保障与养老背景比较研究

（一）国外“未老先富”的社会与中国养老的比较

首先，发达国家进入老龄化时，人均 GDP 一般在 5000～10000 美元。发达国家在实现了经济起飞和工业化完成之后才进入老龄化社会，这时西方国家已开始由生存型社会进入发展型社会的新阶段，发展的目标开始逐步聚焦于人的自身发展，已经具备一定的经济实力，有能力解决老龄化带来的一系列社会问题。而中国在 21 世纪初进入老龄化时，人均 GDP 仅 1000 美元，与发达国家的差距很大，应对老龄化的能力也大不相同。其次，发达国家的老龄化是逐渐形成的，社会压力也是逐渐出现的，中国的老龄化是短时期形成的。中国只用了 20 多年就完成了西方发达国家一个世纪甚至更长时间才完成的人口老龄化转变。最后，发达国家的生育率是缓慢下降的，最低时也接近二胎，即每对夫妇平均差不多有两个子女，而中国实行的是计划生育政策，因此，中国的老龄化程度将比发达国家严重得多。与此相比，中国人均 GDP 按 2013 年人民币兑美元年平均汇率 6.1932 计算，2013 年中国 GDP 约合 91849.93 亿美元，人均 GDP 约为 6767 美元，世界排名约 83 位。因而，从人口老龄化的经济条件来看，中国还属于中下等收入国家，无论是政府财政能力还是公民个人与家庭的收入水平，解决养老问题的经济能力还比较弱。老龄人口规模大，人口老龄化速度快，以及“未富先老”成为中国人口老龄化的基本特征。在中国人口老龄化快速发展的今天，这一特征越来越成为影响老年人福利的重要因素。就此而言，21 世纪的中国将是一个不可逆转的老龄社会。我国 60 岁以上老年人口占全国总人口比重详见表 3－1。

表 3－1　我国 60 岁以上老年人口占全国总人口比重　　单位：万人，%

指标＼年份	2006	2007	2008	2009	2010	2011	2012	2013
60 岁以上人口	14901	15340	15989	16714	17765	18499	19390	20243
比重	11.3	11.6	12	12.5	13.3	13.7	14.3	14.9

数据来源：民政部门户网站，《2013 年社会服务发展统计公报》。

（二）国外的社会养老保障制度

首先，社会养老保障制度是整个社会保障制度最基本的内容。它的完善和发展是一个国家经济发展、社会进步的表现。目前发达国家社会保障体制的发展已经基本齐全完备，这对其社会经济的发展起了积极的作用。随着生活节奏的加快，年轻人在家陪伴、照顾老人受到了时间和距离的限制，家庭养老作为养老的主要形式在工业社会已经越来越困难。随着工业化进程的加快，各国开始探索在家庭之外建立社会养老保险制度。现代社会养老保险制度的真正建立出现在 19 世纪末期，以 1889 年德国《老

年与残疾保险法》的颁布为标志，对德国所有工人和普通官员实行老年和残疾社会保险制度。此后，欧美一些国家也相继建立了不同类型的社会养老保险制度。

第二次世界大战以后，各国养老保障制度不断完善，养老待遇水平不断提高，国家、社会、单位、个人之间在养老保障制度方面的合作机制不断健全。第二次世界大战以后西方福利国家的浪潮进一步推动了养老保障制度的发展。全球化、工业化、市场化、信息化进程的加快，对各国养老保障制度的发展提出了新要求，将促进各国养老保障制度的进一步改革和完善。但无论如何改革，从家庭养老走向社会养老已经是各国养老保障制度发展过程中不可逆转的趋势，追求与经济发展水平相适应。

1. 日本的公共年金制度

日本的养老社会保障是以年金保险的形式实现的，它是由国家强制实行的，以养老为中心的老年、残疾和死亡保险制度，加入者可终身受益。日本的年金制度由公共年金制度、企业补充年金制度和个人储蓄养老金制度等三个支柱构成，体现了公助、互助和自助原则，其中公共年金制度居主导地位，成为年金制度的中坚。1961 年，公共年金以共济年金、厚生年金、国民年金等形式覆盖了 20 ~ 59 岁的日本居民，从而实现了“国民皆年金”的目标。1984 年以来，日本政府对公共年金制度进行改革，将原来相互独立的三层结构改为由国民基础年金和雇员年金组成的双层关联结构的年金制度。(1) 凡处于规定年龄段的国内居民均须加入并享受国民基础年金，形成了覆盖范围广泛的强制性的第一层次养老保险，并以此沟通各种年金制度之间的联系，有利于协调公平和效率之间的联系。(2) 公共部门和私营部门的雇员还须分别加入由共济年金和厚生年金构成的雇员年金。雇员年金作为基础年金的附加成分，其给付额与雇员在职期间的标准报酬缴付额成正比，为公私雇员提供第二层次的养老保障。1994 年，日本将公共年金作为各类年金制度的共同基础，实现了全国年金制度的一体化，但目前仍存在铁路、煤炭等 8 个不同规模的年金集团，保险费的缴纳、给付水平及财政状况不尽相同。日本公共年金制度改革的最终目标，是建立起不受产业结构、就业结构变化影响的稳固的制度体系，实现保险金负担和给付的公平化。随着年金体系中另外两个“自愿”支柱的成长，到 21 世纪初，日本老人最多可享受到四个层次的年金保障。除年金制度以外，日本的老年人还通过高龄者福利措施享受保健医疗补助、护理补助和日常生活援助等三个方面的福利保障。

2. 韩国的养老社会保障体系

与日本相类似，韩国的养老社会保障亦是通过年金保险体系实施的，构成韩国收入保障的核心；从功能上看，亦是以养老保险为中心，兼有残疾、死亡保险的综合年金体制。韩国的年金制度于 20 世纪六七十年代首先在公务员、军人和教师群体中实行，直到 1988 年才覆盖到其他国民。韩国的年金制度分为职域年金和国民年金两大类型，前者的对象是公务员、军人和公立/私立学校职员，后者以 18 ~ 60 岁的一般国民为对象，包括私人部门雇员、城市自雇者和农/渔民，上述人员的无收入配偶可自愿加入。与日本的公共年金不同，韩国的年金体系呈两大类型年金并列结构，二者互不交叉。从受保人的身份约束条件看，韩国的年金制度基本上属于就业关联的收入保障类型。作为年金体系的补充，韩国于1981年颁布了《老年人福利法》（1984年、1989年和1993年三度修订），制定了老龄津贴、老人保健、老人福利方面的措施，为老年人提供收入补助和福利服务，并规定了国家、地方政府和家庭在老年福利方面的责任。

3. 新加坡居民的养老保障体系

新加坡居民的养老保障体系是以个人积累为基础的中央公积金模式。

在个人公积金存款账户中，特别账户存款系退休养老积累。中央公积金面向所有公共部门和私人部门的雇员，雇主本人和自雇者可自愿参加。新加坡政府规定，雇员年满55岁后，个人账户结构由普通账户、医疗储蓄账户和特别账户转变为退休账户和医疗储蓄账户。雇员年满60岁且在个人退休账户须保留一笔法定最低存款，在此前提下，可以按月领取养老金。若最低存款未达到规定数额，可选择推迟退休以继续增加公积金账户积累，或用现金填补差额，或由其配偶、子女按照一项最低填补储蓄计划从各自的公积金账户中转拨填补。从退休账户的积累和最低存款填补制度的性质上看，新加坡的退休养老制度强调个人和家庭的责任，这也是新加坡政府采取以家庭为中心处理社会问题的政策的具体表现。

综观世界各国养老保障制度的发展历程，经济发展对养老保障制度产生重要影响。第二次世界大战以后，随着战争的结束，各国纷纷开展国家建设，发展国家经济，使得各国经济快速发展。与此同时，以养老保障制度为核心的整个社会福利制度迅速发展，一些欧洲国家相继宣布建立福利国家。而且，战后较长一段时期内，各国养老保障的覆盖范围不断扩大，保障水平不断提高，制度不断健全，管理逐步完善。

20世纪70年代中期以后，随着西方石油危机的爆发，各国经济出现了低增长、高通胀、高失业率的现象，经济发展受到了严重阻碍，战后各国社会福利制度的完善导致福利支出不断增加，所形成的福利支出刚性在此时已显露出诸多问题，各国政府财政负担加剧。原有的养老保障制度和社会福利制度已经不能适应当时的经济发展，不利于提高各国的经济竞争力，也使养老保障制度自身的长期可持续发展受到严重打击。因此，各国政府开始对养老保障制度进行改革，主要是开源节流，提高制度的财务可持续性，比如直接缩减待遇水平，降低替代率，严格待遇给付资格，延长退休年龄，提高缴费率，等等。

20世纪80年代以后，一些国家大胆向福利制度开刀，严格控制福利支出。20世纪末以来，一些国家的养老保障制度发展不是走向完全相反的极端，而是在经济发展与养老保障制度之间寻求一种动态的平衡，以求二者的健康发展。在最近一次的全球金融危机中，各国通过健全、完善养老保障和社会保障制度来解决老年人的生活保障问题，解除劳动者的后顾之忧，刺激经济发展，发挥了养老保障制度的经济调节功能。

（三）未来改革追求公平与效率有效结合，才能既确保公平，又实现效率

各国养老保障制度的发展证明，完全追求绝对的公平而不顾效率，养老保障制度难以持续发展；完全追求养老保障制度的效率而忽视公平的目标导向，更是违背了养老保障制度的公平本质。在改革的过程中，许多国家注重追求养老保障制度公平与效

率的平衡，主要体现在以下几个方面：

一是注重政府与市场作用的有效结合。各国的养老保障制度改革既不过度强调政府的作用，也不一味靠市场来解决问题，而是注重政府与市场作用的有效结合。政府始终是养老保障制度改革的主导力量，发挥着法制建设、政策制度、资金筹集、监督管理、协调关系等重要作用。同时，各国养老保障制度改革也注重发挥市场的适度作用。这样既可以为养老保障提供更多的资源，也可以提高保障的效率，还可以促进资源的合理配置，促进经济的发展。尤其是20世纪70年代以后，随着世界经济形势的变化，养老保障的发展遭遇困境，各国愈加重视发挥市场的作用，甚至一些国家纷纷进行养老保障的私有化改革。

二是基本保障与补充保障相结合。保障对象在个人收入、家庭经济状况等方面的差异性，使得对养老保障的需求和缴费能力存在明显的差别。一些国家在养老保障制度改革的过程中，针对保障对象的差异性采取基本保障与补充保障相结合的办法。针对全体国民的基本养老保障需求一视同仁地对待，或者差别比较小；政府在基本保障部分的筹资和管理责任相对更大。而对于国民养老的差异性需求，则通过设立补充保障的制度或措施。在补充保障中，政府的直接筹资责任相对较小，但是仍然负有监督管理、政策制定等责任；而市场和私人部门在补充保障中发挥着更大的作用。

三是缴费型保障与非缴费型保障相结合。目前大多数国家的养老保障是以缴费型保障为主，但在改革的过程中一些国家相继引入了非缴费型的“零支柱”，将缴费型养老保障与非缴费型养老保障相结合，成为这些国家养老保障制度改革实现公平与效率相结合目标的有效途径。根据部分国家非缴费型养老金制度的实践，非缴费型养老金制度可以分为家计调查型的非缴费型养老金制度和普惠型的非缴费型养老金制度两类。非缴费型养老金制度无须个人缴费，大部分是通过国家税收进行融资，少部分来自国企红利和雇主缴纳。非缴费型的养老保障制度是确保养老保障实现公平的重要途径。但是不能以非缴费型为主，更不能以非缴费型为单一的保障形式，而必须将缴费型与非缴费型养老保障制度统一规范。

（1）多渠道的养老金供给制度，保障养老服务的支付能力。丹麦的养老金制度包括政府养老金制度、劳动力市场补充养老金制度和综合养老金制度三类。政府养老金制度属于国家提供，包括基本养老金、附加养老金、单身老人特殊追加津贴以及其他情况下申请的个人补贴等；劳动力市场补充养老金制度属于企业提供，是由劳资双方每月按时缴纳的一种基金，其比例是雇主缴纳2/3，雇员缴纳1/3；综合养老金制度属于个人自理，包括私人养老基金、养老保险等。年满67岁的丹麦公民均可享受国家提供的政府公立养老金，单身老人的养老金每年在10万元人民币左右。

荷兰公民的退休养老金由三个部分组成：一是按月从工资中扣除的退休金。每年的额度约为税前年收入的1.75%，通过雇主缴纳。二是中央政府发放的养老补贴。面向所有年满65岁的荷兰公民，由社会保险银行发放。这一补贴的金额与个人工资收入无关，依人们在荷兰的生活年限而定，并随政府规定的最低工资标准而略有浮动。三是以不同方式积攒下来的私人积蓄。为在晚年生活中手头宽裕，很多人采取措施自行补充养老费用的来源。这些措施包括购买终身年金保险或递延年金、个人储蓄以及资产保险等。健全的社会化的养老金供给体制，保障了个人获得养老服务的支付能力，成为老有所养的坚实基础。

（2）建立以社区为基础的养老服务体系，服务便利可及。从丹麦、瑞典、荷兰三国的情况看，养老服务工作实行分级管理。中央政府主要负责制定养老社会保障方面的政策、标准、计划和实施转移支付等宏观调控方面的任务，地方政府承担老年人社会保障的具体工作，社区落实养老的具体服务。以瑞典为例，其最低一级的政府单位是市级，国家允许市级政府自行规划社会保障和医疗服务的立法，组织当地的税收，并依靠征税所得来保障养老服务。各社区承担养老保障措施落实的责任，都建立了不同规模的养老服务机构，只要是在政府登记注册的市民，就可以享受当地的养老福利和服务。

三、国外养老产业发展现状和趋势

（一）国外养老产业发展现状

国外养老产业发展分为三个阶段。第一阶段：19 世纪后期至第二次世界大战前，三代同堂的传统养老方式较为普遍，养老产业并未兴起。

第二阶段：第二次世界大战后至20 世纪60 年代，各国都趋于老龄化，社会福利性质的养老机构开始兴起。

第三阶段：20 世纪 70 年代至今，社区养老服务业逐渐发展，并形成多种业态的服务业和配套服务业。

20 世纪 70 年代人口老龄化对西方发达国家的冲击明显增强，使其用于老年人的财政支出更加沉重，严重影响了西方国家经济的发展，因此西方国家纷纷建立社区照顾的居家养老服务政策。在不同的法定框架和资金来源下，为老年人提供养老金、住房，提供医疗保健服务、社区服务等，经济基础成为影响老年人养老保障和社区服务政策倾向的最重要的因素，西方国家的老年政策出现了以下趋势。

一是从机构照顾服务转移到社会、社区为基础的照顾服务，“去机构化”运动逐渐在西方发达国家展开。英国政府率先提出了社区照顾养老模式，至20 世纪70 年代，社区照顾模式在英国已经普及。随后，一些国家提出了“就地养老”理念，大力开展社区照顾为主的居家养老服务。

二是转为降低政府的直接作用，并发展商业的、非营利的、非正规的、提供老年服务的部门。

三是促进具有更为灵活的服务和具有更多选择机会，个性化的照顾服务的发展。到20 世纪90 年代，西方国家趋向于社区服务的进一步改革，提倡人文主义的养老保健医疗、卫生服务、社区服务和住房供给等服务的整合。

（二）国外养老产业发展比较

1. 养老产业概念

养老产业是为老年人提供物质、精神生活服务相关产业的总称，覆盖地产、医疗、金融、消费等广泛领域。

2. 养老产业的分类

（1）老年医疗保健业；

（2）老年生活用品业；

（3）老年（家政）服务业；

（4）老年公寓（房地产）业；

（5）老年保险业；

（6）老年金融业；

（7）老年娱乐文化产业；

（8）老年旅游业；

（9）老年咨询服务业；

（10）其他特殊产业。

人口老龄化对西方国家的财政影响已到相当严重的地步，西方国家在制定政策时将开发老年市场看作解决老龄化的重要途径。正是在这种背景下，西方国家的养老产业市场才得以兴起并迅速发展，形成了包括老年用品、老年医疗、老年文化、老年休闲、老年公寓等多种业态的服务业和配套产业。

我国养老产业发展现状是需求旺盛但给付能力不足，老年人群整体消费能力较低。这是制约我国养老产业发展的关键因素。伴随着未来5～10年“婴儿潮”高净值人群变老，与当前老年人财富及消费偏低的现状形成明显“预期差”，从而带来巨大增量蛋糕，高净值人群的老龄化将是我国养老产业的最大红利。发达国家进入老龄社会（65岁及以上老年人口占总人口比重达到7%）时，其人均国内生产总值一般在10000美元以上，而中国进入老年型国家时国内生产总值仅有1000美元左右，“未富先老”决定了中国不可能照搬西方福利国家的方式。

第二节　欧洲国家居家养老模式研究

目前，欧洲发达国家接受居家养老服务的老年人的比例在80%左右。该种模式适合子女无暇照顾、有一定自理能力且不愿意离开原有熟悉环境的老年人。依托社区服务的居家养老融合了传统的家庭养老和集中院舍养老之长，在享受居家养老服务机构提供的专业服务的同时，不必使老年人脱离原有的居住环境和社会关系，也方便子女在闲暇时照顾老人，老人的情感需求能够得到充分满足，更容易被老年人接受。同时，居家养老能够充分整合利用家庭、社区的资源，使养老成本大大降低。目前，居家养老已经成为欧美等发达国家老年人养老的主要方式。以德国等国家为主要代表的居家养老模式则是以医疗保险制度为依托，利用医疗保险为居家养老提供资金支撑，并将医疗护理作为必要服务项目引入居家养老，通过整合、优化医疗资源和养老资源配置，促进居家养老发展。

国外发达国家很早就迈入了老龄社会，经过长期实践形成了相对完善的养老服务体系和居家养老模式。我们从运行机制、筹资机制、服务项目等方面分析和比较部分发达国家和较发达国家的居家养老模式。

一、英国居家养老模式

（一）运行机制

1. 政府层面

英国居家养老主要由卫生和社会保障部以及地方社会服务局管理。1948 年工党政府根据贝弗里奇报告的核心原则，建立了国民医疗保健制度（National Health Service，NHS）。国民医疗保健制度由卫生和社会保障部管理并实行分级制，其中一级保健（或称基础保健）由家庭诊所和社区诊所等构成，负责提供社区医疗和转诊服务。1974 年英国成立了地方社会服务局，根据职能划分，卫生和社会保障部主要负责国民卫生服务体系的管理和监督，地方社会服务局主要负责养老服务购买、老年人服务评估和服务资源配置等工作。

2. 社区层面

英国的社区照顾体系主要由经理人、专业工作人员和照顾人员构成。经理人作为社区照顾的负责人，主要负责聘用工作人员、监督工作情况以及资金分配使用等。专业工作人员上岗需要通过相关资格考试，获得资格证书。专业工作人员主要负责了解社区内老年人的需求，帮助他们解决生活中的困难。照顾员直接为老年人提供照顾服务，其中包括部分志愿者。

（二）其　他

1. 筹资机制

英国的居家养老大多以国家福利的形式提供，资金大部分由政府财政承担，其余部分通过对私人企业、行业协会、慈善团体等募集获得。地方政府负责确定居家养老的收费标准，原则上控制在老年人能够负担的范围内，并且由政府为服务费用提供适当补贴。

2. 服务项目

英国居家养老主要包括生活照料、物质支援、心理支持和整体关怀等四大部分。

生活照料主要包括为生活自理、半自理老人提供日间照料、送饭洗衣、打扫卫生等上门服务以及依托社区托老所提供短期托老服务。

物质支援主要包括地方政府为老年人生活场所进行改造升级、安装无障碍设施以及对 65 岁以上纳税人给予纳税补贴或纳税优惠。

心理支持主要包括保健医生上门为老年人检查疾病、传授养生之道和提供心理慰藉等服务；健康访问员定期到老年人家中探访，提供换药、洗澡等护理服务，并在专业医生的指导下根据老年人身体状况提出老年人治疗康复建议。

整体关怀主要包括政府出资兴办社区综合活动中心，为老年人提供休闲娱乐场所；由社区举办各种联谊会，为老年人生活增添乐趣；在社区建立老年人工作室，为老年人提供低强度工作，以增加老年人收入，维持老年人心智健康。

二、德国：从“乐龄合作社”到“老年之家”的互助养老方式

（一）“乐龄合作社”的特色及局限

德国一些社会团体和地方政府探索出了包括“多代屋”在内的多种互助养老模式。这种方式不仅有助于开发老年人的潜力，还有助于促进代际交流。如里德林根的“乐龄合作社”，不仅老年人可以加入，年轻人也可以加入进来。参加者可以选择小时工资，也可以把服务小时存入合作社，用以日后获得同样时间的免费服务。这种做法既鼓励老人互助和自立，也吸引了年轻人参与其中，通过服务老人为自己未来的养老做准备。

（二）“老年之家”的互助养老的兴起

在德国，进入“专业护理老人院”是老人最普遍的一种选择。这些养老院拥有世界一流的硬件设备和人员管理方式。不过近年来，德国兴起了一种名为“老年之家”的互助养老方式。一些害怕孤独又不愿意去养老院的老人自发组建自己的小天地，在“老年之家”中，成员共同分担家务，互相帮助，一起参加社会活动，让老人远离了孤独，也体会到了家的温馨。

三、丹麦：自助养老社区特色

丹麦政府为居家养老方式提供了众多服务。社区的养老服务机构可提供功能齐全的居家护理照料，为居家养老的老人提供全天候服务。对老人的住房进行适老改造，主要内容是无障碍改造，地方政府会给予一定的补贴；为居家养老的老人安装警报系统，使他们在家中一旦遇到困难可以及时得到养老机构的帮助；为70岁以上老人提供特别免费服务，如换灯泡、安装窗帘、去阁楼上存取东西等；提供日间托老服务，老人白天可到社区的养老机构享受各类服务，参加各种活动。

在丹麦，目前最流行的是自助养老社区（DIY）。在那里，老人可以做自己想做的事，可以约上老友，或是志趣相同的伙伴住在一起，一块儿钓钓鱼、养养花，共同建设属于他们自己的家园，独享的公寓，共享的餐饮、花园，个性化的小手工艺车间、小农场等，只要老人想到的，在这儿都能得到充分的满足，他们还可共同租用特别的照料服务，这种社区在哥本哈根郊区每月需1000欧元。

四、瑞典：居家养老、养老院养老和老人公寓养老

瑞典各地方政府都在大力推行居家养老的形式，争取让所有的人在退休后尽可能长时间地在自己的家里安度晚年。瑞典各地方政府负责提供的养老服务带有很大的福利性质，虽然需要收取一定的费用，但远远低于市场收费标准。据估算，瑞典全国一年用于照料老人的金额已超过1000亿瑞典克朗，其中由老人自己承担的费用仅占4%。瑞典目前主要有三种形式，即居家养老、养老院养老和老人公寓养老。在瑞典，在养老院养老的一般是基本上失去生活自理能力的孤寡老人。虽然养老院硬件设施一应俱

全，而且从吃饭到洗澡都有人照料，但由于缺少人情味，瑞典老人不到万不得已一般是不会住进养老院的。

公寓养老是20世纪70年代在瑞典兴起的一种养老形式，类似于国内小型的干休所。不过，近年来，老人公寓养老已不再时兴，一些老人公寓被逐渐改造为普通公寓。瑞典政府目前大力推行的是更具人性化的居家养老形式，争取让所有的人在退休后尽可能地继续在自己原来的住宅里安度晚年。主管老人社会福利事务的部门，会根据老人需要，提供包括个人卫生、安全警报、看护、送饭、陪同散步等在内的全天候服务。

五、挪威：去外国养老

异地养老、跨国发展养老产业在欧洲渐成潮流。挪威的卑尔根、奥斯陆、贝鲁姆等市已经先后在西班牙南部开设了大型养老公寓，那里低廉的地产价格、充足的阳光，吸引着越来越多的企业和老年人。北欧其他国家的老人到西班牙养老，看中的不仅是那里的自然环境，还有功能齐全的养老设施、良好的公共医疗卫生服务和保险服务等。与此同时，西班牙的实业家们也盯紧了那些希望去西班牙养老的北欧人的“钱口袋”，异地养老实在是一项互利双赢的好事情，已经被越来越多的国家、企业和老年人所认可。

第三节　美洲、大洋洲国家居家养老模式研究

一、美国：多种养老模式并存

（一）美国居家养老模式基础

1. 运行机制

美国的居家养老主要依托其医疗保险制度，利用医疗保险支撑居家养老发展。美国医疗保险体系主要包括 Medicare 和 Medicaid 两部分。Medicare 是面向65岁及以上老人或未满65岁的残疾、失能等特殊群体的全国统一医保制度。Medicaid 是由联邦政府主办、州政府实行管理，覆盖65岁以上残疾人、有幼儿的家庭以及收入在贫困线以下老年人的医疗服务救助制度。各州政府有权根据本州收入水平自主确定 Medicaid 的标准和覆盖面，联邦政府只负责提供部分经费。

2. 筹资机制

美国居家养老资金主要来源于医疗保险制度，Medicare 和 Medicaid 每月为符合条件的老年人提供补贴，其余部分通过个人储蓄、慈善捐款以及社会救助等渠道解决。美国社区面向中、低收入老年人提供部分免费服务，收费服务项目根据规定由保险或个人负担。

3. 服务项目

美国在1997年《平衡预算法案》中提出了 PACE 项目（The Program of All-inclusive Care for the Elderly）。PACE 项目建立在医疗保险制度基础上，为体弱多病的老年人提

供全面的医疗相关服务，主要包括急病诊治、住院治疗、医疗护理等服务。此外，美国的社区普遍建有老年人活动中心、老年人保健中心等，并且社区能够提供包括病历管理、日间照料和家政服务等相关居家养老服务。

（二）多种居家养老模式

1. 俱乐部形式的居家养老

俱乐部形式的居家养老在美国是一种最普遍的方式。老人住在家里，享受社区的服务。这个社区设备齐全，但是花费很高，美国是把社区养老作为产业来发展的。老年社区运作成功的典范是始建于1961年的，坐落在美国佛罗里达西海岸的“太阳城中心”。老人们可以在社区内购房定居，也可以租房居住，房屋有高、中、低档次职别，能满足不同年龄、不同层次老人的需求。

2. 以房养老

“以房养老”模式，已被许多美国人认为是一种最有效的养老方式。许多美国老年人在退休前10年左右就为自己养老而购买了房子，然后把富余的部分出租给年轻人使用，利用年轻人支付的房租来维持自己的退休后生活。由于美国的房屋出租业比较发达，美国人支出的房租占个人支出的1/4～1/3，因而房屋出租的收益也是比较可观的。

美国政府和一些金融机构向老年人推出的“以房养老”的“倒按揭”贷款模式，至今已有20多年。

二、加拿大：从老年公寓到自助养老

据统计，加拿大目前有超过13.5%的人口达到或超过65岁，而到2030年，将有20%的加拿大人成为老年人。

面对日益突显的老龄化问题的挑战，因养老福利项目多样和养老院收费相对较低而素有“老人天堂”之称的加拿大已逐步建立起一套比较完善的养老体系。除美国之外，加拿大也是“倒按揭”贷款业务发展比较快的国家之一。

首先，加拿大的养老院已形成多种体制下的多层次服务形式，老年人的护理问题，以及围绕养老院设立的养老体系日益引起政府和全社会的关注。迄今，最为普遍的是各种档次的“独立生活”老年人公寓，接收的住客是生活能完全自理的退休老人。这类老年人公寓楼中除了一般公寓楼所拥有的设施外，还提供医疗监测和应急支持等老年人所需的服务。这类公寓分别在私营、非营利机构和政府补贴3种管理体制下运行，房租的标准也有很大差别。在温哥华西区，一家私营“老年人公寓”一室一厅的月租金是3500加元（约合17500元人民币，参照2018年4月汇率）。但对低收入的老年人来说，他们可申请“老年人补贴住房”，这类老年人公寓房租低廉，是居住者月收入的30%。在不列颠哥伦比亚省，一室一厅的月租金是300加元左右（约合1500元人民币）。

其次，高一个层次的“辅助生活”——居家型老年人公寓。这里的住客在生活方面基本上能自理，但每天的餐饮和自我照顾需要一些特别的帮助。这类公寓配备专职护士，每天24小时值班，医生也定期到访；每天提供两顿饭，每周提供清理房间的服务。住在这里的老人如果身体状况恶化，会随时被转送医院。住户通常需要交其收入的70%作为租金。

三、澳大利亚：以房养老

（一）自己有房很重要

澳大利亚文化鼓励自力更生，拥有自己的房子是一个人自立、成功的主要标志，年老之后也尽量不依赖子女或亲戚。在自己行动不便需要看护时，老人通常的做法是将房屋出售，获得现金后向养老院交押金，入住养老院。

（二）养老普惠型

澳大利亚是普惠重点兼容型的典型代表，澳大利亚政府在向全体老年人提供居家养老的基础上，根据老年人经济状况和健康情况的不同，重点补贴高龄老人、失能半失能老人和低收入老人等特殊老年群体，以满足特殊老年群体的养老需求。在大洋洲等部分国家中，医疗保险制度和居家养老作为社会保障体系的组成部分，各自拥有相对独立的制度体系与服务项目。

第四节　亚洲国家居家养老模式研究

亚洲国家中，日本、新加坡等也逐步进入了老年型国家之列。在以东方文化为底蕴的日本、新加坡等国家，家庭养老仍占主体地位。因为有较雄厚的经济实力，这些国家一方面汲取了西方社会福利养老的特点，建立了比较完善的社保制度；另一方面，受儒家文化特别是其中的孝道文化以及家庭观念的影响，赡养老人被看作个人的美德，是为人子女应尽的义务，因此家庭养老模式被普遍提倡，并以政策性加以鼓励。

一、日本的居家养老模式

据日本总务省2001年6月公布的人口统计，日本65岁以上的老人达2227万，占总人口的17.5%。在日本，老人与子女的同居率非常高，从人们的家庭观念和养老观念来看，日本至今还存在一种社会习俗，即只有父母与已婚子女共同生活才被认为是正常的、能给人以安宁的生活形态。而随着社会的发展，养老方式也逐渐由家庭走向社会，其中，把居家养老与社会养老结合起来，是目前日本流行的养老方式。

（一）政府支持与鼓励

政府对同居型家庭养老方式采取支持和鼓励的态度。政府实施了一系列有利于推进家庭养老的社会保障措施，包括：如果子女照顾70岁以上收入低的老人，可以享受减税；如果照顾老人的子女要修建房子，使老人有自己的活动空间，他们可以得到贷款；如果卧床老人需要特殊设备，政府予以提供；同时在社会舆论上提倡三代同堂，提倡子女尽赡养老年人的义务。

（二）看护性质的老年人住宅产品："多代同堂组屋"

日本的同居型家庭养老模式有其自身的特点。一是父母主要与长子的家庭同居养老，基本上是生活在三代同堂家庭。老年人住宅产品与其他租售性质的住宅产品混合设计在一个生活社区内，突出自助自理。日本的老年人的生活质量是在良好的社会保险保障体系的基础上实现的。二是提供无障碍设施的老年人住宅产品、具有看护性质的老年人住宅产品、能和家人共同生活（二代居）的住宅产品。代表楼盘：港北新城。

居家养老包括传统的方式和现代方式。传统的居家养老方式主要建立在老人自己营造的家庭环境之中，并与后代共同生活，其养老资源主要来自家庭本身的收入和家庭成员的照顾；现代居家养老方式同样是在"家"养老，但是这个家可能是老人自己的家，也可能是子女的家，老人养老生活主要不是靠家人照顾，而是来自社会化的服务，包括通过长期工、短期工、钟点工等形式雇人进家侍奉老人，以及社会医疗、卫生、保健、文化、体育、娱乐机构随时为老人提供服务等。现代居家养老方式不用离开"家"环境，也不用支付养老院的床位等费用，还可以自由选择服务，这种"家庭养老院"是非常受欢迎的。

（三）完善的社会养老的护理服务特色

日本发展了完善的养老护理服务。主要包括身体护理、家务及生活咨询等；定期早晚用车接送老人到设在养老院的或单独设立的"日托护理中心"，对其进行各种服务；等等。

1. 运行机制

日本政府没有像西方国家一样把老年人赡养问题从家庭中剥离，而是强调国民自立，重视家庭在养老中的重要作用。日本社会保障相关法律和政策的制定多以发挥家庭养老功能为目标，以家庭和家庭赡养为前提条件。部分法律（如《生活保护法》《老年人福利法》《老年人保健法》《残疾人福利法》等）强制性要求家庭和亲属履行赡养义务；有些法律（如《厚生养老金法》《健康保险法》等）从制度层面对家庭或亲属之间业已形成的赡养关系予以承认。2000 年 4 月日本政府开始实施以《介护保险法》为基础的介护保险制度。日本介护保险制度独立于其他社会保险制度，旨在通过社会保险的形式为老年人照护服务提供费用支撑。介护保险制度规定城镇 40 岁以上有住所的国民强制参保介护保险并缴纳介护保险金，参保国民 65 岁以后根据不同条件可享受不同标准的介护服务。

2. 筹资机制

日本居家养老资金筹集上遵循以政府为主、服务机构为辅、多种渠道并行的原则，筹资责任由政府、社会以及个人共同承担。日本介护保险制度所需资金一半源于税金，一半源于保险金，其中税金部分来自中央和地方政府财政，国家、都道府县、市町村三级政府分别支付介护保险制度所需资金总额的 25%、12.5% 和 12.5%。

3. 服务项目

日本居家养老护理服务包括访问护理服务、日间护理服务、短期托付服务和社区贴紧型服务等类型。访问护理服务包括为老年人上门提供做饭喂食、洗澡换衣、打扫卫生等服务；日间护理服务是指接送老年人到社区老年人护理中心，为老年人提供身体检查、康复训练等服务；短期托付服务是指在老年人家属临时外出时，将老年人托付给社区养老院，接受社区养老院提供的短期护理服务；社区贴紧型服务提供夜间上门服务、失能失智老人日托护理和多功能型居家护理等社区服务。需要居家养老的老年人要向所在的市、镇或村提出申请，经过专门机构的审核和评估确定符合介护保险制度相关标准，即可享受等级不同的生活照料和居家介护服务。

二、韩国居家养老模式

（一）运行机制

受传统孝道的影响，韩国国民普遍不希望父母在养老机构养老终生。为了促进居家养老模式发展，韩国政府于 1992 年通过制定了一系列税收优惠政策，诸如对赡养老人五年以上的三代同居家庭，减少其财产所得税；赡养 65 岁以上老年人的纳税者，可以减少其个人所得税；等等。从 2000 年开始，韩国逐步设立日间护理中心、短期护理中心和家庭护理人员派遣中心等机构，提供各种服务以满足居家养老需求。2008 年 7 月，韩国《老年长期护理保险法》的正式实施，标志着韩国养老模式完成了从家庭养老向社会养老的转变。韩国的长期护理保险制度采用长期护理保险与国民医疗保险捆绑的方式运行。按照法律规定，韩国国民强制参保长期护理保险，但是未满 65 岁的国民只有患有老年疾病的才能享受护理服务。选择居家养老的韩国参保人需要向国民健康公团提出服务申请，由具有资质的公团有关工作人员直接入户家庭，对老年人身体状况进行评估调查，并以调查结果报告书的形式认定评估结果，最终服务选择权属于服务使用者或其家庭成员。

（二）筹资机制

韩国长期护理保险倡导社会性和公平性原则，在长期护理保障制度内建立了强制性公共养老计划，形成社会安全网，以缓解老年人因贫困无法养老的问题。根据韩国《老年长期护理保险法》的规定，其资金主要来源于保险金、国家和自治体以及自付部分，比例分别为 60%、20% 和 20%。

（三）服务项目

韩国《老年长期护理保险法》中规定了居家养老的相关服务内容，主要包括上门护理、日常照料和短期护理等，并且规定，对于身处农村或边远地区等设施缺乏、需要依靠亲友提供护理服务的老年群体，给予现金给付，以鼓励承担家庭护理有关人员。除此以外，韩国居家养老还包括洗衣做饭、打扫家务、代写书信等常规照料服务项目。

三、新加坡居家养老模式

（一）儒家文化圈国家的养老模式：提倡鼓励家庭养老模式

作为“亚洲四小龙”之一的新加坡是个年轻的国家，却是世界上人口老化较快的国家。政府推行的以政府为主体的宣传，创造了尊老敬老、赡养老人的良好的社会氛围。政府认为，“孝道”是伦理道德的起点，孝道可以稳固家，可以使人类社会得以延续。新加坡政府认为，稳固的家庭是照顾年长国人的需要，满足年轻人期望的重要基础，必须不惜任何代价保持三代同堂的家庭结构的稳固。政府还把这种伦理道德法律化，并于1994年制定了“奉养父母法律”，成为世界上第一个将“赡养父母”立法的国家。1995年11月颁布的《赡养父母法》规定：如被告子女未遵守《赡养父母法》，法院将判决对其罚款一万新加坡元或判处一年有期徒刑。

（二）强制储蓄为原则的中央公积金制度

1996年6月根据《赡养父母法》新加坡又设立了赡养父母仲裁法庭，仲裁法庭由律师、社会工作者和公民组成，地方法官担任主审，若调解不成再由仲裁法庭开庭审理并进行裁决。立法的同时政府也出台了一系列鼓励儿女与老人同住的优惠措施，如推出一系列津贴计划，为需要赡养老人的低收入家庭提供养老、医疗方面的津贴等。

知识拓展

在20世纪后期，工业化发达国家对养老问题十分重视，在养老金分配上有很多好的例子，比如，在新西兰退休老人实行平均退休金制度，从退休的官员到平民每人每月领取4000美元的退休金，受到一致的好评。

案例点评

简介：瑞士的时间银行，这是一大创举，政府制定相应的规章制度鼓励中青年人为老人服务一定的时间，把这些时间就像银行存款一样积累起来，当自己老了以后，再去领取你的时间，享受社会和志愿者提供的时间服务。

点评：这些规章制度的执行得到世界各国养老研究人员，专家学者和实际工作者，特别是老人的很大欢迎。这件事告诉我们，只要勇敢创新，就能应对我国的养老问题。

第四章　我国居家养老面临的机遇和挑战

居家养老是我国养老总目标和总模式的具体规定，其表述为居家养老为基础、社区养老为保障、机构养老为依托。与我国几千年的文化传统敬老、养老、爱老的民族特色相一致的居家养老是中国养老的主体部分，这是由我国的基本国情所决定的。但是，改革开放40年的发展对我国传统的居家养老模式提出了新的挑战，也带来了新的机遇。

第一节　我国居家养老面临的挑战

几千年来我国都是以居家养老为主体，古人对人类的延伸和发展作了“养儿防老”的规定和要求。但是，我国从1980年开始实行独生子女政策以后，居家养老的传统模式受到了严峻的挑战。

一、深度老年化时代对养老需求的增加

（一）我国老龄化程度日渐加深

1. 人口老龄化速度快、规模大

我国从1999年宣布进入老龄化社会以来，人口老龄化迅速加快，规模越来越大，从最初的1亿人增加到2016年末的2.4亿人，每年老人的净增数量为900万，80岁以上的高龄老人每年净增100多万。我国是世界上老年人口最多的国家，占世界老年人口的一半左右，我们的总人口只占世界的1/5强，这说明我国人口的老龄化在世界上都是非常令人震惊的。一些外国的科学家对我们中国的人口问题有错误的认知，公然提出了“谁来养活中国”的论调，这是十分错误的。中国人不但能够解决自己的人口问题，而且能够正确地应对老龄化问题。

2. 高龄化现象日趋加深

按照国际标准，65岁以上的老人占人口的6%就是老龄化社会。近年来，我国的老龄高龄化现象日益加深，65岁以上的老人越来越多，85岁以上的超高龄老人增加速度也非常快，这样给我国的养老带来严重的压力。高龄和超高龄老人居家养老的风险系数更高，给整个社会和老年人家庭带来巨大的压力。

3. 老年人口性别比例不均衡

我国老龄化的另一个重要问题是老人性别比例严重的不均衡，非老年人口的男性

比例远远高于女性比例，而老年人的人口比例女性远远高于男性。特别是在广大农村，女性老人的居家养老会带来更大的风险，女性老人的生活自理能力比男性老人要差得多，女性老人的疾病严重程度也比男性老人严重得多，这也给我们应对老龄化带来了一定的困难。

4. 老龄化发展的区域性差异

中国改革开放40年来，经济社会文化有了巨大的发展，区域性梯度发展的差异越来越凸显。东部地区与西部落后地区贫富悬殊，差异更加明显，老龄化的发展与经济的发展基本呈均衡状态。东部沿海发展城市人均寿命越来越长，老年人口比例占总人口的数额越来越大。以经济发达的上海为例，2013年年末，老年人口占总人口的比例为28.8%，到2016年年末，老年人口占总人口已超过30%。东部沿海城市其他地区也有类似的线性状态。反之，在西部落后地区，虽然人口年龄的增长与过去相比已经有了翻天覆地的变化，但是人口的平均年龄在全国还属于最低的状态。

老龄化发展的区域化差异需要我们应对养老的区域化策略。东部经济发达地区的养老以居家养老和社区养老为突出的标志，西部经济落后地区的养老以居家养老为主体，随着时间的推移，空巢老人增加，居家养老面临着重大的挑战。

（二）养老需求的增加简析

1. 对养老生活品质的追求提高

现在的老年人，不同于几十年前中国传统模式下的老年人，他们的物质文化和精神文化的享受都有更高的追求，特别是西方文明在中国文化的影响加深，人们对物质的追求有更高的标准。家用电器普及并发展，不再是过去的"老三件"。思维状态和生活方式发生了改变，特别是对医疗的需求更高，在医疗设施落后的偏远农村，老年人一旦生病，凡是有条件的都追求到特大城市的高等级的医院救治，一般的社区医院已经不再是人们对医疗享受的目标。

尤其是2008年奥运会在北京召开以后，国外的康复养老模式大量地进入我国，老年人对康复用品的需求也日益高涨，但是我国对康复辅具用具的生产还十分落后。随着生活水平的提高，老年人对生活品质的追求会越来越高，这就要求我们养老产业的服务机构不断提高自己的产品质量，改善自己的服务态度，满足老年人的需求。

2. 物质和精神支持的需求并重

物质文明和精神文明的发展是相辅相成的，人们的需求也是紧密联系的，现代文明的发展到了今天的状态，人们不只是简单地追求某种物质上的享受，特别是我国已经进入了小康社会，成为世界上著名的中等收入的国家，福利制度和福利的享受也严重深入人心，精神上的需求显得越来越重要。而我国长期处于经济落后和贫穷的状态，虽然有五千年的古老文明，再加上某些倾向的影响，精神产品远远赶不上老年人的需求。最为明显的是，我国一度出现文艺上的"韩派文化"的严重影响，韩剧一时成为年轻人追求的时尚，而可供老年人精神文化需求的产品严重缺乏，这样从某种程度上引起了老年人的不满。最近国家对文化产业的发展作了新的部署，在"十三五"期间，国家对文化产业的投入将达到1.5万亿元，这肯定会为我国的文化带来新的繁荣，也会在很大程度上满足老年人的精神需求和文化需求。

3. 日间照料专业化服务需求更高

在社区居家养老的老年人对日间照料专业化的服务要求越来越高。据我们调查可知，在社区居家养老的老年人最需要的就是文化娱乐设施，在四川的部分居住小区，由政府补贴实施的老人日间服务文化娱乐活动项目，早上 8 点到晚上 6 点在社区活动，提供一顿午餐，一般收费每人 8 元左右，受到广大老人的拥护和支持，处于供不应求的状态。虽然养老是我国几千年的文化传统，但是在新的条件下又有新的发展和需求，需要我们认真加以研究，尽可能地满足老年人的精神需求和物质需求，提高他们的养老质量。

在社区居家养老的高龄老人，有些身体状况并不很好，或者处于半自助状态，需要社区提供日间照料服务，这里的日间照料指的是为老年人提供单独的床位进行康复康养、医药医疗服务，夜间回到家庭由子女和亲友照护，让老年人享受居家养老的幸福满足感。

二、独生子女家庭居家养老的困境

（一）独生子女家庭居家养老的客观困境

1. 家庭结构小型化，空巢家庭更多

1980—2014 年施行 34 年的独生子女一胎化的政策使我国现行家庭结构的主体为小型化，即“1 +2 +4”家庭结构模式为主体。所谓小型化是指“1 +2”家庭承担四个或更多老人的养老，由于中国文化传统模式的影响，相当部分老人不愿意进入机构养老，为小型化家庭带来很大的压力。如果让老人去机构养老，会带来双重的误会甚至是指责，一方面，从小型化家庭的晚辈方面来讲，有不孝顺和不敬老爱老之嫌；另一方面，老人又担负着怕邻居和亲友指责为子女不孝顺的嫌疑。同时，小型化的家庭还要照料孩子的学习，就是人们常讲的“上有老下有小”，小型化家庭所带来的养老的沉重负担，会在很大程度上影响年轻人的工作和生活，长远的观点来看，甚至会影响到整个社会经济文化的发展。

在我国广大的农村，一方面是小型化家庭；另一方面是大量的农民工进城，空巢老人家庭很多。据不完全统计，农村空巢老人在4000 万以上，全国有4500 万老人是临终时无子女的状态，这是更为标准的空巢家庭，再加上高龄老人增加的因素，广大农村居家养老的传统模式也面临着巨大的挑战。

2. 社会流动增强，独子养老有限

在我国的广大城市，由于交通便利和现代化生产的需要，子女在老人身边的机会要比传统的历史上少很多，独生子女承担的养老责任十分有限。同时，我国的发展历史又出现了特殊的现象，城市商品房价格高居不下，绝大部分独生子女在工作所在城市难以有宽敞的住房，把老人接去居家养老是相当有难度的，而老年人又在他们长期生活的城市生活习惯了，同时，其子女的就业要回到原来的城市也有难度。因此，社会的流动性大大增强，养老也面临着新的困难。

在我国广大的农村，由于经济社会结构发生重大变化，大量的农民进城务工。到2016年年末，在城市务工的农民约为2.77亿人，其中有一半左右是独生子女，他们远离家乡，基本无法承担养老的义务，其中有70%的农民工很难在中心城市购买自己的住房，经济收入也十分有限，几乎不可能把自己的父母接到城市养老，而且自己还有子女的升学就业等问题。

根据现在新的户籍管理制度，有30%左右的农民工在近几年可能成为城市居民，但是他们首先要解决的问题就是子女的上学问题，父母的养老已经不是他们所关注的最重要的问题。所以，独生子女养老的责任和义务很难承担，这又是新一种形式的养老的困难。

3. 变故家庭困境，增加养老困局

我国经济高速发展，城市化进程迅速加快，人们的文化观念也有了重大的改变，特别是家庭观念的改变更大，这也许是市场经济带来的冲击，也是经济发展过程中难以避免的现象。随着离婚率不断增高，这给两个家庭带来很大的变故，重婚后又涉及第三个家庭，如果是独生子女，这些家庭的老人的养老会出现不同程度的困难。这种形式的家庭变化已经不是少数，他们的养老问题也为社会增加了很大的负担。

由于自然和生存生命发展的根本原因，我国有多达7000万的老人，由于子女过早去世，成为临终时没有子女的老人，在他们临终前一段时间的养老会面临着巨大的困难，这都需要社会、政府给予具体的实实在在的帮助。由于这个压力太大，养老产业界的领导和同人在研究和探索这部分老人的养老问题，相信会有更好的办法加以解决。

由于我国经济飞速发展，现代化的成果非常丰富，家用小汽车已经普及，所以车祸十分严重，年年事故频发。据不完全统计，2016年年底，因车祸死亡人数为46万多人，这就为40多万个家庭带来了痛苦和灾难。随着时间的推移，车祸家庭的数量十分巨大，也会给老人带来巨大的养老的困难。随着文明程度的不断提高，交通事故逐步减少，因交通事故丧失子女的老人也会逐步减少，这个特殊的困难局面也会得到逐步改善。

（二）独生子女家庭居家养老的主观困境

1. "养儿防老"观念弱化

中华人民共和国成立60多年来，现代文明制度和文化观念一直对封建的养儿防老的传统观念进行批判和改善。到现在，我国绝大多数人对养儿防老的观念已经有了正确的认识，特别是独生子女政策的实施，"世代不同了，男女都一样"，养儿防老基本上没有主导地位。我国城镇职工基本养老保险制度的普遍实施，使大部分城镇老人养老有了经济上的保证，从经济基础上不需要儿女，儿女在养老上所担的经济责任相对弱化。这也是社会的一个极大的进步，是现代文明高度发展的重要标志之一。

2. 以"子女一代"为中心现象更为突出

现在我国的家庭结构是"1+2+4"的基本模式，在这个家庭结构模式中，"2"这一个层次成为家庭结构的中心。由于市场经济和外来文化的影响，中国传统的敬老养老爱老的传统模式受到了巨大的挑战，以子女一代为中心的天平往往向孙子一代倾斜，老人往往处于被忽视的状态，这也给社会的养老观念和方式带来了严重的影响。

近年来，我国对子女教育的讨论已经成为社会热点之一。对于老年人来说，就是对孙子一辈的教育问题成了家庭的最主要的中心，无论是养老经费的支出还是对老人的关心方面，都存在着严重的缺陷，影响老人的生活质量。

3. 人格养成弱化孝悌观念

在我国已经正式成为世界公认的市场经济体制的国家以后，一方面是经济文化的巨大进步；另一方面是对中国传统文化也有一定的影响，人们的价值观、人生观、道德观发生了一定的变化。这本来是十分正常的事情，但是由于教育引导的作用不一定十分得当，人们的人格养成弱化，传统的孝悌观念也弱化，我国的养老问题也受到了某种程度的影响。相信随着时间的推移，国家和社会正面的教育和引导，会让大部分年轻人、中年人对中华民族的敬老养老爱老文化有较为深刻的理解，并付之于行动，使我国的养老事业向着更为正确的方向前进。

第二节　我国居家养老面临的机遇

在我国养老的总目标、总规划中，居家养老处于主导的地位。但由于我国老年人口太多，地区发展差异很大，特别是在广大农村，一方面是居家养老传统根深蒂固的存在；另一方面又面临居住分散、基本养老金很低的双重压力，使我国的居家养老面临着很大的挑战和机遇。

一、人口结构变化带来的养老机遇

（一）人口结构变化催生养老产业发展

1. 1953—1959 年第一个人口出生高峰期带来的变化

中华人民共和国成立以后，一改 400 多年来中华民族受压迫、受奴役的状态，中国人开始过上了自己的幸福生活，经过 1949—1952 年三年过渡时期中国人民兴高采烈地迎来了新的时代。在苏联严重的人口观的影响下，最典型的例子就是苏联倡导“英雄母亲”，鼓励生育的孩子越多越好。这一方面是根据第一次世界大战和第二次世界大战给人类带来大量的灭亡所引起的思想变化；另一方面，由于科学技术的原因，“计划生育”在医学上还不能普遍推广。这就使我国产生了第一个七年的人口出生高峰期，使我国人口从 1949 年的 4.5 亿飞涨到 1965 年的 6 亿，现在我国退休的老年人主要是当时年代出生的人。

由于中华人民共和国建立以后经济发展的需要，中国第一个人口出生高峰期的人大部分都进入城镇，成为国有和集体企业的职工。这也是我们现在养老的主体力量。

2. 1963—1980 年人口膨胀带来的养老重大难题

1963 年恢复生产以后，经过 4 年中华人民共和国政治经济文化发展的最好时期，又形成了中国第二个人口出生的高峰。随着医药卫生条件的改善，婴儿的存活率得到了大大的提高。

1963—1980 年间中国人口膨胀式地增长，从 6.5 亿人增长为 8.5 亿，再增长到 10 亿，不久就到了 12 亿人口，中国人口在 20 多年里几乎翻了一番。在这段时间出生的女性人口现在已经进入退休年龄阶段，在调结构的过程中，几百万的劳动大军都是这些年代出生的人，已经进入待业和待岗状态，大部分人很快进入退休状态，这是我国养老将面临的重大问题。

改革开放以后，我国认识到了人口膨胀带来的巨大危害，从 1980 年开始实行极其严格的“计划生育”政策和措施，起到了很好的限制人口增长的效果，但同时为今后的养老带来了严重的挑战，就是所谓的“独生子女”家庭的养老问题。

3. 1979—1999 年农民工带来的养老新变化

1979—1999 年这 20 年间，我国大量的农民工进城，长期保持在 3 亿人左右，这给我国的养老带来了新的变化。一方面，农民工进城以后无法对其老人养老、敬老、爱老，留下了 4000 多万空巢老人，这些人的养老问题需要我们严肃认真对待；另一方面，几亿农民工进城以后，70% 以上无法在城里购置自己的住房，也根本没有办法把老人带进城里养老，所以这部分人的养老问题是我国养老事业的一个空当。同时，1963—1979 年生育高峰期出生的人口，现在已进入 45 ~ 55 岁的阶段，他们逐步会成为老人，自己的养老和父代的养老结合在一起，使我国养老的结构和状态更为复杂化。

（二）居家养老迎合多元化的养老需求

1. 1992 年房改以后的居家养老

根据我国社会经济文化发展的进程，在 1992 年全国实行了普遍的房改政策，将传统的以计划经济为主的福利性住房改变为商品化住房。在过去长期形成的千千万万单位的职工宿舍，是现在城镇居家养老的主体部分。但是，这些住房建筑设计落后，规模很小而分散，虽然经过 25 年的发展，各个单位福利性的差别还没有完全消除，这就为居家养老带来了相当大的困难，尤其是管理和服务上的不方便，社区服务基本成为空白，有待于今后调整和改变。

2. 1992 年以后新型社区的居家养老

中国在 1992 年以后，才有了现在人们看到的市场化开发的房地产公司。这 25 年开发的商品化的房地产小区又可以分为三个阶段。1993—2000 年，这 8 年是我国房地产开发的起步阶段，这些小区的规模小，设计也很落后粗糙，不适于居家养老。第二阶段是 2001—2010 年，这十年间我国大量的商品化房地产住宅、小区大量涌现，但基本上还是处于房地产的粗放型阶段，当时主要考虑到人们有房居住，还来不及考虑居家养老所需要的配套设施。第三阶段是 2011—2015 年这 5 年期间，我国房地产市场在经过强烈的打压之后，各种类型的小区处于缓慢发展的状态，也无法考虑居家养老问题。

3. 农村居家养老的多元化模式

我国农村居家养老呈现多元化发展的方式，主要有两种形态：一是传统的农村的单家分户的居家养老，尤其是在我国广大山区和偏远地区更是这样；二是随着我国“农合”医疗机构发展壮大，这部分老人的居家养老有了很大的改善。

我国农村居家养老的主要形态还是很古老的传统状态。城镇化发展的速度急剧加快，从2001年以来的16年间，据初步的估算，占全国人口30%以上的农村人口在城市购买商品住房，进入城市养老，这是我们在研究养老的时候必须引起高度重视的一个重要现象。

4. 居家养老新模式

2016年，全社会高度重视养老问题，在房地产的设计和开发机构上作了根本性的具体要求。从此以后修建的商品房，必须考虑到养老的需求，这对城市的养老新模式的建立，从硬件设施上作了重要的保证。

在我国农村，农民养老保险制度的试点正在全面展开，到2020年，农民的养老保险金将大幅度提高，为农村养老新模式的创建提供了经济基础。

从2010年开始，在我国大量推广“社会主义新农村”的建设工作，这也为我国农村养老带来了崭新的希望，树立了重要的样板。

二、“二孩”政策实施后的居家养老

（一）实施全面“二孩”政策，应对老龄化

1.“二孩”政策是从根本上应对老龄化的途径

老龄化问题是当今世界经济发达国家面临的普遍问题，虽然我国的经济状况只是中等发达水平，由于历史的原因，我国也进入了严重的老龄化状态。人口老龄化给社会经济发展带来许多人们以前没有遇到过的问题，其中最重要的问题之一就是年轻的劳动力人口缺乏，这将给社会的发展带来根本性的挑战，如不适当地调整和解决，就会形成人才危机和劳动力危机，这是西方发达国家已经证明了的事实。老龄化问题会给社会的精神文化层面带来严重的影响，使社会风气死气沉沉，缺乏生机和活力，影响整个社会的发展和进步。从现在世界的人口结构来分析，只有非洲地区和南美洲地区青年和壮年是人口的大多数。“二孩”政策实施以后，纠正了我国34年来“一胎化”带来的人口结构失调的问题，将会补充在20年以后新兴的劳动力人口的社会需求。

2.“二孩”政策实施后养老负担的迅速增长

“二孩”政策的实施从根本上长远来讲是应对老龄化的重要措施。但是，在从现在起的30年内，我国“1+2+4”的家庭结构主导模式会有70%左右转变为“2+2+4”家庭结构模式。随着85岁以上的高龄老人人数的增长，会出现相当部分“2+2+4+1”，或者“2+2+4+2~4”，这后面两种结构模式是指第四代的老人有1位或者2~4位还高龄存在。这就为家庭结构中的第二个因素的“2”带来了更大的负担，过去是抚养一个孩子，现在是抚养两个孩子，在家庭结构的基层，经济负担和精力负担几乎成倍增长。在家庭结构的三级和四级甚至五级，老人的年龄越来越大，身体功能越来越弱，疾病也会越来越多，需要照顾的时间和精力也就更多，这为现在25~50岁的人带来了更为沉重的经济和精力消耗的负担。而这一层次的青年人，工作任务和社会活动

量也更大，所以他们没有更多的精力来担负养老的责任，这是可以想象的、不言而喻的。

（二）改变人口结构，提升家庭养老功能

1. “二孩”政策对人口结构的修复作用

人类文明高度发展的今天，人们完全能够积极有效地控制人口的结构，人口结构具有优化形式是民族具有强大生命力的标志。中华人民共和国成立60多年，一方面面对严重膨胀的人口要施行计划生育；另一方面又对僵化的“一胎化”政策必须做出修正，这也是国家和民族成熟的标志。人口问题也是民族问题，还是人权问题，也是社会文明的必然要求。全面恢复“二孩”政策实施以后，会给我国长远的发展带来生机和活力，似乎是理智和科学的选择。

中华民族的发展历史长期是大家庭、大家族的发展历史。我国老一辈革命家朱德同志在有名的《母亲》一文中曾回忆他的家庭有几十口人，应该说朱德所在的家庭是我国比较典型的大家庭，在相应的历史时期，整个社会的居家养老功能得到了充分的发挥。

2. 更好地提升家庭养老功能

现在我们面临着“全面二孩”的中国特色社会主义时代，虽然给有效养老带来了一定的压力和困难，但是根据我国的传统，几十人、上百人的大家庭都能和谐相处，何况现在的家庭人口总数一般在十人以内，要应对养老还是可以有办法解决的。我国基本养老保险制度和基本医疗保险制度的普遍实行为我国应对老龄化解决了根本性的问题，各个家庭要发挥自己的积极性，提升自己的养老功能，是会到达理想的境界的。

第三节 城市居家养老的发展研究

从东西方文明史的发展来看，我国是典型的东方文明国家，居家养老一直是养老的主体形式，而西方文明当中机构养老占了相当重要的地位。根据近几年的发展情况，西方经济发达国家有从机构养老占相当重要地位回归到居家养老的新的社会现象，这还需要我们进一步的观察和研究。我国有我国的基本国情，养老的模式必须适应国情，现在我国还应该是以居家养老为基础的状态。

一、我国城市居家养老发展现状及存在的问题

（一）城市居家养老的主要成绩

1. 改革开放40年城市居民住房条件有了根本性的改变

我国改革开放40年的成就有许多，其中最突出的成就之一就是我国城镇居民的住房条件有了根本性的改变。这是中国历史上从来没有过的，也是中国人扬眉吐气的因素之一。在城市，根本消除了“三代同室”的居住局面。现在大中城市基本上撤除了“筒子楼”，经过了十几年的“厨房革命”“卫生间革命”，在城镇基本实现了家庭住房带有厨房和卫生间的条件，抽水马桶普遍使用，天然气使用也基本普及，使我国城镇

居民的住房质量条件大大提高，为我国的居家养老提供了基本的物质基础。

2. 城镇居民基本养老保险的普遍实行是根本的条件

我国在1992年开始实行城镇居民的基本养老保险制度，到2007年，城镇职工的退休养老保险金的领取已经基本规范化。

同时，我国将个体经营者、小业主、集体所有制职工、自由职业者、灵活就业人员等城市居民都纳入了基本养老保险的范围，这就在很大程度上解决了绝大部分居民的基本养老保险问题。在2010年前后，国家对城市下乡知青、街道、工厂和服务业的人员，对过去没有养老保险金或者中断的情况实行了一次性补缴，满15年到退休年龄领取养老保险金的优惠政策。从此，我国城市居民基本上可以领取基本养老保险金，这为城市居民的居家养老创造了根本的条件。

虽然还有部分城市居民的基本养老保险金偏低，但总体上还是能够基本解决生活问题的。

3. 国家对新形势下的居家养老的重大规范

从1999年我国正式宣布进入老龄化社会以来，经过18年的探索，我国的养老产业特别是居家养老，引起了国家高层的高度重视，也积累了一定的经验。从2015年开始针对居家养老医养结合出台了一系列重要的政策和措施，很多省份都对居家养老者实行了经济补贴，对80岁以上的老人进行了全国范围内的经济补助，最为重要的是，通过住房和城乡建设部对新建的小区居家养老设备设施作出了重大的规范，为城镇今后的居家养老提供了很好的条件。

（二）城市居家养老存在的问题

1. 老城区居民住宅分散为养老带来的困难

由于历史的原因，我国进入老龄化社会之前，老城区居民的住宅不可能考虑到当今的养老的需要，分散、凌乱、缺乏规划、养老设施严重缺失，给现在老龄社会的养老带来了重大的困难。最严重的问题主要表现在交通拥堵，人行道狭窄，缺乏残疾人坡道、盲道和老年人需要的扶手，在道路宽广的街道，人行道中间没有老人回避的安全岛。医疗机构缺乏，日间照料中心很少，为老适老的服务机构也很少，使老城区的养老除了购物方便而外，存在许多问题，给老人带来严重的困难。

2. 1993—2014年的小区建筑对居家养老的严重缺陷

1993—2014年是我国经济高速发展的黄金时期，也是我国城市商品房开发的爆发式增长阶段。据我们调查可知，在我国大部分城镇，商品房的居住小区已经能基本满足居民的居住需求。

但是，正是这段时间大量建筑的新型小区普遍没有考虑到养老设施问题，主要有以下严重缺陷：

第一，小区未留有充足的日间照料中心和夜间照料中心用房；

第二，没有预留医疗机构用房；

第三，没有预留老人文化体育活动场所；

第四，多层楼房没有考虑老年人需用的电梯；

第五，大部分小区没有按规定设置残疾人坡道、盲道、老年人需求的走道扶手。

3. 县城和镇居家养老面临的困难

关于县城和镇的含义，按照我国的历史传统，在近3000个县级政府中，有200多个县城和镇已变为地级市与县级市，另外的县政府所在地，就是我们通常所讲的县城，在行政规划上一般称之为“城关镇”。因此，县政府所在地如果没有成为市，实际上还是镇的行政区划。通常我们所讲的镇，是在县城以外的单独成为行政区划的城镇居民集中区。按照我国的发展历史，在1966年以前设为镇的乡政府所在地的城镇居民人口为3000人以上，除此之外就是乡。

改革开放以后，由于交通和通信的迅速发展，第二产业的快速增长，全国普遍地实行了撤乡并镇的城镇区划管理活动，镇的数量大量增加，乡的数量相对减少。

据上可知，县城和镇的城镇居民的居家养老还存在严重的困难，主要是养老设施设备严重缺乏，医疗条件也相应较差。

二、深化和发展城市居家养老的远景

（一）2016年新房产规划带来的希望

1. 人均0.1平方米小区养老新模式

在2015年，国家住房和城乡建设部对新建的小区采取强制性规定，开发商必须留足人均0.1平方米的养老用房。这虽然是一个技术性的问题，却具有战略性的意义。分析如下。如一个万人小区一般是3000套住房左右，应留足1000平方米的养老用房，这是一个基本的要求。大致划分一下，社区医疗机构留50~100平方米的用房，文娱活动室留200平方米左右，日间照料中心20个床位，300平方米左右，夜间照料中心10个床位，150平方米左右，康复养生中心再有200平方米左右，其余作为体育设施用房。这个模式还是比较理想的，各个万人小区可根据自己的区域位置、居住人群特点作适当的调整，突出此种特色。比如日间照料中心也可以是30个床位，夜间照料中心再设20个床位，这个小区就会以养老照护为特色，但是如果这样也会侵占其他方面的使用面积。所以，按建设部的标准也是最低的要求，真正的高效的居家养老小区人均0.3平方米也不为多。

2. 新的社区养老为居家养老提供了基本的帮助

我们在研究社区养老的时候，往往会涉及居家养老，因为现在的新型小区和传统的小区最基本的功能就是居家，有老年人的家庭或者老年人单独居住，就成为典型的居家养老。居家养老的含义包括几个方面：一是老年人年纪越大越需要家庭的氛围，据上海市最近的调查表明，50%以上的老人还是热爱居家养老，这是一种情感问题；二是居家养老可以在经济上得到解决，使老人和家庭的生活质量得以保证；三是有自理生活能力的老人还可以为子女和孙辈提供一定的家务劳动的帮助；四是我国的文化传统和民族风情所致。

在新的小区养老设施设备更加齐全，这为居家养老提供了根本的保证。

（二）完善的小区养老为居家养老创造了优越的条件

1. 小区日间照料中心和夜间照料中心为居家养老提供了基础

按照新的建筑规范建成的新型小区，养老用房和养老设施是较为完善的。现在的情况是，绝大部分传统小区为生活能自理的人提供居家养老服务，根据国外的经验和我们养老的需求，小区应该为半失能老人和失能老人提供居家养老服务。小区日间照料中心主要的任务就是为半失能老人提供日间照料服务，其次才是为子女不放心的高龄老人提供日间照料服务，日间照料服务的优势在于老人夜间可以回家居住，享受家庭氛围带来的天伦之乐。

夜间照料中心的主要任务是为失能老人提供夜间照料服务，它的最大优势在于，老人的子女或者晚辈下班以后可以很方便地去看望老人，为老人提供必要的饮食和亲属照料。其次，夜间照料中心为患高危病的老人提供夜间照料服务，如果老人在夜间突发疾病，照料中心可以及时救助。

从某种意义上来说，新型的养老小区必须建立完善的日间照料和夜间照料服务，这是一个最基本的要求。

2. 家庭医生制度的实施为“老有所医”提供了保障

从 2017 年开始，国家卫生计生委在我国推行家庭医生制度。虽然还在试点阶段中，但已经是一个很好的开头，这是国际上经济发达国家实施上百年的经验，证明是非常好的制度，从根本上解决了老人居家养老的医疗问题。

“老有所养”和“老有所医”是紧密联系的。我国过去长期没有实行家庭医生制度，这是由当时的历史条件所决定的，现在我们要应对老龄化社会带来的挑战，家庭医生制度必须迅速推行。这和我国以居家养老为基础是紧密联系的，在医疗问题得到根本的解决以后，居家养老才能成为安全的、有效的。

3. 各类上门服务公司为居家养老提供了快捷的服务

自从《国务院关于加快发展养老服务业的若干意见》法规颁发以后，国家跟有关部门又颁发了一系列法规和政策，鼓励设立为老服务的公司，特别是为居家养老提供快捷服务的机构和个人受到政策的扶持，使过去很少的为老服务的公司有了一定的发展，为居家养老提供了便利。

根据新的社会发展的要求，完善的养老服务的小区应该设立一些上门服务的机构，为居家养老的老人提供服务，有的社区也可以与社会上的服务公司联合，开展市场化的居家养老服务。根据国际的先进经验，首先是办好“六送”服务，同时还要开辟更多新的服务项目，比如，为老人读书报，陪老人聊天，陪老人进行健康的文娱活动，等等。

（三）“互联网 +”的应用运用为居家养老带来了美好希望

1. “互联网 +”为居家养老现代化提供了可能

我国是世界上“互联网 +”高度发达的国家之一，在我国以居家养老为主的情况下，“互联网 +”成为必须选择的重要工具。从这个方向来思考，“互联网 +”要求我们的养老的管理机构、政府部门、服务机构开发出新的产品和服务项目，为老年人的居家养老提供各种各样的服务。

2. 互联网技术的高速发展成为我国居家养老的重要条件

"互联网+"的技术还在高速发展中，据现在国际上的经验和我国的发展状况，互联网技术可以为老年人居家养老提供以下帮助。

第一，为老年人的网络医疗提供方便。家庭医生制度实施以后，家庭医生个人在没有其他医生的配合下要会诊是不太可能的，运用"互联网+"的技术，不但可以和家庭医生所在的医院的医生会诊，还可以和中心城市的高等级医院的医生会诊，甚至可以和国际上最高端的医学专家会诊。

第二，互联网技术为老人居家养老的安全提供了保证。如果老人单独在家的时候突发疾病，可以利用互联网技术服务呼叫医生和亲友。反之，医生和亲友也可以定期向老人查询，及时或早期发现他生病的状况，以便于及时抢救。

老人在离家活动的时候，如果发生走失和其他安全问题，利用互联网技术也可以及时得到救助。

第三，互联网技术可以为老人的学习提供有效帮助，老年人可以把老年大学的教学内容终端接到家庭，参加老年大学的学习。

第四，互联网技术为老人购物带来了方便。老年人利用"互联网+"的方式在家里就可以购得自己所需要的商品。

第五，"互联网+"可以为老年人提供文化娱乐活动，除了一般的电视以外，还可以满足老人更多的文化娱乐的需求。

第六，"互联网+"可以为老人交朋友提供方便。老年人最大的心理问题之一就是感到孤独和寂寞，利用"互联网+"老人可以和亲戚朋友聊天，了解他们的信息，交流自己的想法，甚至对子女的抱怨和意见也可以得到倾诉，让心情愉悦。

3. 新一代的老年人对"互联网+"的充分利用

根据我国老龄化发展的趋势，有文化的老年人会越来越多，他们对互联网的运用更为熟悉，不像现在70~90岁的老人对互联网不熟悉，应用不广泛。随着时间的推移，今后的老年人都会运用互联网。可以预计，再过几年，互联网的主要使用者并不是年轻人，而是老年人，因为他们不需要上班，有非常充足的时间利用互联网。

知识拓展

《国务院关于加快发展养老服务业的若干意见》
（国发〔2013〕35号）（节录）

（一）指导思想

以邓小平理论、"三个代表"重要思想、科学发展观为指导，从国情出发，把不断满足老年人日益增长的养老服务需求作为出发点和落脚点，充分发挥政府作用，通过简政放权，创新体制机制，激发社会活力，充分发挥社会力量的主体作用，健全养老服务体系，满足多样化养老服务需求，努力使养老服务业成为积极应对人口老龄化、保障和改善民生的重要举措，成为扩大内需、增加就业、促进服务业发展、推动经济转型升级的重要力量。

（二）基本原则

深化体制改革。加快转变政府职能，减少行政干预，加大政策支持和引导力度，激发各类服务主体活力，创新服务供给方式，加强监督管理，提高服务质量和效率。

坚持保障基本。以政府为主导，发挥社会力量作用，着力保障特殊困难老年人的养老服务需求，确保人人享有基本养老服务。

注重统筹发展。统筹发展居家养老、机构养老和其他多种形式的养老，实行普遍性服务和个性化服务相结合。

完善市场机制。（略）

（三）发展目标

到2020年，全面建成以居家为基础、社区为依托、机构为支撑的，功能完善、规模适度、覆盖城乡的养老服务体系。养老服务产品更加丰富，市场机制不断完善，养老服务业持续健康发展。

——服务体系更加健全。生活照料、医疗护理、精神慰藉、紧急救援等养老服务覆盖所有居家老年人。符合标准的日间照料中心、老年人活动中心等服务设施覆盖所有城市社区，90%以上的乡镇和60%以上的农村社区建立包括养老服务在内的社区综合服务设施和站点。

——产业规模显著扩大。以老年生活照料、老年产品用品、老年健康服务、老年体育健身、老年文化娱乐、老年金融服务、老年旅游等为主的养老服务业全面发展，养老服务业增加值在服务业中的比重显著提升，全国机构养老、居家社区生活照料和护理等服务提供1000万个以上就业岗位。

——发展环境更加优化。

加强社区服务设施建设。

综合发挥多种设施作用。

实施社区无障碍环境改造。

发展居家养老便捷服务。地方政府要支持建立以企业和机构为主体、社区为纽带、满足老年人各种服务需求的居家养老服务网络。

发展老年人文体娱乐服务。

发展居家网络信息服务。

支持社会力量举办养老机构。各地要根据城乡规划布局要求，统筹考虑建设各类养老机构。在资本金、场地、人员等方面，进一步降低社会力量举办养老机构的门槛，简化手续、规范程序、公开信息，行政许可和登记机关要核定其经营和活动范围，为社会力量举办养老机构提供便捷服务。

办好公办保障性养老机构。

开展公办养老机构改制试点。

健全服务网络。

拓宽资金渠道。各地要进一步落实《中华人民共和国老年人权益保障法》有关农村可以将未承包的集体所有的部分土地、山林、水面、滩涂等作为养老基地，收益供老年人养老的要求。

建立协作机制。

拓展养老服务内容。

开发老年产品用品。

培育养老产业集群。

推动医养融合发展。各地要促进医疗卫生资源进入养老机构、社区和居民家庭。

健全医疗保险机制。

要通过完善扶持政策，吸引更多民间资本，培育和扶持养老服务机构和企业发展。各级政府要加大投入，安排财政性资金支持养老服务体系建设。

各地要将各类养老服务设施建设用地纳入城镇土地利用总体规划和年度用地计划，合理安排用地需求，可将闲置的公益性用地调整为养老服务用地。民间资本举办的非营利性养老机构与政府举办的养老机构享有相同的土地使用政策，可以依法使用国有划拨土地或者农民集体所有的土地。

落实好国家现行支持养老服务业的税收优惠政策，对养老机构提供的养护服务免征营业税，对非营利性养老机构自用房产、土地免征房产税、城镇土地使用税，对符合条件的非营利性养老机构按规定免征企业所得税。

各地要加快建立养老服务评估机制，建立健全经济困难的高龄、失能等老年人补贴制度。可根据养老服务的实际需要，推进民办公助，选择通过补助投资、贷款贴息、运营补贴、购买服务等方式，支持社会力量举办养老服务机构，开展养老服务。

（四）完善人才培养和就业政策（略）

（五）鼓励公益慈善组织支持养老服务

引导公益慈善组织重点参与养老机构建设、养老产品开发、养老服务提供，使公益慈善组织成为发展养老服务业的重要力量。

案例点评

简介：据有关媒体报道，在国家关于社区养老服务设施改造的有关政策出台以后，杭州市政府出资对社区多层建筑进行增设电梯的改造，受到了一层住房和二层住户的阻挠。

点评：希望全社会都关心养老问题，最起码不要影响国家对养老政策的实施。

第五章　居家养老模式研究

我国总体养老模式的基本目标是：到2020年，全面建成以居家为基础、社区为依托、机构为支撑的，功能完善、规模适度、覆盖城乡的养老服务体系。养老产品更加丰富，市场机制不断完善，养老服务业持续稳健发展。

根据我国的历史和文化传统，居家养老永远是我国养老的基础，根据我国的基本国情会创造出具有中国特色的居家养老模式。

第一节　中国特色的居家养老传统

中国有五千多年的悠久历史，丰富灿烂的思想文化，稳固的家庭和国家观念，“大中华”民族传统永久传承。居家养老也是我国传统的养老模式。

一、中国传统文化

（一）儒家文化圈的家庭伦理

1.“孝为先”文化

孝文化由孔子奠基，而在哲学上进一步将其体系化、思辨化的人物则是曾子。由此可见，曾子在中华文化的薪传流变中乃是一承先启后的人物。曾子以“孝”著称于世，其孝道传自孔子，孔子云：“孝弟也者，其为仁之本与。”孝成为人之所以为人的社会立足点，同时由内至外，又是政治关系的基本准则。但是，孔子人伦的基本内核是“仁”“仁者爱人”“老吾老以及人之老，幼吾幼以及人之幼”，将孝道无限扩大，使之成为绝对的、终极性的道德之源，是总摄仁、义、礼、信等道德范畴的“大经大法”：“夫孝，德之本也，教之所由生也。”“夫孝者，天下之大经也。”

儒家之孝，立足于家庭人伦，包含以下几层含义。其一，养亲。《诗经》云：“哀哀父母，生我劬劳。”父母抚养子女含辛茹苦，历尽艰辛，子女成人后当思鸟兽反哺之情，尽心尽力供养双亲、照料双亲，使父母在物质生活上尽可能地得到满足，这是儒家孝论最基本的要求。“往而不可还者亲也，至而不可加者年也。是故孝子欲养，而亲不待也。”青山不老，韶光易逝。俟至子女成人，父母年事已高，在世之日有减无增。子女养亲应有紧迫感，安身处世应以奉养好双亲作为基本价值尺度。因此，曾子提出了一个入仕原则：父母在时，子女应“不择官而仕”。

2. 多子多福的居家形式

在儒家文化影响深远的中国，历来存在“养儿防老”和“多子多福”的信念，父母将未来养老问题更多地寄托在子女身上，而子女不仅在道义上而且在法律上有赡养义务。

此外，由之前的计划生育所导致的如失独家庭、性别比失衡和独生子女家庭养老负担等问题，这些负效应都直接或间接地与家庭养老功能的弱化有关。家庭规模的小型化和家庭类型的核心化，将导致中国家庭养老功能和家庭保障功能的弱化。这种观点的推理依据是，“总体而言，每个家庭的平均子女数有所下降，从而导致每个子女所赡养的老年人数上升，形成1∶4甚至1∶6的格局”。即使子女一代的平均收入在持续提高，但人们的生活节奏在加快，职场竞争也更激烈，社会化养老将有所加强，而家庭养老功能则会弱化。

（二）儒家文化圈的养老传统方式

1. 多代同堂的居家养老传统

所谓“入则孝，出则悌”。作为社会稳定的调节器，孝道养老思想直接指导家庭成员处理子女和父母、晚辈和长辈的家庭伦理关系，实现家庭和谐美满。家中的老人充当着“族长”的角色。在处理问题时，如果子女们意见不一，最后往往由老人决定。这是对老人起码的尊重。而三代或多代同堂和子孙后代住在一起或临近居住，老人因子女在身边很知足，能真正享受天伦之乐。

2. 血缘关系决定论

总的说来，在中国家庭成员尤其是子女照顾父母是天经地义的，它成为传统价值中的重要内容而被世代推崇。家庭照顾依旧是目前中国城乡老年人照顾的主体，特别是当老年人因疾病或年迈需要照顾的时候。这一现象是中国几千年传统文化不断积淀并产生影响的结果，道德伦理观念一直支持着这种代代相传的基于血缘联系、地缘联系、经济联系和其他联系的老年人与子女之间的社会关系（参考北京市西城区民政局网站信息）。

二、传统文化氛围下的养老传统

（一）轮养制与转养制

1. 产生的背景

所谓“轮养制”即父母轮流到子女家养老一段时间的方式。所谓“转养制”即子女轮流到父母居住地去照料父母养老。

当下有两种普遍的做法，一是送父母去养老院，兄弟姐妹出钱；二是父母打点行囊，过上轮流寄宿的“流浪”日子，甚至有子女互相推托不愿赡养的，老人们子孙满堂，却无限凄凉。兄弟姐妹多了，父母由谁来赡养成为问题。现代社会对传统家庭的依赖感和责任感不再像古代那样强烈，而更注重追求个人的价值实现和个人生活的幸福，因此他们的传统孝道观念日渐淡薄，孝道极力推崇的敬老、养老、送老、助老的价值目标也失去了吸引力。

2. 传统孝道受到的挑战

“父母在不远游”的习俗已被颠覆，子女与父母之间是一种“反哺模式”，即下一代对上一代的赡养。在传统的伦理文化中子女具有赡养父母的义务，它体现了养儿防老的均衡互惠原则，成为维系家庭经济共同体的纽带。子女多选择外出创业谋生，但从20世纪80年代中国城市实行经济体制改革以来，出现了“逆反哺模式”，即年老父母在经济上支持子女的一种反向抚育关系，这种社会状况分为两种情况，一是父母确定有能力向子女提供“逆反哺”，这是正常的。二是出现了“啃老族”现象，这需要加以正确引导。

3. 轮养制的弊端

轮养制显然有很大的弊端，把赡养父母尽孝道作为轮流坐庄的不得不为而非心甘情愿地尽义务。同时又把赡养父母与经济利益挂钩，造成父母与子女及子女之间的矛盾和争斗。父母生养我们就是我们获得的最大利益，诚然，一个孝敬父母的人可以有利益上的考虑，但是养老、敬老、送老本身就是我们的道德目标之一，与得利与否没有逻辑关系。现在一些年轻人认为守在父母身边尽孝使他们失去了去外面闯荡的机会，回家奔丧又要损失一大笔路费，以金钱来衡量行孝。事实上，孝敬父母不能与赚钱画等号，不能把孝敬父母作为为自己谋取利益的手段，基于以上分析，研究孝道对居家养老的作用，既要认识到孝道是达到其他目的的手段，又要看到孝道本身也是目的。

反思孝道支撑农村家庭养老的功能不强的原因之一是把行孝当作手段而不是目的，仅仅从行孝是否得利这个角度来认识孝道价值，来强调孝道的重要性和必要性。这无疑会淡化孝道的应有价值和其丰富的内涵，淡化孝道中道德因素的含量，最终是难以达到孝道养老的目标的。因此，在农村进行孝道宣传教育，引导农民秉持孝道以养老本身就是一种高尚的道德境界，有助于农村家庭成员修身养性、明礼诚信、诚心养老，做新时代农民。

（二）分主制制度

1. 分主制产生的原因

所谓“分主制”是以子、女一方为主赡养人的方式。在传统居家养老模式中，因为子女的经济收入及社会地位不同，而老人选择与经济条件相对好的子女共同居住的情况。后来由于重男轻女的旧思想的破除，许多父母选择与女儿组成的家庭共同居住，这种方式能使父母有选择性地与子女生活在一起，能够享受一定程度的天伦之乐。

2. 分主制的弊端

任何事情有好就有坏，因为选择导致子女之间的不平衡产生矛盾，对于独生子女这个问题相对容易解决；同时也使老人难以回避子女要求父母承担更多的责任和经济上的补贴等，子女父母除非独居，很难拒绝子女的更多要求，客观上加重了父母养老的身心和经济负担。

第二节 影响居家养老方式主体地位的决定因素

综观人类发展的历史，世世代代永远相传，居家养老始终成为主体地位，确定这个定位的因素又是多方面的，是由自然的、社会的、文化的、宗教的、民族的、历史的多种因素综合决定的。

一、养老模式选择

（一）养老模式选择的主体、动因与实质

1. 老年人主体及分层

老龄化社会的到来，使老年人口问题日渐复杂，由此引发对老年人口进行分层的必要。通过对老年人进行分层，可以揭示出处于不同地位、不同水平的老年人的差异性需求，进而有针对性地贯彻和执行多支柱的养老模式，使老有所养取得实质性的效果。透过复杂的表象去揭示和把握老年群体内部出现的整体化和个性化的特征，老年人口社会分层无疑是一个很好的切入口。

西方分层理论研究最大的理论源头之一，当属德国社会学家马克斯·韦伯创立的三位一体名、利、权分成模式。社会上存在的高低有序的社会层次被称为社会分层，主要是指一个社会内部个人或群体占有社会资源的多寡而分为不同的层级，例如，财富、职业、声望、权力、教育机会、家庭等造成的差异。老年人口分成就是分析现实社会生活中，老年人与老年人之间因拥有各种资源的不同而形成的实际差别，进而揭示资源配置、地位获得的社会机制。

根据我国社会及经济发展状况，社会分层比较趋向于以职业为主，并以教育程度、生活方式、价值观念等综合的差异内容为衡量标准。因为这些差异，老年群体存在着不同的类型和不同的需求，单一的养老模式已经无法适应老年人的差异性需求。

老年人可分为：（1）有助于客观描述老年人口内部差异性。（2）老年人口社会分权有利于探索多元化的养老模式，选择多层次的养老服务政策。老年社会分层是满足老年人口人生价值的客观需求，是调节代际关系的一种良方。（3）在既定的社会物质生活水平和社会生活资源方式条件下，老年人口需要一定程度上的稳定性。不同层次的老年人口对由低到高各层次的需求表现出不同的强烈程度。既然老年人口分层客观存在，那么谈养老就不能回避不同层次老年人口需求的差异性和需求满足程度的差异性。同时老年人口需求是动态发展的，是对周围环境的积极反应，是老年人与其周围环境之间的物质信息和价值交流的产物。

2. 动因：老年人口需求是对养老模式进行选择的动因

（1）引起老年人口需要的条件一方面来自内部的老年人口生理和心理状况及老年人口的认识，另一方面来自外部的社会环境和自然环境，社会生活环境能激发老年人口对健康和长寿的欲望，对提高老年生活质量的欲望。

（2）老年人口需求具有递进性。在西方关于人的基本需求的研究中，影响巨大的首推马斯洛的人的需求层次理论。按照马克思主义和马斯洛关于人类需求理论，老年人有基本的生理需求、安全需求、社交需求，尊重需求及自我实现的需求，中国式的老年人需求理论是“六个老有”，即“老有所养”“老有所医”“老有所为”“老有所乐”“老有所学”“老有所教”，“六个老有”实际上是高度概括了老年人在物质生活、健康保障、精神文化生活和社会参与等各方面的需求。

“老有所养”是满足老年人衣食住行的基本需要，为老年人口健康生存提供物质保障，也就是马斯洛提出的人的最基本的生理需求。“老有所医”，是实现老年人医疗保健和健康老年化需求，“老有所为”是老年人在晚年运用自己的知识和经验的优势，量力而行，参与社会发展，造福社会和家庭的一种自我实现的需求。“老有所学”和“老有所教”是老年人与时俱进的学习与教育。“老有所乐”是老年人参加适合自己的“文体娱”等活动，丰富他们的精神文化生活，使老年人安享晚年，是老年人口需求中的高级需求。

（3）老年人可进行养老模式选择的条件性。养老模式选择就是寻求一种比较适宜的养老方式，最大限度地满足自身的需求，是一种动态择优的过程。养老模式的选择可以是丰富多样的。但是这些需求的满足不是唾手可得、一劳永逸的。目标有时只能满足一项，有时可以满足多项，有时是一种综合的满足。形成了选择内容分层：单目标、多目标、综合目标。目标具有一定的可伸缩性与现实的限制性。

（4）在养老模式的选择上，老年人口的自理能力与养老模式的选择息息相关；城乡二元经济体制决定了养老模式选择的巨大差异；养老模式多元化的发展首先从城市开始逐步发展到农村；高龄女性老年人异军突起趋势，使得老年人口分成中性别选择有重要的意义。

3. 老年人口需求的共性与个性

老年人口不仅具有马斯洛和马克思关于人的需求中所包含的一般性需求，还有老年人所具有的独特的需求。老年人的吃穿住以及保健是必不可少的。老年人的安全需求应该包括经济安全和人身安全，以及对自己的基本生活和所处的环境感到有保障。有了基本的生存保障后，老年人会渴望家庭的温暖，与家人的交流，与朋友的沟通。必须重视老年人的精神慰藉与尊重和爱的需求。老年人为国家和社会作出了贡献，为家庭付出了自己的一生，从社会交换角度来看，老年人的付出应该得到回报和承认。随着科技的迅猛发展和社会的变迁，老年人的文化知识和所处的环境发生了变化，老年人尝到了知识过时的痛苦和知识更新的烦恼。因而学习日益成为终身性，“老有所学”是老年人跟上时代步伐的“起搏器”，也是保证同社会发展相适应的动力。具体体现为以下几点：

第一，经济保障需求。养老准备的来源可以分为“正式养老准备”和“非正式养老准备”。前者是指个体从国家正式组织获得的为养老而做的准备，后者是指个人通过自主行为对未来养老所做的准备。包括个人的经济储备、思想观念、准备家庭成员互助等。非正式准备，其实就是建立自我养老资源，可以给老年人以稳定和坦然的感觉，对个人家庭和社会的意义非常重要。

第二，健康和照料需求。健康是老年生活质量的重要组成部分。无论老年人外表多么坚强，也会有内心脆弱的时候，尤其是生病或体弱时身心承受力减退，对生活中必须承担的劳动事务，常有力不从心之感，内在求助心理十分强烈，需要来自家庭和社会的关爱、理解和支持。“老有所助”普遍存在于老年群体之间的需求。随着老龄化的推进、高龄化步伐的加快，空巢老人家庭增多，我国老年人照料需求存在较大的缺口。

第三，亲情关怀需求。老年人需要亲情，亲人的关怀体贴、理解和安慰，以及来自家庭社会的关心爱护和尊重。受“养儿防老”的传统和中国的传统家庭观念的影响，我国老年人的代际关系更多地表现为一种责任伦理。这种责任伦理在养老中表现为大多数老年人是依靠自己和子女的力量来解决生存必要的经济来源和日常生活照料，因而对亲情的需求表现尤为强烈，而随着年龄的增长，我国老年人需求中亲情需求的强烈依赖性会给养老问题，尤其是独生子女家庭的养老问题带来一定的压力。

第四，自由生活和发展需求。持续理论认为，老年人因为原生家庭影响在其成长过程中形成的性格、爱好、生活态度、思维方式、生活习惯、待人处事、社会交往等难以改变，具有延续的性质，并支配着老年的生活和活动。到了老年，他们愿意自由安排生活和处理问题，表现为对自由生活和发展的需要。为了自己和子女的自由，很多老年人越来越趋向于“独居”的生活方式，更愿意选择社会养老式的居家养老模式。

第五，养老模式选择需求。研究发现，农村近 80% 的老年人愿意选择家庭养老，随着老年人年龄的增加，不愿意住养老机构的呼声越来越强烈，上升到近 87%，由此可见，我国老年人对机构养老的接受程度不高。很多人抱有观望的态度。部分老年人对养老机构的认识有一定程度的偏见，对社会养老的需求没有强烈的愿望。与此相反，对家庭养老表现为情有独钟，愿意与子女住在一起，这个比例在城市为 43.7%，农村为 65.3%。居家养老仍然保持有相当程度的延续性，在今后仍有强大的生命力，居家养老无论对老年人来说或者是对整个社会文化来说，都具有其不可替代的独特价值。

第六，老年人口需求的表现形式含蓄。我国老年人口特殊的需求表现形式，能掩盖他们真实的需求，所以有必要对老年人口需求表现形式进行阐述。我们可以看到很多老人很少要求自己的子女为自己提供什么，相反，在自己可能的情况下，倾力帮助子女，有时甚至提供“自我牺牲”式的帮助。由于这种表现是老年人对外界的需求，在现实表现上可能出现很大的伸缩弹性，大打折扣，这要求人们在判断老年人口需求时注意到老年人的实际需求，不能因老年人提出要求而放弃家庭和社会责任，忽视他们的生活质量。

4. 养老模式选择的实质

现代社会中老年人成为经济困难群体，一方面，老年人处于身体素质相对较差的人生阶段，对家庭养老依赖性较强，甚至对家庭养老有一定的理想化；另一方面，老年人在家庭经济生活或资源交换过程中处于不利地位，家庭活动的中心是培养下一代，投资方向倾向于后代家庭，代际关系的经济流动是向下的，而不是向老一代流动。家庭养老支援与历史责任正走出家庭走向社会，社会养老正无声地贴近人们的生活。老年人的养老理想与现实之间存在一定的差距，老年人不得不正视和选择新的养老生活模式。

老年群体是一个个由千差万别的个体组成的，即使同一位老人在不同时期其需求重点也不同，老年人的特殊要求和养老模式选择相连。研究表明，老年人最基本的物质需求正在下降或弱化，健康需求是许多老年人的首要需求，精神需求中的感情需求始终是老年人心中最为强烈的一种需求。需求的层次性并不是严格地逐层递进的。虽然老年人的物质丰富程度不如中青年人，但随着物质条件的改善和老年人口数量的增加，老年人的精神需求会更加丰富和突出。社会经济的发展，刺激人类需求向多样化、丰富化发展，并迈向更高层次。人口老龄化是一个动态过程，以后庞大的老年群体即将出现。老年人口需求变化是我国社会现代化的反映，老年人口需求扩张是一种规律性的现象，这种需求结构扩张的原则由“内隐”到“外显”、由低级到高级、由物质到精神，由家庭到社会的深入发展，在人们越来越崇尚生活质量的时代，老年人口的精神需求会越来越重要。这在讨论基于老年生活质量的养老模式选择时具有一定的价值。

老年人口需求满足的过程就是老年生活质量提高的过程。老年人口需求是围绕着提高老年人生活质量这个目标和主线展开的。老年人口对养老生活方式的选择是其主观能动性的体现，是自我价值实现的表现，老年人是选择的最终受益者和切身体会者。按照社会公平理论选择适合老年人口的标准，把老年人口分成老干部阶层、老年知识分子阶层、老年工人阶层和老年农民阶层，以及需要长期照料的老年人阶层。老年人口多样化需求与老年人口生活质量相连，老年人口的阶层性与需求多样化，决定了其选择养老生活模式的多样性。

（二）养老模式选择的系统分析与特征

1. 养老模式的内涵及系统分析

（1）内涵。养老模式选择概念内涵如下：①养老模式的选择反映着与养老相关的事物间的联系。因而在进行养老模式选择时，应从普遍规律出发。②养老模式选择具有一定的目的性，最终目的是达到养老的“六个老有”。③养老模式选择的动力是老年人追求和实现自身价值，是基于老年生活质量基础上的选择。老年人养老模式选择的价值追求可能是为了获得经济物质利益和保障，也可能是为了追求和实现物质享受、精神享受和人格完善。选择的实质在于老年人的价值追求和价值实现。④养老模式选择是老年人口的自觉能动性的体现。选择不是消极等待，而是主动地作用于客观选择对象。这表现在老年人的比较鉴别能力、取舍能力等因素构成的选择力之中。⑤养老模式选择是一个动态的过程，从逻辑顺序上看是这样一个过程，老年人口需要→对养老模式的了解和认识→采取比较的方法→选择适合自身的养老模式→对养老模式选择的结果进行体验和验证。因而养老模式选择是一个动态的发展过程。得到一定满足后又会产生新的需要，因而养老模式呈多元化发展，老年人对养老模式的决策也是动态变化的。

（2）系统分析。①选择主体。老年人口应具有一定的选择能力，表现于选择的具体实践之中，老年人口的选择能力的大小取决于其身心健康的客观生命基础，又取决于其生活水平和养老储备等客观经济基础。选择能力，包括对养老模式的分析判断能力，对养老模式的取舍和在养老模式选择过程中的应变能力。②选择的冲动。是指老年人对养老模式选择的激情欲望渴望以及选择的势态。老年人能认真严肃、自觉主动地选择自己的养老模式。通过分析比较，达到择优以满足老年人需求和生活质量的最佳状态。③选择对象。老年人为实现不同的目的、满足不同的需要，采取不同的养老模式。因而不存在固定不变或千篇一律的养老模式，适合的才是最好的。正因为养老模式具有多样性、复杂性、适用性，所以才有选择的问题。④选择环境。在选择养老模式时还应该考虑主客体的环境条件，同一养老模式在一种条件下是适宜的，在另一种条件下就显得不太适宜。总之，选择的主体人口、选择对象的养老模式、选择的条件环境三者构成了养老模式选择的系统，其相互作用形成了选择的运动过程，养老选择是一个动态发展的过程。

2. 特　征

养老模式选择作为价值引导的合乎规律性和目的性的客观过程，具有如下特征。

（1）老年人对养老模式的选择，必须符合养老模式变化的规律性。老年人口需求引发的养老模式呈多元化发展，就是选择的自由一定是在有一定限制基础上的自由。只有在多元化的养老模式中才能选择出对自己有价值的东西，才能满足需要并实现价值追求。

（2）选择是在可能性中的必然性和偶然性的辩证统一。首先，老年人选择的养老模式，必须包含老年人所追求的价值因素。其次，选择对象及养老模式的多样性。只有多元化的养老模式才有养老模式选择的可能性。最后，选择必须在可能的时间、空间进行。老年人为满足其养老需求，追求老年生活质量，对养老模式进行选择是选择的必然性，但是在何时、何地、何种条件下实现选择，具有极大的偶然性，是必然性和偶然性的统一。

（3）选择是以信息为先导，通过主体的能力实现的。也就是说在选择之前必须获得各种养老模式相关的信息，才有可能有目的、有计划地进行选择。同时，老年人口的选择能力，如比较能力、鉴别能力、取舍能力，与老年人的身心健康、物质生活条件相匹配。

（4）选择是一个不断优化的过程。养老模式选择作为优化手段和方法，是提高老年生活质量、促进社会和谐发展的重要方式和途径。选择不断优化的结果使老年生活质量不断提高。

（5）选择结果的可检验性。通过结果的检验，判定选择是否达到老年人口所追求的价值，是否实现了预定目标。

二、文化传统决定论

（一）文化对居家养老的潜移默化的影响

1. 孝道与养老的关系

什么是“孝”，一般地说，孝是子女对父母的奉养和尊敬。儒家则从子女角度阐述父辈与子辈之间有关敬养关系的道德原则和敬养的基本要求。敬老和养老是老年伦理学中一对常见范畴。敬老是指子女或晚辈从内心对父母及老年人的尊重，让老人满足精神上的愉悦；养老指子女或晚辈对父母和老年人提供衣食住行等日常生活上的合理需要。因此敬老是孝道的核心内容，是孝道的本质，是养老的深化，是养老的精神所在；养老是孝道的表现形式，是敬老的具体体现，两者相互统一，共同作用于为老年人提供赡养的实践中。

具体说来，孝道是养老的思想前提和道德基础。弗朗西斯·培根曾说："思想决定行为。"良好的思想观念决定着行为的主动性和有效性，因此深刻的孝道意识是产生养老行为自觉性的前提，是达到养老良好效果的基础。在以小农经济为基础的农业社会，生产力水平十分落后，人们的生活十分贫困，许多人经常朝不保夕。《礼记·乡饮酒义》曰："民知尊长养老，而后乃能入孝弟。"说明只有知道敬老，才能很好地养老尽孝。在孝道思想里，"事生"是最基本的"奉养"，首先要保证父母的吃和穿。在此基础上，敬老才是养老的最高层次。《礼记·祭义》曾说"孝有三，大孝尊亲，其次弗辱，其下能养"，这实际上是行孝的三个层次，最高境界是尊亲，最低层次是能养，这说明孝养在孝道观念中的基础性地位。养老是孝道的实践形式和具体落实，敬老、养老既是社会问题，也是道德问题。在这对伦理范畴中，敬老偏重于价值本体，养老偏重于实践本体。价值是在实践活动中客体为主体所用，实践是有目的的活动，是对价值的自觉追求，因此，养老是敬老的实现形式，是敬老在养老行为方式的具体化，也就是说养老既是尽孝的责任也是尽孝的义务。因此敬老是养老的价值尺度，敬老基础上的养老才是合乎孝道的。在古代中国，"善事父母"，也就是对父母供养是家庭道德的基本要求，也是国家法律上的规范，是一种道德和法律合一的制度化规范。可见，敬老只有落实到养老的具体行动之中，才不会成为无源之水、无本之木。孝道与养老相互联系，不可分割。对父母的物质供养和精神慰藉是人类社会共同遵守的最基本的道德准则，是"孝"的内在要求之一。但传统孝道认为，对父母尽经济上的赡养责任，只能算是"下孝"。一般来说，敬老主要是指满足老年人的精神文化生活需要，通过肯定其为家庭和社会所做贡献及亲情慰藉和丰富老年人的精神文化生活而实现；而养老是通过更多地满足老年人的吃穿用等物质供给和日常生活照料的需要而完成。人们常说"吃饱穿暖"并非完全是老人所需，精神慰藉的满足才是老人的心中所需，所以敬老要把精神慰藉放在第一位，是更高要求的养老，是养老质量提高的体现。传统孝道的本质是敬养，敬老是孝道的核心内容，是其精神所在。对父母的衣食等物质方面的赡养和精神上的敬养，是"孝"的内在要求，是一切人类社会共同遵循的道德准则。所以说，传统孝道和养老是相辅相成、不可分割的，两者统一于为老年人提供适当的条件和养老的和谐氛围，达到生命延续、社会发展之目的，这也体现了民本主义的养老思想。

2. 传统孝道养老思想的主要内容

"尊老敬长"的养老礼仪道德规范。从上古时代开始，无论是民间或是官方都十分注重养老礼仪。民间，在尊老称谓上，称长者为"父老""父兄"；在尊老礼仪上，对老人吃有吃礼，行有行礼，坐有坐礼，起住有起住礼；中国古代历代统治者为尊重敬重老年人、提高老年人的社会地位与作用，根据自己的需要与民间的风俗制定出各种不同的敬老和养老礼仪标准，形成了一定的养老敬老礼仪习俗。

古代思想家也十分重视“尊老敬长”礼仪。礼的要义，在于互相尊重，以理顺人际关系。孔子特别强调敬老尊贤、长幼有序，并把家庭范围内的“孝”“悌”思想推及社会，用以处理人与人之间、上下级、朋友、长幼之间的基本关系。孔子对奉养老人从事生到事死作了礼节性的规定，孔子说：“生，事之以礼；死，葬之以礼，祭之以礼”（《论语·为政》）。意思是说以礼为标准奉养和敬养老人，即符合养老礼仪和规范的事情就做，不符合养老礼仪和规范的行为则不能做。这样，养老礼仪就成了古代社会养老敬老必须遵守的社会基本准则。随着社会历史的发展，这一尊老敬老思想逐渐形成“尊老爱幼”的中华民族传统美德和社会道德准则。传统孝道既要求物质赡养更注重精神慰藉。传统孝道的基本要求首先要为父母提供物质保障，在此基础上更要注意精神慰藉，这是人类社会必须共同遵守的道德准则。《孝经·纪孝行章第十》：“子曰：‘孝子之事亲也，居则至其敬，病则至其忧，养则至其乐，丧则至其哀，祭则至其严’，五者备矣，然后能事亲。”因此，如果对父母不敬养，即使吃穿不愁，他们也不会开心，不会快乐。孟子也认为，“爱而不敬，兽畜之也”（《孟子·尽心上》）。因而，爱心敬养，是孝道的本质，要尊敬长者、关爱他人。传统孝道是中国古代社会普遍性的道德修养和行为规范。社会是一个共同体，一个人的幸福、一个家庭的幸福不足以构成整个社会的和谐。因此仅仅孝敬自己的父母是不够的，要构建整个社会的和谐，不仅要做到人人孝敬自己的父母，更应推己及人，有博孝之心，真正学会孝敬全社会的老人，让世界充满孝，“老吾老，以及人之老”，这才是更深层次、更高境界的孝。《孝经》说：“爱亲者，不敢恶于人，敬亲者，不敢慢于人。”意思是说，如果我们能够爱身边的亲人，也尊重身边的亲人，那么我们就不会不尊重别人，也不会去辱骂别人，更不会恶于别人。这种由敬爱自己的父母和亲人，推广到敬爱所有长辈、老人的道德观念，是人类的文明程度和中华民族人道主义精神的重要体现。

“敬老养老，人人养老”。从横向来看，天下所有父母都为子女操心劳力了一生，为社会作出了巨大的奉献，没有父母就没有人类的繁衍，没有人类社会的进步，就没有我们共同享用的财富，因此尊敬父母是做人的应有之义；从纵向来看，人人都会老，人人都会有年老体弱之时，那时若得不到人们的关爱，体会不到社会的温暖和敬养，做人就会失去意义，因此，要把社会上所有老人当成自己的父母一样来看待、来尊敬、来关爱，让社会处处充满“孝”，这个社会才会更和谐。

（二）文化差异在养老方式选择中的重要作用

1. 血缘关系和经济关系

养老方式一直存续在完全具有血缘关系的传统家庭经济制度中。传统家庭经济制度运行的轴心是“父权制”，运行的主线是“长子继承制”，这种家庭经济制度造就了三世同堂、四世同堂的大家庭，同时也培育出传统的居家养老方式。

传统的居家养老方式具有直截了当、责无旁贷、节约费用、资源共享等特点。

首先，这种养老方式根植于具有血缘关系和经济关系的直系亲属中，这是老人非常习惯了的“家”环境，因此，老人无须任何其他中间环节就可在自家享受养老生活。

其次，在家庭外尚未形成社会性养老保险环境，因此，家庭成员都责无旁贷地承担着赡养老人的义务。

再次，养老费用完全纳入家庭经济核算中，同时，子孙后代在家中顺便照顾老人，不存在服务和交易费用支出问题，这就大大节省了开支。

最后，居家养老的资源基本靠祖辈传下来的财富供现实家庭享用，包括资金、土地、房屋、家用设施等财产和其他家业，这种共享性不仅使老人得到一定的物质保证和精神慰藉，也使老人能够为家庭发挥余热。

产业结构的变化使家庭被雇用的劳动者增多，这意味着传统“家业”和“家产”以及“父权制”和“长子继承制”的家庭经济制度开始受到冲击，而来自外部的工资等方面的收入越发成为家庭生活的主要经济来源。外部雇用劳动者的增加，使年轻人向劳动集中和发达地区流动，而老年人则留在家中，这就导致家庭代际关系分离，使传统的家庭养老方式赖以存在的经济基础走向瓦解。

2. 妇女是家庭侍奉和护理老人的主力

在传统家庭经济制度下，妇女是家庭侍奉和护理老人的主力，但随着现代社会的发展，女性的价值观也发生了很大变化，越来越多的妇女走出家庭参加工作或从事其他社会活动，这样，就不会像过去那样在家中全身心地照顾老人和家庭，家庭养老问题也越发凸显出来。不仅如此，老年人的平均年龄呈增长趋势，需要护理的老年人数在增加，护理老年人的时间在延长，养老负担加重。这又进一步加深了家庭养老的矛盾，使家庭养老功能弱化。《中华人民共和国民法总则》明确了夫妻在财产和继承权上的平等关系。同时《中华人民共和国民法总则》还规定所有子女都有赡养老人的义务等。

在上述经济和新法的作用下，家庭结构、经济来源、家庭生计和生活理念等各方面都发生了深刻变化，导致传统家庭经济制度瓦解，取而代之的是小型化的现代家庭经济制度，主要靠工资和其他投资收入维系家庭生计，养老方式也由家庭转向社会。

三、经济基础决定论

（一）经济基础决定社会阶层

我国老年人口问题是复杂的，一个突出的原因就是我国老年人口的多层次特征。老年人口的差异性决定了老年人口获取资源的能力存在差异，从而影响和制约着老年人口对养老模式的选择。老龄化社会的到来，老年人口增多，老年人口内部问题日渐复杂，由此引发出对老年人口进行分层的必要。通过对老年人口进行分层，可以揭示出处于不同地位、不同物质文化水平的老年人的差异性需求，进而有针对性地为其提供多元化的养老模式。

西方分层理论的理论源头是德国社会学家马克斯·韦伯创立的三位一体（名、利、权）分成模式。马克斯·韦伯从阶层的角度对社会结构进行了一种纵向划分，认为决定社会成员的地位特征的因素是多种多样的，但他主张从经济、声誉和权利三个角度综合考察一个社会的经济、政治和文化三大领域的不平等。

社会分层比较倾向用以职业为主，并将收入、教育程度、生活方式、价值观念等综合的多元化标准。其中起决定作用的仍然是收入水平即物质水平。

（二）收入水平对养老方式选择有决定性的作用

首先，发达国家进入老龄化社会，但老年人的人口总数还是比较少的，复杂程度不高，成熟的社会保障体制能够缩小老年人之间的差距，而中国老年人口基数大，庞大的人口具有一定的复杂性和差异性。其次，发达国家进入老龄社会（65岁及以上老年人口占总人口比重达到7%）时，其人均国内生产总值一般在10000美元以上，而中国进入老龄化社会时国内生产总值仅有1000美元左右，“未富先老”决定了中国不可能照搬西方国家的方式。现有的物质条件无法满足如此庞大的老年人口需求，必须采取多元化的措施，利用多种资源解决老年人口养老问题。不能搞整齐划一的一刀切模式。最后，中国老年人口的增长速度快。65岁及以上老年人口比重从7%上升到14%所需要的时间法国为115年、瑞典为85年、美国为69年、英国为45年、日本为26年、中国为27年，所以中国对老年人口问题进行分层解决具有现实性和紧迫性。

按照马斯洛的两个需求论，人的衣食住为第一，当第一需求满足后，又会引发高一层级的需求，低级的需求，是以对物质需求的形式表现出来，以物的占有为基本特征。然后是更为丰富的社会与精神因素，以精神的满足和人的才能得以全面充分发展为标准，体现对理想和人的本性的追求，从而对物质需求有较大的调节作用。按照马斯洛的需求层次论，人的需求从低级到高级层次依次为生理需求、安全需求、归宿和爱的需求、尊重需求、自我实现的需求。

从“六个老有”——老有所养、老有所医，老有所为、老有所学、老有所教、老有所乐，可以看出“老有所养”是基础，按照马克思历史唯物主义理论，一定的物质生产水平决定着人的需求。马克斯·韦伯认为，消费方式促使阶层差别显性化，并形成地位不同、生活方式不同的群体消费与最终决定个人的阶层归宿。不同阶层的老年人有不同的价值观念与生活方式，表现出不同的消费方式。表现在养老模式选择方面具体体现为不同养老方式的偏好与选择。老年人养老方式的选择，充分体现了他们的文化水平、生活方式和生活品位。在既定的社会物质生产水平、社会生产资料占有方式和生活资源的分配方式条件下，由于不同的生活经历、生活环境，老年人在进行养老模式选择时对于由低到高各层次的需求表现出不同的强烈程度。

四、民主特色决定论

（一）西方民主对家庭的影响

家庭养老有模式与方式之分，在理论研究和实际运用中已有表现。联合国大会和世界性老年学会议上，常常将家庭养老作为与西方社会养老不同的养老模式，或者称作东方社会的养老模式，又称亚洲模式，社会养老作为西方社会的养老模式，有时又称福利模式。在我国学者的研究论文中，也提到了养老模式、养老机制、养老体系、养老形式等概念。多数学者认为养老有两个层次。西方国家的社会养老，关键之点并不在于是否与子女有联系，而在于子女不负有养老的责任。子女可以经常看望年迈的父母，或者出于亲情交流的需要，或者出于人道主义的同情，或者出于宗教上的爱心，或者出于利益方面的考虑，等等。

我国的家庭养老，关键点并不在经济来源、居住方式、来往频率，而是在代际关系的责任认同。李逵上了梁山，大碗喝酒，大块吃肉，首先想到的就是把老娘接上山，“一起快活”。“儿行千里母担忧”，同样，母亲在家，远行之子也对母亲牵肠挂肚。所以，决定家庭养老模式的标尺，不是养老方式，而是血缘道义。这正如费孝通先生曾精辟论述过的，“中西文化在亲子关系上的差别何在？父母对子女有抚育的义务，这是双方相同的。所不同的就在子女对父母有没有赡养的义务。”“赡养老人在西方并不成为子女必须承担的义务，而在中国却是子女义不容辞的责任。”东方社会推崇家庭利益，反映在养老问题上，就表现为家庭对赡养老人强烈的责任认同。在崇尚个人利益的西方社会，个人的自由社会民主等价值观造成养老的社会化程度很高，而相应地缺乏血缘亲情，老人孤独感强。

（二）在民主制度下居家养老方式选择的多元化趋势

我国社区养老之花已经盛开，即“居家养老＋社区服务”的组合养老形式日渐增多，社区式居家养老，在中国得到了较为理想的发展。

社区式居家养老，将传统的居家养老与社会化的机构养老相结合，产生了一种新的养老模式，这种养老模式逐步得到越来越多的老年人认可，是我国现阶段居家养老模式的新补充和新发展。在形式上，我国养老仍然保持着传统家庭养老的基本格局，但实质上却体现了从传统养老模式向现代养老模式的转变。老年人对自己长期生活环境的眷恋和叶落归根都得到了满足，不离开自己的亲人朋友。同时社区为老年人服务提供的居家照顾能补充传统家庭养老的不足，并减少家庭成员的负担，很好地促进了代际和谐。

家庭养老的现代化是社会心理的现代化，民主制度取代了传统家庭成员之间的父辈等级制度，不是对传统的否定，而是传统家庭养老在现代化进程中的变化与发展，包含着未来发展方向，蕴含着新的意义。家庭养老的现代化是建立在现代养老理念、平等的代际关系、社会养老保障支持体系基础上的。随着现代化程度提高和生产力的发展，一代又一代老年人自身经济保障能力也随之提高，传统的家庭养老观念被打破，家庭民主促使养老朝着生活照料与精神慰藉型养老转移。

养老模式多元化是社会变迁的必然结果。时代和社会的变迁打破了传统，而家庭养老赖以存在的基础是城乡老年人的养老观念呈现多元化的趋势，从而打破了占统治地位的传统家庭养老观念，养老观念和养老模式也随之发生新的变化。随着现代化进程的发展，加上人们的思想观念、行为准则、生活方式等方面也随之发生变化，导致家庭模式发生了革命性的变化，同时经济发展和社会进步为养老模式多元化提供了可能性，而经济结构的改变，使得纳入社会保障体系的老年人实质上是社会化养老的受益者，生活的来源更多地依靠自我养老和社会养老相结合的模式，经济发展为多元化养老产业发展提供了可能性，多元化的民间资本流入养老产业，推动养老产业的发展，随着老年人的需求扩大，越来越要求我们提供多渠道、多元化、多层次的养老保障体系，最大限度地满足老年人多方面，特别是高层次的需求，养老模式多元化是老年人口需求多元化的内在要求和外在表现。

五、少数民族特别论

（一）同一少数民族以血缘为纽带，以民族地区的共同文化为特征

由于各少数民族的文化传统不同，其形成的养老模式也具有各自的特色和值得借鉴之处。少数民族人口平均寿命趋于延长。以云南为例，与1953年的人口普查数据相比，60～69岁年龄段的老年人不断增多，70岁以上的高龄老人在25个少数民族中均有分布，其中在瑶、哈尼、纳西、傣等民族中还有90～100岁的超高龄老人。

由于历史传统、文化变迁、社会发展等原因，云南少数民族各村寨的老年人口数量不断增加。按照60岁以上老年人口数量达到总人口10%的标准，所调查的25个少数民族村寨中，已有10个民族村寨进入老龄化。云南少数民族地区有尊老养老传统，同时云南少数民族村寨普遍具有父权至上（已识别为纳西族的宁蒗摩梭人例外）、等级森严、孝道要求等现象。家训、族训要求子女绝对遵从“人子尽孝，无微不至”，按照孝德所提倡的“居则至其敬，养则致其乐，病则致其忧，丧则致其哀，祭则致其严”去履行自己在家庭、家族中的义务。恪守孝道、执着亲情的道德要求为社会所接受，最终沉淀成家庭养老的心理文化根源。相对整个中国的区位而言，云南属边远地区，但是，云南对外交往历史悠久。

云南少数民族地区的尊老养老传统实际上是民族习俗与外来文化、历史传统与现代文明、民族共性与族群特性相结合的产物，在生活礼俗、宗教教义和村规民约等各个方面均有体现。勐丹村的德昂族对丧失劳动能力的孤寡老人，要无偿替其耕种田地或接其到家里生活；泼水节要替长辈洗手洗脚并检讨不足。下沐邑村的白族家庭以老人为尊，“倘有不孝不悌，忤逆犯上，被父兄首出申言者，合村众治”；家中大事一般由老人当家做主；婚丧嫁娶都请“老人客”。等嘎村的景颇族有传统青年组织“青年组”，义务帮助困难户和孤寡老人。芒东下寨的阿昌族对一些有威望的老人，必须由青年组织派人轮流为其做挑水、打扫等家务；老人死后由全寨出资买棺木安葬，无故不出资者要罚款200元。水槽村的瑶族的度戒仪式中讲的“盘王传说”，强调要尊重祖先及父母长辈，不得虐待妇幼及厌弃老病；在《父母经》《观音经》所规定的“十戒”中，第一条就是：不违唳父母师长，反对不孝；他们的堂屋内供有“天地君亲师”的牌位。旧平坝上寨的壮族族规中，规定后辈要照顾鳏寡孤独；村规民约中，要求尊老，否则要罚款、罚物或写悔过书或当众向村民道歉认错。

在布依族聚居的罗平县鲁布革乡，乡人民代表大会在1993年对所属各村公所依法治理、民主管理的规定中对赡养义务作出了规定。兴蒙乡蒙古族村寨《桃家嘴村六社

村规民约》中第九条规定："全村要认真贯彻执行《老年人保护法条例》，尊老爱幼。"白华村纳西族的民约中规定，村中哪家老人自然死亡，全村每户人凑十元钱给这家人办丧事，如果老人属非正常死亡（如自杀等），死者家属不能得到这笔钱，并且要受到村民的指责和鄙视。

（二）少数民族地区养老模式的特征

由于少数民族传统文化的影响，养老模式特点如下。

第一，传统意识观对养老模式影响重大。少数民族地区传统家庭养老模式的形成和延续，多是靠民族传统道德来维系和监督，全民意识显得强烈而浓厚。一方面，在很多无文字的少数民族中，老年人积累了丰富的生产生活经验，承担着向下一辈口授本民族历史、文化传统、生产生活经验的任务，从而奠定了在家庭和社会中的尊贵地位。如绿春县牛孔乡鸟六村瑶族中懂瑶医、瑶文和宗教事宜的老人很受尊敬。另一方面，老年人是民族政治权威的象征，寨老、族长、毕摩、寺庙主持等，大多由德高望重的老年人担任；他们在处理各种村寨事务和族际关系时，体现出绝对的权威。如勐腊县曼旦傣族村寨，村委会专门请两位老人协助处理村寨中事务；绿春县倮别新寨的《新寨村民小组村规民约》各条款均是与老人商定后才通过的。同时，老人往往是家族内部力量的核心所在。总的来说，由于传统道德观念的规范，老年人在家庭和社会中的地位较高，使得后辈必须服从权威、恪守孝道。

第二，少数民族地区的家庭养老传统更为稳定牢固。由于传统家庭养老观念根深蒂固，许多少数民族的养老模式并未随社会变迁、经济发展发生明显变化，家庭养老仍是最普遍、最稳定的养老方式。如绿春县鸟六村的瑶族从 1957 年搬迁到此，60 多年来养老模式并未发生改变；江城县坡脚村拉祜族自 1969 年由狩猎采集转变为定居农耕，生活生产方式的改变也未使其家庭养老模式产生变化。可见，外来因素对传统家庭养老观念影响较小，传统家庭养老模式稳固。

第三，少数民族家庭养老与家规、族规和村规民约联系紧密。一方面，村寨中老人对分家、宗教祭祀、婚姻、丧葬、生产、生育、纠纷等事务掌握决定权。另一方面，由基层行政管理机构和村民共同制定的村规民约，规定了家庭养老的规范和准则。调查发现，大部分村规民约中都有尊老养老的相关条款，这在一定程度上保障了家庭养老基础，老人既是受益者，也是执行者和监督者。

第四，家庭养老与社会养老虽然是目前的两种基本养老模式，但由于传统家庭养老意识具有较强的延续性和连续性，家庭养老模式仍居于主导地位。社会养老在少数民族地区实施不广，两种模式并存而不平衡，形成"家庭养老为主，社会养老为辅"的格局。

第五，少数民族地区经济发展水平直接影响了社会养老保障制度的实施。经济水平发展的高低制约着社会养老保障制度的实施效果。云南省九届人大常委会第八次会议于 1999 年 4 月 2 日审议通过了《云南省老年人权益保障条例》，根据有关规定制作的《老年优待证》，给予 70 岁及以上农村老人"不承担义务工、劳动积累工、村提留费和乡统筹费，以及其他各种社会性集资"优待政策，办理此证仅需缴纳 5 元工本费及1张一寸照片。元阳县2002年农民人均纯收入仅有701元，再加上交通不便，许多农村少数民族老人办不起优待证。而在绿春县鸟六村，瑶族村民2001年人均纯收入达3500元，完全可以承担云南省民政厅推行的养老保险一次性交纳至少200元现金的要求，3年来村民投保积极性一直较高。可见，经济发展水平对社会养老保障制度是否能顺利推行及实施效果如何起着关键性的作用。

六、宗教形式决定论

（一）共同的信仰超越一切障碍

2018年4月3日，国新办发布《中国保障宗教信仰自由的政策和实践》白皮书。是继1997年后，国家再次发表中国宗教白皮书，我国有近2亿宗教信仰者，“是要经常去宗教活动场所，参加宗教活动的宗教徒的数字”。自1997年以后，中国信教群体中老年人信教人口增多并占较高的比例，《2010年中国城乡老年人口状况追踪调查数据分析》显示，中国60岁及以上有宗教信仰的老年人大约有2092万人，占总人口数的11.78%，65岁及以上老年人有宗教信仰的占12.37%（吴玉韶、郭平，2014）。2013年年底中国60岁及以上老年人口达到1.32亿人，占总人口比重达到9.7%（国家统计局，2014），随着中国老年人口的持续增多，了解中国老年人宗教信仰的现状和影响因素对于完善相关政策、全面认识老年人宗教信仰的变化趋势对这部分人的养老有重要的现实意义。

研究发现，在西方国家中，许多人从小受宗教文化的影响，幼年便开始信仰宗教；而我国的社会文化不同，我国宗教信仰受到多种因素的影响，如社会因素（宗教政策、社会开放程度等）、个体因素（个体遭遇与心理需要）和宗教因素（宗教教义、组织结构、仪式活动）的影响（苏祥，2008）。另外，人们信教还受家庭成员朋友（陈苏宁，1994）、身体健康（晁国庆，2005）、心理不平衡（曾和平，2005）、现实困难（崔森，1996）、公共文化供给与社会保障（郑风田、阮荣平、刘力，2010）等因素的影响。我国信仰宗教的老年人呈现“女性多、低文化程度者多、农村老人多、西部地区老年人多，患病老年人多”等特征。

近年来，老年群体当中信仰宗教的人日益增加，对于宗教信仰者增长的原因分析表明，改革开放以来中国城市化的进程导致了中国社会原有的马克思主义信仰被弱化，从而使得民众寻求以新的形式重构信仰需求加大，宗教需求的增加就是这一需求的衍生之一；而中国日益凸显的老龄化现象也是推动中国宗教发展的一个重要力量（阮荣平、郑风田、刘力，2013），女性尤其是农村女性丧失配偶，鳏寡孤独或者是身体病痛等原因导致宗教信仰增加。据研究，信仰伊斯兰教、天主教和道教的老年人开始信教的时间主要是在幼年时期；信仰基督教和佛教的老年人开始信教的时间主要是在中年和晚年时期，分别占89.5%和59.9%。

整体来说，在自主选择的情况下，中年和老年时期是开始信仰宗教的高峰期，合计占信教老年人的56.7%。从家庭生命周期理论来看，老年人在进入中年和老年阶段时，如何应对这一阶段的挑战，特别是空巢期、角色转变以及角色适应带来的各种问题，是每个人都面临的重要问题，导致此时的精神慰藉需求增强，而子女由于面临个人发展的种种压力，对父母的角色变化以及精神需求也存在重视不足的情况。从生命历程理论来看，中年时期人们经历了子女成长、婚姻家庭、赡养老人、事业发展等，老年时期面临生理机能下降、社会和家庭地位下降、退休、丧偶、疾病、死亡等，这些事件对中老年时期人们的家庭、生活、工作以及人生观、价值观产生重大影响，需要对生命历程中经历的变故寻找合理解释以及社会支持。宗教被老年人视为晚年应对危机的一种资源、机制和策略，宗教参与是改善老年人生活质量的潜在资源。因此，在一定程度上，宗教信仰可能满足了中老年人的某种需求，并对生命历程中经历的变故进行宗教解释以及提供某种支持。老年人宗教信仰的影响因素很复杂，调查结果表明，家庭民族传统因素的影响居第一位，第二位是本人或家人有病，第三位是缓解压力与充实生活，第四位是结识朋友，第五位是他人劝说，亲人亡故、婚姻不幸与好奇心驱使分别居第六位和第七位。可见，家庭民族传统、疾病与生活压力是老年人信仰宗教的三个主要原因。

（二）以信仰为特征的居家养老

社会养老保障对老年人宗教信仰影响显著。当控制其他变量以后，有社会养老保障的老年人有宗教信仰的是无社会养老保障老年人的 1.534 倍。出现这一情况主要有以下原因。

首先，农村老年人信仰宗教的可能性比城市老年人大，而农村老年人享有社会养老保障的比例却比城市高。在享有社会养老保障的老年人中，农村老年人享有农村社会养老保险的占 77.0%，而城市老年人享有城镇职工基本养老保险的占 61.0%。在老年教徒中，在农村享有新农保的比例是 81.7%，而城市享有城镇职工基本养老保险的占 54.6%。

其次，当前我国城乡养老保障水平较低，虽然老年人参保率逐渐提高，但养老保障仍然难以满足城乡老年人养老需求，晚年风险仍然存在，信仰宗教被他们视为抵御风险的一种选择。

最后，当前老年人的整体生活水平比以前有较大的提高，特别是医疗健康需求得到了一定程度的保障，老年人的需求由生存型向发展型转变，老年人满足精神文化的需求较为突出，宗教信仰成为满足老年人精神文化需求的选择之一。老年社会参与对老年人宗教信仰影响显著。参与老年组织活动的老年人有宗教信仰的是不参与老年组织活动的老年人的 1.588 倍。在调查中，老年人很可能将参与宗教活动或组织理解为参加老年活动或老年组织。通过参加老年人组织的活动，老年人认识和结交朋友，维持或扩大社会关系网络，从而保持或增加老年人的社会资本，获得一定的社会支持，这是老年人信仰宗教的重要原因。宗教信仰是老年人从现实需求出发，应对老年期生活、家庭、健康、人际关系等方面挑战，化解中年和老年期问题或压力的理性选择。

（三）政策建议

2016年年末，中国老年人口规模已经超过2.32亿人，老龄化成为我国的一种基本国情，从这个意义上讲，构建和谐社会也是构建和谐老龄社会。结合老年人宗教信仰原因及影响因素，我们应当做好以下三个方面的工作。

第一，完善社会养老服务体系，满足老年人养老服务需求。老年人宗教信仰的原因与社会养老服务的不足有密切联系。在中老年阶段开始信仰宗教的原因中，有本人或家人有病、生活压力、亲人亡故等困难，这实际上应当从社会养老服务中得到一定的支持与帮助，这是老年人的现实生活需要。我国正在开展的社会养老服务体系建设的内容也要将老年人的精神文化生活需求包括在内，充分整合包括宗教组织在内的各种养老资源，满足老年人多方面的养老服务需求，解决实际困难，提高老年人生活质量。

第二，健全和完善老年社会保障体系，提高老年保障水平。人们进入中晚年后，生活中面临着诸多压力与风险，如经济自立性下降、患病、丧偶、家庭空巢化等，面临老无所依的困境，在缺乏正式社会支持的情况下，将希望寄托于宗教或宗教组织，以期化解老年风险，这是老年人信仰宗教的重要原因之一。因此，要大力健全和完善社会养老保障体系，高度重视老年贫困问题，特别是老年妇女贫困问题，降低贫困发生率。应当逐步提高全国的养老保障水平，特别是农村和西部地区的养老保障水平。否则，因病、因贫信教的现象仍将存在。

第三，合理引导老年人的宗教信仰，让老年人理性信教。宗教是一种社会文化现象，具有社会整合、社会控制等功能。对老年人个体而言，宗教信仰具有心理调适功能、社会交往功能、娱乐功能、情感满足与精神寄托功能，为老年人提供宗教人文关怀，改善心理健康水平，提高老年人主观幸福感（王武林，2012），可以减少生命历程中患病的风险（Krause，N. Race，2003）。随着我国人口老龄化进入快速发展阶段，老年人口规模扩大，老龄问题亟待解决。在家庭养老功能弱化，现有养老资源有限和社会保障体系不完善、保障水平较低的条件下，为获得社会支持、抵御养老风险，参与宗教或宗教组织成为部分老年人特别是老年女性的选择，他们将宗教视为治愈个人疾苦的良药，将宗教信仰作为满足个人部分养老需求的工具。

宗教信仰带有较强的功利性和目的性，老年人在对宗教缺乏全面客观认识与深入了解的情况下，容易被一些披着宗教外衣的非法组织和团体利用，从而影响社会和谐与社会稳定。因此，相关部门负有让老年人全面客观清晰认识宗教的责任，应做好宗教宣传与教育工作，合理引导老年人的宗教信仰，让老年人做到理性信教。

第三节　居家养老发展研究

居家养老是世界各国养老的主要模式，中国的文化传统、民族状况、地理渊源、历史因素等原因决定了居家养老的基础地位。

一、传统的延续性与养老模式的现代化变迁

（一）传统养老模式的变迁

养老模式随社会经济发展不断地演绎变迁。在传统社会里，家庭的重要功能是确保人类的延续。养儿防老是一种根深蒂固的观念，赡养老人也是子女天经地义的责任。传统农业社会，人们靠家庭养老，土地收益是养老保障的主要手段。但养老模式是由一定的生产力和经济发展水平决定的，必然随社会生产力和经济社会发展而不断发生变化。家庭结构模式决定着社会的养老形式。随着我国社会经济的发展，家庭规模呈现小型化、空巢化发展趋势。

20 世纪 70 年代以后推行的计划生育政策使人口出生率急剧下降，直接后果是导致家庭小型化。在城乡一体化发展进程中，大城市吸引了大量的农村人口就业。这种人口流动必然造成家庭结构的变化。直接的结果，一是与老人同居的后代减少，二是照顾老年人的力量明显削弱。改革开放后人口迁徙流动和城市化进程推进等因素，是加速传统家庭分化的重要原因。家庭结构小型化和分化使传统家庭养老受到严峻挑战，随着社会发展和工业化推进，新型养老模式应运而生，养老保障逐步从家庭走向社会，社会在养老方面承担越来越多的责任。在不同的历史发展阶段，养老模式的具体方式和内涵以及不同养老方式作用范围和强度都会发生一定的变迁。

（二）现代养老模式应注重对传统文化的传承及开发

随着社会发展和工业化推进，养老保障逐步从家庭走向社会，社会在养老方面承担越来越多的责任。

由于老人对传统文化有根深蒂固的依赖和认同，所以在养老模式的建设上应注重对中华传统文化及传统养老文化的传承及开发，用中华文化的精髓，如在房屋的设计上可选用乡村四合院民居，在房屋的园林环境设计上采用传统风景园林，在室内装饰上多运用中国传统的书画及国学文化，等等，来提高老年人养老生活品质，充分满足老年人思旧怀乡的传统情怀，提高其精神生活满意度。

二、从机构为主回归居家养老模式的研究

（一）从机构养老到居家养老是世界养老模式的主流

其实居家养老并不等于家庭养老，正如“机构养老”并不等于“社会养老”一样。“居家养老”与“机构养老”相对应，主要是地点的选择问题，在本质上并没有超越家庭养老、社会养老和自我养老等养老模式，只不过形式更丰富、更现代，而没有涉及养老资源的实质和反映养老资源的来源。从养老资源的来源和提供者来看，“居家养老”完全可以是“自我养老”和“社会养老”。现在“居家养老”是以家为养老平台，以居住在相对固定的社区为养老基础，老年人与子女同住或各住各处。

政府社会和家庭的力量在这个平台上展现各自不同的作用，又以家庭为居家养老的基础与社区社会的养老方式将家庭养老得以延续，在居家养老多种力量中起承上启下的桥梁和纽带作用。“家庭养老”“自我养老”与“社会养老”不是相互排斥，而是

可以彼此兼容相互结合的。三者内容和目的具有一致性，不存在相互排斥，共同满足老年人的养老需求，提高老年人生活质量。三者之间又有互补的关系，也有不可替代的作用，但又存在一定的可替代性。一方的“弱”可以通过另一方的“强”来满足老年人的养老需求。“居家养老”和社会需要结合产生新型的居家式社区养老模式，丰富完善的社区服务，既能满足老年人和家人同住的愿望，又能使老年人享受家庭不能提供的各项生活照料和丰富的精神文化活动。家庭通过亲情为老年人提供精神慰藉。社区通过服务为老年人提供照顾，两者互相依赖，互为补充。

（二）新型居家养老的研究

家庭养老的现代化与社会化养老相结合的发展原因是，改革开放以后，人口老龄化趋势日益明显，老龄化问题越来越突出，中国家庭养老在这变革的大潮中，朝着现代化的目标前进。主流的家庭养老模式在创新中不断发展，养老模式出现了新的变化，部分老年人经济条件发生变化、独立意识增强，而社会逐步接替一些传统家庭照料和扶养老龄人口的功能。在养老的目标上，从温饱走向追求生活质量；在养老的关系上，从子女供养到多种形式的助养，养老是子女的事情也是整个社会的事情；在养老的心态上，被动依靠型养老已经逐步变成主动积极型养老；在养老的文化依托上，从传统的孝文化转变为社会主义的敬老、养老文化。

新时期家庭养老的现代化发展与社会化养老的到来是历史的必然。一是养老的内容和形式出现了分离，养老的形式由单一化向多元化转变。由于我国老年人存在着显著的社会差异和养老需求，老年人的多层次性突出表现在经济保障能力的差异上。二是家庭养老的功能出现弱化。家庭养老支持养老的资源减少，家庭结构变迁，子女数量减少，代际居住方式变化、劳动力与社会参与率的提高和社会竞争加强，这些变化都影响到家庭的养老功能，特别是精神慰藉功能和日常照料功能的弱化。三是养老功能从家庭转向社会，这是家庭养老的现代化和社会化发展。随着现代社会的发展和现代生活方式的追求，出现了养老资源在社会上重新配置的问题，同时随着社会的进步和老年人自立、自住的能力的增强，家庭养老的比例会有所下降，老年人社会保障和自我保障水平相应上升，社会养老和自我养老结合的比例持续上升。家庭养老、自我养老、社会化养老多元并存将是我国养老模式现代化变迁的必然结果。

三、老年生活质量是养老模式选择的有效评价标准

（一）老年生活质量是养老模式选择的有效评价标准

老年人需求决定了养老模式供给的内容结构与数量，从而决定了老年人养老供给模式。老年人生活质量的高低主要是由养老的供给对老年人需求的满足程度决定的，实际上是由养老模式供给的充裕程度决定的。

提高老年生活质量，从客观上讲，要建立适合老年人生活的良好社会环境。而从主观上讲，老年人则要自觉形成科学、健康、文明的生活方式，积极向上的生活态度。老年生活质量是老年人生活状况的主观和客观反映，是老年人最切身的体会。对养老模式选择的评价自然要从老年生活质量出发，对老年人养老效果的评价有很多，但最

权威、最全面的评价标准就是来自老年人自身在主观和客观方面的评价。

老年人在精神、躯体和社会功能方面产生的需求又会决定养老供给，供需关系制约着老年生活质量。从这个意义上讲，老年生活质量是从供需的结果中去评价养老模式供给的结果对老年需求的满足程度，因而了解影响老年生活质量的问题，将有助于引导养老模式发展的多元化，生活质量理应成为养老模式评价的核心内容。老年生活质量是社会成员为满足其生存发展和自我实现需求而进行的全面活动的各种特征的抽象和综合，只有来自老年人的需求才是最真实、最有效的养老供给。

因此，老年人自身最真实的感受，才是对养老模式效用的最好判断。同时，老年生活质量是其全部的包括物质、精神、医疗和照料等方面的综合评价。老年生活质量能全面地、综合地反映养老模式给其带来的生活满意度，用以衡量老年人口对养老模式选择的最佳效果。

（二）老年生活质量变化反映养老模式改变的方向

随着社会经济的发展，老年人养老需求日益增长，老年人生活质量问题越来越成为社会关注的热点。提高老年生活质量，不仅要把老年人“养起来”，更要着眼于他们身心健康水平的促进和社会功能的健全，丰富他们的精神文化生活和强调老年人的社会参与，并且使老年人享有在国内外公认的人权和平等享有各种机会，包括按照“独立、照顾、参与、尊重、自我实现”原则，并建立起使其得以实现的支持体系。这个支持体系的建立就是养老模式供给的完善过程。

居家养老工作的目标是根据不同地区的发展水平，采取多种方式，帮助老年人克服生活困难，提高生活质量，实现老有所养、老有所医、老有所为、老有所学、老有所教、老有所乐，以提高老年生活质量为中心目标。目前老年人的温饱问题基本解决，老年人最强烈的要求是身心的全面健康发展，生活质量已成为新时期更广泛、更本质的发展需求。老年生活质量的需求发生变化，养老的重心也会随之发生相应的变化。即逐步从物质上的供养到精神上的供给，这种变化决定了养老模式的现代变迁。为更好地满足老年人的需求，养老模式必然呈现多元化趋势。随着社会文明的进步和现代化的转型升级，养老生活质量在社会经济发展中的地位和作用日益突出，对于制定居家养老社会协调发展战略或者是微观领域里的养老模式多元化发展的引导和服务，养老生活质量将成为不可替代的中心议题。

（三）提高老年生活质量是老年人分享社会进步的标志

提高老年生活质量是实现“六个老有”目标的重要标志，是老年人享受社会发展成果的具体体现，是老年工作的出发点和落脚点。提高老年生活质量是人类社会进步的必然要求。也是经济与社会进步的重要标志，更是老年人分享社会进步和社会发展成果的标志，提高老年生活质量，对构建和谐社会、实现财富共享具有深远的意义和现实价值。

四、生活质量与多元化养老模式的互动

随着我国经济的发展与人口老龄化的推进，老年人在经济文化需求领域的分层化

进一步发展，人们对养老问题的关注力度日渐加大，会在现有的基础上出现更深、更广、更为完善的新的养老模式，养老模式多元化趋势将呈现不可逆转之势，多元化多层次的居家养老方式将给老年人提供更多更好的选择。社会应更加重视老年人对晚年生活的自主决定权，从而使中国养老模式的发展真正达到“六个老有”。

（一）养老模式对老年人经济生活质量的影响

如果个人家庭和社会对老年人养老供给不足，老年人的生活质量将缺乏保障，由于经济保障缺乏，由老年人医疗费用支出和康复需求大幅上升引发的老年生存质量威胁在一定时期内还将存在。在老年人口的经济保障需求的满足过程中，不同养老模式的供给作用是不同的，情况较为复杂。城乡老年人收入总量和来源不同，他们在收入稳定性和经济独立性上存在较大差别，在选择养老方式时也差异巨大。大部分城市老年人都享受国家退休金，从经济上来说有一定的保障，而大部分农村老年人仍然是由自我和家庭承担供养功能。从家庭养老保障看，在家庭内部的作用机制下，家庭成员之间的作用是相互的。家庭成员与老年人之间直接存在相互作用，可以双向互惠，当家庭成员对老年人的支持作用大于老年人对他们的支持作用时，为助老，增强了社会养老能力，使老年人获得养老资源，相反则是“啃老”。子女经济状况直接影响到家庭对老年人的经济支撑能力大小，影响老年人经济生活质量高低。因此，从养老金及资源供给角度看，家庭养老供给的稳定性较社会养老稍有逊色。但是两者的合力大于任何单一的一方。两者可以互补，具有目标和内容的一致性和不可替代的作用。

（二）老年精神文化生活质量与多元养老模式

老年人精神文化生活质量是其精神文化生活状况和对精神文化生活得以满足的途径和支持水平的满意程度，是多元化养老模式对老年人口的精神需求供给状况的反映。主要表现为排除孤独寂寞的需求和满足程度，对各种休闲文体娱乐活动的需求和满足程度，对社会再贡献，参与社会活动及获得社会认可的需求和程度，自我完善、自我实现和不断学习的需求和满足程度。老年人口精神文化生活质量受社会发展水平、自身需求等因素影响。但老年人的主观因素所起的作用更大一些。主要有三种实现方式：一是家庭安慰，通过家人尤其是配偶、子女、孙子女获得精神慰藉，实现天伦之乐；二是社会关爱，如尊老敬老的社会风尚、伦理道德；三是自我修养，培养自己广泛的兴趣爱好。精神健康，身心愉快，生活安定有趣，是老年人晚年幸福的重要保证，也是老年人精神生活的最佳状态，满足老年人精神文化生活需求是为了排遣消极情绪，感受实现愉悦、充实、尊重和价值而产生的内心需求，包括受尊重的需求、自我实现的需求和精神慰藉的需求等。如果老年人感到精神愉快，就会出现良好和谐的氛围，反之会出现烦躁和不安，容易引发各种身心疾病。

（三）家庭、社会及老年人自我支持对老年精神生活质量的影响

（1）家庭养老质量的高低与老年人子女的经济支持能力和孝顺程度息息相关。“孝”文化是中华民族家庭保障系统的核心。随着社会的发展，“孝”的内涵和标准有所改变，“孝”文化和代际关系与老年人口精神文化生活质量紧密相连。

（2）我国正处在由传统的家庭养老向现代多元化养老的转变过程中，社会将承担更多的养老责任，其中包括精神赡养的责任，“孝”由过去单一的个体“孝”发展为现在的集体“孝”与个体“孝”的结合，赡养的社会化是新“孝道”的重要特征。研究表明社会支持对老年人的生活质量及健康有着积极的影响，一般而言，社会支持通过社会的、心理的、生理的机制影响健康；社会支持不仅通过实质性的帮助、情感支持，而且能够规范人们的思想、情感、行为，从而影响健康。

（3）心情是否愉快、精神生活是否丰富最终是要靠老年人发挥自身的调节作用。社会理论认为，人的一生都需要持续的社会化，老年人持续社会化的过程，不仅给社会增添活力，还能有效减轻老年人的孤独感和心理压力。如今，越来越多的老年人拥有积极向上的心态，参与到各种社会活动中，从自我支持而言，“老有所乐”是高质量的养老生活得以实现的理想状态。从某种意义上说，人是一种精神存在，精神生活对人来说是根本的、关键的，从这个视角看，丰富老年人的精神生活，满足和发展精神需求，是促进老年人自由全面发展的要求，更是应对老年问题、促进社会和谐进步、提高老年生活质量的实现途径。

（四）老年人身心健康质量与多元养老模式

老年人的健康是老年供养和社会保障的一个重要指标，也是老年生活质量的重要组成部分。从人的社会属性方面讲，健康要求人的社会生活、人际关系与生活方式正常。在环境、物质和精神生活的满意度方面也正常。健康的内涵已从生物学健康扩展到社会学健康，从生理健康扩展到心理健康。这对养老的供给提出了更高层次的要求。健康不仅包括生理健康，还包括心理和社会功能健康。对不同养老方式下的老年人心理健康状况进行比较得出的结论是：集中（机构）养老组在总分和性格、适应、人际以及认知能力各方面低于居家养老组，在居家养老的老年人中夫妻同住的心理健康状况总分比与子女同住的好，与子女同住的比独居的好。在五项分量表（表5－1）中仍然是集中养老组明显低于居家养老组，而且差异非常显著。

表5－1　集中养老与居家养老组心理健康状况比较

养老模式	n	总分	性格	情绪	适应	人际	认知
集中养老	441	23.5±8.2	5.4±1.8	4.6±2.4	8.4±2.6	7.2±2.4	3.8±2.1
居家养老	1010	34.2±8.4	6.1±1.7	5.2±2.8	9.5±2.3	8.4±2.7	4.6±2.5

两类养老模式最根本的区别在于集中养老离开了家庭与亲人，尽管与家人仍有来往，但缺少天伦之乐，难以与子女及时进行情感交流，心理沟通、亲情纽带的力量逐渐减弱，老年人容易产生孤独、寂寞、焦虑、抑郁等负面情绪，久而久之轻则影响心情，重则影响健康。

知识拓展

居家养老与民族脱贫：只有脱贫后，居家养老才有一定的质量。到 2015 年年末，少数民族地区仍有贫困人口 1813 万，贫困发生率 12.1%，高出全国平均值 6.4%。2014 年，贫困人口 500 以上省区有 6 个，一半属于民族八省区，贫困发生率在 10% 以上的省区有 10 个，7 个属于民族八省区。经过 2016 年、2017 年的脱贫攻坚后，少数民族的脱贫任务仍然很艰巨，居家养老的质量仍然较低。

案例点评

简介：西藏文化产业发展状况。2014 年，西藏自治区文化产业产值约 27 亿元，占全区 GDP 的 3%。2015 年，西藏组团参加第十一届中国（深圳）国际文化产业博览交易会，20 多家企事业 6000 多件展品参展，受到国内外专业人士好评。招商引资项目 82 个，获得投资 28 亿元。

点评：在民族地区发展文化产业是个好办法，能整合优势资源，见效快，也有利于家庭发展，有利于居家养老。

第二篇

我国城市的居家养老

第六章　老城区居家养老模式

中华人民共和国成立60多年来和改革开放40年来，城市改造有了巨大的发展和翻天覆地的变化。成绩和进步是不容忽视的，但是，各个城市都存在着老城区，在改造中还是遇到了很多困难，在社会老龄化的今天，老城区的居家养老是我们需要研究的重要课题之一。

第一节　老城区居家养老

老城区的旧城改造，虽然经过很多次反复建设，但是由于历史的原因，很多老城区还是有一些难以改造的地方，为现在的居家养老带来了一定的困难。

传统居民区，一般意义上指地上或地下比较完整地保留着历史城市建制的区域，是与现代新城区相对的一种特殊的城镇聚居形式，大部分分布在城镇的老城区或城镇边缘。社区作为城市中最基本的划分单位，关于“传统居民区”的界定却没有明确的标准，各地的认定情况也各不相同，但大概有三个共同特征。其一，坐落于老城区；其二，建成时间较早（一般在1997年之前修建）；其三，老年居民比例较高。此外，传统居民区多以居住功能为主，有着特殊的空间形态和功能结构，保存着传统的社会文化系统，其内含的居民生活方式体现出明显的城市地域特色和城市传统生活，在维系人与人之间的道德情感方面有重要的作用。

一、传统居民区居家养老的特征和弊端

（一）传统居民区居家养老的特征

1. 传统居民区居家养老的发展现状

中国城市社区中仍有很多老城区，多是中华人民共和国成立后规划修建的。现今，老城区存在的一个明显问题是人口老龄化越来越明显，即在城市老城区内居住的居民中，老年人的比重越来越大，老城区成为“空巢老龄”的代名词。

造成这一现象的主要原因有三。其一，与当初城市规划有重要关系。中华人民共和国成立后国家实行集所有与生活相关的功能于一体的单位制，工作地有一套完整的生活设施，人们的生活完全依靠单位进行，单位人把自己的一生都交给了单位，有多年的生活习惯、熟悉的人际关系等，因而很多老人不愿意离开其生活了几十年的地方，甚至有些老城区从老龄化街区逐渐转变为高龄化街区。其二，中国传统的大家庭正逐

渐被小家庭所取代，这种家庭结构的小型化使很多年轻人不愿与老人居住在一起，尤其在老城区，这种现象更为明显，老城区的年轻人纷纷迁居新城区，仅剩老人留在老城区居住，老城区“空巢化”现象明显。其三，老城区的住房和基础设施条件较差，老房子年久失修，医疗、卫生、教育、体育、娱乐等设施陈旧甚至没有，年轻人愿意购买现代化的商品房，在买房或者租房时不愿意选择在老城区居住，这也在客观上加剧了老城区的老龄化程度。

2008 年 1 月 29 日，由全国老龄委办公室、发展改革委、教育部、民政部、劳动保障部、财政部、建设部、卫生部、人口计生委、税务总局联合发布《关于全面推进居家养老服务工作的意见》（以下简称《意见》），对于推进我国居家养老事业有重要作用。政府对各地区老城区居家养老服务工作的开展给予高度重视，传统居民区的居家养老事业积极推进。

2. 传统居民区居家养老的主要特征

第一，分散居住较为普遍，社区管理能力相对薄弱；

第二，商业购物环境比较优越，日常生活比较方便；

第三，医疗环境较好，有利于老人就医；

第四，交通拥堵，条件相对较差；

第五，自然环境较差，空气质量不好，不利于老人身体健康。

（二）传统居民区居家养老的弊端

1. 住宅条件老化，适老化程度低

我国城市老城区、传统的居民区，由于历史的原因，形成的时间跨度很长，在几十年、上百年的时间里，各种各样的住宅都存在。特别是 30 年前和更早时期修建的住宅，设计理念落后，通风采光面积很小，卫生设施设备差，厨房设计老化，污水排放处理不是很合理，各种建筑物混杂在一起，不适应现代化的生活要求，更不适合老年人居住。

2. 社会环境复杂，影响社区发展

传统老城区的居民居住区，过去是街道工厂、商业服务业、居民住宅混杂在一起，形成复杂的环境，主要是卫生条件差，商业区噪声的影响。虽然近些年对一些街道工厂进行了搬迁，但由于老城区的建筑十分凌乱，根据现在的拆迁政策很难进行拆迁安置。要建立新型化的社区，土地使用条件为首要制约因素，因此社区无法得到发展，从而影响老年人的生活质量。

3. 社区公共空间不足，公众参与度不高

老城区社区的公共空间严重不足，在经过我国 30 多年的高速发展的情况下，人们对社区的需求不断增长，绿化地带、林荫道、体育锻炼设施、人行通道都是按照几十年前的要求建设的，远远不适应现在人们的需求。同时，老城区改造已经有很大的发展，过去观念中的老邻居、老街坊、老朋友的氛围已经不复存在。老社区要组织文化体育活动，公众参与度也不是很高。

4. 社会力量动用不足，养老服务产业发展率低

根据我国城市发展的规划和趋势，老城区的可用土地十分稀缺，人们都把有限的

资金集中到新城区开发，老城区很难再像过去一样动用更多的社会力量进行建设，除了少数文物保护的地区，整体老城区都难有较大的发展。大部分居民迁到新的社区居住，很多老人也跟随子女到了新的社区居住。因此，国家和社会力量很难在老城区发展养老服务产业，这部分老人很难享受新养老产业带来的成果。

二、老城区居家养老设施的改造及配套

（一）优化住宅设施，更新住宅环境

1. 增加无障碍通道、盲人通道

我国的一些老城区，长期以来居住混乱，建筑杂乱，道路设施也因为地理条件的限制，缺乏适合于老人的设施。其中最为严重的就是缺乏无障碍通道，传统的阶梯形道路很多，老年人的残疾人车或者轮椅无法正常通行。

盲人通道也很少。由于土地稀缺，人行道很窄，大部分地区都没有设盲人通道。为了全面应对老龄化社会，政府有关部门必须加大相应的投入，增加更多的无障碍通道和盲人通道。

2. 增设电梯设施

我国的民用建筑规范在应对老龄化之前，分为两个基本的阶段。1992 年以前，由于思想观念和经济条件差的原因，多层建筑没有考虑电梯设施。1992 年以后，人们还是没有养老的观念，多层建筑缺乏电梯设施。现在凡是有条件的地方，都应该进行改造，对多层建筑尽可能地增设电梯设施。

3. 增加楼道扶手

为了方便老年人的生活和保证老年人的安全，在楼道增加扶手是一件比较容易的事。但是由于建筑面积太大，工作量也很大，要在楼道增设老年人使用的扶手，也必须下很大的功夫才行。

（二）配套生活服务设施

1. 增设日间照料中心

老城区由于建筑分散，要增设日间照料中心，必须是几幢分散居住的建筑选择适合的条件，才能办成此事，但这又是十分需要的。老城区的根本问题是土地的稀缺问题，“寸土寸金”，要建设微利低利的养老服务设施有相当的难度。

2. 增设夜间照料中心

增设夜间照料中心可以采取很多灵活的方式，比如，和部分私人的个体医疗诊所合作增加床位，为老年人服务。各地也可以采取其他有效的办法，解决老城区老人的夜间照护问题。

（三）完善医疗保健设施

1. 完善社区医院适老服务机制

由于我国经济的高速发展，在新城区的社区医院已经达到相当的规模，无论是硬件设施还是软件设施，都比较完善和先进。但是在老城区，社区医院还处于非常薄弱

的环节。老年人一旦生病，就要到大型医院去治疗，这会带来很大的不便，特别是会增加老年人的开支，严重地影响老年人的养老质量。社区医院完善以后，在服务和收费上都更适合老年人的需求。

2. 建立家庭病房

家庭病房和家庭医生是紧密联系在一起的，首先要有家庭医生的服务，才能够建立家庭病房。我国的家庭医生制度已经展开试点和推广，随着这一制度的实施，老城区建立家庭病房会满足更多老人的需求。

（四）改进文体活动设施

1. 改建扩建文化活动场所

在我国的老城区有一些文化活动场所，但都是商业性的收费，并且主要服务对象是年轻人。由于我国文化观念和思想的变化，一些文体活动场所已经显得落后，也难以吸引青年人参加，我们要充分利用这种状况，改建和扩建适合老年人的文化活动场所，提高老年人的文化娱乐活动质量。

2. 建立社区文艺团体

我国已建成的大型小区或者相对新型的小区，在过去十几年里，比较广泛地建立了如老年合唱团等文艺团体。但是在老城区由于老年人居住分散，社区环境设施以及场地的原因，文艺团体的活动很难开展，特别是老年人要建立文艺团体，还需要得到各方面的大力支持。

3. 增加社区体育设施

增加社区的体育设施，也是提高老年人养老质量的重要一环。老城区的社区管理部门应该克服各种障碍，尽可能地增加社区的体育设施，服务于老年人。

（五）增进安全保障设施

1. 为居家老人配备紧急呼叫设备

老年人的安全问题是人命关天的事，老城区的社区虽然受各种条件的限制，为老服务的方面也有很多缺陷，但是有些事情却是可以办好的。比如，社区为居家老人配备一只紧急呼叫器，或者配备一部老年人手机，并经常帮助他们维修，使它们使用良好，万一出现危险状况能够顺利地紧急呼救，得到相应的救助。

2. 建立社区老人救助系统

针对老城区建筑陈旧、凌乱，交通设备落后，社会环境复杂，养老设施不齐全，诸种不利于老人养老的因素，利用“互联网 +”的优势在社区建立一个老年人的紧急呼叫系统，确保老年人的安全是十分必要的，也是切实可行的。

三、老城区集中社会资源以社区管理为主的居家养老

（一）多渠道动用社会资源，整合外界力量

1. 发挥政府职能，强化居家养老服务支撑

经过改革开放 40 年经济文化和社会的发展，传统意义上的老城区已经极少。道路

拓宽，现代化的建筑出现其中。这些老城区的特色体现在三个方面：一是古建筑的保护；二是传统的商业设施；三是十分昂贵的土地资源。要充分发挥政府的职能，使老城区的居家养老的质量得到提升，必须从现有老城区的资源发掘上下功夫。传统商业交了税收，政府出让土地的费用也有财政收入，因此，老城区的居家养老所需要的费用应当由政府主要承担。

由于历史的原因，老城区大部分老人都是居家养老。一方面要提高他们的养老质量需要大量的费用开支；另一方面大多数人不愿意离开住了一辈子的老城区，这是需要认真研究加以对应的。

2. 挖掘组织效能，提升社会组织服务质量

老城区的居家养老占主导地位，老人居住十分分散，交通拥堵，小街小巷通行十分困难，因此需要更多的养老服务组织为这些老城区的居家老人提供服务。在过去相当长的一段时间内，我国的养老产业市场没有对社会资本开放，家政服务的社会组织主要是月嫂和家庭保洁两个方面，进入家庭服务养老的社会组织比较少。近几年，仿照家政组织的形式，成立了一些养老服务的社会组织，开始探索或者试运行。有关政府职能部门、街道和社区，应该领导和指导这些组织开展养老服务，提高服务质量。

3. 整合社会力量，实现责任共担

老城区也有一些社会资源的优势，比如百年老店、重要的商业机构，特别是一些政府机关、事业单位应该根据自己的优势，积极主动参加社区和街道养老事业的拓展，尽其所能地担负起我国应对老龄化在基层街道和社区的责任。

（二）完善社区管理，提升社区服务质量

1. 1992 年后建的小区要建立居家养老专业服务机构

1992 年我国实行住宅市场化以后，在老城区也建立了一些新型的小区，我国在 1999 年宣布进入老龄化社会，但对社区养老功能不够重视，在 2015 年前建立的小区，都没有从根本上考虑养老的功能。2016 年国家开始特别重视居家养老，要求凡是有条件的小区都应该建立居家养老的专业服务机构，进行必要的设施设备的建设改造，尽可能地满足老年人的需求。

2. 老城区社区居家养老的服务水平必须提升

在我国新的社会经济发展条件下，要让每一位社会成员享受我国改革开放的成果，这是国家和政府强调的战略方针，也是广大人民的要求。在老城区，虽然这些年大量进行了棚户区的改造，但还是有一些死角，这里的居民还有一部分属于生活水平相对较低，部分老年人的养老存在相当大的困难，这就需要我们积极地采取措施，使他们充分享受到改革的红利，提高他们的生命和生活质量。

第二节　社会主义新时代的老城区的居家养老模式

由于我国地大物博，人口众多，东中西部经济发展不均衡，老、边、少地区发展的差异较大，我国很多城市老城区的情况千差万别，许多养老模式可以有更多方式方法可供选择。

一、社区管理为主的居家养老

（一）居家养老和社区养老的混合形式

1. 在社区中的以居家为主的养老模式

经过40年改革开放，城市的基本管理体制已经由居民委员会改变为社区管理，我国大部分农村也实行了社区的管理模式，社区居住的老人自然选择了居家养老的模式。从某种意义上来说，社区养老和居家养老在城市的小区还很难严格区分开，二者是相依相存的关系。现在的普遍情况是，有少部分的社区养老机构的管理做得比较好，能明显看出社区养老的优势，大部分小区或者社区是以居家养老为主，社区养老的优越性还没有得到充分的体现。

2. 日托的居家养老模式

2014年以后，我国大力推行在小区建立日托养老机构。这就为居家养老的老人中的高龄老人、慢性病老年病患者、半失能老人提供了养老的极大便利，这是社区养老发挥优越性的最明显的体现。这几种老人，子女白天上班以后，把他们托付给日托照料机构，让他们享有高质量的养老生活。

3. 夜托的居家养老模式

夜托是社区养老模式中一种高级服务方式，老人白天在家享受居家养老的氛围，晚上到夜托养老服务机构居住，其优越性体现在两个方面。一是有些老人晚上需要照料，由养老护理员担当，减少子女和家庭成员照料的负担，以便于第二天有充沛的精力去完成繁重的工作。另一方面，有些老人发病可能在晚上，在夜托养老机构有专业的医护人员照顾，能确保其安全就医。这是一种非常好的老年人服务方式，但是，夜托的养老机构要求比较高，除了养老护理员外，还应该有医生或者护士值班，需要更大的投入。现在很多小区还没有能力建设夜托养老机构。随着养老产业的发展，中等规模以上的小区都应该有这样的机构和设施。

（二）居家养老需要社区支持和机构支撑

1. 社区医疗服务下的居家养老模式

社区医院在很多新建的城区，都已能承担很多老年病的医疗和救治，满足了部分居家养老者的需要。但是，现在的社区医疗机构承担的服务对象比较多，必须探讨在新形势下的社区医疗服务体系。根据国外的先进经验，在中型社区已经设立社区医疗点，以满足居家养老者的需要。

2. 社区服务机构支撑下的居家养老模式

现在我国的社区管理模式，除极少数特大社区外，一般的社区管理几个小区，管理3万到五六万人口。为了应对居家养老的需要，社区必须建立适应老人需求的服务机构，提供及时的、个性化的、人性化的慰老服务。有条件的社区可以寻求投资建立养老服务机构，以满足老年人日益扩大的需要。

3. 社会养老服务机构全覆盖下的居家养老模式

在我国的特大中心城市，如上海、北京、广州，已经建立了一些养老服务机构，基本能满足这些城市的居家养老服务，但总体上来讲，居家养老的模式还在探索之中。以北京市为例，西城区从2015年开始，试验居家养老服务模式。但是，在许多大城市和中等城市，社会化的服务机构还很少，一方面是由我国老人的基本经济收入决定的；另一方面，我国养老市场开放才3年多，今后一段时间应该建立更多的养老服务机构，做到全社会全覆盖，让老年人真正享受高质量的生活。

（三）社会的管理优势分析

1. 社会的各种服务机构（包括快递）

我国社会化的养老服务机构还十分落后，主要有以下几种原因：一是我国有艰苦朴素、勤劳、自己动手丰衣足食的光荣的传统，大部分老年人还没有更多更广泛的养老需求；二是养老市场刚刚开放3年多，时间还很短；三是居家养老的法律法规还很不健全，因此需要尽快建立各种服务形式的养老机构。我们必须有前瞻性，养老的服务机构必须尽快建立。

2. 政府服务的居家养老管理模式

政府服务是国际上通用的先进的管理模式，也是现代文明高度发展的重要标志之一，在我国才刚刚开始实施，现有的案例还不是很多，现举三个供大家参考。一是广州市在2015年投资300万元购买养老护理员的培训服务；二是北京市西城区从2015年开始为居家老人购买服务，由政府为符合规定的老年人每人每月提供400元的居家服务费用，购买养老公司的服务；三是泉州市为居家老人购买服务，每人每月由政府用30元人民币购买服务公司为老年人提供的养老服务，保证老人安全，现在已为市区2万多位老人提供服务，收到了很好的效果。

政府为居家养老提供的模式还有很多，各地可以根据自己的实际情况进行选择。

二、传统居民区的居家养老

（一）传统居住方式决定居家养老

1. 社会风俗习惯决定传统居家养老模式

我国的历史源远流长，同时形成了一定的社会风俗习惯，以传统的居家养老为光荣。在一些地区，如果老人参加机构养老，会受到双重的压力，一方面认为自己没有教育好子女，不敬老爱老；另一方面子女也有不孝的嫌疑。这些社会风俗虽然得有了很大的改进，但实际上在很多情况下还是严重影响了老人的生活质量和生命质量。

2. 传统居家养老模式必须以传统家庭结构为条件（多子女）

我们必须清醒地认识到，我国传统的居家养老模式是以多子女的家庭结构为基础的。改革开放以来，我国市场经济发展，无论是城市还是农村，子女长期待在父母身边的情况已经不多。在历史上，一个家庭有多个子女，有的子女外出工作、参军等，一般还会有一位甚至几位子女在老人身边，可以孝敬老人。在我国独生子女政策实施以后，在今后的30～50年，都会影响到老人的养老，空巢老人的现象还会延长几十年。

（二）社区硬件缺陷中的居家养老

1. 依靠社会服务支持的居家养老

前面已经分析过，社会化的服务机构对居家养老有很大的帮助，但是，我们的社会化服务还很不发达，只有不断地加强和完善，才能够支撑当前大量存在的独生子女家庭的居家养老服务。

2. 小型和超小型社区服务的建立

在我国现在的管理体制下，老城区里面大量存在着小型和超小型的小区，这是历史遗留下来的。在2000年以前，很多企业事业单位运用福利的形式，为自己单位的职工建立住房并用围墙隔离开来，只有几十户居民的小区比比皆是，我们把它们称为“小型”和“超小型”社区。它们都没有能力单独建立养老机构，需要联合起来建立社区养老服务机构，或者充分利用社会的力量，与社会养老服务机构建立密切的联系，满足老人养老的需要。

（三）社保和医保的决定性作用

1. 最低保障形式的居家养老

在我国的老城区，还有少部分老人，由于历史的原因，没有基本养老保险金，只能靠国家提供的最低保障形式养老。以天津市为例，老城区居民最低保障经费每人每月长期在900元以下，到2016年才突破了1000元大关。通过天津市的例子，可以想象，我国还有许多城市最低保障经费是比较低的，这部分老人只能采取居家养老模式，大部分人靠子女给予养老金的补充，但是一旦成为空巢老人、临终时无子女的老人，其生活就可想而知。我们必须研究新的方式和途径，让这部分老人也能分享我国改革开放40年的成果，提高养老生活质量。

2. 改善和发展最低保障作用后的居家养老

我国的各个地区，由于经济发展水平不平衡，政府对最低生活保障的老人经济补贴相差很大。据不完全统计，上海市政府是对老年人经济补贴最多的城市之一，特别是对这些最低生活保障领取者的居家养老扶持很大，包括夏天的高温补贴、冬天的防寒补助都考虑得很周到。我们调查研究还可知，很多城市也向上海学习，十分关注和改善最低生活保障的老人，给予经济补助和补贴，提高他们的生活质量。我们还应该更进一步地研究出措施，这些享受最低生活保障的老人如果有自己的住房，应该积极推行以房养老的办法，这在西方经济发达国家是一个成功的经验。我国虽然已经展开了一些试点，但是发展速度很慢。

第三节 2015年前建立小区的居家养老

我国的经济发展取得了巨大的成就，已经成为世界第二大经济体，国民收入已进入世界中等发达国家水平，总体发展趋势向好。但是我们还面临着许多新情况、新问题，首先是调结构带来的一些问题，房地产市场业面临着两难的处境，一方面房价居高不下，另一方面购房的需求不断增长。2015年前建立的商品房小区对于养老需求的满足还有很多缺陷，因此，我们必须研究怎样作出调整和改进。

一、依靠社区改扩建养老设施的帮助

（一）社区引入居家养老的管理机制

1. 有条件的小区要改建扩建养老设施

我国住房市场化只有25年的时间（从1992年计算），在2000年前完全是探索阶段，大量的精力都用于将福利房改为商品房，人们的观念和国家的管理措施都还跟不上社会发展的要求。进入21世纪以后，我国的房地产建设有了高速的发展，但是大城市、中等城市和小城市商品房小区的建设标准不一。在2015年前，国家在管理上对养老用房考虑欠缺，对养老的严重挑战认识不足。现在中央和地方都开始重视养老，有条件的小区要通过改建和扩建养老设施来满足老人的需要。根据国家的基本要求，首先要把某些小区的会所改建为养老用房，有些小区可以把某些商业用房扩建为养老用房，这是非常必要的。我们还清楚地看到，由于“互联网+”和电商的冲击，过去很多小区预留的商业用房已经是大门紧闭，将其改建扩建为养老设施也是一条很好的途径。

2. 大型小区要新建养老设施

在现在的大型小区，过去也没有考虑养老设施，但是由于小区的规模较大，供求双方都有前景，这些小区应该兴建养老设施，主要的办法就是可以收购几套住房，连片建立养老设施。由于养老机构属于低利微利的行业，要收购成熟的大型小区的住宅，费用会很高，可以在征得政府有关部门的支持下，得到一定经济上的补助。对开发商也应该根据实际需要给予必要的经济补贴，使小区功能更加完善，提高小区的品位，在经济上也是有益的。

（二）根据2016年的要求建立的新小区

1. 满足人均0.1平方米的社区养老设施

国家住房和城乡建设部已经出台了硬性的规范标准，各地在新建小区的时候一定要严格执行这个标准。人们一定要充分认识到，应对我国老龄化的挑战已经是关系国计民生的大事，来不得半点虚伪和马虎。

2. 社区建立养老服务机构

新建的小区在实行国家规定的基础上，一定要充分利用这每人0.1平方米的住房，在小区规划建设的时候，就要考虑到养老机构的建立。我们一定要汲取过去的教训，要克服观念上的短视和偏见，比如在十几年前建立的小区预留车位不够，这与国家的规划也有很大的关系，现在城市交通拥堵，停车难的问题已经到了非常严重的地步，给人们的生活和社会的安定带来了很大的隐患。10 年以后，我国的养老问题会更加严峻，现在必须高度重视，以免留下隐患。

二、建立小区联建养老服务体系

（一）小区联合投资建立养老服务体系

1. 以小区建立养老服务体系

小区和社区是一个紧密相连又互相区别的概念，社区首先是一个行政管理机构，多数情况下一个社区会有几个住宅小区。根据我国当前房地产发展的基本状况，大部分城市的住宅小区已经基本能满足人们居住的需求，新建的小区一般规模都较大，规划和建设按照新的要求进行，多数小区可以建立独立的养老服务体系。我们还要提醒人们，以后买房选择小区，养老服务体系是否健全是选择购房的一个重要的指标体系，否则对于现在的中年人和老年人来说，都会后患无穷。

2. 建立股份合作制的养老服务公司

我国经济体制改革已经取得巨大的成功，并发展巩固了很多年，股份合作制已经是一种成熟的管理模式。在新建的小区可以通过股份合作的形式建立养老服务公司，公司的模式和规模可以根据当地城市的基本情况考虑。从房地产开发商的角度来研究，一定要认真关注我国养老发展的新趋势，建设具有养老特色的小区，一定会有很好的发展前景。

（二）建立连接居家养老和全社会的服务体系

1. 强化政府居家养老服务功能

从现代文明发展的趋势来看，政府为社会的服务功能越来越突出。从市场经济发展要求来看，能左右和决定社会发展的两个方面——人们把市场称为“看不见的手”，实际上政府就是“看得见的手”。20 世纪 30 年代，世界爆发最大的经济危机以后，政府调节经济的功能越发显得重要。在我国，政府的财政收入相当稳定，通过政府建立居家养老和社会融合的服务体系是十分必要的。

2. 建立多元化的社会养老服务体系

在政府功能充分发挥的基础上，必须调动社会各方面的积极因素，建立多元化的养老服务体系，现具体分析如下：

第一，将传统的国有的养老机构逐步转变为国有民营的养老机构，引入市场化的机制和调节作用，让国有资产发挥更大的效益。

第二，把传统的国有企业福利化的疗养院和招待所改制为市场化、社会化的养老机构，充分利用土地资源，盘活国有存量资产，为养老服务。

第三，进一步扩大养老产业的准入门槛，让大量的民营资本进入养老服务体系，充分发挥民营资本管理快、决策灵活的优势，为老年人提供更加高效、人性化、个性化的服务。

第四，向外国资本开放我国养老产业的市场，引进外国养老的先进理念和成功经验，赋予我国的养老产业新的活力。

第五，建立医养结合的养老机构，从根本上解决老年人看病难的问题，也更大限度地满足老年人防病治病的需要。

第四节　集中社会资源居家养老

地球只有一个，资源相对短缺，一般的社会财富又是相对分散的，因此，就需要我们应用智慧和高效的手段把社会的各类资源有效地集中起来，服务于我国当前的居家养老。

一、社区行政功能的加强和为老服务

（一）社区行政功能的加强

1. 居家养老管理成为社区管理的重要目标

社区管理的功能首先是居住区的行政管理功能，居家养老者都居住在社区，这就成为新形势下社区管理的重要目标之一。为什么要把传统的居民委员会管理体制改为社区的管理模式，主要的原因就是消除过去单纯的行政管理功能，社区管理功能首先是以服务为目标。我国进入老龄化社会以后，社区对居家养老的管理已成为首要任务，社区管理进入家庭，送服务到老年人的家庭也是重要的任务之一。由于管理方式的进步和改变，特别是身份证的广泛使用，社区的行政管理功能已经得到很大的加强。

2. 行政管理功能联系每个居家养老家庭

“互联网+”的广泛应用，为社区行政管理功能深入联系每个家庭提供了极大的方便。但是，由于我国现在正是独生子女带来的家庭结构的特殊时期，居家养老者需要社区对他们的服务更加具体化和个性化，而不是传统意义上的行政管理。

（二）社区行政向为老服务转变

1. 建立为老服务办公室

现在的社区行政管理机构的设置还没有专门为老年服务的分支机构，因此在社区建立为老服务办公室十分重要。这有两方面的积极意义：一是确实证明社区的管理功能做了重大改变；二是让社区的老人在有问题、有事情的时候可以找到相关的管理部门。在中西部落后地区，一些社区至少应该建立养老服务专员这样的工作岗位。

2. 完善居家养老紧急救援系统

生命安全是社区和家庭的头等大事，为居家老人建立紧急救援系统也成为头等大事。社区应该协调上级主管部门，免费为居家老人设置紧急救援系统，以免出现不必要的伤亡事故。

二、利用改革中的医疗机构和养老机构

（一）医疗改革为居家养老提供了保障

1. 医保体系的发育完善方便于居家养老

社区的医保服务体系服从于国家的医疗保障制度，但是对于现在居家养老的老人还有很多不方便的地方。例如，医疗报销体系不便于老人，如果老年人异地居家养老，医疗费的报销还有很大的障碍，随着改革的深入发展会有很大改变，但是中西部相对落后的地区，会有一个相当长的过程，这应该引起各个方面的高度重视。

2. 医疗服务制度的改变有利于居家养老

根据我国计生委的“十三五”规划，医疗制度的改革正在深入进行，城市居民的异地就诊、住院报销会很快得到解决。但是，广大农村的医疗保障还存在很大的缺陷，首先是费用太低；其次是医疗机构相对短缺，看病难的问题在农村普遍存在。应该发挥我国的优势，比如大力开发中草药医疗，对于解决广大农村的医药卫生问题会有很大的帮助。

（二）充分利用养老服务机构资源

1. 不断完善的服务机构为居家养老提供了便利

养老服务机构的建立虽然在城市已经有了很大进步，但机构对居家养老的服务还处于探索阶段。像北京、上海这样的特大中心城市也只是在个别地方试点，所以还必须提倡和鼓励社会各方面的力量，利用结构调整的机会，适度向居家养老服务方面转变，可以对一些下岗工人进行短期培训，建立小型灵活的养老服务机构。

2. 有条件的社区建立养老服务机构

社区管理功能改变的重要途径之一是组织相关人员，建立社区养老服务机构，既可以为本社区服务，也可以为社会服务，既解决了就业问题，又解决了老人养老的实际困难。我们可以预见，在今后一段时期内，养老服务的状态是考核社区工作的重要指标之一。

三、国家对职工管理机制变革

（一）关于公务员和事业编制职工管理变革

1. 公务员管理制度更加规范

中华人民共和国成立 60 多年，改革开放 40 年，对职工的管理体制作了一系列改革。从中华人民共和国成立初期照抄照搬苏联模式转变为现在更加适合于国际化又有中国特色的管理模式，这是一个根本性的进步。

首先，对公务员的管理更加规范，公务员是国家行政机关的工作人员，职责更加明确，管理更加规范，成为一项独立的管理制度，这更加有利于我国向现代化和国际化发展，特别是更加明确了公务员的重大责任。

其次，把以前由国家财政供给的大量事业编制人员和公务员区别开来，减轻了老百姓的税赋负担，更加体现了公平公正。

2. 事业体制管理向企业全面转变

我国改革的方向是事业体制的编制向企业转变，把大量属于社会化市场化服务的功能从财政供给的主导方面转变过来，采用企业化的管理方式。从观念上改变过去“吃大锅饭”“端铁饭碗”的思维，从根本上发扬了我国反对浪费、提倡节约的光荣传统，利用市场机制平衡和调节以前属于事业体制管理的单位之间、人员之间的利益关系，使社会更加民主和公平。

（二）企业职工管理体制的变革

1. 大中型国有企业养老体制的变革

2016 年 12 月，中央 19 部委联合发文，将传统国有企业的疗养院、招待所逐步转变为地方和社会化市场化的管理体制，将其大部分变更为为全社会服务的养老机构。大中型国有企业的领导者，也从根本上改变过去的干部管理体制，从公务员的范围内转变为企业职工，这也是一大进步。

2. 全社会实施职工基本养老保险制度

现在我国全社会的职工基本养老金制度还没有完全建立，主要有两个方面：一是公务员养老保证金的基本管理和其他职工有很大的差距，随着改革的深入，正在积极作出改变；另一方面，所谓的传统事业管理体制的职工，养老保险金自己缴费部分还没有明确，退休金也和全体职工有很大的差别。这需要通过改革来转变，现在已经有了良好的开端，相信在不久的将来，真正的全社会的职工基本养老保险制度会真正确立，使我国的养老产业更加健康地发展。

知识拓展

国务院关于印发《“十三五”国家老龄事业发展和养老体系建设规划》的通知（节选）

国发〔2017〕13 号

《中国老龄事业发展“十二五”规划》确定的目标任务基本完成。老年人权益保障和养老服务业发展等方面的法规政策不断完善；养老床位数量达到 672.7 万张；老年人的获得感和幸福感明显增强。

“十三五”时期是我国全面建成小康社会决胜阶段，也是我国老龄事业改革发展和养老体系建设的重要战略窗口期。

严峻形势。预计到 2020 年，全国 60 岁以上老年人口将增加到 2.55 亿人左右，占总人口比重提升到 17.8% 左右；高龄老年人将增加到 2900 万人左右，独居和空巢老年人将增加到 1.18 亿人左右，老年抚养比将提高到 28% 左右；用于老年人的社会保障支出将持续增长；农村实际居住人口老龄化程度可能进一步加深。

明显短板。

……

有利条件。党中央、国务院高度重视老龄事业发展和养老体系建设，“十三五”规划纲要对积极应对人口老龄化提出明确要求。

高举中国特色社会主义伟大旗帜，全面贯彻党的十八大和十八届三中、四中、五中、六中全会精神，深入贯彻习近平总书记系列重要讲话精神和治国理政新理念新思想新战略，认真落实党中央、国务院决策部署，统筹推进“五位一体”总体布局和协调推进“四个全面”战略布局，牢固树立和贯彻落实创新、协调、绿色、开放、共享的发展理念，坚持党委领导、政府主导、社会参与、全民行动，着力加强全社会积极应对人口老龄化的各方面工作，着力完善老龄政策制度，着力加强老年人民生保障和服务供给，着力发挥老年人积极作用，着力改善老龄事业发展和养老体系建设支撑条件，确保全体老年人共享全面建成小康社会新成果。

以人为本，共建共享。

补齐短板，提质增效。

改革创新，激发活力。

统筹兼顾，协调发展。

到2020年，老龄事业发展整体水平明显提升，养老体系更加健全完善，及时应对、科学应对、综合应对人口老龄化的社会基础更加牢固。

多支柱、全覆盖、更加公平、更可持续的社会保障体系更加完善。城镇职工和城乡居民基本养老保险参保率达到90%，基本医疗保险参保率稳定在95%以上，社会保险、社会福利、社会救助等社会保障制度和公益慈善事业有效衔接，老年人的基本生活、基本医疗、基本照护等需求得到切实保障。

居家为基础、社区为依托、机构为补充、医养相结合的养老服务体系更加健全。养老服务供给能力大幅提高、质量明显改善、结构更加合理，多层次、多样化的养老服务更加方便可及，政府运营的养老床位数占当地养老床位总数的比例不超过50%，护理型床位占当地养老床位总数的比例不低于30%，65岁以上老年人健康管理率达到70%。

有利于政府和市场作用充分发挥的制度体系更加完备。

完善养老保险制度。制定实施完善和改革基本养老保险制度总体方案。

健全医疗保险制度。健全稳定可持续筹资和报销比例调整机制，完善缴费参保政策。加快推进基本医疗保险全国联网和异地就医结算，实现跨省异地安置退休人员住院费用直接结算。

探索建立长期护理保险制度。

制定实施老年人照顾服务项目，鼓励地方丰富照顾服务项目、创新和优化照顾服务提供方式。

确保所有符合条件的老年人按规定纳入最低生活保障、特困人员救助供养等社会救助制度保障范围。

鼓励面向老年人开展募捐捐赠、志愿服务、慈善信托、安全知识教育、急救技能培训、突发事故防范等形式多样的公益慈善活动。

大力发展居家社区养老服务。逐步建立支持家庭养老的政策体系，支持成年子女与老年父母共同生活，履行赡养义务和承担照料责任。支持城乡社区定期上门巡访独居、空巢老年人家庭，帮助老年人解决实际困难。

加强社区养老服务设施建设。统筹规划发展城乡社区养老服务设施，新建城区和新建居住（小）区按要求配套建设养老服务设施，老城区和已建成居住（小）区无养老服务设施或现有设施未达到规划要求的，通过购置、置换、租赁等方式建设。

依托城乡社区公共服务综合信息平台，以失能、独居、空巢老年人为重点，整合建立居家社区养老服务信息平台、呼叫服务系统和应急救援服务机制，方便养老服务机构和组织向居家老年人提供助餐、助洁、助行、助浴、助医、日间照料等服务。

实施“互联网＋”养老工程。

加快公办养老机构改革。加快推进具备向社会提供养老服务条件的公办养老机构转制为企业或开展公建民营。

支持社会力量兴办养老机构。

全面提升养老机构服务质量。加快建立全国统一的服务质量标准和评价体系，完善安全、服务、管理、设施等标准，加强养老机构服务质量监管。

推动农村特困人员供养服务机构服务设施和服务质量达标，在保障农村特困人员集中供养需求的前提下，积极为低收入、高龄、独居、残疾、失能农村老年人提供养老服务。通过邻里互助、亲友相助、志愿服务等模式和举办农村幸福院、养老大院等方式，大力发展农村互助养老服务。

完善医养结合机制。建设一批中医药特色医养结合示范基地。

支持养老机构开展医疗服务。支持养老机构按规定开办康复医院、护理院、临终关怀机构和医务室、护理站等。

开展老年人健康教育，促进健康老龄化理念和医疗保健知识宣传普及进社区、进家庭，增强老年人的自我保健意识和能力。到2020年，35%以上的二级以上综合医院设立老年病科。

结合贯彻落实全民健身计划，支持公共和民办体育设施向老年人免费或优惠开放。

大力发展养老服务企业，鼓励连锁化经营、集团化发展，实施品牌战略，培育一批各具特色、管理规范、服务标准的龙头企业，加快形成产业链长、覆盖领域广、经济社会效益显著的养老服务产业集群。

增加老年用品供给。引导支持相关行业、企业围绕健康促进、健康监测可穿戴设备、慢性病治疗、康复护理、辅助器具和智能看护、应急救援、通信服务、电子商务、旅游休闲等重点领域，推进老年人适用产品、技术的研发和应用。

提升老年用品科技含量。加强对老年用品产业共性技术的研发和创新。支持推动老年用品产业领域大众创业、万众创新。

把敬老养老助老纳入社会公德、职业道德、家庭美德、个人品德建设。

改善现有老年大学（学校）办学条件。建设一批在本区域发挥示范作用的乡镇（街道）老年人学习场所。

案例点评

简介：南京某小区一场争论

南京某小区已经是成熟小区，2015 年 10 月，开发商根据需要，准备利用小区的一处空地建设一个养老院，床位在 100 张左右。消息一传出，小区的居民出来阻拦，他们错误地认为，在小区的旁边建立一个养老院对他们的正常生活秩序有所妨碍。这件事经过媒体曝光，得到了很好的处理。

点评：通过这个案例，至少有下面三点启发供我们思考：

第一，这个开发商很有远见，在小区的旁边建一个小型的养老机构，这是非常正确的。

第二，我国对于老龄化的应对宣传得很不够，对群众的教育和引导也十分缺乏。所以，还需要从各方面加强对我国养老的宣传。

第三，需要加强教育和对社会居民整体素质的提高。

第七章　新城区的居家养老

我国经济高速发展，在所有的中心城市和中等城市，由于我国城市化进程的加快，在未来30年，会有大量的农村人口完成城镇化的进程，所以各个城市都基本上出现了新城区，本章专门研究新城区的居家养老问题。由于各地的新城区发展情况不一样，还需要我们积极地探索和研究。

第一节　新城区的居家养老现状

我国新城区居家养老的状况是比较令人满意的，因为新城区是在新的土地上开发出来的住宅小区，规划设计和基本建设都比较良好，便于开发新型的居家养老模式。

一、2015年前建立的新城区社区居家养老的现状和特点

（一）2015年前建立的新城区居家养老现状

1. 现　状

由于我国大部分老的中心城市建设了新城区，这里就不一一介绍，只举几个典型的例子加以分析。

第一，深圳的新城区状况。深圳虽然是一个崭新的城市，1979年到1995年，这段时间建设的小区可以称为老城区，1996年至2016年20年间所建的小区可以称为新城区。但是由于深圳市经济和人口爆炸式的增长，过去在农村的土地上的规划远远不能满足发展的要求。基本上没有大块土地可以利用。2000年以后深圳的建筑土地问题，成为全国最严重的，所以只能见缝插针式地开发新型小区，虽然深圳的城市建设总体上是崭新的，但在现在看来并不十分不理想。

第二，关于北京的新城区情况。北京最有名的就是通州的新城区建设，整个发展速度很快，现在已成为北京市政府的办公所在地，新城区的居家养老功能很难充分体现。

第三，天津滨海新区。这是天津最有名的新城区，在规划设计的时候目标并不明确，把生产功能和住宅功能的建筑结合在一起，所以发生爆炸事故时，损失惨重，直到现在，这个新区的功能也没有很好发挥。

第四，成都的天府新区。在我国西部的中心城市中，成都天府新区是较有代表性的，也许是受历史因素的影响，天府新区最大的问题在于，把生产加工贸易区和居住区混杂建设在一起，很难体现出新城区居家养老的优越性。

2. 突出的问题

这些新城区建设的时候留下了突出的问题，主要就是没有考虑养老的需求。实际上，我国1985年就开始提出要应对老龄化问题，15年后的1999年正式宣布进入老龄化社会，经过16年的发展，人口老龄化问题超出了人们的想象。在这样崭新的新城区，有相当多的中高档建筑小区，但是却不能满足人们居家养老的需求，这不得不说是一个极其严重的教训。

（二）2015年前建立的新城区居家养老特点

1. 养老问题还不突出

我们调查研究分析我国新城区的居家养老，具有以下特点。

在规划建设这些新城区的时候，我国的养老问题还不是十分突出，很多人错误地以为，中国老龄化的严重挑战不会来得那么快。在建筑规范要求上没有强调养老问题，因此留下了严重的隐患，直到2015年年末，才调整建设规划要求，新建小区必须留足养老用地和用房，这也算是“亡羊补牢”之举。

2. 增加养老设施还有发展空间

各个中心城市和中等城市，除深圳这样问题特别突出的，增加养老设施还大有发展空间，至少比老城区和老城区的城郊接合部所建设的小区多一些可以充分利用的空间，包括一些不必要的加工企业都可以改建成养老设施，以补充和满足社区养老的需求。

3. 上规模上档次的小区较多

虽然在新城区建筑的小区，存在着多种不适于增加养老设施的缺陷，但是这些新城区上规模上档次的小区比较多，可以充分利用这些优势，改建扩建完善居家养老设施。但是，我们进一步分析这些新城区的居民结构，可以作出这样的估计和判断，就像北京天通苑主要是解决当时北京召开亚运会和奥运会而拆迁的居民的安置，共有十多万人，现在的情况基本是，约有一半为北京老城区的居民，另外一半是全国各地来北京的务工人员。他们的居住状况还需要进一步的研究，现在北京市政府大力提倡以居家养老为主体，通过开展各种居家养老服务的试验和试点，还是很有希望做好居家养老的。

4. 选择回乡养老和机构养老的人数较多

我国大部分中心城市和中等城市的新城区，居住人口多半类似于北京天通苑小区，既有当地传统的居民人口，也有外来务工人员，他们中的一部分会选择回乡养老，一部分会选择机构养老。这种居住结构，在很大程度上减轻了2015年前建立的新小区的居家养老的压力。

二、2016年开始建立的社区的居家养老的现状和优势

（一）2016年开始建立的社区的居家养老现状

1. 现　状

2015年年末，国家关于住宅建筑的最高主管部门，正式出台了新建小区和社区的相关要求，从法规上要求新建小区必须每人留足0.1平方米的养老住房用地。从2016

年开始建立的新城区的新社区必须执行这一法规。

但是，法规公布才两年多的时间，有关新建社区对这一法规执行情况的案例还没有具体的统计数字。

2. 还需要补充和完善

根据我们对养老产业发展方面的研究可知，住房和城乡建设部所制定的关于养老的法规要求只是最低的标准。真正要满足老年人养老的需要，要体现我国经济发展的新趋势，要考虑到10年以后都不落后，避免重复建设和浪费，现在这个规定还需要补充和完善。我国国土面积广大，东中西部发展不平衡，全国“一刀切”人均0.1平方米养老用地的要求不太切合实际，据我们的分析估算，东部地区0.2～0.3平方米最为合适。

（二）2016年开始建立的社区的居家养老优势

1. 新建小区同步配套设施更完善

在我国新城区建设中，也还存在一些传统的乡镇，在这些地区新建小区，必须强化按照建设部的最低要求，在小区同步配套养老设施。有些小区虽然已经建成，但是可以改建扩建部分养老用房，为居家养老服务，体现出新建社区居家养老的优势。

2. 政府投入力度加大，提供多方面基本公共服务

我国的新城区或者新的小区建设，在完善和配备养老设施方面还应该有政策性的调整。首先政府需要加大投入力度，加强领导、引导和指导，提供多方面的公共服务。比如在新建小区的医养结合方面，基础设施方面，要考虑到中长期发展规划，让老年人真正享受到改革开放带来的成果，提高生活质量和生命质量。

3. 居家养老服务更加社会化、专业化

在新城区建立的新型小区，规模一般较大，居家养老会带来很多不便的因素。因此，在保证每人0.1平方米用地的基础上，居家养老服务需要更加专业化、社会化，要改变传统的养老方式，学习外国的先进经验，建立更多的人性化、个性化的居家养老服务机构，让老年人真正体会到居家养老的好处，让子女把更多的精力投入到工作中去，这对整个社会经济文化的发展具有积极意义。

第二节　新城区的居家养老模式

由于各个中心城市新城区的建立只是最近十几年的事，总体上还处于没有完成的建设状态，所以这些地区的养老模式，特别是居家养老模式还有待探索、总结和提高。

一、2016年开始建立的社区居家养老模式

（一）以社区养老设施建设标准为保证

1. 标准简介

2015年12月14日，住房和城乡建设部颁布《老年人居住建筑》等17项有关国家建筑标准设计的文件。

2. 社区养老标准的实施

新城区的小区规模一般较大，居住人口1万左右都算是小型小区，3万左右人口的小区比比皆是。严格按照现在住房和城乡建设部的标准，3万人的小区就应有3000平方米的养老用房，这便于规划和实施小区以内的医疗机构、养老机构、养生康复机构、文化体育设施。

现在的问题是，新的标准实施以后，可供借鉴的样板小区还非常少。在住房和城乡建设部的扶持指导下，在浙江嘉兴和杭州余杭区，已建成两个这样的小区。据我们的调查分析可知，虽然民政部现在建设有养老产业研究院和养老建设规划院，清华大学很早就有养老规划设计机构，但组织推广和培训还很不够，应该加大力度推广住房和城乡建设部新的标准。

（二）开创居家养老模式新局面

1. 提高养老质量

2016年，在全国范围内执行住房和城乡建设部的新标准，为保证老人在新的居住小区高质量的养老创造了条件，特别是大型新建的小区，在经过精心策划、精心设计以后，引入新的养老理念，无论从社区养老还是居家养老的角度，都能基本保证老人养老的质量。新建的小区，应该普遍建设残疾人无障碍通道、盲道和在楼梯安装老年扶手，在老年人居住的楼房，应该普遍使用电梯。在西方工业发达国家，两层楼也要安装电梯，确保老年人和残疾人畅通无阻，不仅提高了老年人的生活质量，更重要的是让他们深深地感到，自己老了行动不方便了不是社会的拖累，而是受到社会的广泛尊重，有尊严地过着老年生活。

我国的新闻媒体、教育部门应当加强宣传力度，提倡建立全社会敬老、养老、爱老的新风尚。

2. 减轻社会压力

现在我国社会的骨干力量担负着建设国家和发展社会经济文化的主要责任，他们多数是25～55岁的青壮年，又有很多是独生子女，上有老下有小，在放开“二胎”政策以后，他们还承担着养育第二个孩子的经济和生活压力，可以说，现在25～55岁的青壮年，无论是白领、蓝领还是普通工人，都承担着工作上、生活上的重大压力。如果我们把老年人的居家养老解决好了，就直接减轻了这一部分人的压力，让他们有更多的精力去工作、学习和抚养下一代。

二、2015年前建立的社区居家养老模式

（一）存在许多问题和弊端

1. 问　题

在新城区，有很多小区是2015年前建成的，由于当时国家和社会对养老问题缺乏考虑，就为现在的养老，特别是居家养老带来了许多问题。主要有以下几个方面。

第一，从社区养老方面来考察，各方面的设备设施十分缺乏。首先是养老用房不能满足现在养老形势的基本要求。

第二，在建筑结构上缺乏的就是电梯。多层住宅的单元住房，大部分要重新安装电梯，这给居家养老的老人带来了行动上的极大不便。

第三，无障碍通道和盲道非常之少，在居住小区如果每栋楼每个单元都建设无障碍通道，一是缺乏土地使用的空间，二是投资巨大。

2. 弊　端

2015 年前在新城区建立的小区，主要有以下弊端：

第一，传统模式的物业管理功能远远不能适应新的养老的需求。

第二，现在许多 2015 年前建立的小区，已经不适应现代物流发展的需求。如大部分小区没有足够的公用建筑供快递公司设立物品存储柜。

第三，小区的设计没有为老年人的紧急救助留有通道。救护车驶入小区，不可能迅速撤除人车分流的隔离物，很可能因为这个原因，延误抢救老人的最佳时机，致使老人病情加重或造成不必要的死亡。

（二）传统的行政管理功能为主的居家养老模式

1. 突出的传统行政管理功能

中华人民共和国成立初期，由于受到苏联管理模式的影响，我国曾把住宅生活小区等同于行政机构，管理方式还处于十分落后的状态，主要是行政功能突出，而十分缺乏服务功能，特别是为居家养老的老年人提供服务十分缺乏。老年人在小区居家养老得不到应有的满足感，最为严重的是，老年人最需要的医疗服务还是几十年前的情况，老人生病只能到医院去求医，小区很难为老人提供医疗方面的服务和帮助。

2. 由中国传统文化决定的小区居家养老模式

中国传统的家庭基本特征是子女众多，家庭经济的支配权由老年人掌握，老年人一般是居家养老，由子女照顾。而现代的居家养老，没有这两个基本的特点，很多老人身边无子女，部分老人身边虽然有子女，但缺乏家庭的经济支配权，在就医、消费方面受到年轻人的限制。虽然我国老年人大部分有基本养老保险金，但是受中国的传统文化的影响，现在的老年人没有正确的消费观念，始终以节约为光荣，自己动手，往往承担较为烦琐的家务活动，这就严重影响了他们养老的生活质量。

据我们的调查分析，可以预测 20 世纪六七十年代出生的有文化的人，今后养老的消费观念会有很大的变化，会更多地使用“互联网 +”等方式，满足自己的需求，减轻家务劳动等给自己带来的种种烦恼。

（三）问题分析

上面所列举的 2015 年前建设的小区的问题和弊端，存在的原因是客观的，现分析如下：

1. 历史的局限性

从历史的角度来看，产生上面的问题和弊端，从某种意义上来讲是十分正常的。中华人民共和国成立以后，国家一穷二白，用了 17 年的时间来解决历史遗留下来的诸多问题，刚刚进入良好的发展时期，又出现了“文化大革命”，使我国的发展受到了严重的影响。

改革开放以后，中国人民的思想和生产力得到了极大的解放，其发展速度令世人瞩目。由于历史教训，在规划我国的建设方面，还是以积极稳妥为准，所以造成了当前的许多问题和弊端。我们只能充分地正视现实，积极探索，制定出新的改进的办法和措施。

2. 旧思维的产物

在人类发展的历史过程中，新思想和旧思维总是在斗争着。我们不能再犯过去的错误，实际上，任何思维都是现实的、社会的客观反映，人们的思想总存在某种片面性。所谓的旧思维，就是趋于稳妥和保守，新思维就是趋向于前进和开放，人们不能离开历史的自然的条件，制定出不切实际的规章制度。所以，2015 年前建设的小区所存在的问题和弊端，也是受制于当时人们的思维方式。

三、保证社区养老设施建设标准

（一）改建社区部分设施建立养老服务设施

1. 改建设施

我们必须清楚，现在我国各类城市所建立的小区，大多执行的是 2015 年前的建设标准，没有充分考虑到居家养老和社区养老所需要的建筑设施。面对这些历史的和现实的问题，我们只能根据现有小区的实际状况进行部分改建，尽量满足老年人的养老需求。改建这些养老设施的经费是一个重大的缺口，特别是 2000 年前建设的小区，开发商已经完全离开小区，现在的物业管理公司总体上还面临一定的困难。因此，改建养老设施的经费，应该协商新的解决办法。随着时间的推移，还是要以政府投入为主来解决。

2. 增加设施

2015 年以前建立的小区，养老设施十分缺乏，现在要增加设施，首先是土地的使用问题、绿化带的改造问题；其次是经费问题。设立日间照料中心和夜间照料中心，最大的问题是缺乏房屋建筑。虽然可以把部分会所改为养老设施，但是由于建筑结构的限制，真正改建起来也有相当大的难度，采取的基本办法还是政府通过试点有了足够的经验，再逐步加以推广。

（二）转变小区物业管理服务职能，加强养老服务内涵

1. 转变小区物业管理的服务理念和功能

2015 年前建立的小区，物业管理的服务理念和功能都十分落后，特别是很多小型小区，基本谈不上完全的服务功能。由于小区规模太小，物业费收入也少，还由于管理不善，有人不缴物业管理费。现在的物业管理总体上问题较多，所以需要转变物业管理的理念，建立新的功能要求，改变物业公司的形象，以良好的服务质量求得客户的理解和支持。

2. 加强小区服务的内容和范围

小区服务的内容很广泛，不只是看大门、打扫卫生。现在最需要的就是对居家养老者提供有效的高质量的服务，并且合理地收费，来改变过去相当部分物业公司长期

亏损的状况，应该说，居家养老为物业管理公司扩大服务范围提供了极好的机遇。可以想象，在这些小区内，生活能自理的居住者并不需要物业管理公司多少服务，所以他们现在即便上缴相对较低的物业管理费还有一定的意见。但是，真正居家养老的老人，需要某种服务，而物业公司又能提供较高质量的服务，要收取相应的费用，也是很乐意的。我们可以这样预言，传统的老的小区的物业管理工作如果抓住了居家养老的需求，会创造出新的局面，树立良好的形象。

（三）社区要为养老机构提供支持，为居家养老服务

1. 社区要建立多元化的养老服务机构

在传统的老的小区，只是简单的物业管理服务，会有很多问题和矛盾。小区管理者要根据我国发展的新常态，特别是为老服务的社会的巨大需求，在小区里面建立一个到几个养老服务机构，有针对性地、个性化地、人性化地为小区急需服务的老年人提供服务，才能够收到合理的费用，激发小区发展的活力。北京市西城区在区乡养老方面率先做了示范，由政府买单，每月为居家养老的老人补贴400元人民币，委托机构为老人服务，政府规定了相应的13项服务，养老服务机构根据政府的要求为居家养老者提供上门服务。这是一个很好的办法，可以在全国范围内推广，各个社区的养老服务机构，也应该抽出部分精力，积极寻求政府有关部门的指导帮助，并获得必要的经费补贴，才能够更好地为居家养老者提供服务。

2. 引进社会灵活就业人员为社区居家养老服务

现在小区的居家养老服务还是比较分散的。因此，小区建立的养老服务机构应该以小型化、多样化为主，合伙人或者个体经营方式都是很好的选择，还可以引进社会灵活就业人员为社区居家养老服务，既解决了他们的就业问题，又为居家养老者提供了服务。

第三节　深圳等新城市的新城区居家养老

我国城市的发展一直都存在着建设新城区的问题，在20世纪60年代，很多城市开始了新城区的建设，比较典型的是洛阳市，新城区和老城区的建设截然分开，老城区保护较好，新城区发展很快，一时间成为中国新城市建设的典范。

改革开放以后，深圳等城市的新城区的建设取得了巨大的进展，但是养老的问题还没有提到议事日程，所以有必要进行研究和探索。

一、深圳居家养老面临的挑战和机遇

（一）深圳居家养老的历史原因分析

1. 历史条件决定思路和规划

深圳城市的发展，正如一个“春天的故事”，在当时的历史条件下，由一个很偏僻的小渔村起步发展到今天，是令人感到惊奇的。深圳整个城市都可以称为新城区，当

时的大气候是，作为一种试点，充满着希望、困难和曲折，很多人以观望的态度看着深圳每天巨大的变化。新生中的充满朝气活力的城市人，人们根本没有将其和养老联系在一起，实际情况是深圳90%以上是外来人口，都是青年和壮年，绝大部分人还没有长远的规划和设想，应该讲相当多的人都有临时的观念。

一个在中国历史上年轻的新兴城市，整个规划和设计没有考虑到养老是可以理解的，也是十分正常的。但是现在必须引起高度重视的是，应把养老问题摆到十分重要的位置。

2. 试验区的必然后果

深圳市作为中国改革的试验区，当时的总设计师邓小平就讲过这样的话，改革试验失败了可以重来，人们在探索中前进，一心一意发展深圳的经济，确保深圳改革的成功。既然作为新兴的试验区，抓住了发展的主要方面，获得了巨大的成功，已经是很不容易的了，没有考虑养老的事情，造成这样的后果也是正常的和必然的。

（二）关于深圳居家养老的挑战和机遇

1. 人口暴涨给居家养老带来的挑战

改革开放初期，深圳的发展确实是创造了“深圳的速度”，代表了中国经济发展的方向，但也出现了一些令人难以理解的问题。如在刚开始的几年，人民币在深圳流通不畅，一些革命老干部去考察以后，认为这是“令人痛心的改革结果”，新思维新秩序带来了新的挑战。

紧接着深圳就发生了人口的暴涨，给居家养老带来了新的挑战，商品房住宅价格高速增长，也给一部分外来打工者以巨大的经济压力。但是，据我们考察研究发现，由于深圳是新兴城市，养老的压力比其他城市还是要轻一些，比人们的想象要好得多。

2. 经济高度发展给居家养老带来的机遇

深圳的改革试验获得了很大的成功，2016年被国家确定为与北京、上海、深圳、广州一样的国际化中心城市，远远超过了天津这样的老牌中央直辖市，也超过了南京、武汉、成都、重庆、西安等历史上有名的中心城市，成为国际化的中心城市之一。可以预见，深圳还会有更广阔的发展前景。

经济是社会文化发展的基础，深圳的经济高度发展，新兴城市充满着生机活力，老年人口的比例和全国许多中心城市相比是最少的，人均收入水平也属于全国的前列，这就为其居家养老带来了新的机遇。

二、深圳人口年龄结构的状况分析

（一）深圳人口结构分析

1. 高度集中的年龄结构将为深圳养老带来新的课题

深圳作为城市的历史只有30多年，人口的年龄结构具有如下主要特征：

第一，最初的农村人口早已转变为城镇居民，由于他们享受了土地带来的极其丰厚的利润，居家养老在经济上不存在什么问题。

第二，1979 年以后，以当时的基本建设工程兵进入深圳的建设大军是主要的人口，再加上一些中央直属的建设公司，约有十多万人，这些人基本上进入退休年龄，由于他们人人都获得一套福利性住房，家庭养老也不存在什么问题。根据我们的考察研究，这部分人当中的一半都享受着深圳很高的退休金，如果回到原籍地养老，生活水平相对是比较优越的。

第三，深圳作为国际化大都市，大量引进了国内外高学历的人才，即现在深圳高科技公司和国际贸易公司的白领和骨干。由于他们的工资待遇相对较高，居家养老也不会存在问题。但是，现在 40 ~ 60 岁的人，将来会成为集中退休的人群，也会给深圳的养老带来新的问题。

第四，1980 年以后，大量涌入深圳的农民工，已有相当部分在深圳定居下来，养老也不存在问题。

2. 新户籍制度实行后深圳居家养老对策研究

2013 年开始，我国施行了新的户籍制度，深圳是最先享受这一改革开放红利的城市。相当部分的外来务工人员，包括大部分白领、蓝领，根据相关的制度，成了深圳新的城市居民，先是享受了买房政策的优惠，这是居家养老的第一要素。但是要顺利地进行养老，还有以下问题需要研究：

第一，这些新的深圳城市居民，第一要务就是解决自己子女的入学问题，这会给大部分人带来相当大的经济压力。他们对父母辈的养老存在很大的缺失，这也是我国农村存在大量空巢老人的原因之一。

第二，也有相当部分深圳新居民把自己的父辈接到深圳养老，但是又出现了另外一个问题，他们的父辈还有上一辈存在，即祖辈，多数是 80 岁以上的高龄老人，又造成了新形势下的空巢老人状态。这是需要我们认真研究的问题之一。

第三，深圳成为高度发达的现代化国际大都市之一，新的深圳市民的父母习惯了家乡生活，到深圳市养老有很多不适应的地方，也需要我们研究出对策，加以引导和指导。

（二）深圳居家养老的特殊形态研究

1. 返乡养老将成为一种常态

深圳开放前 20 年的劳动大军，即 1979—1999 年进入深圳的人们，大部分已成为退休老人，虽然他们大部分人的子女已经在深圳定居，但是他们多数选择了返乡养老。形成这种状态的原因主要有两个：一是这些退休老人的父母还健在，多数为 85 岁左右的高龄老人，他们有敬老、养老、爱老的责任，所以选择回家乡尽孝；二是这部分人多是 20 世纪 40—60 年代出生的人，对家乡有一种特殊的情结，更为重要的是，他们享受着深圳相对很高的退休金，回到家乡养老，有一种优越感和自豪感。

2. 异地养老会成为重要方式

现在深圳退休的老年人有一部分会选择异地养老，主要原因是有以下两个方面：

第一，他们职业的后半阶段到海边贫穷的山村去搞开发，看到了深圳巨大的变化和成就，他们对异地的发展有一种特殊的心情，退休以后，如果在故乡的父母已经去世，他们就会选择自己喜欢的地方养老。

第二，他们的退休金在全国属于较高的，如果有两套住房，他们的经济实力就比较雄厚，他们有条件选择一个满意的地方安度晚年。

3. 机构养老是一种选择途径

决定是否选择机构养老的首要条件是经济因素，深圳的退休人员养老保险金基数较高，为他们创造了选择机构养老的基本条件。同时，由于他们在深圳这样的新兴城市工作了几十年，选择适合他们的机构养老也是一种好的方式。现在退休的老人，子女在深圳工作，由于交通拥堵，生活节奏很快，工作压力较大，他们无法更多地照顾老人，这就促使这些老年人选择机构养老。

三、深圳面临选择新城区的机遇

（一）深圳成为国际级中心城市带来的机遇

1. 国际级的问题应由国家解决

2016 年，国家对中心城市作了新的战略规划和部署，初步决定，北京、上海、深圳、广州作为国家重点发展的国际大都市来建设，这给深圳市的发展带来了新的机遇，为深圳解决城市发展急需的土地问题找到了新的契机。

2017 年，党的十九大召开以后，我们进入了习近平中国特色社会主义新时代，我国将在 3 年内实现全国精准脱贫，这将是中国人民强大起来的开始。既然深圳作为我国有代表性的国际大都市来发展，所存在的土地扩张的问题就必须由国家来解决。

2. 关于城市发展战略研究

进入 20 世纪六七十年代，世界的城市发展出现了新的模式，主要有以下几个特点。

第一，城市人口高速增长，农村人口迅速减少。像美国这样的经济发达国家，城市人口占全国人口的 97% 左右，很少量的农村人口养活了大量的城市人口。

第二，有少数国家，城市人口剧烈膨胀。最典型的代表就是南美洲的墨西哥，城市人口大量集中到首都墨西哥市，当时墨西哥全国总人口 6000 多万人，墨西哥市集中了 4000 万人左右，后来有所调整，但还集中了全国 1/3 以上的人口。

第三，中心城市大力发展。大的中心城市要充分体现出社会的聚集效应，形成经济中心、金融中心、交通中心、行政中心、科研中心、教育中心、文化中心、信息中心、人才聚集中心、国际交流中心，十大功能综合发挥作用，极大地促进了国家经济的快速发展。

第四，卫星城市的出现。在 20 世纪 80 年代，由于中心城市的规模过大，给城市的发展带来了许多弊端，所以出现了疏解城市高度集中功能的要求，在中心城市的周围形成一批卫星城市群，成为世界城市战略新的发展方向。据我们的研究，随着深圳城市的发展，土地变得十分紧缺，卫星城市的规划因此得不到实现，东莞市成为深圳唯一的卫星城市，不能完全疏解深圳中心城市发展的功能，这是需要汲取的教训。

（二）深圳新城区的养老规划设计

1. 新城市必须应对“老龄化”问题

像深圳这样的新兴城市，虽然表面上看起来人口年轻化，实际上这只是一个假象。到20世纪后期，除非洲少数新兴国家外，许多国家都面临应对人口老龄化的问题，在老龄化的国家建设新城市，必须认真考虑应对老龄化的问题。深圳的城市发展，虽然在经济上是很成功的，但是在城市的规划上还存在严重的缺陷，只有30多年的时间，城市发展就遇到土地稀缺的问题。由于深圳人口的年龄段是高度集中的，第二个老龄化的高峰期会随之到来，在深圳市获得新的城市规划以后，必须高度重视养老问题，否则又会带来新的危机。

2. 认真吸取国际国内先进经验

养老问题是任何一个国家都无法回避的严重问题，根据国际上的先进经验，我们分析如下：

第一，关于养老人才的培养。加拿大的经验可以供我们参考。1898年，加拿大的大学就开设了养老管理专业的本科课程，比我国早了100多年，直到现在我们都还在探索和研究之中。100多年前的加拿大人烟稀少、土地广阔，加拿大国土面积辽阔，面积仅次于俄罗斯，是全世界领土面积第二大的国家，人口只有3555万，主要为英法等欧洲人的后裔，土著居民占3%，华人有150万左右。像加拿大这样人口稀少的国家会在100多年前就开始培养养老人才，就认识到养老的重要性，这是极其具有前瞻性的。

第二，关于医养结合的国际经验。在瑞典这样的西欧国家，人口只有800多万，但他们在医养结合方面具有国际先进水平，他们人口相对较少，经济上也比较先进，属于发达国家，但他们十分重视养老问题，这是需要我们认真学习和研究的。

第三，全面应对老龄化问题。在美国，既有大型的中型的养老机构，又有许多小型的甚至家庭化的养老机构，他们的养老经验也很值得我们学习。美国国土面积900多万平方千米，全国只有3亿多人口，他们都明显感受到人口老龄化的压力，像我国这样的情况，国土面积和美国相差不大，但全国总人口是美国的4倍多，要提高我国的养老水平使其和经济发展同步，还有许多工作要做。

深圳即将成为国际化的大都市，也是我国改革开放的重要参考，面临着建设新城区，应该认真汲取国际国内的先进经验，搞好养老规划设计。

（三）深圳城市发展模式研究

1. 国际化大都市养老模式探索

现在世界上国际化的大都市，较为先进的养老模式，还是有可供参考的价值的，现分析如下。

第一，中国香港。香港是世界公认的国际化大都市，其养老模式的特点是以居家养老为主，社区养老和机构养老辅助，香港的养老模式成为世界养老模式的先进典范之一。深圳和香港只是一江之隔，是否可以学习香港的养老模式还需要进一步的探索和研究。在深圳和香港的养老的差距在于两个方面：一是医疗保障制度，虽然深圳已经在全国处于前列，但与香港相比还有一定的差距；二是配套机构，在三个方面还有一定的差距，第一就是社区服务机制，第二是家庭医生制度，第三是社会工作者和志愿者制度。由于深圳的发展历史太短，我们预测，再过一定的时间，深圳成为国际化大都市以后，养老模式也会紧紧跟上，创造出深圳的养老模式。

第二，伦敦。伦敦是世界上历史最为悠久的国际化大都市之一，伦敦总人口820万，国土面积1580平方千米，有2000多年的建城历史。英国的养老是居家养老和机构养老并行的模式，伦敦也是世界上最早进入老龄化的城市之一。在20世纪80年代，由于西方文明的决定因素，他们养老的比例处于世界领先地位，经过30多年的发展，有一种向养老回归的倾向。

2. 深圳特区文化和中国传统文化的比较

深圳特区的建立形成了深圳特区的文化的模式，主要标志是移民城市文化模式，突出的特点是文化的兼容性很强，外来人口带来的外来文化混合交融，深圳本土的文化处于次要地位，深圳特区的文化是开放的、多元的、中西方兼容的发展模式。中国的传统文化模式是以中华民族为主体的大中华的古老文化模式，同时，还有深厚的地方文化传统，形成了特有的东方文化模式。

在近代，中国的文化主要有三个流派：一是京派传统文化，二是海派传统文化，三是岭南传统文化。按区域来划分，深圳特区属于岭南文化的区域，但是由于深圳本土文化对深圳现代文化的影响极其微小，应该属于新兴的开放的海派文化的范畴。

3. 创造深圳养老新模式

改革开放以来，深圳的经济发展成为我国经济发展的领先模式，现在面临养老的重大挑战，深圳能否创造出有特色的养老模式，还需要进一步的探索和研究。深圳是一个新型的开放式的城市，养老压力可以说在全国的城市中是最轻的。但是，深圳的人口结构有三个主要的特点：一是1979年几十万建设大军进入城市，现在都已经退休养老，需要有一个与经济形势相适应的养老模式；二是1992年以来，大量进入深圳的中高端技术人才面临着退休养老的问题；三是深圳市农民工作为城市中的重要组成部分，国家实行新的户籍管理制度以后，他们的养老问题也是一个新的挑战，面临着更大的问题。

第四节　老城市新城区的居家养老

天津市是我国最早建设新城区的城市之一，但是由于当时没有考虑到新城区的长远发展，也没有考虑到养老问题。这是需要我们认真汲取的经验教训之一。

一、天津市滨海新区居家养老的研究

（一）天津市基本状况简介

1. 总体状况

天津市是我国最早设立的三大直辖市之一，但后来的发展远远落后于像深圳、广

州这样的城市，老城市的功能逐步淡化，新城区的功能没有得到应有的发挥，还在发展之中。

2. 养老状况

天津市老城区的人口和北京、上海甚至成都、重庆相比，都相对较少，这是由天津市的发展历史决定的。一是中华人民共和国成立初期，天津市是河北省的省会，后来省会搬迁以后，就只是河北省的一个地区，老城区的人口因省会的迁移搬出了几十万人。二是天津作为直辖市以后，成为北京的港口门户城市，天津的很多机构的干部和职工有相当一部分居住在北京，退休以后就离开了天津，所以天津的养老压力也不是很大。

前几年，天津在养老的管理上相对落后，2014 年，天津市政府采取了相当先进的措施对养老人才进行补贴，对进入天津就业的养老护理员一年限定补贴最高达 5 万元，基本进入全国的前列，对养老人才的培养在全国来说也是较为先进的。

（二）关于新城区的规划问题

1. 关于总体布局规划

天津市建立了一个规模巨大的新城区——滨海新区，其在全国也有较大的影响。但是，经过这些年的建设，规模效应并不十分理想，这还需要进一步探索和研究。

2. 养老模式需要进一步研究

滨海新区的小区一般规模较大，为居家养老留有一定的发展空间，同时，天津市的房价不是很贵，也为居家养老创造了条件。现在突出的问题主要是两个方面，一方面，大量建设的小区是按照 2015 年前的标准，养老设施缺乏，需要进行大量的改造，也需要大量的经费投入。另一方面，天津滨海新区存在重大的缺陷，把生产加工区、贸易区和居住区混杂在一起，这就为居家养老、社区养老质量和档次的提高带来了困难。

在滨海新区，土地的利用还有一定的空间，为设立机构养老创造了条件，这是我们要十分重视的问题。天津市新城区的养老模式研究和探索还有许多工作要做，也可以为其他城市新区的发展提供一定的借鉴。

二、国家级中心城市新城区养老研究

（一）新设立的国家级城市简介

1. 总体概况

2016 年，国家对城市发展作了重要的战略部署，主要表现在以下两个方面：

第一，北京、上海、深圳、广州确定为“十三五”及以后我国国际化发展的大都市来建设。

第二，确定了 12 个国家级的中心城市，分别是大连、天津、青岛、南京、苏州、杭州、厦门、郑州、武汉、西安、成都、重庆，它们将受到国家投资的重点支持，将会有更大的发展。

这个基本规划方案出来以后，部分省份还在争取进入国际大都市和国家级中心城市的行列。

2. 养老模式点评

这4个国际大都市和12个国家级中心城市，在养老模式的探索上各有特点，现简单介绍如下。

第一，北京。北京养老模式的突出特点是总体发展均衡，突出社会养老和居家养老相结合模式的探索。

第二，上海。上海是我国老龄化程度最高的城市之一。60岁以上的老人已占全市总人口的30%以上，上海的养老在全国处于领先地位，主要有这些特点：一是政府重视，对老年人的经济补贴在全国处于前列；二是居家养老和机构养老同时发展，老年人的生活质量和生命质量得到了很大的提高；三是平均年龄居于全国第一。

第三，青岛。山东省和青岛市政府十分重视养老产业的发展，在人才培养、机构设立、财政补贴等方面都处于全国先进行列。

第四，杭州。浙江省和杭州市政府都十分重视养老产业的开发，突出特点是，在医养结合方面创立了“绿康医养”这样的国家级的品牌，在开发大型的养老小镇方面，也走在全国的前列。

第五，成都。作为西部的开放城市，成都的养老产业发展处于全国的先进行列。成都市的锦江区民政局在养老方面，是全国的先进典型之一，成都还较早地引入了外国资本设立养老机构，法国等国家的养老机构已在成都开业运作了几年。

（二）传统中心城市养老模式研究

1. 简　介

所谓传统的中心城市是区别于上述12个国家新规划的中心城市。中心城市是一个广泛而模糊的概念，有国际级的、国家级的、省和区域级的，从更小的方面来讲，有代表性的县级城市也是区域内的中心城市，在此就不作一一的介绍。

2. 养老模式点评

在全国范围内，养老模式的探索主要是贯彻2013年国务院出台的三个文件所决定的养老模式，它们分别是《国务院关于加快发展养老服务业的若干意见》（国发〔2013〕35号），以及民政部颁布的《养老机构设立许可办法》《养老机构管理办法》。2016年下半年，国家出台了一系列的政策和方针，对我国的养老模式进行了完善和补充，比如国家规定，将传统国有大中型企业和政府部门设立的养老院、疗养院划归地方政府管理，向市场化、社会化的养老模式转变。

三、北京雄安新区初探

（一）雄安新区发展战略模式简介

1. 新常态下新的战略决策

2016年春，中共中央公布了建设雄安新区的战略规划，这是我国在新常态下新的战略决策。对于北京建成国际化的先进大都市，疏解首都功能，是一个积极的有意义的战略部署。

2. 简　介

雄安新区的基本规划由国际知名的大型机构进行，重点是疏解首都的功能；重视高科技的发展；引入新型的环保节能理念；城市交通顺畅；区域功能到位；严格防止新形式房地产市场炒作产生；等等。由于雄安新区的规划是一个崭新的事物，需要有国际顶尖的专家团队进行设计，上述六点只是我们初步的理解，作为养老产业的研究和实践者，我们特别关心雄安新区关于养老产业的布局和规划。

（二）雄安新区的养老模式初探

1. 规划中的雄安新区特殊功能初探

雄安新区的战略部署公布以后，引起了国际国内的高度关注。它作为疏解首都功能的重要举措，还在研究和探索之中，雄安新区的模式研究引起了各方面专家的探索，各种各样的理解和思维都用不同的形式表达出来。现在的具体步骤发展到雄安新区的整体规划正在向国际招标，国家高层的战略思想将通过规划方案得到充分的体现。

2. 可供雄安新区选择的养老模式初探

本书是专门研究养老机构管理的著作，对我国的养老模式有相当的研究，我们所关注的是雄安新区怎么设计和规划养老产业，使雄安新区将来成为真正的现代化的样板发展新区。我们已经注意到，有的专家一再发表意见，认为雄安新区不应该考虑养老用地问题，这是需要探索和研究的。养老是一个不可回避的话题，我们初步的理解，在雄安新区这么大的规划中，应该有养老产业的一席之地。

知识拓展

雄安新区的规划和施行：雄安新区的规划经过国际招标后，基本确定，但是，到现在，详细规划还未完成，还需要进一步研究和论证才能正式确定。不能再像过去那样盲目建设，更多地“交学费”了。

案例点评

简介：天津滨海新区的情况在前面已经作了介绍，基本情况很清楚，可找到的资料也很多，值得我们研究和探讨。

点评：滨海新区的发展在规划和管理上都存在一些缺陷，一次“大爆炸”集中反映了出来。以后要想发挥应有的效应还需要调整才能实现。

第八章　居家养老和社区养老结合模式

居家养老是老人在自己家中接受养老服务，既可以是子女陪伴式的悉心照料，也可以是保姆式的照顾，抑或是接受社区内的日托服务，等等，养老服务的提供者不仅有老人子女，也包括政府、企业、社区、志愿者、社会组织等。近些年来，面对人口老龄化的趋势，我国在解决养老问题方面作出了很多尝试，其中包括居家养老和社区养老结合模式。

第一节　居家养老在社区的优势

我国是人口大国，自1999年进入老龄化社会以来，老龄人口的增长速度较快。根据联合国发布的新标准，65岁以上的人口比率超过总人口的7%就被称为“老龄化社会”，而超过了14%就被称为“老龄社会”。中国已达到了8.87%。根据中国社会科学院发布的调查显示，到2030年中国将成为世界上人口老龄化程度最高的国家。根据联合国的人口统计数据，中国将在2026—2027年前后进入老龄社会，中国将成为世界上第一个步入“老龄社会”的发展中超级大国。

面对如此严峻的人口老龄化趋势，家庭养老功能的弱化和机构养老发展不成熟难以满足数量庞大的养老服务需求。居家养老和社区养老结合的模式是基于这种背景逐渐发展起来的，其既兼具家庭养老和机构养老的优点，又有运行成本低、国家政策支持、符合我国国情以及满足老年人多样化需求等方面的优势，是一种符合我国老年养老观念的养老模式。

一、我国的养老服务模式

目前我国的养老模式是以家庭养老模式为主导，以机构养老模式、社区居家养老模式为辅助，以自我养老模式为补充的多元化养老模式。

（一）家庭养老功能的弱化

家庭养老是我国传统的养老方式，也是目前被广泛运用的养老模式。我国传统的“养儿防老”观念根深蒂固，家庭养老模式建立在多子女的基础上，人们普遍认为多一个子女就多了一份养老保障。父母养育子女，子女赡养父母，是天经地义的事情，孔子于《孝经》中曰：“天地之性，人为贵。人之行，莫大于孝”“夫孝，天之经也，地之义也”，这是我国传统的育儿养老观念。随着时代的发展，家庭养老功能也在不断弱化，主要体现在家庭结构和价值观念的变化以及老年配偶间相互扶持养老的可能性降低。

1. 我国家庭结构发生变化

计划生育的实施使我国目前的家庭结构呈现出“4 +2 +1”的特点，因而两个独生子女组成家庭后，必须承担赡养四个老人的责任，同时需要抚养孩子；二胎政策出台后，家庭抚养孩子的压力将会更大。加之现代社会工作压力大，工作时间长，子女精力有限，越来越难以承担对老年人养老照顾。而在传统社会中，老人由多个子女共同赡养、责任分摊，担负压力相对要小许多。

2. 人们价值观念发生变化

全球化背景下，我国经济社会不断发展，人们的价值观念也逐渐发生变化。年轻一代为寻求发展，倾向于选择到距家较远的地区学习、工作或者定居，甚至一些子女受到国外自由观念的影响，并不认为赡养父母是自己的责任和义务；而一些父母由于与子女间生活观念的差异，不愿给子女带来麻烦，宁愿自己一个人居住。传统养老观念因人们价值观念的变化受到冲击。

3. 老年配偶间相互扶持养老的可能性降低

2010 年，我国男性人口平均预期寿命为 72. 38 岁，比 2000 年提高 2. 75 岁；女性为 77. 37 岁，提高 4. 04 岁，男女平均预期寿命之差与 10 年前相比，由 3. 70 岁扩大到 4. 99 岁。老年男女平均预期寿命差值的扩大，导致我国老年女性数量与老年男性数量的差值增加，从而使老年配偶间相互扶持养老的可能性降低。

（二）机构养老难以满足养老需求

现阶段机构养老在我国得到大力推广，我国的养老机构数量也在不断增加。机构养老是指老年人居住在专门的养老机构中，由专业机构提供多样化的养老服务的养老模式。而现实生活中，机构养老模式不符合我国传统的养老观念，远离老人熟悉的家庭和社区，费用高，因而多是无子女照顾的孤寡独居老人或是不希望给子女带来麻烦的老人会选择机构养老。

1. 机构养老不符合我国传统的养老观念

“积谷防寒，养儿防老”的观念在我国流传了几千年，膝下“子孙满堂”、四世同堂的天伦之乐一直是众多老年人所向往的晚年生活。但机构养老需要老年人远离居住地，把老年人集中于一个专门的地方进行养老。老年人远离原来的生活圈，隔绝已有的人际关系，不得不重新适应这种机构中的生活方式。因而老年人宁愿选择在家、在熟悉的环境里养老。毕竟机构生活条件再好，照料得再细致也不如自己家里舒适。

2. 机构养老能力难以跟上我国人口老龄化的步伐

我国养老机构数量少，设施陈旧，难以跟上现代老年人养老的需求。根据民政部发布的《2013 年社会服务发展统计报告》，全国各类养老服务机构共有 42475 个，拥有床位 493. 7 万张，共收留扶养老年人 307. 4 万人。每千名老年人拥有养老床位仅为 24. 4 张，这对于全国超过 2 亿的老人来说，是远远不够的。这反映了机构养老的床位数难以满足我国的养老服务需求的问题。

3. 机构养老的运营成本高，费用昂贵

首先，机构养老投资成本大，短期内难以收回成本，而政府受制于财政支出无法在资金上支持机构养老，造成机构养老发展受到限制。其次，机构养老对于大部分靠每月微薄的退休金生活的老年人来说，费用较为昂贵，老年人即使有意愿选择机构养老，也难以获得准入资格。

4. 机构养老的服务质量参差不齐，缺乏人性关怀

机构养老对人性化的服务与管理意识不够，服务人员的职业道德素质不高，缺乏对老年人的精神慰藉与关怀。一些养老机构管理混乱，日常照料也不顾及老年人的身体，给老年人吃一些不利于健康的食物，给本应该安度晚年的老年人带来了身心两方面的伤害。社会新闻也常报道一些养老机构“虐老欺老”。这些现象的存在让众多有意愿选择机构养老的老年人望而却步。

（三）自我养老模式受众过小

选择自我养老模式的老年人通常具有一定的经济优势，该模式有利于缓解子女的供养压力，目前在我国仍处于萌芽阶段。受我国传统养老观念的影响，老年人一般并不愿意选择独自一人居住，只有在丧偶和一些极端情况下才会被迫选择自我养老。自我养老模式的受众也仅适用于身体健康、自理能力较强的老人，但是老年人的身体机能是逐年下降的，随时可能发生问题，这种情况下独居的老人很难得到救助，威胁老年人的生命安全。同时，由于老年人的经济能力有限，难以满足昂贵的医疗费用。因而，自我养老模式仅适用于极少数愿意接受对于新事物的尝试，并且具有一定经济积累的老年人。

二、居家养老和社区养老结合模式的优势

居家养老和社区养老结合模式与传统的家庭养老和机构养老相比具有符合我国传统养老文化观念、经济成本低、养老覆盖面广、服务效果好等优势。居家养老和社区养老结合模式也被视为最符合我国国情的养老模式。

（一）养老服务具有全面、便利和成本低的优势

居家养老和社区养老结合模式的服务内容多样，社区养老服务可以成为老年人日常生活的一部分，方便了老年人的生活。而且相较于机构养老的运营成本高、收益周期长的问题，居家养老和社区养老结合模式依托于社区内的资源避免了这一弊端，实现低成本运作。

1. 全面性的服务

近些年来，随着社区建设的不断发展，社区内的各种服务设施逐渐齐全。养老服务涉及老年人所需要的“衣、食、住、行、乐、为、健、学”等多个方面，是可以满足老年人日常生活照料、医疗护理保健、精神慰藉及文娱等多方面的服务。例如，一些社区建立了老年人生活照料中心、老年人公寓、社区医院、社区老年学校、社区老

年活动室等。居家养老和社区养老结合模式全面化的服务，满足了老年人复杂多样的需求。

2. 提供服务的便利性

居家养老和社区养老结合模式，老年人不需要离开居住地养老，不用改变原有的生活方式和人际关系圈，生活的归属感较强。社区内彼此之间的人际关系、生活习惯都很熟悉，这份熟悉感是机构养老服务难以满足的。此外，由于社区距离近，可以提供上门服务，办事相对方便。

3. 运营成本低

从运营成本来看，居家养老和社区养老结合模式比机构养老的运营成本更低。一方面居家养老和社区养老结合模式依托于家庭和社区发展，社区可以为老年人提供活动的场所和设施，家庭本身就已经是必要的、无法替代的老年服务设施和精神关怀场所；另一方面服务成本可以由政府和一些非正式社会组织帮扶，并且在社区内有一定的人员储备，再加上志愿者等人力资源，很大程度上减少了人员成本。

（二）国家政策的支持

1. 我国社区居家养老模式的起步阶段

1992 年，联合国在第 47 次大会上明确提出“要以社区为单位，为老年人提供必要照顾，组织老年活动等”。顺应联合国养老规划，我国也推出了一系列的法律、政策和意见。2000 年，中共中央、国务院出台了《关于加强老龄工作的决定》，首次在国家层面提出要建立一个包含家庭、社区和社会在内的社会化养老机制，居家养老和社区养老结合模式开始起步。2001 年，民政部印发《“社区老年福利服务星光计划”实施方案》，在全国范围内大力开展“星光计划”，从实践层面建立和完善社区老年福利服务设施和场所。

2. 21 世纪前 10 年的加快发展阶段

21 世纪前 10 年，居家养老和社区养老结合模式进入加快发展时期。2008 年，全国老龄办和民政部等共同出台《关于全面推进居家养老服务工作的意见》，详细阐述了居家养老服务对象、服务内容和服务提供者等。在《关于全面推进居家养老服务工作的意见》的指导下，我国开始全面推行居家养老服务。

3. 新时期快速的发展阶段

近些年来国家更是大力支持居家养老和社区养老结合模式，2012 年，国家重新修订《中华人民共和国老年人权益保障法》，清晰提出：老年人养老要以居家为基础，养老机构、社区工作人员以及志愿者要主动上门服务在社区开展短期托养和日常照料。2013 年，国务院出台《关于加快发展养老服务业的若干意见》，确认养老服务业性质从“事业”到“产业”的转变，开始推动养老体制实质性转型。2015 年，10 部委联合下发《关于鼓励民间资本参与养老服务业的实施意见》，强调逐步使社会力量成为养老产业主体，要加大财政资金投入，推进医养融合发展，鼓励民间资本采取股份制、股份合作制、PPP 等模式积极参与养老机构的发展与建设。在国家政策的引导和大力推动下，居家养老和社区养老结合模式得到快速发展。

（三）符合我国国情

我国人口老龄化问题越发严重，而家庭养老仍为主要的养老方式，机构养老在各方面难以满足养老需求，这种情况下，居家养老和机构养老结合模式既符合我国当下经济社会发展水平，又迎合了传统养老文化观念，能在一定程度上缓解养老压力，解决养老问题。

1. 我国传统文化

我国传统的养老文化是子女在基本生活照料（即物质赡养）和精神关怀方面行为的体现而形成的思想观念、社会伦理规范。这种文化观念以“孝”为核心，“百善孝为先”，子女赡养父母被认为是理所当然的事情。受传统“孝”文化的影响，我国老年人倾向于选择家庭养老模式，希望享受来自家庭的关怀、子女的照顾。“家”对于中国人来说不仅仅是血缘亲属关系，也连带着一系列的责任和义务，这意味着父母无条件的关爱、抚养子女长大成人、成才，也表示子女对父母长辈无条件的尊重、理所当然的赡养。这种观念存在于每个生长于中国家庭的人心中。传统的养老观念和“家”对于中国人的重要性是老年人选择养老方式的一个必要的前提。居家养老和社区养老结合模式的“养老不离家”“养老不离亲”的基本理念迎合了大部分老年人传统的养老观念。此外，有句老话说得好“远亲不如近邻”，社区内互帮互助的邻里关系也可以应用在居家养老和社区养老结合模式中，为社区老年人营造更舒适自在的养老环境。

2. 符合我国社会经济发展状况

首先，我国老龄化发展速度相对于欧美国家来说较快。在世界各国 60 岁及以上老年人口比重从 9% 上升到 18% 所需要的时间中，法国为 142 年，瑞典为 86 年，英国为 43 年，而我国仅用了 33 年。我国人口基数大，加之 20 世纪 80 年代实行的计划生育政策，老年人口比例快速增长，老龄化问题严重，养老压力巨大。其次，我国经济发展速度滞后于老龄化速度。相较于西方发达国家的“未老先富”，我国出现了“未富先老”的现象。

尽管近些年来，我国经济发展速度较快，人民收入水平大幅提升，但是随着我国经济的发展，贫富差距越来越大，人均生产总值仍与发达国家有一定的差距。此外，随着我国社会的不断发展，家庭结构发生变化，养老观念逐渐改变，使得家庭养老模式功能减弱；机构养老的运营成本过高；政府难以承担高福利政策带来的财政负担。这种情况下，我国“未富先老”的国情使得养老问题愈加突出。

当前我国社会生产力发展水平尚不发达，生产方式仍落后于先进发达国家，居家养老和社区养老结合模式可以在一定程度上减轻家庭养老的负担和机构养老的压力。这种养老方式不仅充分利用了社会资源，又提高了老年人的生活质量；不仅满足了老年人的物质需求，又保障了老年人的精神关怀；不仅减轻了子女赡养老人的负担，又增强了人与人之间的联系，是构建和谐社会的体现。居家养老和社区养老结合模式是符合我国当前国情的现实选择。

（四）满足老人多样化的需求

居家养老和社区养老结合模式的服务内容包括日常生活照料、医疗护理保健和精神慰藉关怀。相对于其他类型的养老模式，居家养老和社区养老结合模式的服务内容更能满足老年人多样化的需求，实现老有所养、老有所医、老有所为、老有所学、老有所乐，丰富老年人的晚年生活。

1. 日常照顾

日常照顾是老年人需要的最基本的服务，包括日常生活照料和医疗护理保健。由于老年人身体机能下降、容易患病、行动不便、能力有限，日常的饮食起居和医疗护理是老年人面临的主要问题。居家养老和社区养老结合模式在一定程度上能解决这两大问题，为老年人提供高质量服务，解决其基本生活困难。

居家养老和社区养老结合模式针对老年人的日常生活照料所提供的服务主要有两种：一种是由经过专业培训的服务人员上门为老年人提供照料服务；另一种是在社区内建设老年人日间服务中心，为老年人提供日托服务。上门服务主要的服务人员由保姆、钟点工、志愿者等组成。他们的主要任务是帮助有需要的老年人解决一日三餐、处理一些家务。日托服务依托社区内的老年服务中心之类的服务机构，为老年人提供餐饮、基本的护理和一些文娱活动。此外，社区内还可以建立社区老年中心医院，为老年人提供一些日常的医疗照顾，及时地处理老年人的一些突发问题。日常生活照料所提供的服务包括有偿、低偿和无偿服务，老年人可以根据自己的经济能力和需求选择不同的服务。

2. 精神慰藉

为老年人提供服务不仅要考虑到老年人的衣食住行医等这些基本需求，还要关注老年人的精神需求。一些老年人因为子女外出、老伴去世、退休等带来的心理不适以及身体机能下降等问题产生孤独、寂寞的情绪，更有甚者产生抑郁、老年痴呆等问题。因而必须重视老年人的精神关怀。丰富老年人的精神生活是精神慰藉的主要内容之一。针对处于不同年龄阶段、不同身体状态的老年人，可以提供不同类型的活动。对于低龄、状态好的老年人，社区可以建立老年活动中心，提供娱乐场所（如老年人聊天室、图书馆、棋牌室、健身室、羽毛球场），通过各种文娱活动，丰富老年人的精神生活。社区还可以鼓励老年人从事一些基本的志愿服务，对其进行一些培训，使其献出自己的一份力量，既服务了社区，也能提升老年人的自我价值感。对于高龄、身体不佳的老年人，社区可以积极组织服务人员和志愿者与他们接触，上门为他们提供聊天、读书等服务，这部分老年人在多与人接触的过程中，精神状态自然而然也会变好。社区内还可以建立老年大学，鼓励有意愿的老年人学习知识，学习不断变化的社会技能（如电脑、智能手机等），跟上时代的步伐，缩小与世界的距离。

此外，社区也可以请一些专业型志愿者，通过开展绘画教学、手工制作、心理咨询、心理讲座等活动，消除不良的心理因素给老年人日常生活带来的负面影响，使老年人走出由身体机能、家庭问题等方面带来的心理困扰，以积极向上的人生态度面对晚年生活。

第二节 居家养老依托社区的运作模式及设施建设

随着社会的不断发展和政府政策的引导，我国居家养老模式从传统的家庭养老和政府单一主导模式逐渐过渡到“政府主导、社会参与、中介组织运作或服务实体承办”的多元化模式。在各地政府不断探索适合当地情况养老模式的同时，房地产等企业也将目光转到养老产业，这一过程中形成了各具特色的养老运作模式。养老服务离不开老年人的需求，社区必须建立相应的服务设施体系来保障老年人多样化的需求。

一、居家养老依托社区的运作模式

居家养老以社区为载体进行运作，其核心在于对多种资源的整合和管理，由于我国各个地区的发展水平、社区类型、实际需求以及老龄问题等方面存在差异，因而可利用的养老资源和运作模式也是复杂多样的。依据目前的发展情况来看，我国居家养老和社区养老结合模式，已经逐渐突破政府的单一主体模式，逐步形成了由“政府主导、社会参与、中介组织运作或服务实体承办”的多元化体系。通过对我国目前社区居家养老服务运作体系的分析，发现居家养老和社区养老结合模式主要包括市场主导的商业化运作、政府主导的制度化运作以及政府主导的养老服务市场化运作三种典型运作模式。

（一）市场主导的商业化运作

1. 运作模式

市场主导的商业化运作模式将社区开发、专业化养老服务和管理以及运营结合在一起，从而使社区老年人获得高质量的养老服务。这种运作模式将居家养老所依托的社区资源进行市场化的运作，而随着我国政府鼓励民间资本进入养老服务领域的相关政策的推动，越来越多的企业和资本进入养老产业领域，为居家养老提供了新的思路和模式。下面以保险企业、房地产业为例，介绍这种运作模式的特点。

2. 两种养老产业

（1）保险企业。目前在我国，保险企业开始对养老产业表现出浓厚的兴趣。新华人寿、泰康人寿等众多知名保险企业已经进入养老地产业。比较具有代表性的项目是泰康之家燕园。由于保险类的企业资本实力强，资金充沛，同时保险企业的投资收益周期长的特点与养老地产的运营相当契合，因而保险企业敢于在养老产业试水。在运营机制方面，保险企业只能长期持有地产，不能向外售出，因而保险企业一般会采取将养老地产与其保险产品互相挂钩的模式，投保老人在购买相关保险的同时可以获得入住养老社区的资格。这种运营模式的受众一般为中高端老人。

（2）房地产业。随着我国房地产政策的不断变化和房地产市场的逐渐细分、行业转型，养老地产受到了众多房地产企业的关注。万科、绿城、远洋等多家房地产企业进行了深浅不一的尝试。目前房地产市场上有30余家公司进军养老地产。具有代表性的项目有：万科杭州随缘嘉树、北京太阳城等。以北京太阳城为例，在养老设施方面，除了老年人所需的基本生活设施外，社区还专门规划了具备急救、医疗等功能的一级甲等医院，在社区内基本可以解决老年人所有的养老问题；在运营机制方面，针对老年人经济能力有限的问题，社区提出了“帮助老年人将原有的住房出租，以租金收入入住太阳城”的方式，待入住老人百年后，再将房产还给其家人。这种运营方式顺应了我国的房改政策，在解决老年人经济问题的同时，提升了老年人的养老生活质量。

（二）政府主导的制度化运作

1. 运作模式

政府通过在制度层面的引导，以社区为搭载平台，在现有设施、资源的基础上，迎合老年人需求构建养老设施体系，综合各方资源，通过福利性政策与社会资本结合的方式运营，以完善养老服务体系的模式。

2. 典型模式

以江西省赣州市为例，该市为加快养老服务体系建设，在中心城区建设了居家养老服务中心。在管理体制方面，相关部门经过详细规划确定了各个养老中心的位置和服务范围，制定了相关的人事制度和规范标准；在服务对象方面，居家养老服务中心依托社区资源，根据老年人的健康状态、年龄等差异进行需求划分，有针对性地提供养老服务，规范管理；在养老服务方面，明确了有偿服务、低偿服务和志愿服务等服务类型，以及严格的监督评估体系，提高养老服务人员的积极性，保障老年人的生活品质。

（三）政府主导的养老服务市场化运作

1. 运作模式

政府主导的养老服务市场化运作是由政府出资建立社区养老服务中心，构建相应的养老服务体系，并在政策方面予以支持，将其投入市场，进行商业化运作的模式。由政府主导建设社区养老服务设施和管理体制，具体的服务内容和范围则由市场决定，既能保证养老服务质量又具有一定的灵活性，还能带动相关产业的发展。

2. 典型模式

这种运作的典型模式是成立于2002年的大连“居家养老院”。在管理体制方面，政府在每个街道成立居家养老服务中心，在每个社区成立居家养老服务站。在居家养老服务中心建立党、团、工会组织，负责管理养老相关服务，社区服务站则负责具体的养老事宜；在养老服务方面，政府组织建设居家养老服务中心和专业护理学校联合创办学校，利用政府的资金补贴，将下岗工人培训成专业护理人员，同时根据老年人不同的服务需求，分类制定多种服务标准，费用由政府补贴和老年人自费组成。这种运营模式解决了养老中心缺少专业护理人员的问题，也缓解了当地的就业、再就业问题，促进了当地养老产业的发展。

二、居家养老的社区服务设施建设

居家养老和社区养老结合模式是老年人在熟悉的社区环境生活，在不离开家庭的同时获得社区提供的照顾和服务。居家养老的社区服务设施建设既要考虑老年人对养老多样化的需求，又要顾及老年人群体本身的特殊性，同时兼顾社区内服务设施建设的空间布点问题，在有限的空间内挖掘最大的可能性，为社区内的老年人提供相对完善的养老服务设施，提升养老服务品质，为其营造良好的养老空间环境。

（一）社区服务设施建设的内容

结合老年人养老服务需求和老年人的群体特征，居家养老的社区服务设施从功能上可划分为日常生活照料、医疗护理保健以及精神慰藉关怀三大类。这三类是社区内应该具备的基本设施，其又各自包括一些具体的内容。值得一提的是，由于老年人身体机能下降，行动不便，社区养老设施的建设要始终贯彻以老年人的安全、便利为主的理念。

1. 生活服务设施

社区内的生活服务设施包括基本的公共服务设施和特殊服务设施，基本的公共服务设施包括日常服务设施和市场服务设施；特殊服务设施则包括家政服务中心、托老服务点等。

社区内的日常服务设施包括小超市、社区菜市场、副食店、食品店等；市场服务设施则包括社区内银行、水电气服务点、快递收发点等。大部分有自理能力的老年人可以自己完成买菜煮菜、缴纳水电费用、小型购物等日常活动。社区中这些基本公共服务设施能够鼓励老年人作为社会的一分子参与到社会生活中，老年人与社会多接触，有利于其保持社会融入感。

特殊服务设施建设的对象以需要外界介入帮助、护理的老年人为主，同时兼顾自理老年人。社区可以建设老年人日间照料中心以及助残服务点，为老年人提供日间短时的照料，帮助其进行基本的行动和餐食服务；也可以建设助老服务社，为有需求的老年人提供上门服务，提供日间餐食和打理家务的服务。建设这些特殊服务设施，可以使大部分不能自理的老年人获得基本的生活照顾，为老年人和其家人提供便利。

2. 医疗护理保健设施

医疗护理保健是老年人最为关心的服务。不同于社区内的其他居民，由于自身身体机能下降，疾病增多，老年人对于医疗、保健、护理等服务的需求较强。社区内的医疗保健设施可以为居家养老的老年人提供诊疗、预防、康复和保健等基础医疗卫生服务。利用社区卫生站和医院为老年人提供基本医疗保健服务，不仅能够为老年人提供就医方面的便利，也有助于缓解当前我国大型专业医院和综合性医院的医疗压力，充分利用医疗资源。

社区医疗保健设施具体包括卫生服务中心、医疗卫生站。有医疗护理需求的老年人可以在社区内享受常规的医疗保健；对于在家卧床的老年人，根据其需求可以设置家庭病床，提供医疗康复上门服务。医疗保健设施的建立有助于社区内老年人享受到更加便捷的医疗服务。

3. 精神慰藉类设施

除了满足社区老年人的基本生活照顾的需求之外，还要保障老年人的精神需求，两者缺一不可。社区内老年人精神慰藉设施主要包括娱乐活动设施、文化体育设施和咨询帮助设施。这三种设施具体又都包含偏“动”的设施和偏“静”的设施，其中老年人的日常锻炼、康乐健身是偏“动”的活动；下棋等则属于偏“静”的活动。不同年龄层次的老年人对此种类型的服务需求是有差异的。大部分低龄老人（60—75 岁）由于身体能力较为康健，为了充实自己的生活，对于文化休闲、娱乐以及体育类的需求偏多；而中、高龄老人（75 岁以上）的身体机能明显下降，孤独感更强，会更倾向于选择偏“静”的活动。

具体来看，老年人活动中心和老年人康体活动室为社区老年人提供日常文娱休闲活动场所，如棋牌室、舞蹈班、健身室等。老年学校和老年人教学点为老年人提供学习教育及交流活动，有学习意愿的老年人可以在老年学校学习知识，充实精神生活；老年人教学点可以请专业人士教老年人做一些日常手工、花草培训类的活动，经验技能丰富的老年人也可以向其他老年人教学，彼此多做沟通交流，丰富日常生活。社区还可以成立老年咨询援助站为老年人提供心理咨询、法律援助等服务，老年人可以得到专业的建议和帮助，及时发现心理问题，保持心理健康，解决法律难题。

（二）我国社区老年人设施的配置标准及实践

2010 年进行的全国第六次人口普查结果表明我国人口老龄化问题严重，为了应对这种挑战，国家在 2011 年颁布了《社区老年人日间照料中心建设标准》等文件，较为细致地规定了养老设施的各项指标。各地也结合实际情况，进行了一系列实践。

1. 社区老年人设施的配置标准

2011 年 3 月，由民政部组织编制，经住房和城乡建设部、国家发展和改革委员会批准通过的《社区老年人日间照料中心建设标准》（以下简称《标准》）出台，指出社区老年人设施的建设规模应该以社区居住人口数量为主要依据，兼顾服务半径来确定。《标准》将社区老年人日间照料中心建设规模分为三类，一、二、三类社区（社区人口规模分别为一类 30000 ~ 50000 人、二类 15000 ~ 29999 人、三类 10000 ~ 14999 人）老年人日间照料中心的建筑面积分别按老年人人均建筑面积 0. 26 平方米、0. 32 平方米、0. 39 平方米来核定。此外，《标准》中将功能用房分为老年人生活服务用房、保健康复用房、娱乐用房和辅助用房，并分别对这几类用房的面积指标作出了详细的设定。《北京养老设施专项规划》是 2011 年由北京市规划委和民政局共同组织编制的，是全国范围内第一个省市级的养老设施专项规划。该规划基于 2006 年的《北京市居住公共服务设施规划设计指标》，适当提高了城镇社区的设置标准：每个城镇社区要求拥有一处托老所和一处老年活动场站，现有居住小区应结合已有的“星光老年之家”补充完善社区养老设施，并根据养老服务内容和服务规模对养老建筑面积和用地面积进行了详细的规定。

2. 社区居家养老设施在我国的实践举例

北京市月坛街道居家养老服务站位于北京市西城区的汽南社区内，该居家养老平台把各种社会机构吸纳到其中，和老人建立服务关系，同时也对这些社会机构起到监督的作用。社区内每个家庭都有一张“汽南无围墙居家养老爱心服务联系卡”，居家老人的日常生活服务、医疗保健、信息咨询、紧急救助等需求，都可以直接给各种社会机构打电话。月坛街道居家养老服务站“无围墙”的理念在于冲破人与人之间关系的围墙，把服务和帮助带给身边的每一个人，与传统养老机构不同，其希望通过工作人员的上门服务给予老人关怀。

天津市西于庄社区居家养老服务中心——怡康苑，成立于2007年，位于天津市红桥区礼貌大街，占地300多平方米。怡康苑设有老年人娱乐活动场所、图书阅览室、医疗保健室，集就餐送餐、生活照料、家政服务、康复锻炼等功能于一体，并组织专业服务人员为本社区内60岁以上的老人开展“两走服务”，即让有行走能力的老年人进入服务中心活动，对行动不便的老人，由家政服务人员上门服务。怡康苑属于西于庄街道和民政局投资兴建的公办养老设施，政府为一些生活较为困难的老年人购买居家养老服务。

第三节　居家养老以社区为依托的社会效益及经济效益

社区根据老年人多样化的需求为其提供日托服务和上门服务，建设以日常生活照料、医疗护理保健以及精神慰藉关怀为具体内容的多样化的设施。社区虽然结合自身资源可以提供养老场地，政府和非营利性组织也可以为老年人提供部分资金支持和部分志愿服务，但是养老服务的提供仅仅依靠这些是不够的，仍需要资本的支持和雇用服务人员等这些市场化运作方式来推动居家养老和社区养老结合模式的运作。

一、依托社区的居家养老模式带来的社会效益

依托社区发展的居家养老和社区养老结合模式本身就是一种“准公共服务”，这种类型的养老服务具有覆盖范围广、服务效益好、运营成本低、服务内容多样等优点，是符合我国国情的养老模式。依托社区的居家养老模式不仅为老年人提供了多样化的实际服务，满足其需求，也减轻了家庭赡养压力和政府财政负担；不仅会缓解我国的人口老龄化问题，也会带来多方面的社会效益。

（一）减轻家庭压力、政府负担，整合多方资源

1. 我国现有养老模式的弊端

现代社会，随着生产方式和生活方式的转变，家庭结构逐渐小型化，家庭功能不断弱化，子女没有足够的时间和精力照料老人，这既为子女的职业、家庭生活等方面带来压力，也给老年人带来困扰。同样，政府由于财政支出有限，无法像瑞典、丹麦等国家实行高福利政策保障老年人的晚年生活。而机构养老模式由于投资收益周期长，短期内难以获得收益等原因发展速度缓慢，且养老机构设施老旧、“虐老”现象频发，乱象丛生，难以满足我国养老需求、保障老年人的晚年生活。养老观念的转变尽管使

得一部分老年人选择自我养老模式，但是经济要求高，受众过小。

2. 居家养老模式减轻了家庭压力、政府负担

依托于社区的居家养老模式通过整合个人、家庭、政府、社区、社会等多方面的养老资源的投入，保障了老年人的生活照顾和精神慰藉等基本养老需求。个人、家庭和政府可以为老年人提供基本的物质资源，保障老年人的衣食住行用等问题；社区依托自身各方资源建设各种设施，满足老年人的医疗、精神需求。同其他类型的养老服务模式相比，居家养老和社区养老结合模式既能够使社区内的资源得到充分利用，还可以整合、优化社会各方资源，保障老年人得到更好的养老服务。

（二）促进社会分工的发展

1. 养老产业的社会分工

随着社会的不断发展，社会分工的专业性不断细化，这是社会进步的体现。老年人的需求是多层次、多样化的，由于老年人群体的特殊性，除了基本的衣食住行外，其还会要求提供其他多种类型的服务，如医疗保健服务、养老保险服务、专业护理服务等。

2. 居家养老模式中社会分工的必然性

居家养老和社区养老结合模式是老年人居住在家，以社区为载体，于社区内接受多种类型的服务。社区根据老年人的需求建设银行、超市、菜市场等基本生活设施和社区卫生服务中心、社区日间服务中心以及健身、娱乐、文化设施，这些设施和中心的建设不仅需要来自第三方的资本支持，也需要各种类型的专门服务人员。社区日间服务中心的建立就需要专业性较强的服务人员为老年人提供上门服务，家庭病床的设立则更需要具有基本的医疗知识的专业人员为老年人提供护理服务。随着我国人口老龄化速度的加快，老年人的需求市场会进一步加大，对社会的再分工也就有了更高的要求。

（三）推动社会公益事业的发展

1. 我国传统的养老美德

我国自古便有敬老、爱老、助老的优良传统美德和“孝”的文化传统，养老事业本身就具有公益性。老年人作为社会上的困难群体，社会各方力量都有义务为养老事业出一份力，尽一份心。

2. 养老事业的社会公益性

近些年来，伴随着政府职能的转变，我国社会公益组织和非营利性组织得到了前所未有的发展。这些非营利性的公益组织不把获取利润作为首要目标，主要为社会上需要帮助的人提供公益性服务。同时，我国养老志愿者服务队伍也在不断壮大。社区与这些公益性组织和队伍相互合作，不仅可以减轻社区养老资金和服务人员方面的压力，而且随着养老助老等志愿活动的不断开展，可以逐步实现活动的制度化，加强对下一代的传统养老文化教育，带动社会公益事业的发展、进步。社会公益事业的不断发展又可以促进我国养老事业的发展，双方互惠互利，共同为解决我国人口老龄化问题作出贡献。

（四）缓解社会问题，构建和谐社会的体现

1. 人口老龄化趋势带来潜在的社会问题

我国人口基数大，人口老龄化增长速度快，这使得我国不得不面临一系列养老所带来的社会问题。人口老龄化使我国劳动人口趋于高龄化，社会负担加重，不利于我国经济的发展。而目前，我国养老制度尚未完善，老年人的医疗保健、养老保险、再就业和老年人文化教育等问题凸显出来，社会上甚至出现家庭虐老和机构虐老现象，给社会造成严重的负面影响。

2. 居家养老模式保障养老需求，缓解社会问题

居家养老以社区为载体建设各种设施，保障老年人的需求。社区内建设医疗卫生服务中心，充分利用医疗资源，解决老年人基础性的医疗需求；国家鼓励为公民接受终身教育创造条件，社区内老年大学和老年教学中心的设立，满足了老年人终身教育的需求；社区鼓励有学习能力的老年人参加一些就业培训、专业性讲座，同时社区内服务人员岗位面向有能力的老年人，能解决一部分老年人的再就业问题；社区养老有完善的监督评估体系，很少会出现"虐老"现象；而老年人在社区内享受养老服务可以缓解家庭矛盾，减轻子女赡养压力。实践证明，居家养老和社区养老结合模式是符合我国国情的养老模式，在一定程度上缓解了人口老龄化带来的一系列社会问题，是构建和谐社会的体现。

二、依托社区的居家养老模式的经济效益

人口老龄化对于我国来说既是一个巨大的挑战，也蕴含着巨大的商机和潜在的经济效益。据有关机构预计，"十三五"期间，我国养老产业市场的消费将超过 10 万亿元，每年平均增幅将达到 17%。当前我国经济发展进入新常态，经济结构调整和转型升级与第三产业的发展密切相关。居家养老以社区为依托有利于挖掘老年人多样化、多层次的消费需求，促进养老服务消费市场的形成，带动保险、医疗护理、医疗器械、医疗保健、健康养生、老年保险等相关产业的发展，形成一个巨大的产业链，成为我国经济和社会发展的一个新的增长点。

（一）养老产业链长，经济联动作用明显

1. 老年人的养老潜在需求大

养老产业链的核心式养老服务依据老年人多层次的需求，可划分为日常生活照料、医疗卫生和精神慰藉等服务。针对老年人服务需求，养老产业是涉及老年人基本的物质需求和精神需求的产业，主要包括衣、食、住、行、医、用等几个方面。"衣"也就是老年人基本的服装需求。"食"包括老年人日常饮食、老年食品和保健品，如适用于老年人的低脂低糖食品等。"住"主要是老年人养老场所以及周围环境设施，如老年公寓、社区养老设施、老年人日托服务中心等。"行"指的是涉及老年人出门时所需要的相关的交通用品，如老年人专用轮椅、拐杖等。"医"主要包括医疗护理、医疗保健，如社区卫生服务中心、社区卫生服务站等。"用"泛指老年人日常生活用品，包括老花

镜、助听器、假牙假发等普通生活用品。除了这些主体产业外，养老产业还涉及一些附加产业、辐射产业。目前养老市场上可以见到的有金融、保险、旅游、社会组织、社会保障、软件和信息技术等相关产业。随着养老产业不断发展，养老产品、服务层次还会进一步细化，催生出更多相关产业。此外，养老产业还对上下游产业具有极大的带动作用，如建筑业和电力、与老年人出行相关的交通运输业、相关的法律服务、环境和公共设施管理业、老年人殡葬服务等其他服务业。

2. 产业型的居家养老模式

居家养老和社区养老结合模式可以将企业和社会组织等引入社区，社区内部的养老服务和社区外部的养老产业相结合，社会福利事业与经济事业共进，形成养老产业链，发挥产业链的联动作用，推动我国养老服务业的完善，促进经济发展。随着养老产业链的形成和逐步成熟，养老产业将辐射相关产业，成为拉动经济增长的重要力量，养老产业将发展为“朝阳产业”。

（二）增加就业岗位，缓解社会就业压力

1. 养老专业服务人员出现供需不平衡

随着养老服务市场专业化的不断增强，分工逐渐细化，以及养老市场的日益扩大，我国养老服务专业人员出现极度的供需不平衡现象，专业服务人员的缺口大，对专业服务需求与日俱增。全国老龄办专题研究显示，按照就业人员与有需求的老年人数 1∶10 的比例计算，预计 2020 年我国城市居家养老大约需要 650 万名服务人员，但是目前全国取得专业执业资格的仅有区区几万人，存在着巨大的就业岗位需求。

2. 居家养老模式对专业服务人员的需求性较强

通过鼓励、引导现有的失业人员进行基本的专业培训考核，既能解决社区内缺乏专业服务人员的问题，也能解决一些人的就业或再就业问题。居家养老以社区为载体，社区内也需要专业管理人员和普通工作人员，如专业社会工作者和其他相关的专业人才，也能为这些人提供就业机会。并且，一旦养老市场规模出现，形成产业链，那么每一个相关的产业都能为社会大众提供就业的机会。养老产业的市场潜力是巨大的，政府通过有效引导、制定相关优惠政策（如税收等），能够在一定程度上缓解我国社会就业压力的问题。

（三）市场潜在消费需求大

1. 养老市场的潜在消费需求

从目前来看，我国养老市场的潜在消费需求是巨大的，尚未完全开发。据专家测算，目前我国养老服务市场年需求约为 6000 亿元，而实际提供的供给不足 1000 亿元。因此，养老服务业是极具市场价值和开发潜力的“朝阳产业”和新兴产业。

2. 养老产品和养老产业

老年人对于老龄用品、保健品和智能数字化设备需求旺盛。全球大概有 6000 多种老年人产品，日本有 4000 多种，我国只有 2000 多种，市场潜力巨大。而且随着房地产

市场细分等原因，许多房地产企业逐渐将资金投入老年地产市场，开发养老地产。如果房地产企业找到正确的开发模式，将会迸发出巨大的经济能量。金融机构也不断地将目光投向老年客户，有针对性地为其推出了金融理财产品和服务，不少保险公司也为老年客户提供了专属的保险产品。社区也可以通过管理层与这些第三方企业或组织的接洽，把养老相关产业与社区养老服务良性结合，既能保障老年人多样化、多层次的养老需求，也能够促进消费，拉动服务业经济增长，促进我国产业升级、转型。

知识拓展

自 1985 年我国开始应对老龄化到 1999 年我国正式宣布进入老龄化社会，国家有关部门正式出台各种法律政策文件，以及各省、自治区、直辖市政府出台的法规文件，据不完全统计，约有 600 万字之巨，由北京社会管理职业学院邹文开、赵洪刚、杨根来主编，化学工业出版社出版《全国健康养老保障政策法规标准大全》共有 210 万字。还没有包括各省、自治区、直辖市出台的文件。

因此我们要提倡养老的工作者更多地去关注有关文件和政策标准，用实际行动，促使这些政策的落实。

案例点评

简介：2018 年 1 月 5 日，上海市人民政府办公厅发布了《上海市老年照护统一需求评估及服务管理办法》，文件规定，2016 年 12 月市政府办公厅印发的《关于全面推进老年照护统一需求评估体系建设的意见》（沪府办〔2016〕104 号）同时废止。

点评：第一，说明上海市政府对养老工作的重视；第二，说明养老服务管理的标准在很快地更新和发展。

第三篇

新型综合社区智能居家养老模式

第九章　借鉴国外居家养老模式发展中国式居家养老新形式

国外工业化发达国家，比我国提前20年左右进入了老龄化社会，他们的养老模式相对于我国来说比较重视机构养老，但也有一些国家的居家养老经验值得我们借鉴。

第一节　开创以房养老新局面

以房养老是由美国经济学家率先提出的，在解决养老经济困境方面具有重要的积极的作用。我国还在探索过程中，相信会取得良好的效果。

一、以房养老解决养老经济困境

（一）政府的许可及政策调整

1. 以房养老的提出

以房养老的主要理论基础是由美国著名经济学家莫迪利安尼提出的生命周期理论。该理论认为，作为一个理性的消费者，不仅要追求个人效用的最大化，还要追求其生命周期内整个一生的收入和消费效用的最大化。个人一生中所取得的收入和资产，应当在个人整个生命周期内予以合理配置，以达到个人效用最大化的目标。

在实际生活中，个人的生命周期与其拥有的房屋产权的时间并非完全重合，个人在中青年时开始购房，其所拥有的房屋产权的时间往往要长于其购房到去世的这段时间，导致在老年人去世时，还有一部分房屋的权益并未获得。以房养老的出现让老年人可以提前享有这部分权益，使得老年人在参加以房养老到去世之前这段时间中，所获得的房屋权益由原来的“a”变为“a + b”，获得了更多的权益。

同时，还可以发现在人的一生中，房屋权益会持续很长的时间，不仅存在于参加以房养老这一时间点上，还存在于参与以房养老前和参与以房养老后这两个时间段之中。这两个时间段与参与以房养老这一时间点前后承接，关系密切。所以，不仅要在老年人参与以房养老这一时间点上实施切实可行的政策，还要在老年人参与以房养老的前后采取有效的配套措施，来促进以房养老的成功实施。

2. 老年人参与以房养老前的政策支持

老年人参与以房养老前的政策支持主要在以下几个方面：一是政府出台相关的实措意见和方法；二是加强舆论导向和宣传工作；三是给予经济上的适当补贴和支持；

四是银行、保险要跟上。

（二）新加坡、美国模式简介

1. 新加坡以大换小“以房养老”方式分析

新加坡以大换小“以房养老”方式走过了十几年的历程，受到了老年人的青睐。其不仅仅实施了以大换小的“以房养老”方式，而且在老年人参加以房养老的前后这两个时间段中，均有较好的措施与之相配套。出于住宅的户型设计及内部结构设计标准的特殊化考虑，养老住宅一般兴建在成熟的社区中。公寓户型一般分为35平方米和45平方米，为一位或两位老年人提供生活空间。老年人参与以房养老前主要是购买住房和偿还住房贷款的过程。

1964年，新加坡政府实施了“人人有其屋”的政策，由政府建屋局向人们提供大量低于市价的组屋。目前，新加坡80%以上的人居住在这种由建屋局所提供的组屋之中，这些组屋有国家的补贴和政策的支持，故而价格较低。同时，新加坡的经济较发达，收入较高，因此新加坡的住房收入比一直维持在较低的水平。以在新加坡最受欢迎的四房式组屋（90平方米左右）的价格作为新加坡的住房价格，与新加坡的家庭年收入相比较，可以看出在2003—2012年这10年间，新加坡四房式组屋的房价收入比一直维持在3～4.5之间，也即花费3～4.5年的家庭年收入即可购买一套四房式的组屋，可见新加坡居民可以较为容易地获得组屋。由于老年人在其年轻时获得住宅较为容易，使其更容易接受以房养老的观念。而且其下一代获得住房同样较容易，所以新加坡老年人不需要将住房留给子女居住，他们更愿意通过住房来获得一笔资金，从社会上购买养老服务以供自己养老。所以，“人人有其屋政策”在较大程度上转变了老年人的观念，使得新加坡以大换小的“以房养老”方式吸引了较多的老年人。

1997年11月，新加坡建屋局推出了小型公寓计划（Studio Apartment Scheme），主要是鼓励55岁以上的独居老年人通过建屋局，将原来居住的较大组屋置换为小型公寓，同时建屋局把房屋差价支付给老年人以供其养老。申请成功者拥有小型公寓30年的房契，如果申请者30年后仍然在世可续期10年。同时，为了满足老年人在其原住所附近或在已婚子女住所附近养老的愿望，2012年3月，新加坡建屋局实施了原地养老计划（Ageing in Place Priority Scheme）和已婚子女优先抽签计划（Married Child Priority Scheme），让老年人可以选购自己或子女住所附近的小型公寓。为了保障其实施效果，这两项计划将逐渐合并为小型公寓优先计划（Studio Apartment Priority Scheme），将把一半的小型公寓提供给该计划的申请者。该计划在2013年随着按订单建造（BTO）模式建造小型公寓而实施。

2. 美国模式

美国政府和一些金融机构向老年人推出了“以房养老”的“倒按揭”贷款，至今已有20多年的经验。“倒按揭”发放对象为62岁以上的老年人，有三种形式，前两种与政府行为相关，后一种则由金融机构等办理，不需政府的认可手续。

其一，联邦政府保险的“倒按揭”贷款，该贷款由美国联邦住房管理局进行保险。大致是62岁以上的老年人将房子抵押给银行或专门的倒按揭公司，然后每月领取生活费。用户可以尽可能长地生活在自己的住房内，但只在一定期限内按月分期获得贷款。

其二，由政府担保的“倒按揭”贷款，该贷款由美国联邦全国抵押协会办理。这种贷款有固定期限，老年住户须做出搬移住房及实施还贷计划后才能获得贷款。

其三，专有“倒按揭”贷款。一般由金融机构办理，贷款对象资格不需政府认可。采用这种方式，发放贷款机构与住户共同享有住房增值收益，但放贷款机构要求保留住房资产的25% ~30%作为偿还贷款的保证。这样虽然减少了放贷额度，但有利于住户对住房增值部分的收益。

二、金融机构的配套政策及服务

日本在养老方式选择中，最典型的一种就是从德国借鉴并发展起来的崭新的“老人护理保险制度”。日本于1997年12月制定了“护理保险法”，旨在通过该法将养老问题纳入社会保障制度范畴，并在社会保障制度框架内以保险的形式解决并确保财源的稳定。

（一）现代养老保险方式——护理保险

作为现代养老保险方式的护理保险主要包括四层意思：一是确定实施者或运营者；二是明确护理保险对象；三是规定保险费用的支出；四是安排护理保险服务内容。护理保险制度主要由市、町、村实施或运营。护理保险的对象一般是40岁以上的人，在这个保险群体中，按不同年龄划分出两种保险类型：65岁以上的人为第一类保险对象，这类老人群体年龄高，总体投入的服务劳动量大，但保险期相对短；第二类保险对象是40 ~64岁的人，这类人在保险对象中年龄偏低，其中有相当一部分还在岗工作，因此，总体投入的服务劳动量少，但保险时间相对较长。护理保险费主要由公费和保险对象交纳的保险费组成，各占50%，公费部分由国家、都道府县和市町村按照2：1：1的比例负担；被保险者中，65岁以上的人原则上按照17%缴纳保险费，40 ~64岁的人原则上按照33%缴纳保险费。

护理保险服务的内容主要由直接护理、社会福利与医疗保健等综合性指标构成。这些服务按两个系列进行，一个是对居家老人的服务，另一个是在养老院的服务。居家养老服务包括“访问护理服务”“日间护理服务”和“短期托付服务”。厚生省将访问护理服务分为三种类型：第一种类型是“身边护理”服务，即照顾老人吃饭、洗澡、换衣、排泄等，这部分费用较高，每小时4020日元；第二种类型是“帮助家务”服务，即做饭、做菜、大扫除和帮助老人在室内做适当运动，每小时1530日元；第三种类型是“复合型”服务，即兼顾前两种服务或介于前两种服务之间，每小时2780日元。保险对象原则上支付其中的10%。日间护理服务就是接送老人到老年护理中心，为老人提供洗浴、就餐、体检和安排康复训练等，这种护理服务主要提供给65岁以上老人，这部分老人只要简单办理手续，每月象征性交付一定的“活动娱乐设施费”就可享受健身服务。短期托付服务就是可随时将老人托付给有短期服务业务的养老院，享受短期护理服务。此外，在日本护理保险制度中还对护理自家老人的人支付适当慰问金，从而把家庭护理和社会护理有机结合起来。

（二）金融机构开展多种方式的养老商业保险

金融机构应大力发展养老保险事业，开发适时对路的符合各类老年人所需的养老保险（包括养老护理保险）等，养老保险事业不仅能够保障老年人幸福安度晚年，而且能够开辟多种新的就业和老年产业途径，缓解养老和就业矛盾。如日本在推行“养老护理保险制度”中，注重开发各种类型的养老保险服务中心或公司等，在尽可能地满足老年人各方面需要的同时，还特别注重开发崭新的服务项目，通过培育和发展老年消费市场，积极引导老年群体不断追求新的需求。这样做的结果不仅产生了良好的养老保障效应，而且带来了扩大经济和就业效应，即通过开发养老保险事业拉长服务产业链条，同时带动其他产业发展，从而创造出更多的就业岗位和养老需求，实现扩大就业和发展养老产业一举两得的功效。

第二节　开展“百花盛开式”的养老模式

每个国家的国情不同，特别是像中国这样的大国，各个地区发展的差异性较大，根据实际情况，可以探索不同的养老模式。

一、互助式养老的全面开展

借鉴发达国家经验开展中国互助式养老，如在美国芝加哥哈尔斯提德中心针对没有子女的孤独老人推出的“家园共享计划”，将同性的无子女老人联络起来，根据老年人的年龄、身体状况、性格爱好等给老年人配对，为他们寻找伙伴同居，以解决生活中的孤独和不便，让他们在晚年充分享受友情或亲情。日本互助养老邻里互助网络是指居住在都市社区内65岁以上的老人，特别是独居或寡居等缺乏自理能力的老人在政府的政策、资金的扶持与志愿者团体的帮助下，所结成的相对稳定的协会组织。协会通过援助与互助的方式协助照料他们的起居，并举办邻里聚会，开展健身、（无障碍）旅游、聚餐等涉及老人各个生活层面的活动来达成会员间彼此交流信息、分享经验、排遣孤独、充实自我的互助目标。在一定意义上诠释了老有所用的新理念，构建了现代都市社区的新型人际关系，实现了法理社区向礼俗社区的回归。

（一）互助式养老的特性

1. 互助性

互助性是互助式养老的第一属性，是其区别于家庭养老、社会养老两大养老模式的本质属性。互助性主要表现在三个方面：一是互助友爱是中华民族的传统美德，也是践行社会主义核心价值观的时代要求。互助式养老就是要弘扬传统的博爱思想，真正做到“老吾老以及人之老”，鳏寡孤独废疾者皆有所养，不独亲其亲，使得老年人都能安享晚年。二是互助式养老有着不同的实现形式，表现为老年人邻里互助、社区志愿互助、亲友互助等多种互助形式，各地区要因地制宜，采取合适的互助形式，也可以综合利用各类互助形式。三是互助双方是基于自愿选择、互助友爱的原则，结伴而居，互相帮扶，不存在权利与义务的关系，是一种自愿的、双向互动的养老模式。

2. 科学性

互助式养老的科学性，首先表现在其有着深厚的传统文化基础，我国历来倡导互助友爱的传统美德，这就为互助式养老发展提供了适宜的土壤，供其成长与发展。其次是互助式养老符合老年人的心理特征和心理需求，老年人怕晚年孤独寂寞，渴望交往和陪伴。然而，老人与子女之间在代际上存在着沟通与交流的障碍，子女大都厌烦老年人的唠叨，老年人渴望与同龄人或老朋友倾诉与交往，以解晚年怀旧情绪，这是子女不可替代的。最后，互助式养老以社区为基本单元实现老年人的互相照料与陪伴，具有现实可行性。老年人群体结构具有多样性和差异性，老年人具有不同的兴趣爱好、心理需求、身体状况等，这就使得老年人群体之间可以优势互助，身体健康的老年人照顾丧失或部分丧失生活自理能力的老年人，兴趣爱好广泛的老年人带动性格内向的老年人，等等，充分利用丰富的老年人劳动力资源，变老年人人口负担为老年人人力资源。

3. 制度性

互助式养老模式的有效推行，关键在于制度。互助式养老不能单纯依靠老年人建立在自愿选择、互助友爱的原则之下的结伴而居，互相帮扶，迫切需要政府的有效引导和法律规范的保障。首先，要建立健全互助式养老的法律法规，按照“以人为本”和“依法治国”的基本方略要求，加快推进我国互助式养老法制建设进程，建立具有中国特色社会主义的互助式养老模式。在制定互助式养老法律法规时，要根据政府、社会、家庭和老年人养老需求等各方面的需要，制定有利于满足老年人护理与关怀需求的互助式养老法律法规。同时，要全面推进依法开展互助式养老，政府、社会与家庭要依法履行自身职责，积极探索互助式养老的法律制度改革，落实互助式养老各相关利益主体的监督问责机制，及时查处违反互助式养老法律法规、损害老年人利益等行为，依法维护老年人的合法权益。

（二）中国式互助养老

“互助养老”作为一种新型养老模式集合了家庭养老、机构养老和居家养老三种模式的优势，在老人们熟悉的环境中，主要依靠社区集体力量解决老年人问题。这种模式丰富了老人相互间的友情和精神世界，老人们在服务过程中学习到护理他人和护理自己的知识，同时增强了老人自身的独立生活意识。老年人互助组合最先是由社区中具有知识、技术专长和奉献精神的老人组织部分健康、才智的老人帮扶困难老人，“互助友爱”是老人们互助的基本守则。在老年人口激增、老龄化问题日益突显的情势下，我国效仿美国、德国和日本，在社区开展“时间储蓄”和“劳务储蓄”，倡导老年人自我养老积累，主要形式是低龄老人为高龄老人、健康老人为病残缺乏自理能力的老人提供服务，实质是建立老年人之间的护理互助体系，通过老年服务量化的积累和传递来实现老年人在基层社区物质生活和精神需求的满足。老年人通过自组织实现互助与自助，是我国传统单位制度弱化以后老年人获取资源和利益传输的重要渠道，同时也是政府节约社会管理成本、提高老年社会政策效率的重要途径。

（三）以自愿为基础的“结伴而居”的“室友之家”

1. 基于地缘和血缘的“亲友邻里互助”

在福建省厦门、泉州、福州等一些新开发小区，“互助养老”成为最基层的老年人互助组织。福建福州金山区刘大妈有一儿子在加拿大工作，为了减少晚年生活的孤独与不便，她和老伴邀请部分亲朋好友一道买房，结伴养老。老人们经常结伴外出晨练、旅游、休闲、购物，有喜事相互通知、有困难相互关照，遇到不顺心的事约朋友来聊一聊，生活得非常愉快。结伴养老的出现，促进了空巢家庭的老人积极养老，结伴养老大多是自发的。“亲友邻里互助”主要是在亲缘和地缘的联系下，在亲人和熟人间缔结的养老互助关系，它以亲情、友情和信任关系为纽带，满足了老人们的日常人际交往、精神慰藉等需求，以较为安全可靠的形式减轻了子女的负担。

2. 以“时间储蓄”为载体的“轻老互助”

江苏省姜堰区的11个社区，活跃着“居家养老志愿者”，他们已为社区贫困的“空巢老人”累计服务2560个小时。推行“时间储蓄银行”的做法，是对企业退休人员居家养老问题的探索，能让他们享受到更高效的社会化服务。在社区里组织成立退休人员自管小组，动员身体好、低龄的退休人员，结对帮扶家庭特困或高龄的退休人员，为他们提供买菜、烧饭、谈心等20多项力所能及的服务。同时，社区居家养老志愿者将享受其他低龄老人提供的同等时间服务，从而形成“轻”帮“老”的老年互助养老模式。以“时间储蓄”为载体的“轻老互助”，以社区为依托，在政府的推动下，由社区负责倡导和组织老年人开展互助服务，实现了陌生老年人间的友情互助资源的流动，对老年人需求和老年服务的累积有专业的评估指标和计量方法。它的优势是有较为系统和规范化的管理体系，有志愿者的服务作为补充。

3. 不同辈分群体间“拟家庭式的互助”

在德国的德累斯顿，由当地政府和福利机构合资建造“老人之家”，内设公用厨房和大餐厅，配有专门的人员负责维护和管理。单身的老人们选择到那里结伴而居，相互照顾，结伴游玩，既填补了孤独，也节省了生活的费用。“老人之家”中还可以由单亲母亲与老年人组建临时“家庭”，互补互助，其乐融融。在德国有的城市，还出现了大学生与老年人的互助，由当地的民政部门和大学生服务中心联系，介绍大学生到孤寡老人家居住，可以免房租，但是学生要承担部分照顾老人的义务。“拟家庭式的互助”是基于不同人群的生活需求，在固定的生活场所内构建“家庭”的结构和氛围，使老年人体验到被子女关注和照料的幸福感。德国的“老人之家”成功之处在于，它将老年人的互助意愿与社会其他群体的需求有机地结合起来，在政府的协助下，实现了社会群体间的互助，满足了不同年龄群体的社会需求，人性化地解决了社会问题。

4. 以社会团体组织为依托的“精英老年人”与“大众老年人”间的互助

河北省保定市老年协会下属的维权工作委员会在保定各个社区号召老年人学习十八大精神，开展普法宣传、节水活动，得到老年群众的支持和认可。维权工作委员会有稳定的基层志愿者队伍，其成员主要由国家企事业单位的老工作模范和老领导们组成。维权会与保定法律援助中心合作成立维护老年人权益律师团，在司法局、社区办、老龄办和妇联的配合下，从成立至今，已无偿帮助5000余名权益遭受侵害的老年妇女，为其提供法律援助。精英老年人主要是指身体健康状况良好，文化程度和政治觉悟较高，集体意识和爱国主义精神较强，具有较广泛的人际关系网络，具有较稳定的经济收入，积极参与社会政治经济文化活动，具有较强的社会奉献意识和较大社会影响力的老年人。他们通过地方老年协会等行业性或专业性社团组织，组织老年人参与文化娱乐活动，丰富老年人的闲暇生活，为遭遇特殊困难的老年人提供法律援助，实现了与“大众老年人”间的互动与互助。

5. 男女老年人“搭伴养老”的弊端

在度过了三年相敬如宾、相濡以沫的同居生活后，老赵突然离杨大妈而去。在杨大妈还没有从这个打击中恢复过来时，老赵的儿女却已“翻脸”，天天吵闹着要将她赶出家门，只因二位老人当初顾及儿女的感受而没有登记结婚。与老赵一段浪漫的黄昏恋从此成为杨大妈心中永远的痛。男女老年人“搭伴养老”是指男女老人在不办理结婚登记手续的情况下在一起的生活方式，它既是一种准婚姻模式，也是一种养老模式。它的优势是男女老年人在搭伴过程中，日常生活有所依靠，可以实现双方相互的照顾和情感慰藉，可以消除和减少孤寂感。负面影响是没有法律保障，婚姻关系不稳定，存在上当受骗和再次失去伴侣的风险，尤其不利于女性老年人的生存权益的保障。“搭伴养老”违背了道德原则，容易引起老年人财产遗留和分配问题的纠纷，造成老年人家庭中其他成员经济和精神上的双重伤害，影响家庭整体环境的和谐，从长远的角度看，不利于老年人生活的稳定性。

二、建立新型的异地居家养老基地

（一）异地居家养老模式的兴起和特点

异地养老是指老年人离开原来的生活地到另外的地方生活的养老方式。目前，异地养老应该是一个集合概念，如旅游养老、“候鸟式”养老、度假式养老等方式。“异地”应该以行政区划为界限，即以离开县级以上的地区为标志，时间界限应该是持续生活一定的时间，发生了主要的生活事件，如果是三五天参观访问式的逗留，则不应该算作异地养老。同时，投亲靠友、投奔子女、回归故里的老人也是异地养老。随着社会经济的发展、交通条件的改善和老年人经济文化生活需求的增加，作为一种新型的养老方式，异地养老将会有较大的发展。

近年来一种全新的养老理念开始在老年人中盛行，越来越多的老年人已不再满足于一处的养老生活，而是选择到环境更舒适的地方，一边旅游一边养老。这种在机构养老基础上衍生出的新型的养老服务形式被称为旅游养老，但越来越多的老人选择在旅游地居家养老。随着季节的变化，把旅游资源和养老服务结合起来，老年人可根据季节的变化选择不同的地方养老和不同的养老形式。冬季老年人可到较温暖的地方生活，而夏季可以到凉爽的地方避暑。异地养老可以丰富老年人的晚年生活，满足老年人的多样化需求，提高老年生活质量。

异地养老的生活方式源自国外，如美国、荷兰等国家“候鸟式”老人占老年人口的比例非常高，日本的老人移居泰国、新加坡等其他国家养老也成为一种趋势。老龄问题世界大会曾认为老年人的移居往往由他们一生中的关键事件，例如退休、配偶死亡或无能力独立和自主的生活所决定。

我国一种特定类型的异地养老实践发轫于2003年大连同泰老年休养服务中心。大连同泰老年休养服务中心设置老年休养床位180张，至2004年接待了来自国内外的休养老人360多人。大连同泰老年休养服务中心的做法是以机构联网的方式发展异地养老，把异地养老作为一个“产品”来开发，建立了“异地互动养老”网站，为需要服务的人们提供各种相关的服务。显然，这是一种机构服务式的异地养老，带有休闲旅游短期异地生活的特点，还不代表完全意义上的异地养老。异地养老应该是一种生活方式的转变，是一种新型的养老方式，也有人称之为新派老人的时尚。北京市老龄委办公室新近的一项调查显示：21.3%的老年人表示愿意“异地养老”。

（二）“候鸟式”居家养老的效益和前景

近年来的异地居家养老主要是以老年人在异地购房或在异地租用当地居民或农民的房子而兴起的居家养老方式。这种居家养老方式重亲情，投资少，见效快，互助互帮，具有中国特色。这种居家养老是对本地城市居家养老的一个有效补充。一方面为当地居民和农民增加收入，解决了当地再就业的一些问题，同时把闲置的资源利用起来，具有充分的灵活性和互助性。为当地创造经济和社会效益，具有巨大的社会潜力和发展前景。另一方面，解决了老年人追求多样化的养老生活方式，提高了养老生活质量，这种养老方式突破了传统意义上的单纯养老，养老和旅游合二为一，两者相得益彰。这种养老方式在市场上异军突起，开创了养老模式现代化和养老发展多元化的新局面。

第三节 开创文化养老俱乐部式的居家养老模式

人类发展文明史证明，当人们物质的需要得到基本满足后，文化和精神需求就显得特别重要。文化养老是居家养老模式之一。

一、打造文化养老俱乐部形式的居家养老

（一）“十三五”规划纲要编制工作若干重要问题专题调研工作情况的报告

报告指出以2016年8月1日零时为标准时点，近4万名调查员进村入户，在全国范围内进行为期一个月的第四次中国城乡老年人生活状况抽样调查。60岁以上老年人口超过2亿，空巢老人突破1亿。据测算，2030年我国空巢老人将达到2亿，空巢老人家庭占比可能达到90%。空巢老年群体由于身边无子女陪伴，容易伤感、失落，加上退休生活的单调乏味，容易造成个人价值丧失，对生活失去信心和追求。据北京、上海等多地对空巢老人的调查显示：沮丧、孤寂、食欲降低、睡眠失调、脾气暴躁、

得过且过等都是空巢老人常见的心理体验，一些空巢老人甚至想到了自杀。目前，我国老年人面对的最主要的问题之一就是“孤独终老”。空巢老人的文化养老服务需求较高。21世纪，我国老年人的核心问题已不再是物质匮乏和贫困问题，而是如何满足老年人的精神需求，使老年人在不断延长的生命历程中过得快乐而有意义。随着老年群众精神文化需求日益增长，文化养老问题日益突显，同样应该引起我们高度重视，并且要很好地加以解决。在“老有所养”的命题中，文化养老和经济供养同样是题中的应有之义，要改变老年人离开工作岗位后的失落与孤独，从思想上改变，接受新的生活观念至关重要。“老有所学”“老有所乐”“老有所为”是当前老年政策应该集中考虑的地方。

（二）国外开设文化养老俱乐部课程及活动

1. 美国老年教育简介

美国老年教育的繁荣源于其20世纪50年代丰富的成人教育活动。随后在60年代中后期，美国相继出台《高等教育法》《成人教育法》，并修订《职业教育法》。在以上法案中规定高等及大专院校取消年龄限制；老年人享有免费完成高中阶段教育的权利；老年人同样享有职业教育和职业培训的权利。以上立法被视为提高全民素质的重要举措之一。按照美国的教学特点，老年大学也多采用集体讨论、分组座谈的方式，而不是由老师一味地讲解，学习费用由老年人自理。在寄宿学校中，老年人可以像年轻的大学生一样，朝夕相处，一起生活，老年人再一次有机会享受20多岁的大学寄宿生活，增强了老年人之间的友谊和感情。此外，美国的老年教育形式繁多，有老年补习班、退休人员大学、老年人俱乐部、老年人文化中心、老年人讲座、老年人演讲会等。正如美国的经济发展水平和自由之风一样，美国的老年大学有配套的法律政策保障、雄厚的财政和基金支持，还有各种形式和内容的选择。

2. 英国老年教育简介

英国以其高福利闻名于世界，包括老年教育在内的教育，作为福利的一部分，为老年人提供了多种选择。从老年教育的提供者来看，已经足够丰富，包括政府教育部门、高等院校等。1982年，在英国剑桥成立了第三年龄大学，这在英语国家中还是第一所。至1986年，英国的第三年龄大学已经发展至115所。从英国第三年龄大学的办学特点亦可以发现其老年教育的一些特性。一是不依赖政府。英国的老年人往往在退休之后可以享受较高的福利，他们同时比较长寿。这样，他们有充裕的时间和经济享受退休后的美好时光，将“老有所教”和“老有所学”融合在一起。二是以老年人为中心。老年教育的侧重点，不是一味地传授知识，而是提供相关信息，特别是老年人自己举办活动时所需要了解的信息、资源、注意事项等。以老年人为中心的老年教育，最大的优势在于，老年人最了解自身的受教育需求、知识体系、活动方法，所以方案的设计非常契合老年人自身的生理和心理特点，能够满足其自身需求。而且，由老年人参与设计方案的老年教育，使老年人参与的积极性和热情大大提高，从而保障了英国的老年教育活力，达到了教育的理想状态。

二、中国特色的文化居家养老的打造与管理

（一）文化养老

文化养老首先有利于促进老年人的社会参与。根据第三年龄阶段理论，文化养老不仅是丰富老年人精神文化生活的重要载体，更是老年人进行人际交往、社会参与、发挥余热的主要形式。随着时代的发展与社会的进步，人们的养老理念也与时俱进，为老年人的可持续发展和再社会化创造了条件。对于许多老年人来说，不论退休前从事哪种行业，退休后都希望可以成为一名“对社会有用的人”。健康的文化活动、公益活动以及有偿性的后职业发展都成为保障、提高老年人生活水平和生命质量的重要内容。

其次，文化养老是促进健康老龄化的重要手段。世界卫生组织提出，健康不仅指身体方面健康，也包括完好的生理、心理状态和社会适应能力。更多的人意识到健康的老龄期不只表现为长寿，更重要的是拥有较好的生活质量，表现为良好的情绪、拥有朋友、拥有爱好、参与社会交往、参加社会活动、对生活充满期待和追求。一些专家经过研究认为：老年概念不是不可以改变的，健康、健美、长寿主要取决于自己，健康的获得建立在拥有健康知识和健康心态的基础上。文化养老服务一方面通过健康课程、养生培训与心理咨询辅导帮助老年人形成科学的健康观；另一方面，文化养老通过组织老年文体及公益活动让老年人有参与社会的舞台，有健康良好心态、面对逆境有耐受力和保持健全的人格，不断促进老年期生活方式的健康化。

最后，文化养老是实现积极老龄化的有效途径。文化养老使老年人的精神世界更加丰富多彩，使老年人之间相互进行沟通，相互交流思想，增进老年人的人际交往和社会参与。积极老龄化理论认为，老年人是一种丰富的潜在资源，与青年人一样是社会发展的推动者和社会问题的解决者，老年群体同样可以努力实现创造社会财富。

在我国老年人口越来越多的情况下，老龄化已经是不可逆的现实问题，政府也必须在工作中重新审视老年群体的定位问题，将老年群体纳入积极参与社会发展的支持力量，而不仅是被动地将老年人视为社会发展的“包袱”和社会发展的“拖累者”。马克思主义认为，人的本质属性是社会性，人要通过社会交往与社会分工实现自身的发展与自由。

正如人们所担忧的，老年人由于逐渐脱离社会和社会角色丧失，自我价值不断降低。老年人的自我认识需要在社会活动中形成和证明，而老年人的自我认识越清楚，其生活满意度越高。所以，政府、社会和家庭应该积极支持老年人的再社会化，使老年群体融入社会、融入家庭生活，更多地将公共资源向老年群体开放，积极推动老年社团、老年组织的壮大，大力发展有利于形成“老有所学”“老有所乐”“老有所为”的良好社会氛围和文化养老服务，使“有保障的老龄化”“健康老龄化”“积极老龄化”同步发展。

在知识和技术更新速度加快的社会中，教育已经成为人们的终生需要，接受正规

教育不再是儿童和青少年的特权，越来越多的老年人在退休以后有了充分的可以支配的时间，便产生了继续接受正规教育、更新知识和技能的愿望。继续接受教育，可以使老年人增长知识、精神有所寄托，还可以提高老年人的社会参与能力，无论是再就业，还是适应现代化生活都是必要的。2014 年年底，我国参与各类老年学校学习的老年学员数量达733 万人，老年大学超过7 万所。尽管如此，我国老年教育供给仍然难以满足广大老年群体的热切需求。

（二）精神慰藉服务

养老不仅要满足老年人的衣食需求，更要关注老年人情感需要，这对于保障老年人安度晚年更具意义。精神慰藉服务通常是指有专业服务人员为有需要的老年人提供关怀探访、生活陪伴、情感交流、心理咨询、健康生活指导、不良情绪干预等精神关怀服务的项目。例如，国外常见的老年人定期探访服务。

随着我国农村外出务工人员的增多，农村留守老人已接近5000 万，精神赡养无从谈起。如果缺乏精神慰藉，老年人就容易陷入孤独，出现精神抑郁，甚至可能会出现自杀的情况。因此，鼓励社区、家政公司和养老服务机构开展精神慰藉上门服务，尤其是针对独居老人、高龄老人开展每周定期访问、陪聊、谈心、开导服务、文化娱乐服务是十分必要的。老年文化娱乐服务是文化养老服务的重要内容之一。为此，政府应不断增加老年公共产品供给，支持各级广播电台、电视台积极开设专栏，加大老年文化传播，鼓励创作老年题材的文艺作品；支持老年群众性组织开展各种文化交流活动，鼓励和引导广大老年人参与体育锻炼，推广积极向上的生活方式。目前，我国以社区为依托，以基层老年协会为载体的老年文化娱乐形式已基本形成。

全国各地在城市规划和居民住房建设时，都应充分考虑到老年人文化活动的需要，通过建设老年人活动中心和老年人活动站，保障老年人活动的硬件设施。同时，在广大城镇地区，兴建、改建老年人活动中心，在一部分村里兴办老年人活动室，使老年人可以就近就地开展形式多样、自主自助的文体活动。2014 年，全国老龄办正式启动“乐龄工程”。目前，全国69.42% 的村、78.23% 的城市社区建立了老年协会，在开展有益身心健康的文体活动等方面发挥了积极作用。社会参与服务基层老年组织是老年人参与社会，进行文化养老最基本、最便捷的方式。随着《“十二五”时期文化改革发展规划》《关于进一步加强老年文化建设的意见》即按照双方签订的合同内容，有关服务机构派人定期到老人家中进行探访服务，与老人聊天、下棋或者开展老人喜欢而探访者又能办到的活动。这种定期探访，一般是每周两三次，每次半天，按老人的要求而增减。为了做好探访工作，有关服务机构要经过调查，力求派出与老人嗜好“投缘”“合拍”的探访者，使得相聚愉快，因此，服务机构拥有的探访人员需要有一定的业务素质和多方面的“本领”。

二、老有所为提上议事日程

《关于加强基层老年协会建设的意见》等多项涉老文化政策出台，发挥社区资源优势，建立老年人自治、自助、自主的组织已经成为“老有所为”的一大亮点。

截至2014年年底，我国城乡社区老年协会已达49.2万个，覆盖率达74%。老年志愿者近2000万人。老年协会在养老互助、老年教育、社会公益活动、养老服务和老年维权中发挥的作用更加明显。多年来，老年协会建设工作在改革登记管理制度、承接政府转移职能、购买服务等方面做了许多有益尝试。但在我国劳动力过剩的情况下，老年人再就业的机会毕竟有限，而志愿服务等社会公益活动则相对广泛，给老年人发挥特长、施展才华留有空间。现如今，老龄化已经是一个不可避免的趋势，实现老年人力资源的再利用，正在逐渐成为西方各国重要的社会议题。美国老年就业保护相关法律包括《美国老人志愿工作方案》（1969年）和《美国老年人社区服务就业方案》（1975年）。老年就业无疑是实现"老有所为"的重要路径。老年就业服务活动在政府的积极关注下成为拓展我国文化养老服务的新兴内容，在政府的大力号召下层级不断提升。

以我国"银铃行动"为例，活动由最初的5个省试点，发展到覆盖全国的31个省、自治区、直辖市。再如，烟台市近年来积极实施"老年人才开发战略"，逐步搭建起交流服务平台、网络对接平台、弘扬表彰平台三大平台，多部门联合、协作，制订相关工作方案，积极争取将老年人才资源纳入人才市场服务范围。

第四节　优化居家养老社会服务功能

居家养老的服务功能是个性化、多元化、具体化的，主要原因是由于老年人居住分散所决定的。

一、全面提升居家养老的社会服务功能及质量

（一）居家养老的社会服务功能概述

社会养老服务体系是满足老年人在生活中全方位需要的复杂系统，主要包含养老服务需求、养老服务供给以及相配套的资金、人才、技术等支持体系。从服务的内容来看，养老服务需求包括对生活照料服务的需求，对医疗护理保健的需求，以及心理慰藉、文化娱乐等方面的需求。通常情况下，一个运行良好的养老服务体系应当保证老年人需求与供给相匹配，这种匹配不仅仅是总量上的匹配，更是内容和类型上的结构匹配。

（二）居家养老服务内容

1. 居家养老服务基本要求

居家养老是政府强力推动的模式，作为一项新兴的事业，目前我国居家养老服务主要由政府强力推动，政府介入主要包括以下几方面：

第一，规划引导居家养老服务体系发展。例如，我国老龄委《关于全面推进居家养老服务工作的意见》中对居家养老服务的基本任务和保障措施作了多方面的规划和引导。

第二，提供居家养老服务公共基础设施和公共服务。居家养老离不开一些必要的公共基础设施和公共服务，例如许多城市为老年人安装“一键通”等电子呼叫系统，或者为居家的老年人提供上门助餐、助浴等服务。这些基础设施和服务使得老年人能够在家中便捷而及时地享受养老服务。

第三，培养居家养老服务人员。

第四，促进居家服务体系信息的流动。对体系中可能存在“信息失灵”的现象，即有获取服务意愿的老年人无法找到服务提供者，或养老服务提供者找不到服务对象，政府可以通过一系列信息平台的建设促进市场上供需双方的匹配。

第五，政府为鼓励居家养老服务的发展，会提供必要的支持性的优惠政策。这些支持性的优惠政策既可以是补贴服务需求方的，如养老服务代金券，也可以是补贴服务提供方的，如免费的养老服务培训课程。

2. 注重服务网络建设

在我国，居家养老服务设施建设已经初具规模。如以“星光老年之家”为主体，以社区服务为依托，以信息化、智能化服务系统为平台的居家养老服务网络，取得了良好的便民服务和为老服务效果。以浙江省为例，目前，共有市县养老服务指导中心88个，乡镇（街道）养老中心1275个，社区（村）居家养老服务照料中心1.3万多个，居家养老服务站（星光老年之家）1.6万多个，日间照料及托老床位近12万张，老年食堂7000个，老年活动中心（室）2.3万个。

3. 创新财政支持政策

2005年以来，我国部分地区特别是东部地区和沿海发达地区，创造性地在居家养老中建立了财政资金购买服务、相关组织提供养老服务、居家老人享受政府购买养老服务政策。上海自2003年11月推出居家养老服务券的尝试，建立政事完全分开的市、区、街道三级居家养老服务中心，由政府出资为困难老人、特殊贡献老人和高龄老人全额购买服务或者提供服务优惠；同时为社会创造逾万个居家养老服务就业岗位，逐步建立由政府、中介组织和服务实体三个层次组成的全新居家养老服务体系。在这一体系中，政府、中介和服务实体各司其职。政府的主要职能是宏观调控和资金拨付，中介机构负责具体的管理性事务。

二、居家养老服务的缺陷及其原因

（一）主要的缺陷

1. 养老服务内容单一

由于政府财力有限，不可能为所有有需求的老人提供补贴，只能给最需要、最困难的群体补贴，以满足最基本的生活服务需要。一些地方的居家养老服务以提供较为单一的家政服务为主，难以满足老人的多样化需求。例如，政府购买的居家养老服务提供的医疗保健服务并不能满足老人的问诊和治疗，只能提供咨询保健，在家庭医生和各级医院之间缺乏转诊的通道，没有切实解决失能、半失能老人在医院就诊中的实际问题。在实际操作中，由于工作繁重、酬劳少，养老护理员的市场缺口同样较大，“一工难求”和无证上岗的现象比较普遍，难以保障居家养老服务质量和服务的多样化需求。

2. 市场输送渠道不畅

我国居家养老服务仍在初创阶段，许多研究显示目前在老年人群中使用过居家养老服务的比例很低。我国居家养老服务的政府推动模式从长远看难以避免会带来缺少社会力量接手的新问题。由于政府购买养老服务相对市场化养老服务更容易推动，也更易于得到广泛宣传，就在无形中使人民产生了误解，认为居家养老只有政府购买服务一种渠道，使人误以为居家养老服务对象只包括城市“三无”老人，严重影响到服务的推广。

（二）养老服务障碍的原因分析

我国社会养老服务中存在的障碍和问题归根结底与养老服务体系驱动力不足有关。因此，必须通过政府和社会的适度介入，推动系统资金流、服务流的有效运转，释放养老服务的需求和供给，推动养老服务体系发展。通过完善这些支持性系统，解决养老服务需求和供给中的障碍与问题。

1. 资金支持系统还未建立

资金是养老服务体系中的重要因素，也是养老服务体系持续运转的主要驱动力。通常，对于生活可以自理的老年人来说，养老服务可以通过退休金、子女转移收入以及其他家庭收入购买获得。但是，对于无退休金或无子女的老年人来说，就面临养老服务资金短缺问题。另外，疾病和护理风险是每个老年人都将面临的问题，即便老年人可以通过退休金等收入满足日常生活服务开支的需要，但当面对大额医疗护理开支时也会显得无能为力。所以，一个完善的养老服务资金供给体系不仅满足有子女、有退休金、生活能自理的老年人的服务需求，更要着力解决无子女、无退休金或生活不能自理的老年人日常生活和医疗护理服务需求。《养老机构管理办法》明确要求养老机构应为老年人建立健康档案，定期组织老年人体检，做好疾病预防工作。养老机构内的医疗、康复、社会工作等专业技术人员，以及养老护理员，均应持证上岗。在收费方面，养老机构应在醒目位置公示各类服务项目的收费标准和收费依据等。

因此，养老服务的资金系统应当是包含养老金、医疗和护理在内的三位一体的保障。鉴于我国未来会有庞大的老年人口，完善多支柱的养老服务资金供给体系已迫在眉睫。所谓多支柱养老服务资金供给体系，至少应当包含以下内容：

第一，面向低收入群体的生活保障、医疗和护理救助制度，主要解决社会困难群体的养老服务问题，达到反贫困的目标。

第二，面向全体老年人的养老保险、医疗保险和护理保险制度，主要目的是通过共同保险实现社会成员之间的风险共担，并引入一定的再分配效应。

第三，针对收入较高的群体，满足其个性化和高层次需求的商业保险制度，主要目的是进一步提高社会成员的福利水平。目前还没有专门考虑老年人养老服务的特殊需求。最低生活保障为城乡老年人提供了一个满足其最低生活开支需要的保障。比较而言，在医疗救助方面，保障不足、分担能力有限的问题比较突出，而在护理救助方面则几乎处于空白的状态。这意味着当老年人遭遇到疾病和护理风险时，其整个家庭都将面临极为沉重的负担。

2. 缺乏完善的社会养老保险体系

近年来我国社会保险取得了很大的成就，主要表现在城镇居民和农村居民基本拥有了养老保险和医疗保险。在医疗保险方面，从2003年开始我国在农村地区稳步推进新型农村合作医疗保险制度。2012年6月，“新农合”参保率超过98%，政策范围内住院费用报销比例提高到75%。2007年，我国开始城镇居民医疗保险试点。2012年，城镇居民医疗保险参保人数已达到2.7亿人，政策范围内住院医疗费用基金支付比例达到64%，改善了城乡居民的医疗服务保障水平。在养老保险方面，2009年国务院颁布《关于开展新型农村社会养老保险试点的指导意见》，即“新农保”开展试点工作，至2011年年底新农保参保人数已经达到了3.58亿人，8922万人领取了新农保养老金。2011年，养老保险覆盖面进一步扩展到城镇居民，我国开始着手建立城镇居民养老保险制度（城居保）。2012年，全国城乡居民养老保险基金收入1829亿元，比上年增加719亿元。基金支出1150亿元，比上年增加551亿元。2014年2月，国务院常务会议决定合并“新农保”和“城居保”，使城乡居民更加公平地享有基本养老保障，这是我国社会保险领域改革的重要里程碑。

然而，我国长期护理保险一直处于空白。长期护理保险是解决老年人护理需求最重要的手段。我国老年残疾、失智和慢性病人数比例正在上升，护理风险正在加大。一旦老年人失能需要照料，照料的直接成本和时间机会成本对于任何家庭来说都将是一个沉重的负担。我国未来应当尽快建立长期护理保险制度。

3. 养老商业保险基本错位

在商业保险方面，商业年金保险和医疗保险发展较快。同时，为了推动商业护理保险的发展，一些地方政府开始允许个人医保资金直接购买商业保险，通过市场的力量强化对老年人的保障。从2012年年底开始，中国人寿保险股份有限公司中山分公司以及中国人民健康保险股份有限公司中山中心支公司被市保险行业协会确定为个人医疗账户投保商业健康保险的首批承办单位。近几年来，地方政府更多地介入老年服务相关的商业保险领域，这一方面促进了商业保险的发展；另一方面也延伸了政府老年服务的领域，为个人提供了更多的选择。

三、建立社会养老服务体系的人才支持系统

（一）人才是居家养老的基础

养老服务业的发展离不开专业的从业人员，主要是养老护理员，或称养老护工。但总体来看，我国护工数量不足，质量较差。“护工荒”现象愈演愈烈的同时，护工素质偏低的现象也普遍存在。从学历角度来看，受过专科以上教育的养老机构从业人员仅为15%左右，且多数高学历从业人员为管理者，并非一线护理人员。从人员的技术情况来看，不少养老服务机构的从业人员积极参加了助理社会工作师和社会工作师的考试。从持证人数来看，城市助理社会工作师、社会工作师人数要远远多于农村。为了解决正规护工缺乏的问题，过去几年政府逐渐加大了护工培训方面的投入，护工数

量出现了明显的增长。然而，另一个残酷的现实是，接受过护理培训的护工多数更倾向于到医院工作，而不愿意到养老机构从事养老护理。通过我们的调查，其原因主要有几个方面：第一，认为养老院护理工作低端，社会地位低，薪水也少；第二，相比在医院从事护工工作，不少人认为养老院的工作缺乏职业上升空间，薪酬提升缓慢，不易转换工作；第三，认为许多老年人行动、自理和生活能力差，照顾老年人的工作负担重，工作环境差，而且老年人性格孤僻，难以相处。

养老护工服务的价值被市场低估可能是由多种原因造成的。其一，护工中有相当比例是女性，特别是在城市养老服务机构中，女性的劳动付出常被低估。而且存在一种普遍的误解，认为相对于母婴护理，老年护理工作不需要专业的教育和培训，女性出于天生的耐心和关爱完全可以把这份工作做好。但实际上，养老护工需要一定的专业技术，需要掌握一些医学、心理学知识和沟通技巧。其二，目前我国许多护工处于非职业性、非正规的就业状态，缺乏充分的劳动法律保护，这也使他们在薪酬谈判中处于不利的位置。其三，我国养老护理行业刚刚起步，技术进步缓慢。相对于其他部门较为快速的技术进步，养老护理行业是一个劳动密集型产业，较少从技术进步中受益，因此也就影响到了报酬的增长。其四，雇主的支付能力也是一个重要的限制性因素。养老服务业在各国都属于微利的带有公益性的行业，因此难以向护工支付较高的工资。如前所述，我国许多民营养老机构盈利微薄，在没有政府援助的情况下，护工工资成了相当大的负担。在现实中，由于报酬过低，反过来又导致只有较低素质的劳动力进入护工市场，以至于我国护工市场陷入“低报酬、低质量”的恶性循环。

（二）全面提升居家养老的社会服务质量

2016 年 12 月 21 日下午，习近平总书记在主持召开中央财经领导小组第十四次会议时指出，要按照适应需要、质量优先、价格合理、多元供给的思路，尽快在养老院服务质量上有个明显改善，加快建立全国统一的服务质量标准和评价体系。众多研究显示，居家养老是国际跟踪研究发现最人道的养老方式，西方国家在居家养老模式方面的丰富经验，可以为中国提供一些启发和借鉴。同时，走向现代化的各国，确定了社区照顾的老年人社会福利政策，以保障居家养老服务的依托平台和资源供给，使居家养老不断朝着社会化、社区化、专业化、市场化的方向发展。使老年人像过去一样在自己熟悉的环境里生活，接受家庭成员的支持；又可以同时接受养老机构专业服务人员和志愿者的多元化、多样化服务。因此，居家养老受到了老年人的普遍欢迎，并成为当代西方发达国家社会养老服务体系建立的一个范例。

随着老龄化社会的来临，我国社会养老服务体系建设的基本方向已经十分清晰。2006 年全国老龄工作会议、2008 年民政部的定义及 2011 年《社会养老服务体系建设规划（2011—2015 年）》多次重申加快建立我国以居家为基础、社区为依托、机构为支撑，与人口老龄化进程相适应、与经济社会发展水平相协调的社会养老服务体系。我国以居家养老为主体的多层次社会化养老服务体系已基本确立。根据国家养老服务体系规划，居家养老将解决我国约 90% 老年人的养老服务问题。我国很多地区将居家养老定义为社会养老最主要的方式。例如，上海市实施的“9073”计划和北京市的

“9064”计划，即居家养老占到社会养老服务中的90%，社区养老占6%或7%，机构养老占3%或4%。对居家养老服务的这种定位是与老年人养老服务需求相匹配的，我国居家养老服务体系的完备程度和服务的质量关系着广大老年群体的利益。我国当前的社会养老服务体系依然处于初创阶段。

由于我国正处于经济社会及人口转型阶段、人们对养老问题认识不足等原因，我国社会居家养老服务体系存在着发展不平衡、供给能力不足、医疗护理资源匮乏、运行机制开放性不足等问题，在实践中也碰到了一些困难。鉴于此，在借鉴发达国家经验的基础上，为适应我国国情和社会养老服务体系发展的实际需要，社会居家养老服务模式应由家庭供养向社会保障转变、由家庭照料向社会服务转变、由零散分居向集中居家转变、由生活照料向积极养老转变；社会居家养老服务体系现有架构应融入“文化养老、社区卫生、权益保障、老龄产业”等新的发展目标，使养老服务产品更加丰富，体系功能更加优化，医养结合更加紧密，法制环境更加完善。在社会居家养老服务资源相对有限的条件下，充分调动社会各方力量，使社会养老服务体系功能实现最大化。

社会居家养老服务定义为通过多元化服务主体，社会化服务网络，专业化服务标准，面向全体老年人提供生活照料、康复护理、精神慰藉和社会参与等居家养老服务的综合载体及保障机制。由于社会居家养老服务具有多元化、社会化、专业化的特点，非营利性居家养老服务由政府和非营利性组织提供，旨在增加服务供给，扩大受益人群；营利性居家养老服务主要由市场提供，是对老年人生活所需的具有一定幸福指数的享受型服务，应当充分发挥市场在资源配置中的基础性作用，以提供丰富的非基本养老服务。

由于政府、企业、非营利组织、社区等多元主体可以共同向老年人提供服务，因此，社会居家养老服务体系可以最大范围地调动社会各界资源，最大限度地满足老年人居家养老的需求。

知识拓展

德国人的居家养老模式值得推广，其充分体现了欧洲的田园生活养老方式。

案例点评

简介：美国有一对老夫妻，退休以后买了一辆汽车，长约9米，有卫生间、洗澡间。他们用了9年的时间，到全国各地和世界一些国家旅游。

点评：这也是一种很好的养老方式，我国有许多老人也有条件采取这一方式。

第十章　居家养老智能化、网络化建设

智能化、网络化居家养老是一种新型的现代化的养老方式，对于现在 70 岁以上的老人是有一定困难的，但是这种方式发展前景更好，在现在 50～60 岁的人退休以后，会得到广泛运用。

第一节　智能化、网络化居家养老模式发展及优势分析

长远来看，智能化、网络化居家养老是一种值得大力提倡和推广的养老方式。

一、网络化居家养老模式发展背景及优势

（一）背景：我国老年人养老服务需求的特点

1. 无偿性或低偿性

《中国老龄事业发展报告（2013）》显示，2012 年我国老年人口数量达到 1.94 亿，其中贫困和低收入老年人约有 2300 万人，农村留守老年人约有 5000 万人。84.7% 以上的城镇老年人有退休金，月平均 1527 元，34.6% 的农村老年人有养老金，月平均 74 元。这组数据显示出我国老年人经济收入不高，经济能力有限，且大部分老年人有慢性疾病，医疗支出会占去他们收入的大部分，一些老年人甚至还会给儿孙“倒贴”，因此老年人能够用于其他养老服务的资金十分有限，虽然对于养老服务的需求较大，但是他们更需要无偿性或低偿性的服务。

2. 经常性、及时性和多样性

生活照料涉及老年人生活的方方面面，买菜、做饭是每天都有的生活需要；洗衣、打扫房间、购物是定期的生活需要，而家庭日常维修也是经常会出现的需要，因此老年人对生活照料的需要具有经常性。高血压、心脏病等是很多老年人都有的慢性病，这些疾病一旦发作，需要立刻送往医院，以便争取救治的时间，因此老年人对医疗服务要求及时性。随着经济社会的发展，人们受到多元价值的影响，加之老年人经济状况、文化背景的差异，其对养老服务的需求也不是过去单一的内容所能满足的，而是具有多样性的特点。

3.“养老不离家”

“孝”文化是我国的传统文化，家庭承担养老的责任也是我国传统的养老方式。“含饴弄孙”“享天伦之乐”是我国老年人普遍对幸福生活的定义。“儿女不孝敬或孤寡老人才会去养老院”，仍然是我国老年人的传统观念。我国老年人口排名前十的上

海，作为国际化的大都市，老年人的文化和收入都居于较高水平。但最近由国家统计局上海调查总队公布的《本市城乡居民养老意向调查报告》显示，88.5%的老年人选择居家养老，由此可见，多数老年人仍期望能够在家里养老。

由此可见中国式的居家养老特征，非常适合运用智能居家养老。

（二）智能养老的概念及内涵

当今世界科技迅猛发展，科学技术是第一生产力，不断推进人类物质文明的昌盛和精神文明的进步。基于此，不难理解智能科技对养老服务发挥着重大作用。智能科技养老的创新与发展对社会稳定具有深刻的影响。

1. 智能居家养老的概念

智能居家养老最早由英国生命信托基金会提出，它们称其为全智能化老年系统，即老年人在日常生活中可以不受时间和地理环境的束缚，在自己家中过上高质量高享受的生活。科技智能养老服务是指综合运用现代科学技术手段，特别是信息与智能技术，开展养老服务。在现有的技术条件下，它是以互联网、物联网为依托，集成应用通信、信息、检测感知、智能识别、智能控制、智能计算等技术，实时监控老人的身体情况，将老人与家人、社区、医疗机构、医护人员、养老服务机构、政府等远程终端紧密连接，让他们能够及时掌控老人的健康状况，智能化地为老人提供营养膳食、养生康复、运动锻炼等指导和安全、方便、快捷的医疗、护理服务。人们对养老重要性的认识，推动了科技智能养老服务产业的大发展。智能型的科技养老模式越来越受到国内外人们的青睐，科技养老产业在全世界范围内日渐兴起。

2. 智能居家养老的内涵

智能居家养老系统采用电脑技术、无线传输技术等手段，在居家养老设备中植入电子芯片装置，使老年人的日常生活处于远程监控状态。特别是“智能居家养老”通过具有无线传输功能的心电监测器、血压监测仪、脉搏手表等设备能够监测老人的血压、体重、血脂等状况，将普通的日常生活融入系统的医疗检查，所测数据直接传送到所属医疗服务中心的老人电子健康档案，一旦出现数据异常，智能系统会自动启动远程医疗，必要时上门进行医疗服务。如果老人走出房屋或摔倒，智能居家养老系统中的相关设备能立即通知医护人员或亲属，使老年人能及时得到救助服务；当老年人因饮食不节制、生活不规律而产生各种亚健康隐患时，智能居家养老设备的服务中心也能第一时间发出警报；智能居家养老设备医疗服务中心会提醒老人准时吃药和平时生活中的各种健康注意事项。最重要的是，“智能居家养老”可以在老人身上安装GPS全球定位系统，子女再也不用担心老人外出后走失。总之，智能居家养老利用物联网（The Internet of Things）技术，通过智能感知、识别技术与普适计算打破了传统思维，使人们最大限度地实现各类传感器和计算网络的实时连接，让老人的日常生活（特别是健康状况和出行安全）能被子女远程查看。

3. 国内外智能居家养老比较

国外关于科技养老方面的研究起步较早，且相关技术和产业发展相对成熟。欧美国家及日本都非常注重科学技术在养老服务中的应用，并在该领域已经取得许多不菲的成绩。例如，利用智能数字技术，构建了应对突发状况及时反馈处理的高质量、高效率服务标准的都市型智能养老住宅生活空间，并在社区内设置了与其配套的全年无休、全天候的综合养老服务窗口；设计针对老年群体的危险报警、位置定位、监控心率血压、意外保护等装置，用先进的科技手段满足老年人的身体保健和安全需求，建立智能养老服务云平台，整合社会、医院、家庭等各方资源，为老年人提供基础健康数据、膳食建议、健身指导、紧急救护、日常家庭医疗等服务。

目前，我国科技养老方面的研究明显滞后其他先进国家，养老产业实际投入应用的服务项目与科技产品较少，市场面临巨大缺口。面对我国科技养老服务的挑战与机遇，应积极借鉴国外经验，大力研发智能养老实用产品，踏踏实实地创建科技智能养老服务平台，并充分利用智慧城市中的各项信息资源，完善科技养老机制，推行科技养老新模式，以满足我国养老的巨大需求。

（三）智能居家养老的独有优势特征和意义

1. 独有优势特征

（1）科技智能养老服务技术的主要特征。智能技术在科技养老中最大的特点之一是多角度辅助、引导老人自主干预。例如，辅助老人日常生活的智能家居系统、外出活动的辅助型智能机器看护人系统、无线移动传感器实时监控的穿戴式生物医疗设备等科技智能养老服务产品，采用操作简便的人性化友好设计，通过智能触控终端以语音、文字和手势识别等多种辅助手段引导老人自主干预，可大幅度提高老年人在日常生活中的自理能力与生活质量，并进一步缓解家庭和社会的压力。

（2）智能技术在科技养老服务中具有实时保障性。例如，无线传输技术支持养老相关信息的实时传输，利用 Web Service 接口协议，通过移动互联技术与平台数据库的对接，可及时向老人提供指导性建议，并向看护人实时发送老人的健康信息。

（3）智能技术在助力科技养老中还具有系统整体性。例如，科技智能养老服务系统支持区域范围内的信息系统平台老年人养老档案接口，根据智慧城市和智慧社区建设的要求，实现个人养老数据自动自主选择归入区域养老系统和社区档案库，可实现养老资源的共建共享，有利于建立一个全面的社会化养老服务体系。

2. 意　义

我国将面临养老服务需求急剧增长与养老服务人力资源严重不足的矛盾。探索智能化养老服务模式，是解决这一矛盾的重要出路。另外，随着生活水平的提高，人们对养老服务越来越重视，不再局限于通常的生活照料、家政服务等，高质量的养老服务成为发展趋势。而如何提升养老服务质量，就需要科技的保障，因此基于电子与信息技术的智能养老成为社会热点话题。

智能居家养老是落实《中华人民共和国国民经济和社会发展第十二个五年规划纲要》和《社会养老服务体系建设规划》的重要举措。积极发展科技养老，对于应对人口老龄化、促进科技进步与民生改善紧密结合、加强和创新社会管理机制、提高社会管理能力和水平、实现社会良好发展具有重要意义。

二、居家养老的智能化网络建设及配套

（一）智能化养老服务体系概述

智能化养老是利用物联网技术，整合智能感知技术、识别技术和计算机技术，让人们最大限度地实现各类传感器和计算机网络的完整连接，让老年人的日常生活（特别是健康状况和出行安全）能被子女等远程查看。智能居家养老的最大优势是能够整合各种资源，为老年人的养老提供各方面的服务，从物质到精神层面提升老年人的养老质量。智能化养老是养老服务观念的创新性变革，让老年人小范围的养老转变为有选择的不再局限于单个养老场地的养老。

一般情况下，智能化养老系统采用 ZigBee 传感器网络把云计算、医疗物联网和移动互联网等先进技术，以老年服务需求为出发点，系统地涵盖日常基本信息管理、老年人安全监护、老年人健康监护、老年人外出、康复以及便捷的关怀服务等一系列功能模块，确保服务人员能够实施准确的监督和管理老年人的生活起居和健康状况。在出现特殊情况的时候，能最快地响应，从而为老年人的生命安全和健康舒适的生活提供保障，形成多层次、立体化的智能养老服务体系。

（二）智能化养老服务体系的构成

智能化养老系统整体分为支持层、资源层、应用层和访问层四个层面。下面主要介绍应用层与访问层。

应用层包括基本信息管理子系统、安全管理子系统、健康管理子系统和老年人外出看护管理子系统等。其中基本信息管理子系统是其他业务系统的应用基础。安全管理、健康管理子系统为核心应用系统便捷服务。管理子系统是在各应用基础上提供的定制化扶助功能服务。

访问层由养老机构或者社区的监控中心以及亲属门户和智能化终端等远程访问平台组成。

1. 信息采集终端

信息采集终端主要包括多功能腕表、便携式智能终端和各类专业健康检测设备三大类，其中多功能腕表为实时监控设备，通过 ZigBee 无线网络与监控中心实现低成本双向通信。便携式智能终端，为老年人外出时携带的专用移动智能设备。除具有一般智能手机的功能外，还定制了大量老年人安全和健康监护功能的设备，通过 4G 网络与监控中心进行双向通信。专业健康检测设备为固定健康检测设备。健康检测指标涵盖了体重、血压、脉搏、体温、心率、心血管等多个方面，检测设备通过网络将检测数据上传至监控中心。

2. 受控终端

系统实现与智能灯光安防监控等系统的集成，采用模块化设计，具有良好的灵活性和扩展性，满足规模运营的业务支撑需求。监控系统通过有线或无线网络对灯光、视频监控等系统进行实时联动。

3. 核心监控平台

监控平台包括监控中心系统、业务信息管理系统和云监控平台。其中监控中心系

统为智能化管理的核心系统，它负责过滤安全健康数据的采集和控制指令的发布。业务信息管理系统为用户的主要访问平台，包括养老院日常基本信息管理、老年人安全监护、老年人健康护理、老年人外出看护以及便捷的关怀服务等一系列功能服务。云监控平台可利用云计算技术低成本地实现亲人门户、互联网远程监控外出、康复管理等服务。

4. 访问终端

访问终端除本地监控终端外，还基于互联网为老年人亲属提供远程访问接口，为管理人员提供远程监控平台，所有访问终端均支持信息查询系统、电子地图、实时跟踪和视频监控。

5. 通信网络

整个系统综合使用了微网技术，利用4G无线通信技术、Wi-Fi网络和有线网络技术实现低成本的区域全覆盖。

（三）建立智能养老服务层子系统

智能养老服务层子系统在养老服务体系的最终端，是社区服务中心指令的执行层。它由提供各种服务的机构和老年人家庭及家属组成，运转顺畅的服务层子系统是提供高质量养老服务的基础。智能养老服务层子系统包括生活照料服务系统、医疗保健服务系统、智能居家服务系统和家属监控系统。

1. 生活照料服务系统

生活照料服务系统由社区内各种生活照料服务机构组成，包括超市、家政公司、维修服务机构、餐馆。志愿者的服务内容通常为生活照料，因此也包括在这一服务系统内。当某个老年人发出生活照料需求时，管理界面就会显示出老年人的姓名和居住的具体地点，管理员随即根据老年人的需求向特约的服务机构发出指令，服务机构可以根据事先分配到的服务权限，了解老年人的基本信息，并根据老年人预约的时间上门为老年人提供生活照料服务，包括送餐、上门维修、陪同外出、家政保洁等。

2. 医疗保健服务系统

医疗保健服务系统由社区内各种提供医疗保健服务的机构组成，包括医院、诊所、体检中心、药店。心理咨询师为老年人的心理健康提供服务，因此也包括在这一服务系统内。当某个老年人发出医疗保健需求时，管理界面会显示出老年人健康状况信息，管理员根据老年人的需求，向不同的医疗保健机构发出指令，医生根据事先分配到的服务权限，查询老年人的既往病史，并迅速作出反应，安排老年人就诊或者住院，同时将情况反馈给家属和服务中心。如果老年人发生意外，例如，摔倒或者晕倒，最近的医院可以以最快的速度对其实施急救服务。

3. 智能居家服务系统

在老年人居住的环境中设置传感器，包括地面和各种家用电器上，监控老年人居住环境，并使社区服务中心、居住环境和老年人的便携腕带之间能够实现信息交互。通过智能居家系统，房屋内的传感器能够及时采集温度、湿度、光线和空气清洁度等环境指标的数据，并能够通过自动开关窗帘、空调、加湿器、电灯等外部设备让老年人始终处于一种舒适的环境中。当某一项指标超出正常范围，比如燃气泄漏，系统就会自动报警。该系统还能通过老年人的便携腕带开启电视、电脑、电话等设备，为老年人提供娱乐节目、专题讲座，或者让老年人与家人视频沟通，丰富老年人的精神生活。

4. 家属监控系统

利用手机、电脑等设备将服务中心、家属与老年人连接在一起。家属通过手机或者电脑可以监测老年人的情况，也可以通过登录服务中心系统查看老年人的详细情况，还可以与老年人视频通话。通过 GPS 对老年人的活动轨迹进行高精度的定位，结合三维地图，系统就能够识别老年人移动的方位和所处的地点，若老年人离开了预先设定的范围，或者发生跌倒等突发情况，系统就会发出警告，用短信方式通知家庭成员。

（四）社区智能养老服务系统架构模型

便携腕带、社区智能服务中心和养老服务层子系统是智能养老服务体系运转的基础，要想真正实现该系统的良性运转，还需要建立以物联网为核心技术的社区智能养老服务系统，通过物联网技术，动态地接入各种养老服务层子系统，以此来提供各种智能养老服务。

社区智能养老服务系统由感知层、网络层和应用层组成。感知层作为物联网和外部世界交换信息的第一站，是网络层和应用层发挥功能的基础。感知层的核心技术是射频识别技术 RFID（Radio Frequency Identification）和传感器技术。射频识别技术 RFID 能够标识物品、读取信息和发射信号，主要用来对老年人进行标识；传感器技术能够感知热、力、光、电、声、位移等信息，主要用来采集老年人活动及环境的信息。通过这一层，老年人的实时状况能够被全面感知。网络层是信息传输层，主要作用是通过各种网络将从感知层获得的有关老年人的信息进行汇集、交换和分析。它使信息在感知层和应用层之间上传下达，起到连接纽带的作用。网络层的核心技术是网络技术与通信技术，通过这两种技术能够实现数据信息快速、安全和高效的传递。应用层是建立养老服务物联网体系的最终目的。通过应用层能够将各种服务终端接入，从而满足老年人各种服务需求。应用层包括了社区智能服务中心和服务层子系统，社区智能服务中心包括各种智能软件，记录和存储老年人的资料，并接收来自网络层的信息。通过对信息的挖掘、处理、分类、分析，实施智能化的决策。最后，服务层子系统的各种服务机构通过服务中心的指令为老年人提供相应的服务，家属也能够通过服务中心了解老年人的情况。

第二节　网络化居家养老服务领域的应用及发展前景

一、科技智能居家养老服务的现状及其存在问题

（一）科技智能居家养老服务的现状

目前，由于应用需求的拉动和科技进步的推动，我国出现了科技智能养老服务研究热潮。随着该服务行业的发展，特别是服务于老年人、残障人士的助老助残的辅助

式科技养老模式受到广泛好评，并逐渐得到相关部门的关注，许多单位和社区纷纷建立科技智能养老服务系统。目前，我国对养老服务智能化的探索和应用主要体现在以下几方面：

在智慧城市中完善养老机制，整合社区相关资源，利用云计算、大数据、物联网等信息与智能技术，建立科技智能养老服务信息服务平台，为广大老年人提供健康定位管理、远程监控护理等智能服务，实现无间断、经济便利的高效个性化养老服务。为养老提供一个更加方便、完善的空间，从而推动养老服务业社会化、产业化、专业化。开展智能居家养老服务，力争老年人在日常生活中不受或少受时空的束缚，在自己家中过上高质量的养老生活。智能居家养老系统使用物联网，采用传感技术，使老年人的日常生活处于远程监控状态。如果老人走出房屋或摔倒，老年人的穿戴设备（如智能手环）能快速通知亲属和医护人员，使老年人能及时得到救助服务；当老年人因生活不规律、饮食不节制而产生一些健康隐患时，智能居家养老服务中心能及时发出提示警报；智能居家养老设备医疗服务中心会提醒老人准时吃药，提示健康注意事项。智能居家养老系统可以在老人身上安装定位装置，子女无须担心老人外出后走失。

在养老服务中大力使用移动辅助装置和自动机器人系统，并根据敬老院、福利院的应用成效和反馈意见，不断优化和完善产品，进一步扩大助老助残机器人推广应用的规模和范围，使助老助残智能机器人系统在我国老年人的日常生活中早日普及。事实证明，在智能家居环境中，这些助老助残科技装置是不可缺少的元素，能够很好地支持老人日常生活中的自主活动，可为科技养老提供更多渠道。

（二）科技智能居家养老服务的不足

目前的科技智能养老服务信息平台中，智能养老设备繁多且操作复杂，主要存在以下不足：

一是自助性差。现有的科技智能养老服务设备大多要在医务人员、专业技术人员的指导和帮助下才能操作，有的操作程序烦琐复杂，老人无法自行使用。

二是集成度低。现有的科技智能养老服务产品功能单一，集成程度低，体积偏大，移动不灵活，安装与使用不方便。

三是科普性指导建议少。现有的科技智能养老服务设备大多侧重在身体健康数据指标的检测上，没有利用检测数据给出简单易懂的干预指导方案。

四是信息可读性差，输出形式单一。科技智能养老服务设备和系统给出的提示与结果信息过于专业化，不易理解，且提示与结果信息大都采用现场语音或文字方式表示，输出形式单一。

综上所述，应当探索出能够完全自助养老的智能化科技养老新模式，整合自助养老设备，利用智能嵌入技术实现养老数据的自动采集，对检测数据进行有效管理和分析，自动给出健康评估报告和提供健康科普知识，从而对人们的晚年生活进行指导，对不良隐患给予干预，使老人在科技养老信息服务平台帮助下安度晚年，提高养老质量。

二、“社区 +”居家养老的不足

在我国养老问题日益突出的背景下，“社区 +”居家养老受到越来越多人的重视，各地政府也都把它作为重点民生项目予以积极推行，诸如上海、成都、宁波等地探索出了较为成熟的“社区 +”居家养老服务模式，取得了很大的成就。但在实践过程中，一些制约“社区 +”居家养老模式进一步发展的问题逐渐暴露出来，具体表现在以下方面。

（一）信息交流不通畅，供需不匹配

在现有的社区养老模式中，信息交流的渠道主要依据两个方面。一种服务渠道是以社区居委会和社区养老管理中心为中介，老人有需求或出现养老困难时，向居委会和管理中心提出并登记，等待社区安排上门服务，如果社区所掌握的需求信息不足或服务资源配备不充足，会使一些服务得不到有效开展。信息通过社区中介如此交换，供需不匹配时常发生，“在我国的养老中，很多老人的需求因为反映不及时或其他原因没有得到满足，而另有一些服务则因没人提出要求导致资源闲置甚至浪费”。在目前的社区养老中，另一种服务的渠道就是老人直接向社区内的服务机构或养老服务人员提出服务需求，但这一般是有偿性的服务，同时要求老人具备相当程度的自理能力。

（二）资源配置不到位，社会化程度低

社区养老的优势特征是能充分整合社区内资源，形成养老的合力，从而减少财政资金投入和家庭支出。但在实践过程中，资源的整合能力低、社会参与度不足恰恰也成了阻碍社区养老发展的因素。

一方面，现在各大城市开展的社区养老基本是以政府为主推行，养老基础设施的建设多依靠政府投入，但在落实过程中，受资金、人力等条件限制，存在数量不足、分配不均、轻维护、疏管理、少应用的情况。同时，没有把社区内其他服务资源有效纳入养老服务体系，使得社区内的养老服务资源出现欠缺，一些老人的医疗需求、娱乐需求得不到满足。另一方面，养老服务信息和需求信息发布不完整和不及时，使一些企事业单位和志愿者参与社区养老的渠道不畅。另外，在现有的社区养老模式中，除了一些专门为老人提供家政服务等业务的组织外，其他企业难以从参与养老活动中获取利益，因而降低了其参与社区养老服务的积极性。

（三）服务管理效率低，服务人员欠缺

在现有的社区养老中，一项养老服务结束后，服务人员不能及时终结服务信息并接受下一项服务指令，养老服务管理中心也无法及时收到服务对象所反馈的服务结果，从而作出新的安排，这造成服务效率大打折扣。同时，对于服务的质量、效果以及老人的后续需求等情况，社区养老管理中心都不能及时掌握。缺乏信息的及时反馈，使社区养老服务的质量和管理效率都大大降低。对于服务人员而言，由于没有健全的考核、培训、管理体系，养老服务人员素质不高，服务水平参差不齐。同时，因为薪酬回报和社会地位低，养老服务队伍也极其不稳定，流动性较高。

此外，为老服务项目少、内容简单固化、社区活动开展少等也是当前社区养老发

展过程中亟须解决的问题。

三、智能居家养老的发展举措

发展智能居家养老服务，是积极应对人口老龄化快速发展的战略选择，是破解巨大养老服务难题的根本出路。在社会各界的大力资助下，我们一定能够妥善解决“白发浪潮冲击波”带来的各种社会问题，使老年人安度幸福的晚年。

（一）“社区+”居家养老、智能养老的发展举措

“社区+”居家养老的基本特征是使老年人生活在其所熟悉的社区，动员社区内的资源来开展服务。在实践中，“社区+”居家养老专业化、个性化的服务模式和经济便捷的特征使其深受欢迎，但服务供需不匹配、资源配置不优化等问题也制约着其进一步发展。

1. 网络化运用主要措施

财政拨款支持社区居家养老物联网建设，社区居家养老物联网是指以家庭为核心、以社区为依托、以专业化服务为依靠，为居住在家的老年人提供以解决日常生活困难为主要内容的社会化服务。它采用目前国际上最为先进的“固网智能视频终端”技术，采用固网电话通信作为基础线路，将社区服务与可视终端相结合，这些服务包括社区医院、家政公司、水站、超市、家电维修站等网点。软件建设主要包括服务内容的设计施行、服务过程的控制监督和服务结果的评估管理。创建社区养老物联网，能使社区养老工作更科学、更系统。

2. 财政拨款创建供需信息养老院

财政部门应该资助创建“专业机构、专业服务、信息化管理”的供需信息虚拟养老院，以电信通信技术为硬件支撑，以养老服务系统为技术支撑，以居家养老对象会员制为基本组织形式，实现居家养老服务的机构化管理、市场化运作、社会化服务，通过“居家养老供需信息服务系统”，可以详细了解辖区空巢、孤寡老人的社会关系、兴趣爱好、健康情况等基本信息，系统还可提供用户管理、话务记录等管理功能，可以自动记录语音信息、自动进行服务回访、自动进行信息提示、自动形成服务工单，自动生成的数据还可以作为考核服务的依据，从而实现养老服务管理的主动性与服务质量的可控性。

3. 吸引民间资本参与养老服务

我们应该充分利用社会服务资源，鼓励和支持社会养老信息服务、智能餐饮服务、智能家政服务、教育文化等机构参与居家养老服务工作；降低新设立的以居家养老服务为主要内容的社会服务机构的准入门槛；制定完善鼓励和支持社会科技力量参与兴办居家智能养老服务业的政策措施；鼓励社会捐赠资助智能居家养老服务项目。从事智能居家养老服务的机构，可按照省政府有关规定，享受有关用地、用水、用电、用气以及税费方面的优惠政策；就业困难人员从事智能居家养老服务工作的，可享受社会保险补贴、职业技能培训补贴等就业扶持政策；就业困难人员自谋职业，自主创业兴办智能居家养老服务经济实体的，可享受小额担保贷款贴息优惠政策。经老龄、民政部门审批的社会福利机构，可减免有关费用。所涉及的税收按国家现行优惠税收规

定执行，暂免征收企业所得税等。大量发展与需求增长相适应的居家养老服务队伍。在财力上大力支持建立以专业队伍为骨干、志愿者队伍为主体、义工队伍为补充的社区智能居家养老服务队伍。对专业服务人员实行全员培训。社区设立一定数量的公益岗位招收居家智能养老服务专业人员。鼓励和支持社区单位、居民、大中专院校学生以及社会各界人士为居家老年人提供多种形式的智能养老服务。探索“养老劳务储蓄银行”，组织低龄健康老人为高龄、病残老人服务，通过网络记录下他们的服务时间和内容，将其转换为自己老年后相应时间的免费居家养老服务。

（二）智能技术的开发及运用

针对目前智能技术在科技养老服务应用中的不足，提出以下改进建议：

1. 提高科技智能养老服务产品的易用性

科技智能养老服务产品是民用生活产品，改进目标是设备具有实用性、简便性、舒适性。产品要让使用者容易操作和调试，而无须专业人员指导。可以用文字、语音、图片、视频、动漫等方式提供指导和帮助，服务对象可方便地进行自助操作。

2. 提高科技智能养老服务产品的集成化

为解决科技智能养老服务产品集成化低的问题，需要提高产品的多样性、多功能性和系统整体集成化程度。针对我国居民的健康状况和需求特征，建议建立一体化的智能自助体检设备与健康服务云平台。在社区配置智能自助体检一体化设备，将一批健康检查仪器集成在一起，为居民提供自助检测，如身高、体重、视力、听力、血压的测量或进行专业的心血管、骨密度和肺功能检测等。以健康服务云平台为支撑，提供健康评估、个性化健康知识服务等。一体化智能自助体检设备与健康服务云平台的高集成度应体现在三个方面：一是各健康检测设备经过结构改造安装到一体机中，做到外形美观，节省空间，操作方便，便于管理；二是各检测设备的检测数据集中存储于云端的数据库中，便于综合利用；三是这些检测数据可以与老人随身检测装置、家庭体检仪器、医院的专业医疗检测设备等体检数据集中统一存储在网络数据库中，便于统一使用和分析。

3. 保证科技智能养老服务产品的安全性

科技智能养老服务产品均不能对人体造成创伤、疼痛和感染，以确保安全性。因此，不选择需要 X 射线、化学试剂等危险或有副作用的检测项目，以便服务对象可以放心使用智能养老产品，避免意外情况发生。

4. 加强科技智能养老服务系统的相关健康科普指导

科技智能养老服务系统不仅要将检测的老年人各项生理指标建立健康数据库，随时提供各项健康指标数据，还要利用这些数据开展智能数据分析，实现个性化的养老科普知识的智能推送，为养老提供科学指导。养老科普信息包括疾病风险提示、膳食搭配建议、营养配制建议、运动方式建议、养生调节建议、生活习惯建议和康复按摩建议等。

5. 科技智能养老服务产品应优质、高效、廉价

为满足我国巨大的养老市场需求，厂家在保证优质、高效的前提下，要考虑使用者的购买能力和经济承受能力，避免大件结构，便于运输、安装与维护，产品应具有

可组合和可扩展功能。允许用户根据需求个性化定制，软件、硬件、内容三者可以灵活组合和扩展。

总之，根据我国居民的养老状况和需求特征，针对当前我国科技智能养老服务存在的问题，有必要对现有科技智能养老服务技术与实施方案进行适当改进，形成一套实用的以自助为主的智能化科技养老新模式。这对于建立高效养老体系，积极应对我国人口老龄化，从而促进科技进步与民生改善紧密结合、缓解家庭和社会压力、实现社会良好发展具有重要意义和作用。

（三）智能化多代同堂房屋的建设

智能家居的涌现，反映和体现了国际社会信息化和智能化的发展要求。智能家居系统包括安防系统、远程监控、智慧家电、可视对讲、情景模式、智慧影音等子系统，用户使用远程终端通过管理系统就可以方便地进行管理。智能家居系统设计应最大限度体现其便利性，目的是为住户提供一种更加安全、舒适、方便、快捷和开放的智能化、信息化的生活空间。能为客户带来生活方式上的变革，提升生活品质。从服务和客户体验出发，让产品安装简便，功能实用，操作容易，才是老年智能家居成功的关键所在。

（四）智能化居家养老设备简介

1. 社区智能化养老设施入户建设

在亚洲国家，受传统伦理道德影响，老人多半希望与子女同住，少子化情形导致年轻人负担越来越重。子女常需面对协助日常生活的繁杂，久而久之消磨亲情，造成彼此的情绪困扰。但子女又不放心老人独居，宁愿送至赡养机构，因此，即使政府倡导“居家养老”是最好的选择，但现实是市场对于赡养机构的需求与日俱增。

面对上述的两难的情况，我们是否有应对的方法呢？智能照护家庭时代的来临，或许是对困境的最好解决方法。近年来，全球投入大量人力与资源，大举研发智能住宅相关技术。智能家居系指以“家”为中心，结合周边相关产业，共同推动智能家居服务，包含居家照护、安全监控、智能家电及家庭娱乐等。美国于2004年推动智能结构发展计划，积极研发将通信、监测技术应用于建筑中，加速智能家居市场化趋势。至今日本技术最为成熟，韩国亦奋起直追。

其中，“智能照护家庭”整合医疗照护与科技技术，将智能家居应用于照护领域。除解决照护机构人力负担、质量不齐、疏于管理之外，也让居住者生活更便利、更能独立自理，并结合紧急救助系统确保安全，让老人能更有自尊地老去。典型的智能照护家庭主要整合以下五项：

（1）地砖下的传感器：测量居住者步态与体重，作为诊断疾病与伤害的资料。

（2）嵌入浴室镜子的摄影机：测量心跳、脸部变化、皮肤颜色，以分析健康状况、血氧浓度数据。

（3）智能家电：透过穿戴式装置量测生理数据，结合家电自动调控最适合居住者的温湿度。

（4）互联运动设备：包含静态脚踏车、交互式太极拳训练设备，体感监测以供治疗师评估健康状况，亦可结合居家复健系统，以帮助老年人康复训练。

（5）其他量测设备：量测是否适当服药、睡眠质量好坏及卧床时间是否过久。

智能侦测、疾病评估进入家庭后，可以缓解老人看病难的问题，结合远程医疗与在线咨询，健康信息透过软件及固件走入家居。可为健保省下大笔支出，更能透过云端智能病历，定期追踪老人健康状况，达到预防医学、居家保健的成效。

2. 设计老年人便携腕带

老年人处在养老服务物联网的用户层，将养老服务资源打包集中在一个便携腕带上，可以实现对老年人信息的采集，便携腕带的功能与特性如下：

（1）便携腕带的功能。便携腕带的功能包括：报警、自动呼叫家属、自动呼叫救护中心、检测生理指标；GPS 定位；语音通信和信息显示功能。当老年人遇到危险或者陷入困境时，能够一键报警；自带的 GPS 定位系统能够让家属和社区服务中心检测到老年人的位置；生理指标检测功能能够实时检测老年人的心跳、血压，当老年人生理指标偏离设定的数值时，腕带能够自动呼叫救护中心和家属；语音通信功能能够为老年人提供实时通信服务；信息显示功能能够接收来自家人或社区服务中心提供的各类信息。

（2）便携腕带的特性。腕带根据老年人的生理特点和人体工学原理设计，采用舒适的材料，佩戴起来舒适方便。腕带应具有防水性、防摔性，且不易损坏，腕带上有超大显示屏和按键，以便老年人能够看清楚信息和进行按键操作。

知识拓展

由于全球都在应对老龄化带来的挑战，科技也参与其中，大量生产为老年人服务的机器人，这将化解许多养老服务行业的难题。

案例点评

简介：清洁机器人上市销售。2017 年在深圳举行的科技博览会上，一个清洁机器人引起了大家的关注。

点评：这是一个良好的开端，将为养老业服务带来新的生机。

第十一章　医疗养老结合居家养老模式

医疗养老结合的养老模式是符合老年人身体和生命特征的特别的重要方式之一，需要花大力气做好这些工作。

第一节　医养结合模式的现状及前景

在居家养老条件下的医养结合模式是非常好的选择之一，但是在我国由于历史的原因，还有一段很长的路要走。

一、医养结合模式的产生背景

（一）医疗是保障

人到老年，伴随的是各种各样的疾病，有时养老也就是养病，因此医疗是非常重要的，是医养结合模式的重要保障。医养结合是一种新型的养老方式，是将医疗融入养老当中。医养结合具体到基层医疗卫生服务机构中，除了与养老机构合作建立养老病房，以服务于患病且不能自理的老年人，更重要的应该是借力国家基本公共卫生服务项目，通过落实国家基本公共卫生服务项目中老年人的健康管理，以推动当前的医养结合工作。

开展国家基本公共卫生服务老年人健康管理项目，即对辖区内 65 岁及以上老年人的健康进行管理。通过对老年人生活和健康、疾病等信息的采集，从而实现疾病早发现、早诊断，进而评估和判断老年人需要的医疗照护，且有针对性地开展适宜的健康指导，包括减少家庭中的意外伤害等。同时还需关注老年人的情感健康，引导老年人与外界沟通和交流，并鼓励其参加老年沙龙、慢性病俱乐部等，提高老年人的社交能力，减少其孤独感。当发现老年人所患疾病需要进一步诊断或治疗时，基层医疗卫生机构应及时安排转诊，通过绿色通道为老年人实行双向转诊，并且保持连续性的追踪和照护。同时，通过落实国家基本公共卫生服务中医药健康管理项目，对老年人开展体质辨识，对不同体质类型的老年人采用中医药方法进行食疗、心理调摄、按压穴位等预防保健工作，促进老年人养生保健，达到防病、健身的目的。

国家基本公共卫生服务项目已经开展了 7 年，并在实施过程中不断完善，已收到较好的成效，国家每年投入的资金为各基层卫生机构提供了资金保障，目前主动到基层医疗卫生机构询问老年人健康体检的人数不断增加，说明老年人健康管理已逐渐深入人心。但是仍需强调的是，医养结合形式多样，为尽快缓解老年人医疗和养老的矛盾，涉及的基层医疗卫生机构要借势借力，借着国家基本公共卫生服务项目完成对老年人的养护工作，两项互补，只有老年人获得真正的身体健康才会延缓入住养老机构的时间，从而缓解供需不足以及相应的社会压力。因此，在医养结合的养老模式中，国家应该大力促进医疗事业的发展，尤其是养老方面的发展，让其更好地为医养结合养老模式服务，更好地为老龄化人口服务，更好地为社会服务。

（二）传统养老模式的滞后性

21 世纪老龄化已成为全球性的问题，而我国是最早进入老龄化社会的发展中国家之一。我国老年人的寿命随着生活水平和医疗水平的改善不断延长，截至 2015 年，60 岁以上老年人口达到 2.3 亿，占总人口的 16.5%，且 2.3 亿的人口里有将近 4000 万人是失能、半失能的老人。据有关部门预测，预计到 2020 年我国老龄人口超过 2.5 亿，老龄化比例达 17.6%，到 2050 年，我国老年人口将达到 4.87 亿，失能、半失能的老人数量会进一步增多。老年人的亚健康发展趋势，成为老龄化未来面临的巨大挑战。

过去 10 年间，我国老年人医疗费用增加了 3 倍，占 GDP 比重从 1998 年的 2.1% 增加到 2013 年的 3.4%。据有关部门预测，到 2030 年，我国老龄人口疾病费用比例将占卫生总费用的 62%。改革开放 40 年来，年轻健康、“价廉物美”、无限供给的劳动力“健康红利”，正快速转变为老龄化“健康赤字”，破解我国老龄化社会养老医疗困局成为当务之急。

从供给角度来说，一方面，养老机构供给不足。当前我国人均养老床位拥有率不仅低于发达国家 5% ~7% 的平均水平，甚至低于发展中国家 2% ~3% 的平均水平，养老床位不仅数量少，而且难以满足入住老年人的医护需求。常年卧病在床、生活不能自理或者精神异常的老年人本该是机构养老的目标群体，但是很多养老机构为节约成本和规避风险，加之缺乏专业的医护人员提供医疗服务，导致生活不能自理和精神异常的老年人被排斥在外，生活基本能够自理的老年人却受到机构欢迎，养老机构的目标人群在实际选择上有了很大的偏差。另一方面，老龄人口消耗了更多的医疗资源，但现有医疗卫生资源仍远未满足老年人的健康需求。2014 年全国医疗机构每万人床位数 48.45 张，其中城市 78.37 张，农村 35.40 张。2014 年，我国医院病床使用率为 87.4%，同比降低 2.9 个百分点，其中三级医院的病床使用率为 99.6%，二级医院为 86.5%，一级医院为 63.5%。社区卫生服务中心为 57.0%，同比降低 0.2 个百分点；乡镇卫生院为 61.7%，同比降低 3.4 个百分点；三级医院平均住院日为 10.4 日，同比缩短 0.2 日；二级医院平均住院日为 8.7 日，同比缩短 0.1 日。医疗机构的资源利用不均，很多三级医疗机构的病床使用率超过 100%，甚至高达 110% 左右。与此相反，二级以下中小型医疗机构普遍遭遇生存难题，床位使用率低，大部分医疗资源闲置。医院本该是救急救难的地方，但是一些慢性病的老年人为求风险最小化，选择长期住院，造成医疗资源的紧缺，一些得了急病亟须救治的老年人反而错过最佳治疗时期，医疗机构救死扶伤的功能未能得到合理发挥。

从需求方面来讲，我国已进入健康快速转型期，随着城市化、工业化、经济快速发展，生育率大幅下降，人口结构向老龄化转变，慢性病发病率和死亡比例增加。慢性病占比从1998年的20%上升到2013年的33%。2016为79.3亿人次，比上年增加2.4亿人次。随着中国社会老龄化迅速发展，老年人口自评健康状况在各维度出现问题的比例上升，躯体方面问题增加幅度大于心理健康；老年人在行走、听力、语言和视力方面，均有不同程度的失能；心理健康问题突显，空巢老人心理健康问题尤为突出，高出一般人群10%~20%。在中国当前社会环境下，对老年人的社会支持服务多数仅停留在生活照料，老年人的精神需求多被忽视，不能实现与家庭功能有效互补。

养老服务供给与实际养老服务需求相差甚远。单一的养老、医疗模式不能适应现在人口老龄化发展的需要，因此迫切需要实施一种新的医疗养老模式来顺应时代的发展。医养结合养老模式就是适应老龄化需求的重要选择。医养结合养老模式，就是将养老服务和医疗服务结合起来，更好地为老年人服务。当前在部分地区的实践有利有弊，但总体上发展势头良好。

(三) 伴随老龄化增加的养老医疗需求

人口老龄化不仅影响到社会经济发展，还将给社会的医疗卫生带来诸多压力。主要表现在以下几个方面：

(1) 养老金的缺口不断增大。养老保险作为社会保障制度的重要内容，是关系着老年人终生幸福的一项制度，在其发展过程中遇到了很多问题，其中最突出的问题就是养老金的收支缺口在不断增大。

(2) 养老设施不完善。随着我国老龄化问题的加剧和计划生育政策的延续，出现了越来越多的“4+2+1”结构的家庭，这就使很多家庭小单元面临严峻的养老压力，使得城市的老人更希望社会能够提供更多的福利机构来集中养老。但就当前的情况来看，社会养老福利机构的数量根本无法满足老年人的需求，服务质量也不尽如人意，使城市老年人的养老压力增大。

(3) 医疗费用水涨船高。随着经济的加速发展，人口老龄化的加剧，特别是近几年我国医疗费用不断增加，导致了老年人“看病难，看病贵”的问题成了焦点，沉重的医疗负担成为老年人面临的严重心理负担，让老年人“谈病色变”。

(4) 空巢老人越来越多。中国目前老年人口增长速度是人口增长速度的5倍，中国老年人口占世界老年人口的1/5，其中49.7%的为空巢老人，这些老年人因缺少精神慰藉、心理关爱而产生的心理问题尤为突出。人口过快老龄化给经济、社会带来巨大的冲击。

二、医养结合模式当前发展状况及前景分析

(一) 医养结合模式当前发展状况

从各层级的城市来看，城市规模越大，老龄化速度越慢。与此同时，我国近50%的老年人患有各种慢性病，医疗负担重，老年人消耗的医疗费是全部人口平均消耗卫生资源的1.9倍，其中65岁以上的老年人耗费了近30%的医疗总费用。

因此，构建科学的社会养老服务模式，实现医养结合，已成为当下养老服务体系

构建和医药卫生体制改革需要面临的重要议题。医养结合的优势在于整合养老和医疗两方面的资源，提供持续性的老人照顾服务，以整合照料、联合运行、支撑辐射为医养结合基本模式，构建医疗、护理、康复、保健、生活照料、临终关怀等一体化服务政策体系。

党中央、国务院高度重视人口老龄化的问题，国务院常务会议专门研究了医养结合解决老龄服务的问题，并且发布了相关的文件，目前已经开始了试点工作，要求各地在医养结合方面，在投融资，在价格政策、土地政策、税收等政策方面，人才建设和信息化建设方面，都要出台相关的支持政策，鼓励各地积极探索多种医养结合的养老方式。

医养结合在一些地方有了较好的成效，以国内最先试点、融合程度最深的城市山东省青岛市为例，青岛市通过政府购买服务的形式对本市户籍 60 岁以上“三无”、低保老年人提供居家养老服务。同时，鼓励二级、三级公立医院转型为老年医院、护理院或开设老年专护病房，提供医养结合型医护服务，形成层次清晰、分工明确的医养结合服务新体系，18 家医院实现转型发展。此外，青岛市首批建立起护理保险制度，城镇职工基本医保和城乡居民医保参保人全部纳入支付范围，实现长期护理保险全覆盖，约 803 万人参保，资金全部来源于医保基金。

（二）医养结合模式与传统养老模式比较所具有的优势分析

家庭养老作为中国传统养老模式有着几千年的历史。家庭养老是以血缘关系为纽带，由家庭成员对上一代老年人提供衣、食、住、行及养老送终等一系列生活安排的养老方式，这是一种以个人终身劳动积累作为基础，在家庭内部进行的“反哺式”的养老模式。这种养老模式的产生和发展有其深厚的经济、文化、社会基础，传统养老模式可以让中国老人尽享“含饴弄孙”“儿孙绕膝”的天伦之乐，保持家庭的团结和增强凝聚力，因为“血浓于水”“家和万事兴”已经成为人们的一种共识。家庭养老还能够满足老年人的精神和情感需求，家庭可以使老年人得到精神慰藉，老年人特别珍惜、重视与子孙的亲情，当他们年老体弱、行动不便的时候更需要情感的交流、精神的慰藉。

子女在照顾老人的过程中所扮演的角色也是社区医疗养老机构所扮演的社会角色所不能取代的。同时，家庭养老减轻了国家在养老保障方面的负担。我国在国家未富的情况下进入老龄化社会，给社会养老带来了巨大的压力。而我国长期实行的家庭养老制度，为国家节约了大量兴办养老机构的财力、物力和人力，节约了国家和社会的养老成本。

但是，计划生育政策的实施、随着社会的发展、人们思想观念的转变，中国社会的家庭结构发生了根本性改变。据国家统计局公布的 2010 年第六次全国人口普查主要数据显示：平均每个家庭的人口为 3.10 人，比 2000 年第五次全国人口普查的 3.44 人减少了 0.34 人。这就意味着在未来几十年内“4＋2＋1”家庭在逐渐增多，年青一代难以承受社会老龄化带来的经济压力和社会压力。而且随着经济社会的发展，中青年劳动力的流动直接导致了家庭养老保障功能的下降，中国出现了大量的空巢家庭。在这种情况下，一些老年病的常发、易发和突发性，患病、失能、半失能老人的治疗和看护问题困扰着千家万户，医养结合养老模式应运而生。

“医养结合”养老模式主要的创新思路和做法是针对有长期就医需求的老年人群体，从政策层面促成或者通过机构之间资源共享达到医疗机构和养老机构之间的合作，从而有效解决老有所乐、老有所养、老有所医的问题。根据原国家卫生部调查显示，60岁以上的老年人中，人均患有疾病2～3种，慢性病发病率53.9%。有慢性疾病的老年人需要长期的、持续的、综合的医疗康复护理，因而整合医疗与养老资源，发展医养结合的养老模式势在必行。

（三）医养结合模式的发展前景

目前，我国社会化养老事业引进了“医养结合、持续照顾”的理念，步入了由居家养老模式逐步向社会化养老模式的过渡，许多经济发展水平较高的地区纷纷促进“医养结合”养老模式发展。在“医养结合”探索过程中，通过医疗机构和养老机构之间的多种方式结合，医疗资源和养老资源得到有效共享，实现了优势互补、社会资源利用最大化。“医养一体化”的发展模式，集医疗、康复、养生、养老为一体，把老年人健康医疗服务放在首要位置，为自理、半自理和失能失智老年人提供生活照护、营养配餐、保健医疗、康复调理、修身养性等高品质照护服务，减轻家庭子女的负担，有助于解决现阶段由于人口老龄化所带来的上述问题。

第二节　医养结合模式的发展

一、当前医养结合模式发展所面临的困境

（一）政府和市场管理存在的问题

目前从各地的医养结合养老模式的运营情况来看，政府和市场管理仍存在很多问题。

第一，从各地实践情况看，业务主管部门交叉重叠、责任边界不明晰是当前医养结合养老模式实践面临的最大困难。从业务范围看，按照我国现行部门行政管理体制，养老保障业务涉及的主管部门是民政及人力资源与社会保障部门，而医疗保障业务涉及的主管部门除民政、人力资源和社会保障部门外，还有各级卫生和计划生育委员会等部门。从管理机构看，各类型养老机构多隶属于民政部门，而医疗机构隶属于卫生部门，涉及医疗保险费用报销事宜的是人社部门主管，甚至在个别地区的试点中还涉及发展和改革委员会等部门。部门交叉重叠管理直接导致部门间责任界定模糊，极易出现利益纷争、责任推诿，阻碍医养结合的健康发展。

第二，医养结合机构服务定位的偏差，阻碍自身发展。不少以开展医养结合服务的机构中，存在较为严重的盲目定位高端市场、瞄准高端人群的问题，不能很好地契合当地的经济发展水平、消费水平，严重影响了养老机构的入住率。

第三，医养结合养老模式的政府投入仍需加强。现有的国家财政对医养结合养老服务的支持保障力度不够，医养结合缺乏配套的财政、土地规划等政策支持；相关法律还不够完善，部分地区存在较为严重的“套保”风险隐患。

（二）医护人员和公众存在的问题

首先，在医疗护理方面，专业养老护理人员缺乏。养老体制的严重挑战在于养老服务有着巨大的社会需求，但是缺乏有效的供给。以日本、英国为例，现有上百万的专业养老护理人员从事护理服务，如果按照相应的比例，我国应有上千万的养老护理人员，但在2013年，我国的养老护理人员只有几十万人，远远不能满足需求。严格意义上说，我们的养老护理正规培训基本处于空白状态。这主要是因为我们过去长期处于解决温饱的阶段，养老体制就是立足于吃饭，即领取养老金以保证基本生活。即使民政系统过去建立的养老院、敬老院，例如，一些乡镇的敬老院，其主要功能还是供养“五保户”，即保吃、穿、住、医、葬，是一些最为基本的生活保障。城市的养老院功能与敬老院类似，只不过管理体制更为正规而已。

其次，尚未建立统一的长期护理保险制度。据统计，老年人医疗费用占总医疗费用近80%，其平均医疗费用相当于年轻人的3倍，医疗费用占据他们晚年的主要开支。我国目前的特别护理和日常护理等这类护理服务产生的费用不能由医保支付，有些老年人支付不起或躲避这部分费用就选择继续住院治疗。他们长期占用医院床位，造成床位紧张，也浪费了有限的医疗资源。因此，迫切需要建立起长期护理保险制度。而我国健康保险业起步较晚，缺乏系统性、理论性研究，并且政府和社会以及个人对长期护理保险缺乏了解，认识不足，这些因素制约了我国建立适合本国国情的长期护理保险制度的实施。有部分人虽然购买了商业性的长期护理保险，但是其保费高、种类少，并不能有效满足这方面老年人群的需求。

医养结合人力资源社会支持较弱。由于养老护理人员工资待遇低，劳动强度大，社会对其存在偏见，很多人不愿意从事养老服务工作，而医养结合养老服务还需要这些从业人员具备专业的护理知识，这增加了从事医养结合护理服务工作的难度。中专、高职或者大学开设老年医疗护理专业的极少，社会上对养老护理员也缺少专业化和系统化的培训。

因此，从事医养结合养老服务的护理员更为紧缺。相关部门既没有制定从事养老护理员相匹配的薪酬体系，也没有出台从业人员的职业资格认证、职业技能培训等规范化管理方案，这些既不利于提高养老医护人员工作的积极性，也不利于保障医养结合服务的质量。

最后，在公众方面，几千年来“孝道”一直作为中华传统美德影响着数代人，使得家庭在养老中一直占据重要地位。但是随着时代的发展，这些传统的思想观念也影响和制约着机构养老服务的发展。许多人有把父母送进养老院就是不孝行为、“三无”人员才住养老院的错误思想，子女们迫于社会舆论的压力，很难将老人送到养老院。老人们对医养结合养老认识不足，对机构养老有排斥心理，更希望和子女们生活在一起，过着“儿孙绕膝”“四世同堂”的老年生活。因此，他们大多数更愿意选择居家养老。

（三）医疗资源分配不均

随着社会老龄化进程加快，我国现已全面进入老龄化社会，然而随之而来的是严重的医疗资源匮乏和分配不均等问题，在医疗养老结合居家养老模式中，实现传统的医疗诊治和老人护理康复是最重要的两个环节，解决“大病进大医院，小病在社区医院”仍是目前医疗养老所面对的难题。在当前医疗资源分配不均的形势下，老人不得不频繁奔波于医院、养老服务机构和家庭之间。在患病老人疾病得不到很好治疗的情况下，一方面直接加重了老人的家庭经济负担，另一方面也加重了当前医院的治疗负荷。造成医疗资源分配不均的原因主要有以下三个方面：

首先，医疗护理专业人员严重匮乏。社区医疗养老服务机构属于基层医疗机构，正规医学院校毕业的学生很少有愿意到基层医疗机构工作的，即使毕业被分配或者自愿到医疗养老机构工作，由于其基本薪酬难以实现其社会价值，加上工作岗位不受大家重视，所以基层养老服务机构很难吸引专业性强的医务工作者，造成了医疗人才“引不来，留不住”的尴尬局面。同时在基层医疗机构工作的医务人员专业性不强，具有老年专业知识的人才少，加上人员的编制等问题造成了我国医疗养老机构长期以来缺乏专业医疗人才的局面。所以现阶段我国医疗养老服务机构中普遍存在从业者学历不高、文化程度低、专业性不强的问题。

其次，资金投入不足造成基层养老服务机构医疗设施、设备、技术不足、功能低下。在基层医疗养老机构中，普遍存在医疗设备不足的问题。由于政府投入资金少，基层养老机构设备功能低下，老年患者一旦入院，连基本的医疗诊治过程都无法完成，长此以往造成了老年人大病进大医院，小病也在大医院进行治疗。落后的医疗设备无法满足大家的医疗需求，致使其服务能力大打折扣，所以医疗养老机构往往不被大家所认可。

最后，医疗机构监管、运营不当。目前我国主要的医疗机构采取的是卫生行政部门主管以及其他部门联合行政管理的模式。私立医疗机构只占全部医疗机构的4%，社会办医几乎可忽略不计；从地区差异看，在一些县级地区，落后地区没有私立医院，更别说建立医疗养老服务机构了，长期单一的监管机制也导致医疗资源不均的局面难以得到解决。新形势下我国的医疗养老不能仅依靠政府行政管理的大型医院、公立医院。需要企业、养老机构、社会保障部门与医院一起合作，才能解决我国医疗资源分布不均的问题。

进入21世纪以来，我国老龄化趋势更加明显，在“十二五”期间，我国60岁以上人口已突破2亿，失能、半失能老人的数量进一步增加，愈演愈烈的老龄化趋势将对我国老年人的医疗体系和服务照顾体系提出严峻的挑战。只有解决好医疗资源分配不均的难题，整合我国现有医疗卫生资源和养老服务资源，探索建立医养结合的居家养老模式才是解决“老有所养、老有所医”的有效途径，才能为老年人提供持续性健康养老服务。

二、医养结合模式的发展前景

（一）政府加大经费投入

随着我国人口老龄化的不断加剧，城市社区、农村老年人发病率都大大增高，虽然国家出台了“新农合”、新医改等措施，但并未从根本上解决问题，社区卫生服务体系的完善需要耗费大量的资金和物质资源。整合医疗资源和养老服务资源的过程中需要大量的基础设施、医疗器械设备、床位等。那么政府应该怎样解决这个难题呢？

最好的方法就是加大养老资金的投入，凡事有了资金就有了发展的动力，政府加大资金投入是解决医养结合困境难题的有效方法。首先加大资金投入可以解决医养结合养老中的设备问题，有了资金投入，养老机构可以更新完善养老设备，使得基层养老机构更好地发挥养老服务功能。其次养老经费的投入不仅在完善设备层面上，良好的物质设备基础只是改善医疗情况的前提，资金的投入还应该减少老年人看病的费用，只有加大“新农合”的报销力度或者增加老年人看病费用的补贴额度，才能让老年人生病时能及时就诊，有了大病进医院及时治疗，“看病难，看病贵”的问题才能从根本上得到解决。

资金的投入除了解决以上两个主要问题外，还可以在以下几个方面发挥作用：

第一，扩充专业医疗人员队伍。老年医疗护理服务人员不足，关键是医疗护理人员的薪酬太低，付出与获得不平衡所致，只有让医务工作者自我价值得到体现，自我期望得到满足，医养结合养老模式的发展才会有充足的动力。数量充足的医务工作者是医养结合养老模式的主体之一，高质量的医疗服务是每个患者都想得到的，然而工作薪酬低、付出与得到不成比例导致我国医疗专业人员紧缺。具有高学历的专业化人员数量少，医疗服务质量低是我国的医疗卫生事业一直以来面临的问题，改善医务工作者的薪酬问题也是目前医改的重点之一。另外，经费也可以用于培养医学人才，加大医疗科研经费的投入有利于提高我国医疗水平，进一步促进我国医疗卫生事业的发展。

第二，将资金用于疾病预防，健康保健。老年患者易发生各种疾病，医疗的最终目的是预防疾病的发生，而不是治愈所有疑难杂症。所以加大药物研发、健康知识宣教的经费投入可以在一定程度上减少疾病的发生，增加大家的预防保健意识。

第三，鼓励兴办医养结合养老事业。政府应在政策上鼓励兴办医养结合养老事业，在经济上给予支持，同时又要加强规范医养结合养老事业的发展。在用地、住房、资金、税收、医保等方面给予更多的支持和优惠。在促进医养事业发展的同时加大对医养事业的监管，出台相应的市场准入规则和经营管理规范，确保医养结合养老机构有序发展。

（二）完善管理制度

医养结合养老归根结底是提供医疗康复和护理服务的过程，这个过程中任何环节出现差错都会造成严重的后果，政府在这个过程中扮演着重要的构建者和统筹者的角色，因而承担着统筹和监督的责任，不仅要推动政策和资金的落实，还要协调各方的关系，引导“医养结合模式”发展。所以在医养结合居家养老模式发展过程中，政府应完善管理制度，加强对事业单位的监督机制，在白色浪潮里为广大人民群众解决困难，解决好日益加深的老龄化趋势所带来的难题。

在医养结合养老模式发展的过程中，政府应完善管理监督机制，解决多重管理带来的烦琐程序和难题。在我国当前的局势下普通养老机构归民政部门审批和管理，医疗卫生机构归卫生部门认定和管理，医疗费用归社保部门报销。由于制度原因、行政职能差异、责任划分等因素，社保、民政、老龄、卫生等众多部门均需参与到医养结合养老模式中，虽然职能划分清楚，责任分配合理，但在实际操作过程中仍有很多职能交叉和责任不明确的情况产生。

为积极应对老年人对医疗的需求，国务院先后出台了《关于加快发展养老服务业的意见》（国发〔2013〕35 号）、《关于促进健康服务业发展的若干意见》（国发〔2013〕40 号）、《关于促进社会办医的若干政策措施》（国发〔2015〕45 号）等文件，这些文件都提出积极促进医疗和养老机构合作，加快发展养老产业，促进医养结合产业的发展。这些文件内容涉及收税减免、医院管理、人才培养、土地管理等。对养老机构和医院开展医养结合起到了积极作用，但是鉴于多方条件限制，很多政策难以落地生根，财政支持力度也比较有限，更多的是很多部门之间缺乏合作，导致医养结合发展受到阻碍，有些发展目标和指导理念不明确，不同部门之间政策协调性较差，管理体系混乱，导致政策碎片化严重，很多政策之间难以形成合力，部门内部之间政策“一刀切”现象十分严重，造成相关政策难以落到实处，使得医疗资源和养老资源相互阻碍，难以做到互惠互利。

总之，明确医养结合养老模式发展的目标和指导理念，联合各个部门制定专门针对医养结合的一些适用政策，明确各个部门之间的责任分工，同时兼顾全局，医养结合模式发展才能克服阻碍，造福人民大众。

（三）传统医疗及养老机构加快转型

在当前的医养结合发展现状下，面对困境，应整合医疗资源和养老服务资源，加快传统养老部门和事业单位的转型，创造多元化的养老服务体系，建立专业化医护人员队伍，提供完善的医疗设备，最终实现医疗资源和养老资源的效益最大化。然而传统养老机构该如何转型才能发挥更大的作用呢？对于具有医疗作用的机构，又该如何转型发挥好养老作用呢？

大型养老机构可以开展设置自己的医疗机构。有条件的大型养老机构和老年人照料中心可以设置自己的医院、社区卫生服务中心等医疗机构。为老年人提供相关医疗服务。例如，北京市第一社会福利院以其优质的医疗护理、优越的地理位置和较低的收费价格而备受欢迎。

养老机构自己设置医疗机构。由于需要花费较多的经费购置医疗设备，维持医务人员的开支，同时还要减少对患者的收费等，因此前期投入成本较大，但是自身设置医疗机构可以及时解决突发情况，对于机构内的老年人也能够提供全面的养老服务。

小型养老机构与周边医疗机构签订合作协议。对于自身规模较小，难以设置医疗机构的养老机构可以采取与周边医疗机构签订合作协议的方式，开辟绿色就诊通道，为入住老年人提供医疗服务。因为目前我国医疗资源较为匮乏，专业人员不足，对于小型医疗机构难以获得完善医疗设备和保持医务人员的开支，所以与周边医疗机构合作是比较好的方式。

二级以上医疗机构开设老年病房。对于二级以上综合医院，可以开设老年病房，我国超过半数的老年人患有高血压、糖尿病等慢性病，一般在专科医院很难得到全面的治疗，因此在综合医院开设老年科十分必要，《关于加快发展养老服务业的若干意见》也指出有条件的二级医院应开设老年科，增加老年病人的床位。北京协和医院、301 医院等都有老年病房，另外北京大学第一医院甚至还开设服务于特殊老年人的干部病房和老年保健中心。

大型医院内设养老机构。大型医院可以利用自身优势，开设自己的养老机构。不仅能够解决老年患者的长期的“压床”问题，而且能够全方位地利用自身资源，为老年患者提供全面的医疗服务。例如，重庆医科大学就自己投资办了“青杠老年护养中心”，这是全国第一家由大型公立医院开办的养老机构。由于自身医疗资源丰富，加上医护人员的专业性强，而且自己有独立的老年养护中心，大型医院自己开办老年服务机构符合时代需求，在为老年患者提供最好医疗护理服务的同时，老年人的养老服务也能够得到保障。

知识拓展

《国务院办公厅关于印发〈国民旅游休闲纲要（2013—2020）〉的通知》（节选），2013 年 2 月 2 日。鼓励开展城市周边乡村度假，积极发展自行车旅游、自驾车旅游、体育健身旅游、医疗、养生旅游、温泉、冰雪旅游、邮轮游艇旅游等旅游休闲产品。开发适合老年人、妇女、儿童、残疾人等不同人群需要的休闲旅游产品。

案例点评

简介：四川乐山市绵竹镇，一位农家乐经营者利用原来的经营场所开了一家 50 多个床位的养老机构，经营 1 年以后，只有 10 位老人入住。后来经过养老管理专家的指导，开办成医养结合的养老机构。在经过准备和有关部门批准以后，成为一家专门接收有智能和神经障碍的老年人养老机构。3 个月的时间，入住老人达 36 位，很快扭亏为盈。

点评：这说明医养结合的养老机构具有很强大的生命力。

第十二章　全面服务条件下新型居家养老模式

从我国的现状来看，一方面中国传统的孝文化使年轻人耳濡目染，绝大多数青年仍然保持着优良的传统孝道思想观念；另一方面大多数老年人愿意在家享受“子孙满堂”“四世同堂”的天伦之乐，因此家庭养老仍是主要的养老模式。随着社会的快速发展和老龄化问题日益严峻，居家养老模式在我国各地不断得到探索和实践，增添了许多新内容。新形势下，居家养老模式应在保留居家养老模式优势的基础上，探索新的运营机制，拓展居家养老服务提供主体，扩大居家养老服务资金来源，打造特色居家养老服务内容，摸索出一条具有中国特色的新型居家养老模式之路。

第一节　新型居家养老模式的优势及建设

我国是发展中国家，是在处于经济尚不发达、人民生活水平程度不高的条件下直接进入老龄化社会，且完整的社会保障体系尚未建立起来，社会养老无法应对如此巨大的养老需求。随着我国家庭结构的小型化趋势以及养老观念的变化，传统形式的家庭养老同样无法承担起老年人的养老需求。新型居家养老模式兼具迎合老年人养老观念和生活习惯的优势，解决了社会养老和家庭养老的问题，是一种符合我国国情的养老模式。

一、创建以社区养老模式为主体的居家养老模式

不同于狭义的传统性较强的在家养老，现在居家养老模式广泛指老年人在不离家的前提下接受养老服务，服务的提供者包括政府、家庭、社会、商业性组织、社会组织等。创建以社区养老模式为主体的居家养老模式，使居家养老以社区为平台，搭建各方资源为社区内老年人提供服务。社区作为管理者、资源整合者以及服务提供者等多重身份承担起社区养老的责任，因而这种模式的主体是社区。目前，这种新型居家养老模式在很大程度上能够解决我国养老难题，缓解社会养老压力。

（一）认清形势，确保主流模式优势

人口老龄化的趋势日益严峻，我国的养老保障体系尚未完善，在这种情况下，政府应确保新型居家养老模式的优势，以缓解我国养老压力过大带来的各种社会问题，创建具有中国特色的新型居家养老模式。

1. 我国的人口老龄化

目前我国是世界上老年人口数量最多的国家，占全球老年人口总量的1/5。2015年民政部公布的《2015年社会服务发展统计公报》显示，截至2015年年底，我国60岁及以上老年人口23200万人，占总人口的16.5%。其中65岁及以上人口14386万人，占总人口的10.5%。据联合国预测，1990—2020年世界老龄人口平均年增速度仅为2.5%，而同时期我国老龄人口的递增速度为3.3%。世界老龄人口占总人口的比重从1995年的6.6%上升至2020年的9.3%，同时期我国由6.1%上升至11.5%。无论增长速度还是占比，我国老龄化程度都超过了世界平均水平。依此推算，到2020年，我国65岁及以上老龄人口将有1.67亿，约占世界老龄人口总数的24%。我国的人口老龄化趋势不可逆转，形势日益严峻，带来一系列的社会问题，养老问题亟待解决。

2. 新型居家养老主流地位及优势

我国自古就有"养老、尊老、敬老"的优良传统，相对于社会养老，家庭养老始终居于主要地位。从夏商到春秋，这一时期中国传统的养老观初步建立，形成了一套礼法制度。社会强调"孝"的思想观念，并建立了尊老敬老的伦理制度。"昔者有虞氏贵德而尚齿，夏后氏贵爵而尚齿，殷人贵富而尚齿，周人贵亲而尚齿。""尚齿"说的就是尊老、敬老的意思。自秦以来，随着儒家思想体系独尊地位的确立，中国封建社会中传统的养老观念的思想体系和社会体系基本趋于稳定。孔子曰："今之孝者，是谓能养，至于犬马，皆能有养；不敬，何以别乎？"（《论语·为政》）在此基础上，孟子提出了"博爱""广敬"的概念，将最初产生和存在于家庭中的孝悌观念推广到整个社会，提出了"老吾老以及人之老，幼吾幼以及人之幼"（《孟子·梁惠王上》）的思想。近代，受西方民主自由观念和福利思想的影响，我国养老观念虽然有所转变，养老模式日趋多元，但仍以家庭养老为基本养老模式。我国自古就有家庭养老的这一传统，奠定了新型居家养老模式发展的基础。

目前家庭养老模式在我国养老服务体系中仍占据主导地位，而家庭养老与居家养老模式之间有着天然的亲和关系，两者都是老人在家养老，不同的是新型居家养老服务的提供者更为多元（包括家人、政府、社区、社会、社会组织、商业性组织等），随着家庭养老功能的弱化，新型居家养老模式在最大程度上保留家庭养老优点的基础上弥补了这一模式的不足。

人口基数大、老龄人口增速快等特点使得老龄人口数量逐年增加，这对于经济发展水平不高、社会保障体系尚不完善的我国来说是一个亟待解决又难以解决的问题。当前我国难以承担起数量巨大的养老重任。而机构养老在我国虽然得到一定程度的发展，但受众少、层次较高且社会舆论评价不好。在这种情况下，为解决我国众多老龄人口的养老问题，仅依靠社会养老是远远不够的。由于新型居家养老模式本质上是为老年人提供服务，为老年人提供的服务中，大部分是无偿或低偿的，只有政府在法律法规、规划、资金等方面予以支持，新型居家养老模式才能实现可持续健康发展，因而政府在新型居家养老模式的构建中应起到主导作用。现在我国在社区居家养老方面还没有完善的法律法规，这使得新型居家养老模式的推行缺乏法律基础。

我们已经进入习近平中国特色的社会主义新时代。在新形势下，政府需要对原有与养老相关的法律进行补充、细化与完善；同时尽快完善社区居家养老的法律法规，让这种新型居家养老模式在实施、推行中拥有法律依据。此外，政府应鼓励发展普惠式社区居家养老模式，一方面给予优惠政策支持，如在税收方面，可考虑对发展社区养老服务建设的单位给予减免、优惠；另一方面是财政政策支持，制定出每年投入居家养老模式构建的预算，保证社区建设的开展以及现有相关机构的正常运转。政府的政策支持和相关法律法规的完善，可以确保充分发挥新型居家养老模式的优势，推动新型居家养老模式在我国的发展。

（二）创建新型居家养老模式的特色

与传统的家庭养老不同，要构建符合当前养老新形势的新型居家养老模式；与国外社区养老模式不同，要打造具有中国特色、符合中国国情的新型居家养老模式。从长远来看，我国新型居家养老模式的特色主要体现在根据“分而不散”、服务到位的原则，社区养老服务中心等运营商通过统计社区老年人的信息，根据其需求，提供个性化服务，保障老年人基本养老需求。

1. 分而不散

选择居家养老的老年人居住在自己的家中，因为子女日间工作不在家，自己独居在家，而且老年人不愿意离开熟悉的生活环境和改变原有的生活方式，这种情况下老年人的养老得不到保障。居家养老服务迎合了这种类型老年人的养老需求，但这种模式也带来了一定的麻烦，居家养老的老年人覆盖整个社区，难以像机构养老一样采取集中化的管理方式以为老年人提供更好的养老服务。社区居家养老模式正好迎合了老年人不愿离家但同时期望接受良好养老服务的需求，这种模式通过社区居家养老服务中心等机构对社区内老年人的信息和需求进行统计分析，进而整合来自政府、社会组织、志愿者、个人、企业的资源为老年人构建社区居家养老服务体系，配备一整套完善的养老服务设施，满足老年人的养老服务需求。

2. 服务到位

新型居家养老服务体系的构建必须把老年人的养老服务需求落实到社区内每一个有需要的老年人身上，解决老年人的差异性需求。伴随着这种理念，社区居家养老模式出现了以上门服务和日间照料为主体的两大模块的服务。上门服务是为身体活动不便的老年人提供的服务，主要是满足老年人一日三餐、日常卫生、聊天等方面的服务；日间照料则是为子女白天不能照料的老年人或者其他有需要的老年人提供三餐饮食、文娱活动室、休息室等服务，这两个模块的服务老年人可以根据自己的需求进行服务选择。对于其他不能覆盖到的老年人，社区居家养老服务中心可根据具体情况采取措施，尽量为社区内每一位有需求的老年人提供“到位”的服务。

二、打造新型居家养老服务体系

政府在新型居家养老模式中起主导作用，但是仅仅依靠政府的力量难以大规模、大范围地推动新型居家养老模式的发展，也难以缓解我国养老压力，解决众多老年人的养老问题。而国外已有非政府组织（Non-Gorernmental Organizations，NGO）和商业组织参与居家养老服务体系的先例，并在一定程度上解决了养老问题，满足了老年人的养老需求。我国 NGO 和商业组织在汲取国外养老经验的基础上加入构架新型居家养老模式的构建，有助于推动该模式的发展，充分发挥新型居家养老模式的作用和优势，完善我国新型居家养老服务体系。

（一）发挥 NGO 组织在新型居家养老服务体系中的作用

1. NGO 组织是提供公共服务的主要力量

居家养老旨在解决老年人养老这一社会公共问题，因而具有公共服务特征。政府虽是我国养老问题的责任主体，但是难以承担新形势下的养老压力；NGO 组织不以营利为目的，是提供公共服务的重要力量，但 NGO 组织自身在运作机制和资源整合等方面存在问题，导致其提供的社会公共服务仍处于较低水平。因而，新型居家养老模式需要政府和 NGO 组织共同协作，携手解决我国养老问题。新型居家养老模式中政府和 NGO 组织的合作是以政府购买 NGO 组织的居家养老服务的方式实现的。

2. 英国国家福利型居家养老模式中的 NGO 组织

英国的居家养老模式由于其整体经济发展水平较高，地方政府有能力提供财政支持，因而满足了不同老年人对于养老服务的需求，并促进了个性化、灵活化的养老服务项目的发展，对于缓解老龄化带来的一系列社会问题起到了积极作用。从 20 世纪 50 年代，英国开始了国家福利型居家养老模式，主要由地方政府提供社区照顾的资金支持，购买服务机构的养老服务，为老年人提供生活照料、心理支持、整体关怀等方面的服务，政府在其中发挥主导作用，NGO 组织在社区照顾中起中坚作用，沟通政府和企业共同参与社区照顾。

3. 我国 NGO 组织在各地居家养老模式实践中发挥的作用

我国政府购买居家养老服务起步晚，在借鉴国外养老经验的基础上，现在主要是在部分地区先进行试点。目前试点的主要地区有上海市静安区、杭州市下城区、大连市沙河口区、青岛市市南区、南京市鼓楼区、宁波市海曙区以及苏州市的薪门街道和天津市、广州市、重庆市等。以南京市鼓楼区和宁波市海曙区为例，南京市鼓楼区的非营利性组织的独立运行较强，其在原有实体的基础上承接政府的项目，扩大新的业务而成立民营非政府组织，提供服务的机构包括心贴心服务中心和民办养老机构；宁波市海曙区的非营利性组织和政府之间的联系紧密，经济上是完全依赖政府的，因而实际工作受政府影响较大，主要的服务机构为星光敬老协会。

由于我国各个地区的经济条件、老龄人口现状不同，各地政府可以根据自身条件和 NGO 组织的发展状况制定适合于当地社区及老龄人的新型居家养老模式，不必局限于某一种类型的养老模式。NGO 组织提供与居民生活息息相关的居家养老服务刚好发挥了 NGO 组织的社会价值，而政府无法提供的社区养老公共服务也可以通过 NGO 组织得到补充。NGO 组织参与社区居家养老不仅提高了社区居家养老服务水平，促进了社区居家养老模式的发展，而且有利于 NGO 组织的进一步发展。

（二）商业组织在创建新型居家养老体系中的潜力和前景

1. 我国居家养老服务的商业化趋势

随着经济水平的不断提高以及老年人逐渐多样化的服务需求，我国养老服务模式自然呈现出社会化、商业化的发展趋势。商业组织的目的是追求经济利益最大化，而养老服务偏向于公益事业、社会福利的性质，两者看起来是相互对立的组织类型，但是随着人们生活水平的提高和养老观念的改变，老年人的养老需求也在不断地变化，随着居家养老服务在我国养老服务体系的位置愈益重要，看似互有矛盾的两者也能够相互促进、共同发展。商业组织与居家养老两者之间的关系是伴随着老年人养老需求而产生的，将居家养老服务作为一种商品提供给消费者，通过市场调节作用为老年人提供商品（服务），购买的对象可以是政府、社区、企业、个人，商业组织通过将养老服务商业化以及专业性的管理和运作获得利润，而同时提高了我国养老服务水平，满足有养老服务需要的老年人，兼具社会效益和经济效益，是一种新型的居家养老模式。

2. 瑞典居家养老服务的私营化

美国、瑞典以及法国等西方发达国家此种类型的养老模式发展情况较好，能够给予我国新型养老服务模式的建构提供经验借鉴。瑞典的利丁屿市是一个“富人岛”，当地约有95%的老人选择居家养老模式。当地政府采取措施，建立了功能齐全的家政服务系统。而且利丁屿市成立了许多家政服务公司，为全市选择居家养老模式的老人提供全面的、多样的养老服务。养老服务包括医疗看护、健康餐饮、家政服务等，老年人可以根据实际需求选择服务的内容、范围和频次，有些服务一月仅需几次，有些则一天就需要多次，而所有这些要得到相关政府部门的批准。在利丁屿市，这种类型的养老服务具有福利的性质，但有些服务仍需要收取一定的费用。当地老年人在申请居家养老服务时，要提供自己的实际收入。为了提高养老服务水平和效率，瑞典各地政府引入了竞争机制，把越来越多的养老服务项目承包给私营公司。同时瑞典各地政府对这些私营公司的服务提供进行有效的监管和评估，保障了居家养老服务的质量。

3. 仁爱华中国专业居家养老服务体系

当前我国新型居家养老商业化的模式还处于探索阶段，但已有一些实践成果。北京慈爱嘉养服务有限公司通过将美国居家养老服务模式与我国实际情况相结合，探索了一套适合我国老年消费者的商业化服务模式——仁爱华中国专业居家养老服务体系。目前，仁爱华居家养老服务已经为我国很多家庭提供了居家养老服务，根据美国家庭护理的经验和我国各地实际情况开发了适合我国老人的服务产品，主要包括陪伴和生活照料、个人护理、专业护士、陪同就医、特殊护理等方面，涉及吉林、湖北、浙江和四川4个省份。仁爱华居家养老服务体系采取小时制的服务模式，不仅满足了老年人居家养老的需求，同时也节省了客户的支出。不同于传统的家庭养老和保姆式照顾，服务个性化是仁爱华居家养老服务体系的特点，其根据每位客户的具体情况和需求，制订不同的服务方案。

居家养老模式的商业化可以通过市场调节使得社会资源得到充分的利用，提高养老服务效率，节省成本支出；其所具有的灵活性、个性化服务的特点，能够满足不同层次、各种各样的社会老年人养老需求，为老年人提供高水平的养老服务；同时商业化的运作为社会带来了更多的就业机会，推动我国养老服务业的发展。

第二节　全面服务条件下居家养老模式

居家养老服务的内容随着老年人多样化、多层次的养老需求逐渐增多，大致包括生活照料、医疗护理和精神关怀三大方面，那么其中有哪些具有特色的养老服务呢？从目前来看，居家养老模式的特色服务可以体现在日间照料、“五送”活动、紧急救助等多个方面。我国居家养老模式是在汲取国外居家养老服务经验下，将所借鉴国外已有的居家养老服务实践成果和我国实际情况相结合逐渐发展起来的。

一、依托社区的居家养老模式的特色服务

目前来看，依托于社区发展的居家养老模式能够利用社区内各种资源，社区内可以设立配套的养老设施体系，同时社区还可以整合来自政府、企业、志愿者、社会组织的物力、人力、财力资源，因而居家养老服务的内容丰富多样，能满足养老需求。然而，我国各地区各政府受到实际养老情况和经济发展水平等多种因素的影响，具有多种类型的居家养老实践体系。从基本上来看，比较突出的养老服务为日间照料、“五送”服务以及老年人紧急救助这几个方面。

（一）日间在社区，夜间在家居

1. 社区日间照料中心

社区日间照料中心为老年人提供的服务应该是全方位的、多层次的，既要保证老年人最基本的日常生活，也要在某种程度上满足老年人的精神慰藉，同时为患病老人提供基本的医疗服务以及定期为老年人清理房间等服务都是照料中心需具备的服务。在基础生活照料方面，社区日间照料中心应能够为老年人提供日间休息的场所，服务的主要内容包括一日三餐、洗浴以及休息室等，对于活动不便的老年人，工作人员应陪伴其独立做一些基本的动作，进行身体锻炼，维持其正常生活。社区日间照料中心还应该根据实际情况为老年人配备基本的娱乐设施（如棋牌室、体感游戏等设施）以满足老年人日常的休闲娱乐的需要，社区内老年人之间可以通过这些娱乐活动多沟通交流，弥补子女不能常伴身边的空虚、孤独感。此外，社区日间照料中心还必须有基本的医疗护理人员和康复保健室，患病老年人可以每天在日间照料中心进行恢复治疗，身体健康的老年人也可以进行锻炼。老年人体弱，易于生病，这种情况下有专业护理人员进行医疗照顾是非常有必要的。

2. 我国各地社区日间照料中心实践

目前，我国各地出现了很多的社区日间照料中心，并且还在不断地得到推广、发展。成都市金牛区抚琴街道光荣北路的“爱老之家”日间照料中心的服务设施包括医

疗保健室、健康评估室、心理咨询室、棋牌室、网吧、餐厅……500多平方米的“爱老之家”有着完善的服务设施，从健康服务到餐饮休闲，老人们需要的服务一应俱全。而在服务人员方面，日间照料中心采用“专业+志愿”的模式，由专业机构负责日常的人员服务及管理。同时，街道办事处对中心的服务监管也保障了服务质量，让辖区内老年人享受到了安心、舒适的服务。社区日间照料中心能使选择居家养老模式的老年人享受家庭照顾，并得到专业化的服务，同时减轻了子女的压力。

（二）“五送”到位

1.“五送”党员志愿服务

为建立党的群众路线教育实践活动长效机制，增强党员干部宗旨意识和群众观念，我国各地、各单位先后进行了各具特色的“五送”党员志愿服务。“五送”党员志愿服务以探索群众工作的有效途径为抓手，针对不同的群众类型，开展类似于送政策、送技能、送岗位、送健康、送温暖特色的志愿服务，提高了党员的思想素质、增强了党员的服务能力，也让群众实实在在地得到实惠。

2.“五送”服务进入社区居家养老

2013年8月，某市火车站街道党支部为社区居民开展了以送政策、送技能、送岗位、送健康、送温暖为内容的“五送”党员志愿服务。

送政策：在入户过程中，有针对性地为无业和下岗失业人员宣传奎屯市小额担保贷款政策、就业再就业培训政策、就业援助政策以及灵活就业人员养老补贴政策等；宣传针对异地育龄妇女办理生育服务证政策、针对老年群体的老龄政策、针对困难家庭的最低生活保障政策和大病医疗救助政策等；党支部还协同民政、司法等部门，到社区基督教家庭聚会点为信教群众宣传党的民族宗教政策等，受到居民群众的热烈欢迎。

送技能：发挥社区远程教育平台资源，组织居民收看插花、面点、书画、舞蹈等实用技能视频讲座，使居民不出社区就能够学习到想学的技能。组织有培训需求的居民和下岗失业人员参加技能培训，学习计算机、宾馆服务、电焊、美容美发等技能，通过在培训学校和实践基地学习实践，增强了他们的就业技术技能，为他们就业、创业奠定基础。

送岗位：社区劳动保障站工作人员深入辖区单位——国贸、永泰、欧亚物流园，逐户开展用工情况调查，掌握企业用工第一手信息，空岗信息同时在其他社区公布，将社区求职信息和企业空岗信息有效对接，把就业岗位送到无业、失业居民手中，解决他们生活上的困难。

送健康：协调社区卫生服务中心为辖区居民举办健康知识讲座，讲座内容贴近生活、贴近实际，注重预防夏季常见疾病；为275位老人开展一次免费健康检查，检查项目包括测量血压、血糖血脂、尿常规、B超等八项，为老年人健康提供保障。

送温暖：以困难群众、空巢家庭、低保家庭、残疾人等困难群体为重点，开展红十字慰问、春节慰问、助残慰问等扶贫帮困送温暖活动。开展支部党员联系困难群众“1+1”活动，1个党员联系1户困难群众家庭，制订切合实际的帮扶计划。同时，社区积极开展志愿者活动，走进空巢老人家庭和残疾人家庭，为他们打扫卫生，聊天读报，帮助他们解决生活上的困难。

某市火车站街道党支部为社区居民开展的“五送”服务的对象囊括了社区内的所有居民，但也可以看出老年人是主要的服务对象之一，这种党的群众路线建设与社区居家养老服务相结合的模式是一种富有创建性的居家养老服务，既提高了党员的思想认识，也使社区老年人得到贴近生活的服务。

经过多年发展和进步，各地对老年人的服务进入“全方位”服务的新时代。

（三）紧急救助

1.“紧急救助”的重要性

居家养老的老年人分散居住在社区内，在家中发生意外是不容易被发现的，往往因得不到及时的救治而导致严重的后果，因此应将紧急救助视为聚集养老服务中重要的一环。一般情况下，老年人在家中遇到突发状况时，只能通过拨打子女电话或者急救电话等方式来寻求救助，但是这些救助方式都不及时，难以应对老年人的各种突发事件。

2. 居家养老模式中的“紧急救助”平台和设备

在社区居家养老模式下，目前被普遍认可的紧急救助模式是当老年人发生跌倒、晕倒以及种种突发状况时，借助随身佩带的智能设备箱救急平台及老人子女发出紧急救助信号，社区居家养老平台或其他救济平台能够在第一时间协调救援资源和人员进行紧急救助。此外，老年人在突发情况下，如瞬时间失去意识或者突然晕倒，这时老年人无法主动运用这种类型智能设备，为了应对这种情况，随着电子技术的发展，市场上出现了“智能急救盒子”，这种产品应用了五维智能感测算法，能够智能识别老年人多种紧急场景并自动通话发送信号，避免了老年人失去行动能力或其他突发情况下无法主动发送信号的情况，特别适合高龄、独居以及失智症老年人使用；这种装备除了自动发送预警信号外，还具有离家辨别、电子围栏、定位、打电话、计步等功能。对于社区居家养老服务运营商，这种类型的智能产品能够轻松实现多用户管理监控及后台救援协作，能够较为完善地解决居家养老服务中最为关键的紧急救助问题。目前市场上常见的老年人紧急救助产品有手机 App 软件、智能手环、老年人专用服务终端机等，随着社会技术的不断进步和老年人潜在需求的逐渐显现，更为先进、有效的设备会逐渐大众化、市场化，以满足老年人紧急救助的需求。

二、创立 21 世纪的中国特色居家养老模式

从目前来看，21 世纪中国人口老龄化趋势是不可逆转的，养老问题日益严峻，亟待解决。居家养老模式是目前最适合解决我国养老问题的养老模式之一，探索具有中国特色、符合中国国情的新时代居家养老模式无疑是有深刻的现实意义的。

（一）探索中国特色的居家养老典范

1. 借鉴、汲取先进国家和地区居家养老经验

我国是在“未富先老”的前提下进入老龄化社会的，尚没有完善的社会保障体系

和养老服务体系。面对严峻的养老问题，只能在借鉴西方国家养老经验的基础上摸索着寻找符合当前国情的居家养老模式。

国外已有的居家养老经验主要体现在政府的职能、福利对象的覆盖范围、养老服务提供主体以及居家养老和医保制度的联系等方面。从政府的职能来看，英国等福利型国家，政府对于居家养老模式的发展除了在政策和法律方面予以支持外，还通过财政支付手段促进居家养老发展，如建设社区居家养老设施、补贴老年人长期护理费用以及雇用服务人员为老年人提供上门服务等；而美国、日本等发达国家，政府在居家养老模式的发展中主要承担监管者的角色，美国居家养老模式的发展是基于政府监管、商业运营的方式，日本实行的介护保险制度政府同样负责监管，由社会组织具体实行养老服务。

从福利对象的覆盖范围来看，主要包括普惠型、重点型以及普惠型和重点型相结合。瑞典实行普惠型的养老福利政策，不仅通过养老金制度为老年人提供稳定的收入，政府还面向全体老年人提供老年家政服务；印度国民养老金制度则只覆盖政府、邮政部门等有限群体；澳大利亚政府在向全体老年人提供居家养老的基础上，重点补贴高龄、低收入等特殊性较强的老年群体。

居家养老服务提供主体是多元的，但也存有倾向性。以韩国等东亚国家为代表，更为重视家庭在居家养老中的作用；多数的欧洲国家没有子女赡养父母的传统，因而呈现出明显的社会化特点，由政府、社会组织等提供居家养老服务。以新西兰等国家为代表，医疗保险制度和居家养老各自用于相对独立的制度体系与服务项目；而德国等国家的居家养老模式是以医疗保险制度为依托，利用医疗保险为居家养老提供资金支持，并将医疗护理引入居家养老服务中，通过两者的结合，优化资源配置，促进居家养老的发展。

2. 我国发展特色居家养老模式的注意事项

结合国外居家养老成功模式和中国基本国情，中国居家养老模式的探索应该注意以下几个方面：政府在居家养老模式的发展中起主导作用，科学制订居家养老发展规划，进一步完善基本养老制度并制定相关的政策法规，以税收优惠和资金补贴等方式吸引商业性组织和社会组织参与居家养老事业；同时政府应完善社会保障制度，加强对于居家养老模式运营的监督和评估，放宽社会资本进入居家养老领域的限制，鼓励多种主体参与居家养老模式的建设。

此外，社区作为居家养老的资源整合者、管理者、服务提供者，应该完善社区居家养老服务网，统计社区老年人的基本信息和需求，维持养老服务的供需平衡；同时在整合社区原有设施资源的基础上，加强需求性强的新设施建设，保证社区居家养老模式的持续性发展；合理利用社区内的人力资源，并且注重专业人才队伍的建设，这对于推动居家养老模式的健康发展十分重要；开展个性化、灵活性较强的服务项目，注重不同层次老年人的需求，既满足低龄老人的服务需求，也要照顾高龄老人的特殊性需求；既要看到高收入老人的需求，也要了解低收入老人的困境。在政府引导、职能合理施展和社区功能最大化发挥的情况下，中国特色的居家养老服务模式能够走上健康发展之路，激发出最大的潜能，以缓解养老压力，逐步解决养老问题。

（二）“南京模式”

自从2001年实施全国社区老年福利服务星光计划（简称“星光计划”）以来，我国各地经过一段时间的探索和实践，出现了诸如“上海模式”“大连模式”“南京模式”“宁波模式”等各具特色的居家养老模式。下面以“南京模式”为例，详细介绍其运营机制。

1. 南京市鼓楼区的养老实践

鼓楼区是南京的中心城区，老年人口占比相对较高，是南京市最早进入老龄化社会的区域。老龄化加剧和老年人养老需求使鼓楼区面临两难境地：一方面福利机构发展缓慢；另一方面受土地条件的制约，难以兴建新的养老机构。面对这种状况，鼓楼区通过招标等方式吸引民营机构加盟，但是机构养老由于成本高，老年人离家养老等原因不足以保障区内老年人养老需求。

此外，鼓楼区7个街道64个街区都设有社区养老服务站，推行社区养老服务。社区养老避免了机构养老成本高的弊端，低成本运作，且具有方便、灵活的特点。但是，社区仍有很多真正需要帮助的独居、失独、困难老人面临生活不能自理的状况，这些老人足不出户，精神消沉，并且目前社区养老的社会工作人员的专业化程度普遍不高，社区养老工作略显“乏力”。

2. 鼓楼区首创“居家养老服务网”

针对鼓楼区老龄化问题严重和90%的老年人不愿意去机构养老而选择家庭养老，且社区养老工作成效有限的实际情况，2003年，鼓楼区在全国首创“居家养老服务网”，开始探索实施居家养老和社区养老相结合的养老模式，逐步构建起了一个以“居家养老为基础，社区照顾为依托，机构服务为支撑”的社会化养老服务体系。在具体运作机制方面，“南京模式”通过政府购买服务形式把居家养老委托给社会组织“心贴心服务中心”，购买服务的资金基本上是市、区两级财政按比例共同出资的。

政府把购买服务的资金作为老龄事业专项经费支出并随着老龄人口增加而增加，资金主要运用在购买居家养老服务费和给社会组织补贴。由于资金仅来源于政府，资金有限，鼓楼区实行区别对待、逐步推进的“三步走”原则：第一步是以社会困难独居和空巢老人为主体的居家养老服务；第二步以社会困难特殊老人为重点的居家养老服务；第三步以社会实际需求为目标的居家养老服务。“心贴心服务中心”作为运营主体，一方面提供上门照顾、护理服务；另一方面提供日托、全托服务，全面并系统化地覆盖鼓楼区的所有养老范围。而且“心贴心服务中心”的护理员除了免费为符合条件的老人每月提供20小时的生活照料服务外，还免费为孤寡、独居和空巢老人家安装“安康通”和“平安宝”并提供家庭探访服务，即所谓的“1+3”服务模式。面对不同类型的服务对象，提供差别化的服务，在一定程度上满足了老人的多样化需求，得到了鼓楼区老人的一致认可。“心贴心服务中心”是由下岗女工韩品嵋女士自主创办的民办非企业单位，为老年人提供上门的家政服务以及外向型的家庭服务，并且成立了下属的南京协和职业技术培训中心和老年大学，为家政服务员和养老护理人员专门培训，为老年人开设计算机、美术、书法等课程。养护员队伍主要来源于下岗职工。社区组织充分吸收失业下岗人员，经过专业的养老服务和家政服务培训，使其获得养护员专业资格证书。养护员的养老服务受到三个层面的监督：一是鼓楼社区、街道、居委会领导监督；二是社区老年人协会督导；三是引入第三方社会机构进行专业评估，从而确保政府购买的服务质量和“居家养老服务网”信誉。

“鼓楼模式”最大的特点是以政府购买服务的运作方式，把居家养老服务网运用项目委托的形式委托给社会组织“心贴心服务中心”具体运作，被称为“适合我国国情的老年人居家养老新模式”。

以国家人口普查和我们的社会调查分析来看，我国由于家庭人口小型化状态，平均每户人口 2. 8 人，照此计算，我国约有 5 亿个家庭。由于我国区域广阔，民族众多，居住分散，每个家庭的状况千差万别，养老方式也各种各样。家庭式养老会有更多的需要服务机构提供能够满足老人需求的供给方式。

知识拓展

居家养老的方式是多方面的，老年人最怕的就是孤单和寂寞，所以有些老的住房面积比较大，为了不离开家乡养老，采取新的方式，采用不同的方式吸引一些老人到自己的家里居住养老，这也需要我们进一步研究和探索。

案例点评

简介：某地有一对老年夫妇，居住在一套 200 多平方米的小型别墅中，为了高高兴兴热热闹闹地养老，吸引了 8 位老人到自己家中居住养老。

点评：这是一个典型的排除孤单和寂寞的养老方式。

第十三章　大型综合小镇居家养老模式

由于我国人口众多，老年人口数量特别大，用传统的思维方式解决我国养老问题已经不太现实。发展大型养老小镇是重要的选择之一。

第一节　我国发展居家养老小镇的探索之路

改革开放40年来，我国已具有发展像深圳这样的大型中心城市的成功经验，要建立养老小镇也是在情理之中。

一、大型综合小镇居家养老模式发展背景

（一）政府支持打造居家养老整合小镇

1. 银发产业发展——养老小镇的经济价值

银发经济在我国属于新兴事物，是尚处于初始发展阶段的朝阳产业，也被称为“老龄产业”或“银色产业”。随着老年人口比重上升，未来老年人的消费观念、习惯、偏好以及消费能力和方式将改变社会消费结构，形成潜在消费市场。老龄化社会催生的“银发经济”不仅有助于解决现实的民生问题，还有可能成为调结构促增长的新亮点，被誉为21世纪的朝阳产业。在1997年5月28日由中国老龄协会、北京大学人口所、光明日报社发起召开的全国第一届老龄产业座谈会上，第一次正式提出“老龄产业”概念。即“老龄产业是满足老年人特殊需要的产品、设施、服务，包括老年人衣食住行以及精神文化方面需求的具有同类属性的行业、企业的经济活动”。老年人群所处的阶段决定他们需要服务式消费，注重服务质量和产品的长期效应。老年群体需求多样化、多层次，包括养老机构、保健养生、旅游文娱、器械食品等诸多领域，因此注重服务的银发产业在未来的发展历程中必将产生连锁经济效益。针对中老年慢性疾病，例如糖尿病、高血压、心脏病等设置的预防和医疗保健行业将会带动我国医疗机制的改进和医疗技术及制药行业的进步。老年房地产业致力于为老年人打造个性化居所，专为身体不便的老人建设老年通道和房屋报警装置，在老人独自在家遇到生命危险时可即时向周边医疗机构发出求救信号。老年旅游业随着我国居民收入水平的提高也呈现出蓬勃发展的良好态势。据全国老龄委2015年的一项调查显示，我国每年老年人旅游人数已经占到全国旅游总人数的20%以上。

老年人已经成为中国旅游市场重要的“一极”。旅游已经成为银发族退休生活中最

大的消遣方式。从医疗、房地产等注重满足老年人物质生活需求的产业，到旅游、老年教育等致力于丰富老年人精神世界的行业，“银发经济”所带动的产业结构调整，将为我国带来巨大的经济效益，这也是我国政府鼓励支持老年经济产业发展的重要原因之一。一方面是为了满足老年人口多方面的生活需求，提高老年生活质量；另一方面它也具有促进就业、为服务行业创造大量就业岗位的功能，老年产业可为进城务工人员、收入较低的城市居民提供就业保障。随着我国人口老龄化程度的不断加深，“银发经济”必然成为带动我国经济发展的新型产业，为老年人的服务水平提高了，自然会有越来越多的老人选择养老小镇作为自己的人生归宿。

2. 城镇化发展——养老小镇的背景依托

（1）从城镇化到特色小镇的提出。十八大提出把推进新型城镇化作为今后10年经济发展的重大战略举措。2014年3月12日，中共中央、国务院发布《关于印发〈国家新型城镇化规划（2014—2020年）〉的通知》（中发〔2014〕4号），通知要求“各级党委和政府要进一步提高对新型城镇化的认识，全面把握推进新型城镇化的重大意义、指导思想和目标原则，切实加强对城镇化工作的指导，着重解决好农业转移人口落户城镇、城镇棚户区和城中村改造、中西部地区城镇化等问题，推进城镇化沿着正确方向发展”。这是第一次将城镇化发展与建设提上日程，在党和政府的大政方针指导下，我国的城镇化发展不断具体化，从城镇化到特色小镇再到养老小镇，城镇化的提出具有里程碑式的意义。

2015年11月23日，国务院发布《关于积极发挥新消费引领作用加快培育形成新供给新动力的指导意见》（国发〔2015〕66号），提出“支持各类社会资本参与涉农电商平台建设，促进线下产业发展平台和线上电商交易平台结合。发挥小城镇连接城乡、辐射农村的作用，提升产业、文化、旅游和社区服务功能，增强商品和要素集散能力。鼓励有条件的地区规划建设特色小镇”。这是第一次在城镇化建设背景下提出的打造特色小镇规划。特色小镇是我国城镇一体化以及新型城镇化发展下的一种特色产物，是引领新型城镇化的特色担当，是破解我国城乡二元结构的关键和建设中国特色社会主义社会的重要方面。特色小镇在于一个“特”字，或是以独特的自然环境为依托，或是以鲜明的地方文化为标签，特色小镇不再像以往清一色的城镇建设一般，而具有了独特的地域风格，特色小镇的提出是养老小镇建设的基础，以集群的方式，将产业文化和城镇建设有效地结合在一起，创造小镇经济价值。

2016年1月27日，中共中央、国务院发布《关于落实发展新理念加快农业现代化实现全面小康目标的若干意见》（一号文件），提出：“引导和支持社会资本开发农民参与度高、受益面广的休闲旅游项目。加强乡村生态环境和文化遗存保护，发展具有历史记忆、地域特点、民族风情的特色小镇，建设一村一品、一村一景、一村一韵的魅力村庄和宜游宜养的森林景区。依据各地具体条件，有规划地开发休闲农庄、乡村酒店、特色民宿、自驾露营、户外运动等乡村休闲度假产品。实施休闲农业和乡村旅游提升工程、振兴中国传统手工艺计划。开展农业文化遗产普查与保护。”这份文件的提出，将特色小镇概念落到实处，在可持续发展观的指导下，特色小镇需要以良好的生态环境为基础，依托古老的历史发展民族文化产业，振兴传统老工艺，如剪纸、年画、吹糖人等，这样独具中国特色的民族文化与特色小镇的结合必然带来民族文化的复兴。当然，特色小镇的发展也必然结合当下潮流户外活动趋势，例如建设独具一格的木屋为野营的游客带来舒适的体验，提供攀岩、滑水、野外烧烤等特色项目，以全方位的经营模式拉动小镇经济产业链的持续发展。

（2）从特色小镇到养老小镇的延伸。2017 年 3 月 6 日，全国人大代表、中国人民银行党委委员、副行长陈雨露建议："大型综合养老社区和特色养老小镇的建设不是简单地搞房地产，而是将养老服务业、高科技生态农业、旅游休闲产业有机结合的供给侧结构性改革的大举措。同时养老社区和特色小镇的建设也会成为京津冀未来经济增长的新动能。"其实，早在陈雨露代表提出之前，养老小镇的建设就已经开始在全国范围内陆续开展起来，以发达地区为主，养老小镇的建设依托于城镇化到特色小镇的发展趋势，养老小镇不等同于特色小镇，但特色小镇的发展模式为养老小镇建设提供了可靠的借鉴。独具特色的民族文化、全方位的旅游产业效应、优质的生态环境可以成为养老小镇发展的考虑因素，但绝不是核心因素，养老小镇在于"养"字，相比较特色小镇的"特"，养老小镇更加注重老年人的舒适体验，打造良好的生态环境是为了让老年人返回自然，在清新的空气、美好的景色中保持身心愉悦，从而延年益寿。

另外，相关产业的发展也要向老年人的生活需求倾斜，例如老年产品品牌的入驻、老年保健品的推广、老年课堂的普及，这些都是养老小镇区别于特色小镇的产业发展方向。

3. 中国特色社会主义新时代——养老小镇的人文关怀

养老小镇的打造将有利于弘扬习近平中国特色社会主义新时代精神，传承中华传统家庭美德。家庭美德，是指人们在家庭生活中调整家庭成员间关系、处理家庭问题时所遵循的高尚的道德规范。党的十六届四中全会提出了构建社会主义和谐社会的目标，这一目标和中华民族传统孝道是紧密联系的。传统儒家孝道思想以"仁"为本，注重家庭伦理，讲究家庭和睦，这样的孝道观念进一步促进社会的人际关系变得更加和谐。养老小镇的建设更有利于打造大型养老课堂，养老课堂面向的群众不仅仅是入住的老年人，还有他们的亲戚以及社会上的慈善团体。课上我们通过多种多样的丰富活动，例如，话剧、游戏、诗歌诵读等让大家积极参与进来，通过自身的感受来传达我们的观念，教育人民拥有亲子之爱，将之推及社会上每一个人，即"老吾老以及人之老，幼吾幼以及人之幼"，使人们懂得"孝敬之道"，养老小镇就像一个窗口，身体力行地将中华民族优秀的传统孝道文化推向世界，宣扬中国养老之术，构建社会主义和谐社会。

（二）我国最为先进和优良的居家养老形式

1."候鸟式"养老

随着居民经济生活水平的提高，我国近些年来还出现了"候鸟式"养老，根据黑龙江哈尔滨市老年基金会的一项调研显示，东北老年人在三亚的规模占到整个外地老年人的80%以上，估计人数有28万，而哈尔滨市的老人能占到其中的70%。“候鸟式”养老是一种新近流行的、多适用于大城市中高水平家庭的养老方式，主要包括迁居式异地养老和旅居式养老，是区别于传统居家养老、社区养老、机构养老的新型移动养老方式。老年朋友可根据季节转换、心情变化等来回住于不同的城市和地区。“候鸟式”养老集健康管理、旅游休闲、文化娱乐为一体，提倡在游玩中健康快乐地享受生活、颐养天年。最近几年，从“候鸟式”养老衍生出来的异地置业养老成了不少经济条件较好的退休族的选择。

但是，“候鸟式”养老也存在一些问题，首先是医疗保险问题，需要引起我们高度重视。选择“候鸟式”养老的老年人在出行前必须做好保险准备。我国的社会医疗保险异地报销还存在困难，去了其他地方生活，老人的医疗费用需要自己承担，对于经常需要就医的老年人来说有很大的地域局限性，同时增加了家庭的经济负担。其次是“候鸟式”养老存在一定风险，随着老人身体机能的衰退，老年人在旅途过程中随时会出现生命安全问题。即使安全到达异地，可能也会不适应当地的生活环境、饮食习惯、天气环境等变化，由此引发疾病甚至危及生命。因此，选择此种养老模式需要十分谨慎，需考虑到养老经济成本和老年人身体素质等问题。

2.“家庭—社区式”养老

“家庭—社区式”养老模式也就是老年“日托班”，是家庭养老和社区养老模式的结合，现在已经成为众多中国家庭的现实选择。这种新型养老模式的提出一方面是考虑到我国当前经济发展水平无法修建大型服务质量相对较高的养老机构；另一方面也是出于传统“孝”文化和“家庭本位”思想的考虑，老年人对家庭有着极深的眷恋，很难脱离儿女独自在养老机构生活。而在“家庭—社区式”养老模式下，老年人仍然可以选择住在自己家中，舒适度、隐私性和自由性较强，儿女也可长时间陪伴在父母身边，另外社区也会为老人提供如吃饭、理发、就医、居家维修等方面的帮助。早在1992年，联合国第四十七次大会通过了《全球解决人口老龄化问题方面的奋斗目标》，其中提道：“支持以社区为单位，为老年人提供必要的照顾，并组织老年人参加的活动。”这种双结合的新型居家养老模式为养老小镇的提出和建设提供了借鉴。

3. 养老小镇

养老小镇是当代中国最为先进和优良的居家养老形式。“小镇”指居民不多的集中地，比城市小一点，英语叫“small town”，一般选在自然环境较好的地方建址。“2017养老小镇暨养老产业标准化研讨会”在西安交通大学学术交流中心成功召开，来自相关单位的代表40余人参加了会议。本次研讨会围绕养老小镇建设和养老产业的标准化建设主题，积极探讨养老产业标准化建设和养老小镇的理论支撑和实践路径。

养老小镇的提出旨在依托小镇地理环境的基础上，打造独具特色的养老新模式。其优势体现在以下几方面：

第一，以家庭为中心、社区为依托、机构为支撑、小镇为背景的互助式养老服务系统。我们传统的养老方式注重以家庭为单位，在传统孝文化的影响下侍奉父母，照顾亲邻，而现代社会经济的发展，居民独立套型的建筑设计，往往在我们和邻居之间架起了难以跨越的鸿沟，人情冷漠成为彼此疏离的借口，传统的“邻居”也丧失了它本来的意义。而养老小镇则打开家与家、户与户、人与人之间的墙。

以传统北京四合院为例，一个院里住着几户人家，邻里之间彼此照应，大家亲密相处，像是一个其乐融融的大家庭。养老小镇的建设正是基于四合院的情感效应，让彼此熟悉的亲戚、同学、朋友们住在一个院里，彼此既相对独立，又可以相互帮助。中国向来有“远亲不如近邻”的说法，对于儿女不在身边的老年人来说，邻里间的关照和情谊就更加重要。这种互助式的养老模式，不但可以解决养老的成本问题，又可以让老年人体味到亲情和友情，消除孤独感和寂寞感。

第二，政府与社会力量的协作共赢。政府要发挥顶层设计的领导作用，统筹解决户籍、医疗保障、养老金、土地政策和基础设施建设这些相关的基础性的政策安排，为金融资本进入养老小镇创造良好的政治环境。国家同时要鼓励富有创新精神的中小企业，形成以老年生活用品、老年医疗保健、老年文体娱乐、老年金融服务、夕阳红旅游等为主的银发产业集群，培养知名老年产品企业，打造独具特色的中国品牌。另外，社会力量要努力参与到养老小镇服务建设中来。努力搭建养老小镇与当地医院、企业、学校的合作关系。我们知道，荷兰的养老事业发展处于全球领先地位，在养老小镇的建设中也别具一格，值得我们借鉴。

例如，在荷兰艾瑟尔省代芬特尔市郊外，有一家名为“博爱”的老年社区。近期推出了一项“陪伴换住宿”的创意项目，吸引年轻人前来免费住宿，唯一的条件是，他们要每月陪伴这里的老人 30 个小时。现在“博爱镇”的常住居民里，除了 160 多名年龄超过 80 岁的老人，还有 5 名大学生，大学生每人都有一间带独立浴室和厨房的小公寓套房。类似这种创意项目的推进，一方面可以减轻当地学生的经济负担，使他们拥有良好的学习环境，并在照顾老人的过程中提升自我人格，更重要的是给老人提供了接触外界社会的机会，从而避免产生孤独感。荷兰另外一家名为特伦戴尔的养老小镇，会根据具体情况，每天都在官方网站上贴出各种聚会的通知，邀请社会各界人士前来，与老人们在一起举办各种茶话会、庆祝活动等。特伦戴尔还邀请周边幼儿园的小朋友们来与老人一起画画、玩玩具、做手工，老人们在与其他人群互动中感受到了社会的温暖。

我国也可以在寒暑假举办中小学公益志愿者活动，将青春的笑声带到养老小镇，老年人最喜欢儿孙绕膝，享受天伦之乐，聆听小孩子的欢声笑语，与小孩子分享生活中的故事，和他们讲述古老的历史，这样的活动可以让老年人感觉到自我价值的实现，不再感到孤单无助或是觉得被社会抛弃，小孩子更加懂得尊老、敬老的意义。另外，当地大学等学术团体也可以利用课余时间，在养老小镇开展养老知识大讲堂。

第三，依托特色小镇，发展生态养老。我们知道随着经济水平的提高，老年人对于环境的要求日益增高。以东北老人为例，常常选择候鸟养老的方式在于，东北寒冷的气候不利于老年生活健康，在经济条件允许的情况下，选择去海南购置房产，度过严冬。另外，自然环境优越可以为老年生活创造更为广阔的活动空间，垂钓、爬山、游泳等户外活动丰富了退休老年生活，当然，生态养老不仅仅指青山绿水的居住环境，还可以指对老人进行可持续的照料。

二、大型综合小镇居家养老模式面临的问题及原因

（一）养老小镇管理模式

1. 从政府主导到市场主导的运营理念转变

十八届三中全会通过全面深化改革的决定，即从政府主导经济体制转向现代市场体制。市场经济体制理念的转变同样适用于养老小镇的管理模式，这也和城市发展理念及开发建设主体的转变密切相关。改革开放以来，政府一直是城镇建设的推动者与核心运营主体，既是所有者，又是经营者，还是管理者和监督者。随着市场取代政府成为资源配置中的决定力量，这也就决定了养老小镇运营理念的转变，同时运营主体、运营客体以及收益模式也要随之转变。建立政府引导、市场主导、企业主体、社会参与新的运营方式，政府、市场、企业、社会各司其职。政府为养老小镇创造制度环境，制定包括建筑设施、卫生条件、服务和管理水平在内的质量检查标准，建立小镇养老的资质评估认证体系和资质监督，建设基础设施，提供公共服务，加强小镇安全治理；市场通过合理有序的资源配置，实现养老资源的最优化，为大型企业和中小型创新企业提供公平的竞争投标环境；企业积极寻找养老产业发展机会，进行资源整合，发挥自身优势；社会群体共同参与，实时监督。

2. 从土地收益到产业综合收益的整合

在城市开发建设中，土地一直是城市运营中的主要对象，也是政府财政收入的主要来源。但这一模式为城市发展所带来的弊端，例如房价虚高、土地经营权矛盾等逐渐凸显。随着国家对地产行业政策的收紧，越来越多的地产商都瞄准了向产业运营商转型。地产开发商不仅要开发土地，还要开发和这块土地配套的服务设施、产业项目，进行产业整合和运营整合。因此，新形势下的养老小镇可以概括为，以养老产业为主导、以土地为基础、以各种产业项目为重点的全方位立体化养老体系。养老产业成为小镇管理体系中的重中之重，对于引进来的企业要认真筛选，建立有效的淘汰机制，对于那些打着养老旗号而虚高市场价格牟利的企业要踢出养老小镇，而对于那些具有创新意识、致力于为老人打造更为舒适的养老环境的企业，则给予政策上的支持，企业与企业之间在遵守公平竞争机制的前提下合作共赢。例如老年旅游业和老年出游旅行保险的结合、老年大学与老年杂志的相互配合等，以产业联动的方式共同带动养老小镇及其周边地区的经济发展。

3. 专业人才培训基地和人性化服务构建

养老小镇的优势项目之一是服务，无论是传统公立还是私立的养老院都存在服务人员不足、专业化程度较低的问题。养老小镇的生态养老观中，强调可持续健康养老方式必不可少的就是专业人才的配套服务。

首先，引进高端护理人才，这方面可与高校护理和社会工作等专业建立长效合作机制，把养老小镇打造成高等学校高才生实习基地，不仅能为学生提供良好的实习环

境，还有利于养老小镇吸收最为先进的服务理念和服务方法。

其次，对专业人员进行分类，生活助理、医疗护理、精神咨询等服务人员需要经过各行各业专业人士的教育和指导。

最后，建立养老小镇与培训机构的互动关系，使服务人员在工作中遇到问题时，及时向专业机构求助，实现小问题在小镇解决、大问题依靠专家介入的机制。而人性化的服务是指重视老年人精神上的需求，给予人性化的关怀。在服务理念上，从单纯的注重生活照料到日常照顾和精神陪伴双向并重。从业人员为每一位老人制订一套人性化、独一无二的服务方案，了解其家庭成员、兴趣爱好、饮食习惯等，由于缺少子女的陪伴，老年人常常会变得少言寡语，不愿意与人交流，严重时可能造成抑郁症等精神疾病，因此服务人员要及时了解到老年人的心理动态，通过举办一些小镇联谊活动，为老年人创造交流空间，使老年生活充实起来，实现自我价值。

4. 慈善机构与志愿活动的结合

北京太阳城董事局主席朱凤泊曾这样说："太阳城从2000年开始破土动工，到现在是17个年头，我们几乎拿不到银行的贷款。太阳城这十几年，完全靠民间的资金来支持支撑。"这句话道出了养老小镇融资难的现实问题，但另一方面，民间资金则是养老小镇发展中的重要一环，这就需要启动慈善事业的融入，确保多渠道筹集养老资金。

在美国等发达国家，慈善机构常常能得到富人的财产捐助。在我国，社会公众是慈善事业发展的主体，建立吸引慈善机构捐赠的经营模式，通过慈善晚会，慈善机构的合作，让更多的社会人员参与到养老小镇的建设中来。另外，随着我国志愿者队伍的不断扩大，养老小镇向"志愿军"开放更有利于发挥集体的力量，这就要求养老小镇与志愿者建立双联互动机制，通过为志愿者培训来增强其服务意识，提高服务技能，提升养老小镇居民的满意度。

（二）面临的问题及原因

1. 融资难度大，投资风险高

传统公办养老机构的优势在于拥有政府的大力支持和优惠政策，其基础设施主要依靠政府建设，服务人员往往由政府经过专业的培训上岗，而其大部分资金也由政府直接拨款，同时还享有一定的水费、电费、土地等优惠，可以说，充足的资金是公立养老机构的前提和优势，这使得公立养老机构可以改善居住环境，完善设施，引进专业人才，从而提高市场竞争力。而相对独立的养老小镇却缺乏这样的优势，常常面临资金短缺的问题，例如，北京太阳城前期就存在融资难的问题，太阳城于2000年破土动工，申请银行的贷款十分困难。如果太阳城能够得到金融方面的支持，太阳城的盈利状态会更好。这样的现象说明养老小镇作为新兴养老机制还没有被群众广泛接受，支持养老小镇发展的社会氛围有待形成，除了需求客户对养老小镇不信任之外，很多投资商也常常抱着观望态度，银行等机构更是缺乏对于养老小镇未来前景的准确评估，这就导致了融资难、投资风险大等问题。在人口老龄化的今天，多样化的养老模式已经成为必不可少的选择，而社会对于养老小镇的认可度则是促进其发展的首要保证。

2.“房地产化”倾向易于发生

由于养老小镇建设属于半公益性质的土地利用，在政策上相较于其他地产商得到政府的扶持，常以更低的价格拿到土地后借养老小镇建设之名行房地产开发之实。国家城市和小城镇改革发展中心理事长、首席经济学家李铁表示：“特色小镇的发展一旦引入房地产，就会拉高土地成本，特色产业则难以实现发展，最后会演变为房地产一业独大，并带来大量的小镇库存。”养老小镇也是如此，存在着房地产化的风险，这就会导致配套设施跟不上去，养老小镇沦为房地产商赢取商业竞争胜利的筹码。

3. 缺乏行业规范和评估标准，政府监督缺失

相对于公立养老机构基础设施建设和人员配备的完善，养老小镇存在一些行业规范和评估上的不足，突出表现为医疗机构不能满足老年人身体健康和精神慰藉多方位的需求，究其原因在于，我国社会化养老起步较晚，缺乏相应配套的法律条规和管理办法，现行的法律条文多针对国家或者民办养老机构，例如敬老院、养老院等，养老小镇作为一个新兴的养老模式，还没有形成统一规范的行业标准，在实际过程中常常会出现各种棘手的问题，例如服务标准参差不齐、收费标准不明确、常常存在漫天要价的情况等。

4. 重“形”轻“神”，配套设施不完善

养老小镇讲究全方位立体化的个性服务，这必然要求基础设施过硬，但有些养老小镇“面子”好看，过度包装自身品牌，打造虚而不实的产品文化，忽视了基础设施配套、服务配套等“里子”；有的企业举债建设养老小镇，没有充足的资金进行相关设施的建设和专业服务人员培训；有些地方不注重挖掘本地资源，忽略文化、产业支点，小镇建设重“形”轻“神”，使养老小镇最终沦为一个空架子。

5. 社会认可度不高，“哑铃形”供给模式抑制需求

和许多传统养老机构一样，养老小镇也存在着“哑铃形”模式问题，所谓“哑铃形”是指市场上处于两端的豪华型养老机构和设施简陋的养老机构较多，真正符合大多数老年人的中档养老机构所占份额较低，呈现两头大、中间小的“哑铃形”，直接导致大量老年人的需求得不到满足。为了吸引大城市中高端客户，养老小镇的建设常常定位在奢华富丽的外观，一对一的高端服务，以及优越的住宅条件等，这必然导致服务费用偏高，处于中产阶级和相对贫穷的家庭无力承担高昂的养老费用，最终选择放弃入住养老小镇，养老小镇所被赋予的核心观念，即生态养老，并未被广大社会成员所熟知和认可，这就导致客户需求量减少，造成小镇资源的浪费。

第二节　我国居家养老小镇简析

我国为了应对“老龄化”带来的机遇与挑战，尤其是为了破解我国老年人口基数巨大的课题，养老小镇建设正在逐步开展，快速推进。

一、医、养、学、教、为、乐的小镇养老新发展

（一）“医养学教为乐”一体化的人文养老模式

这种模式选择兼顾了老年人的身体健康和精神享受，它依托于大型多功能养老小镇的建设，满足每一位入住的老人“老有所养，病有所医”，同时将老年事业与青年志愿者衔接，更好地发扬社会主义精神文明，将居家养老、社区养老、机构养老紧密结合，带动“银发”产业为社会主义现代化建设创造经济财富。

养老小镇重点在一个“养”字，如何做到人性化地照顾每一个老年人，关键在于以下几点。

医疗机制的完善和专业人员的配备是养老小镇服务中的重点。首先是建立自己的医疗所，配备专业化的医疗仪器，定期为养老小镇中的老人进行身体检查。其次，与当地医院建立长效合作机制，举办医疗服务交流会，邀请附近医院的专家医生与小镇中的服务人员交流学习，完备专业技能，提升专业素养。值得注意的是，老年人心理健康同样不能忽视，老年人更需要的是一个家、一个社会，而不是一个酒店、一个宾馆。如果缺少了人情味，养老院不过是一个有很多老年人的空巢。很多老年人害怕到养老院里去生活，并不是怕条件差，更多的是害怕孤独和寂寞，这就需要我们的服务人员对老年人的心理状态时时留意，用爱心去呵护他们的晚年生活。

教学一体化是养老小镇的特色之处。老年人的孤独感，很大一部分是来自和社会的脱节。有些老年人会因为不再能为社会创造价值，而感到失落、无用和自责。养老小镇可以通过教学的方式，让老年人掌握一些简单易学的技能，或者为老年人创造一些工作机会，哪怕是无偿的义务工作，也会让老年人体会到自身的价值，并由此感到由衷的快乐。

（二）上海模式简介

以上海为例，华东理工大学是沪上最早开设社工专业的高校，为养老社区提供文化娱乐、心理咨询指导等专业服务；上海中医药大学则在养老社区设立大学生志愿者服务基地，利用学生的专业知识和技能，通过科学商店等形式，为入住长者提供健康知识普及、健康操教授、陪护聊天等志愿服务。这些成功的经验启示我们养老小镇与高校建立教学互助的重要性，一方面提供学生实践基地；另一方面通过养老知识普及讲堂来掌握自我保护的常识，老人在与青年接触的同时，也会得到精神上的愉悦和放松。

老年人身心愉悦是养老小镇的最终目标。养老小镇可以建在自然环境更好的远郊区，既比城市养老便宜，又比城市空气清新。在养老小镇里最好还要有一些游乐园，这是为他们的孙子、孙女们准备的。当儿女们带着孩子来看望老年人的时候，养老小镇也要给孩子们创造快乐，让孩子们在愉快的玩耍中乐而忘返，孩子们的开心快乐就是老年人的开心快乐。留得住孩子，才留得住老人们的心。这样的养老小镇就不仅仅是一个养老机构，更是一个合家团圆的地方。养老小镇是一个接地气的地方，大型购物商场并不适合大多数老年人，露天的集市则让老年人们可以体验逛街的乐趣和讨价还价的快感；休闲广场上摆上几桌牌局和棋摊，为老年人提供聚在一起聊天的机会，

这样人性化的设计是养老小镇走向可持续发展的必然选择。

二、我国养老小镇的案例分析

在我国，养老小镇建设还处于起步阶段，但仍然有成功的地方值得我们借鉴，同时也有失败的方面需要我们认真反思。

（一）辽宁谢屯休闲养老小镇

作为我国首批特色小镇，谢屯以休闲养老为主题，其模式特点是休闲旅游与养生养老产业相互带动、相互促进，形成融合发展的一体化格局。将旅游与养老二者结合是谢屯养老小镇的特色，小镇在旅游产业的带动下，创造经济价值，反过来促进小镇基础设施的建设，这样的良性循环是谢屯养老小镇可持续发展的根本。但也要注意到过度依赖旅游产业会造成本末倒置，居家养老反而成了附属。另外，谢屯的休闲产业按照“大旅游”理念，集观光、度假、民俗、宗教、运动等各种特色旅游于一体，谋求多元化综合整体效益。例如，独具特色的海盐文化，催生了海盐生产工艺展、盐田观光、盐业博物馆、死海漂浮浴等旅游项目，另外依托于悠久的酿酒传统，催生了酒文化公园、酒文化体验等特色旅游项目。这些产品的开放正是立足于谢屯的传统海盐和酒文化，将文化产业化，进而带动小镇经济。除了人文特色，谢屯养老小镇的建设同样重视生态环境，香洲田园城的规划建设，塑造了农田林地环抱人居、乡土气息融入现代城镇生活，一幅田、园、城、居的水墨画卷，如置身于陶渊明笔下的世外桃源。大巨蛋、水秀表演场、小人国主题乐园等现代娱乐设施的建设，增添了小镇的青春气氛，带来现代都市感的直观体验。

立体化的养老小镇建设理念，使得谢屯与社会紧密联系，以当地优质的自然环境为依托，挖掘本地独具特色的历史文化，将生态、历史、人文结为一体，这使得谢屯养老小镇得以在众多产业的集合效益中可持续发展，在盈利中不断改进其基础设施等。

（二）乌镇雅园

作为中国养老小镇产品开发的样本，乌镇雅园践行了“学院式养老”的发展模式，在商业上取得了巨大的成功。吴越腹地，江南水府，乌镇雅园地处江浙沪金三角之地，坐拥千年古镇特色旅游资源。鱼米之乡、丝绸之府的枕水风貌、广泛客源。优越的自然环境和深厚的历史文化底蕴为乌镇雅园的居家养老创造了得天独厚的发展潜力。独具宋氏情怀和工匠精神的产品营造、自成体系的养老配套设施、精细化的服务等诸多要素的累加，塑造了乌镇雅园的唯一性，“精心雕琢，匠心独运”是乌镇雅园的宗旨，对于环境近乎苛刻的要求，使得入住此地的老年人漫步于江南园林山水的曼妙中，不由自主地身心陶醉。

（三）琴溪养老小镇

琴溪镇位于皖南宣城，山水延绵，环境优美。琴溪镇养老小镇主要依托于近年“候鸟式”养老模式的兴起，以及爱晚工程·国家养老皖南示范基地的建设。由于“候鸟式”养老慢慢成为经济条件不错的家庭选择，随着季节的变化，老年人也会去不同的地方旅游，但过度依托于旅游式的带动，往往也会造成资源浪费等问题，老人一走，小镇的利用率也随之降低。琴溪养老小镇以养老养生、康体医护和休闲度假为核心内容，以“徽文化”为特色，依托10千米天然绿色水走廊，相比较于强调生态环境、设备精良的商业化养老小镇，在政府的帮扶下，琴溪镇养老模式更加回归本真，关注老年人的身体健康和舒适感受，医疗保健将成为其今后发展的重点。

在用地面积方面，琴溪养老小镇规划用地面积约3.5平方千米，其中国家养老中心一期约1.6平方千米，中心镇区约0.4平方千米。大面积的养老中心使得全面的基础设施建设成为可能，吸纳人群扩大，未来产业发展空间前景光明，必将提供大量“银色服务”行业岗位。琴溪养老小镇为保证“老有所医，病有所治”，精心设置了国家养老中心、老年康复中心、老年护理中心、老年公寓护理学院等专业化机构，将从疾病预防、养生保健、大病医疗、延年益寿等方面为老年人提供全方位的服务，提高生命质量。值得注意的是，小镇还将设有老年文化课堂及传统文化体验馆、博览园和创意基地，为老人提供高品质文化休闲场所，充实老年人精神生活，带动特色产业发展。另外，琴溪镇成立了老年协会，组织老年人的文娱、旅游和各种比赛活动。建设基地生态农田，方便老年人耕种劳作的需求乐趣。

（四）北京太阳城

北京太阳城是国内首家以老年人居住为主的大型养老社区，一直致力于塑造中国健康养老产业发展的民族品牌。北京太阳城医疗陪护包括：居家型、介助型、介护型、康复型、度假型、自助型以及高端智慧型老年公寓，为老年人提供标准化、全程化医护型养老服务模式。对于生态养老，其主要负责人也有独到的见解：“生态养老，大家从字面上会理解为一个绿色生态环境，有山有水、有植物的生态环境，其实不然。生态养老是指对老人进行可持续地照料。我们提到养老概念这个词的时候，无论是在他健康状态的情况下，还是进入半失能全失能，甚至人生的弥留之际，我们要对他进行一种持续照料。让他在任何一个阶段，能够得到养老的服务，这叫持续照料，也叫生态养老。”从企业负责人的话中可以看出，北京太阳城养老小镇比起其他社会养老机构的优势在于，更加注重人文关怀，讲究企业责任，很多老年人不愿意离开家庭去养老机构安度晚年就在于质疑养老机构的服务水平，其工作人员常常因为不够耐心，对老年人不能做到持续照料，辞职或者调岗都会使这种照顾中断。而北京太阳城养老小镇的品牌特色就是以持续的照顾来呵护老年人的晚年生活。其对于人才的选拔、职工的培养，以及严谨的管理模式和创新精神成功塑造了大型企业的养老文化。

知识拓展

国家旅游局、国家中医药管理局《关于开展国家中医药旅游健康示范区（基地、项目）创建工作的通知》（节选）用三年左右的时间在全国建成十个国家中医药健康旅游示范区，一百个国家中医药旅游示范基地，一千个国家中医药健康旅游示范项目。推动旅游业和养老相结合。

案例点评

简介：四川峨眉山市，一家上市公司在景区附近建设了一个以养老旅游为目标的小区，建设高档，价格也相当高，结果成了典型的养老地产项目。

点评：在我国产业升级的过程中，要严格防止以养老为目的搞房地产经营。

第十四章　乡镇居民居家养老

我国广大乡村人口占全国总人口的60%以上，居住分散，东、中、西部地区经济条件差异很大，养老问题也存在很大的差异。因此为老人的服务也需要人性化和个性化地进行。

第一节　乡镇老龄人口养老现状及需求

我国乡镇地区由于受传统文化的影响程度较深，居家养老已成为一种十分普遍的现象，我国还有几乎一半的乡镇没有建立新型的小区，所以在居家养老方面，大部分不存在和社区结合的形式。

一、发达地区乡镇老龄人口养老现状及需求

（一）发达地区乡镇老龄人口养老现状

经济发展的过程中，部分发达地区乡镇逐渐凸显出大量的社会问题，其中老龄化问题最为严峻，且老龄化程度相较于城市地区更深，养老压力更大。在保障发达城市老年人口养老、医疗等基本社会保障的同时，需要更加重视提高和改善城镇老年人口的社会保障状况。

在发达乡镇地区，基于传统孝文化和以家庭养老的传统方式，养老的任务落在子女身上。养儿防老的传统思想仍然没有改变，许多老人不愿意或没有能力去养老院或购买居家养老服务。由于计划生育政策控制及社会、经济、文化等多种因素的共同作用，传统大家庭模式正逐渐向小家庭模式演变。2010 年，我国城乡老年人平均有 3.2 个子女，到 2020—2030 年，随着计划生育一代子女普遍进入老年阶段，老年人平均子女预计将下降到 2 个以下。家庭结构将逐渐过渡到“4 +2 +1”结构，即一对夫妇将赡养 4 个老人、抚养 1 个孩子。独生子女所承担的养老压力大，经济负担和时间负担重，家庭养老功能不断弱化。在发达乡镇地区，部分家庭往往出现“空巢”现象。空巢家庭泛指无子女或子女、孙辈分开居住半年以上的家庭。由于家庭结构的碎片化，空巢老人极易出现情感缺失问题，严重的甚至会影响身心健康。当前发达地区乡镇老人通常采取三种养老方式度过晚年生活，包括家庭养老、社会养老和自我养老。其中家庭养老仍然是最主要的养老方式。但现实国情对传统家庭养老模式产生了强烈冲击，民众对养老服务的需求不断增强。在部分发达地区，居家养老已推行多年，有部分老人

在经济水平能够承受的范围内，已选择在社区居家养老服务中心或养老院接受居家养老服务，以安度晚年。

（二）发达地区乡镇老龄人口养老需求

1. 老人需要经济收入与养老保障

随着医疗条件的发展，人均寿命不断增长，加上经济体制和社会体制原因，“未富先老”现象出现，一方面是现在的老人，他们绝大多数没有积累足够多的财富保障老年生活；另一方面，现有社会保障和养老保障制度也没有积累足够多的财富，去保障所有老人享受养老的福利。

老人因生理原因失去劳动收入，经济来源有限。在老人生活来源方面，家庭供养仍然是老年人最重要的养老生活来源。发达乡镇老年人生活来源优于欠发达地区乡镇和农村老年人；发达乡镇老年人年轻时多拥有工作，年老后主要依靠离/退休金或养老金养老，而欠发达地区乡镇老年人主要依靠家庭其他成员供养；家庭其他成员的供养是高龄老年人的主要生活来源，更是生活不能自理老年人的最主要生活来源；有部分低保老人养老费用由政府部门提供经济支持。在我国，大多数老人仍然抱着“养儿防老”的传统观念，依赖子女为自己养老送终，依靠自己的储蓄和子女经济接济。想要过上更好的晚年生活和经济收入密不可分。

2. 老人需要完备的养老服务配套设施

从一般发达乡镇养老服务配套设施基本情况来看，现存的乡镇敬老院受到功能定位限制，服务对象面窄，缺少运营经费。此外社会资金不愿在乡镇投资养老产业，养老服务设施跟不上需求。乡镇老年人难以找到合适的机构养老。从许多的居家养老服务中心看到的只是几张床位和几张桌子，严重缺乏老年人的养生、健身器材，有些老小区甚至连休息的座椅或能让老年人休憩的凉亭等必要设施都无法提供。老年服务设施不健全，难以对老年人形成吸引力，无法满足老人日常休闲娱乐锻炼的需求。社区的养老服务系统还有待建设，与住宅内的养老服务也有待衔接。近些年，民政部门、住房和城乡建设部门联合部署，要求城乡地区新建小区须配套养老服务设施，要按照老年人口比例及分布情况编制养老服务设施专项规划。只有将社区养老设施、社区养老服务与老年人的居家生活密切结合起来考虑，才能给居家养老一个有力的保证。

3. 老人需要丰富养老服务

同年轻人一样，老人也需要精神文化生活，需要以合理的消闲来调节及弥合他们离职、退休以后带来的身心、环境等诸多方面的不适应，希望在晚年能够享受个性化、人性化、丰富的娱乐活动，而实际上精神文化生活也影响着老人的生活质量。在发达地区，老年人常常通过参与棋牌娱乐、外出旅游、唱歌跳舞等传统方式度过闲暇生活。但除此之外，许多老人也有更高层次追求，包括学习互联网技术、摄影等活动，以及一些高品位的文化服务，如人文艺术品鉴赏交流等。但是在部分乡镇地区，社区养老服务中心和养老机构老年服务内容形式化严重，服务项目十分短缺。此外，乡镇地区养老服务从业人员素质普遍偏低，缺乏养老工作专业培训。新创办的养老机构对从业人员的要求缺乏专业标准，普遍雇用的是一些文化素质偏低的合同工或临时工，难以有效提供专业的养老服务。而且无论是生理还是心理照顾服务，老年人更需要专业护理，更渴望体贴入微的温情，照料老年人绝不仅仅是住宿、衣食问题，更多的是精神问题和心理问题，只有专业护理人员才能更好地胜任工作，满足老年人的需求。一般乡镇地区养老机构所配备的医疗保健和护理设施不健全，服务不专业。随着老年人年龄的增长，特别是高龄老年人口不断增多，患病率上升，器官功能退化，生活自理能力下降，老年人对医疗保健、家庭护理和生活照料的需求大大增加。然而现在的很多社区和养老服务机构中，这方面的设施很简陋，只有简单的医务室，没有老年医学方面的专家坐诊，更没有相关的科室设置，不具备医疗急救和提供专业护理的能力。

二、欠发达地区乡镇老龄人口养老现状及需求

（一）欠发达地区乡镇老龄人口养老现状

1. 老龄问题与贫困问题相互交织

在欠发达地区，特别是在我国西部地区，老龄问题往往与贫困问题相互交织。部分老龄人口与贫困人口重叠，特别是女性老人和有疾病的老年人。老年人因为年老、生病等原因丧失劳动力，经济收入难以支撑生活支出，存在着较为严重的生计问题。老年群体陷入贫困的概率更高，贫困程度更深。绝大多数留守老人目前还在依靠自己微薄的劳动收入维持生活，此外政府发放的养老金和子女支持也是主要的收入来源。但倘若老人生病，其所拥有的资金难以支撑看病的费用。除了贫困问题外，多数欠发达地区老人身体健康和心理境况还存在某些潜在问题。

2. 留守老人缺乏家庭与社会的支持和照顾

欠发达地区，由于经济条件落后，许多家庭年轻一辈外出打工，转移出来的劳动力主要为青壮年，家中多为老人、妇女、儿童留守。留守老人获得的社会支持也有所差异，根据某调查研究发现，近半数农村留守老人是与配偶居住在一起的，部分留守老人是与配偶、孙子女居住在一起的，有小部分留守老人独居或与亲戚同住，这说明，在偏远贫困的农村，过去广泛存在的大家庭几乎解体，父母与子女同住的主干家庭数量也在逐渐减少。而随着成年子女的外出，活在隔代家庭的留守老人及独自居住的留守老人增多，形成留守老人和留守儿童问题并存的局面。一些老人同孙辈共同居住，虽然抚养孙辈能给他们带来一些快乐，但也加重了他们的经济负担和思想负担，在管教孙辈的同时也存在着一些压力和隔阂。

3. 老龄人口身体、心理状况不容乐观

生活照料是大部分老人养老的一个重要内容，生活照料的质量直接关系着老年人的生活质量和主观幸福感。子女的外出务工和现代繁忙的工作使老人获得的照料资源减少，老人处于照料缺失状态，只好自己或者配偶承担起最主要的照料工作。许多老人患有慢性病，在欠发达地区乡镇，大部分老人健康意识较差，只有极少数老人有条件和有意识定期去做检查或治疗。部分老人因就诊费用太高或医疗条件较差等原因，选择自己买药吃或长期忍受病痛。由于身体疾病和年老身体机能衰弱，部分老人存在

一定的心理问题和精神问题。在欠发达地区乡镇，大部分老人劳动之外的空闲时间，多用于照看孙辈。不用照看孙辈的老人一般将时间花在串门聊天、看电视、下棋或打牌等娱乐活动上。农村老年人的文体娱乐活动相对贫乏，参与意愿不高，个别老年人存在孤独寂寞无法排解的状况，对这种状况不应忽视。

4. 缺乏基本的养老设备和场所

通常欠发达地区乡镇老年人活动中心设施设备不如发达地区完备。大部分活动中心组织过老年人活动，许多活动中心被当作棋牌室，没有发挥更多的作用。同时活动中心没有配备专业的养老服务人员，居家养老服务内容缺乏。社区和养老机构中的医疗康复设备也不完备。这一方面是由于地方财政没有足够的资金支持，另一方面也是由于农村居住分散和风俗习惯、文化传统起着重要的作用。

（二）欠发达地区乡镇老龄人口养老需求

1. 需要健全欠发达地区养老保障体系

农村最低生活保障制度是国家和社会为保障农村低收入人群和部分生计困难老人而建立的社会救济制度。农村最低生活保障制度是保障人的基本生存需求的最后一道防线，如果农村最低生活保障制度不能为真正需要的人所有，那么就失去了其保障意义。2006 年 1 月，我国正式创建新型农村社会养老保险制度。到目前为止，新型农村社会养老保险制度经历了试点阶段、扩大试点和全面推广阶段。由于受多种因素的制约，当前我国农村社会养老保险制度的保障水平还比较低，未能满足留守老人的基本需求。政府应进一步提高新型农村社会养老保险的保险金额度，逐步健全农村社会养老保险制度。此外，新型农村合作医疗制度作为乡镇老人医疗救助的重要保障，应当不断完善其医疗救助水平和报销比例。就目前而言，留守老人就医看病的比例较少报销或者没有报销，部分经济状况不好的留守老人很少选择去医院看病，“看病贵”依然是农村留守老人面临的一个巨大问题。此外，复杂的报销手续也让留守老人难以应付，政府应进一步健全、完善新型农村合作医疗制度，提高报销比例，简化报销手续，建立综合性、多层次的老年人医疗救助制度。

2. 老龄人口急需生活照顾和医疗康复服务

当前欠发达地区老人急需完备的社区居家养老服务中心和社区养老院为其提供良好的养老服务，其中包括日常居家养老生活照料和医疗康复服务。在社区中开设类似的机构，一方面可以为行动不便的留守老人提供集体照料，另一方面有利于促进留守老人的相互交流和相互支持。

针对欠发达地区部分留守老人行动不便的情况，应当采取医生上门服务的办法，真正实现留守老人“病有所医”。同时，也需要增加农村卫生投入，增添必要的医疗设备，改善乡镇医疗服务条件。

3. 需重点关注留守老人和贫困老人的生活境遇

当前严峻的农村留守老人和贫困老人脱贫养老问题，需要综合多方面因素，帮助老年人摆脱贫困现状，颐养天年。留守老人和贫困老人的心理和身体健康状况都需要得到更多的关注。一方面需要弘扬中国传统孝文化，在偏远落后地区，加大对传统孝文化的宣传，营造“爱老”“敬老”的社会氛围；另一方面组织动员志愿者和爱心人士关爱留守老人和贫困老人，为老人提供物质和精神上的支持和帮助。

第二节　新乡镇社区居民居家养老模式

在经济发达地区，一些乡镇新型社区开始进入正常的运转，养老问题也提到了相当重要的地位，由于这些社区率先进入了小康社会，社区中的老人们过着有质量、有尊严的养老生活，充分体现了新时代中国特色社会主义的养老水平。

一、新乡镇社区居民养老基本情况分析

（一）新乡镇社区居民居家养老服务发展背景

1. 和传统乡镇比较

相较于传统乡镇，新乡镇优势体现在经济条件好，社会风气新，在养老问题上有较多创新。但在养老问题上，仍然面临着许多问题。随着社会急剧转型，家庭结构出现了高龄化、小型化趋势，家庭养老功能逐渐减弱，传统家庭养老已无法单独应对老龄化社会的挑战。在这种形势下，新乡镇社区通常的做法是号召和提倡最大限度地发展居家养老服务。让社区内老人能够享受到优质的社会服务资源。

2. 传统乡镇和新兴乡镇的三大基本特征

从人口学背景上讲，大部分新兴发达的乡镇社区老年人口数量增长逐步加快，老龄化程度越来越高。高龄老年人口数量逐年平稳增长，高龄化程度逐年稳步上升，且人均寿命更长。

从社会经济背景上看，由于家庭结构变迁，极大地冲击了家庭养老照料功能。但老年人经济状况改善为发展居家养老服务提供了物质基础。近年来，随着城乡养老金的上涨，老年人每月领取的养老金增加，老年人的收入水平也不断提高，能够有更多资金用于自身养老支出。

从历史背景上看，新乡镇社区居家养老经历了多个阶段，国家和地方政府通过发布多项制度政策，推动了社会的发展。1999 年 10 月 22 日，中国老龄工作委员会成立，标志着我国老龄事业步入了正确的轨道，从此开始走向新的起点。同时，中国老龄工作委员会第一次全体会议在京举行，会议指出“要大力发展社区养老服务，加快社区老年照料服务体系建设的步伐”，要把老龄事业纳入国民经济和社会发展计划，增加对老龄事业的投入。2001 年 7 月 22 日，国务院印发《中国老龄事业发展“十五”计划纲要（2001—2005 年）》，提出在经济供养方面，要初步建立政府、社会、家庭和个人相结合的经济供养体系，保障老年人基本生活；在医疗保健方面，要初步建立以社区卫生服务为基础的老年医疗保健服务体系；在照料服务方面，要初步形成以社区为依托的老年照料服务体系，提供全方位、多层次的服务；在精神文化生活方面，要丰富老年人闲暇生活，提高老年人精神文化生活质量。2006 年 2 月 20 日，中国老龄委等 10

个部门联合下发了《关于加快发展养老服务业的意见》，其次提出“逐步建立和完善以居家养老为基础、社区服务为依托、机构养老为补充的服务体系”，明确了居家养老、社区服务和机构养老在养老服务体系建设中的地位。

（二）新乡镇居民养老问题

我国计划生育政策实行30多年来，第一代、第二代出生的独生子女已经进入结婚和生育的年龄。在这种背景下，“4+2+1”家庭模式逐渐普遍起来，即四个老人，一对夫妻和一个孩子的家庭模式。两个独生子女需要赡养四个老人，同时还要抚养一个孩子，加之独生子女本身养成的依赖性，在家庭中往往力不从心、照料不及。另外，“空巢家庭”和鳏寡孤独家庭逐渐增加，许多老年人表示自己要独立生活，不愿离开久居的环境。有的老人虽然希望与子女住在一起，但由于生活方式、价值观念的不同，为了避免家庭冲突而选择独立生活。不少老人由于子女工作忙、住房紧张、客观条件不允许等原因不能与子女生活在一起。还有的老人因为子女婚嫁离开父母异地成家，使得家庭养老变得“鞭长莫及”。

与农村老年人相比，新乡镇大多数老年人退休后有退休金。虽然每个月就那么不多的一些钱，但也是他们的主要经济来源。不同单位的退休人员在退休金待遇上有明显差距，机关事业单位退休人员待遇较企业离退休人员要高许多。

老人们的健康状况不尽如人意。随着医疗水平的不断提高，城市老年人的寿命不断延长。但是，寿命的延长不代表健康状况的延长。据了解，目前，城市老年人的健康状况堪忧，2/3的老人患有不同程度的疾病，只有1/3的老人身体健康状况较好。而老年人所患疾病以慢性病为主，其中较常见的为高血压、高血脂、糖尿病等，一半的新乡镇社区老人还同时患有多种疾病，城市老年群体的生活自理能力、身体健康状况都不尽如人意。老年人在医疗需求中遇到的最大困难是经济因素，其次是由于老年人出行不便，感觉就医手续烦琐。如果老人去医院就医时没有家人陪同，整个就医程序会让人腰腿疼痛，以及看不懂就医指示牌、需要时时询问的老人吃不消。除了上述情况，不同处境的老人还有不同的困难，儿女在外地的一些老人经常面临挂号、报销、住院不便等问题。慢性非传染性疾病已经成为危害城市老人健康的最大杀手，但是许多患病老人没有去治疗，而且有1/4的患病老人由于各种原因无法就诊。社区养老和机构养老模式发展缓慢。就我们的传统观念和风俗人情来看，最适合我国国情且经济成本最低的养老模式莫过于家庭养老。目前，我国居民的养老模式也以家庭养老为主。很多老人由子女负责赡养，平时也与子女吃住在一起，身体健康的老人通常还会帮子女带孩子，接送孩子上学。还有的老人在儿女家住着，为上班的子女买菜、做饭。但是也有一部分身患疾病的老人，需要子女照顾，特别是患有半身不遂、瘫痪在床的老人，身边不能没有人照料，这就使得一些工薪阶层居民的经济和生活状况落入拮据的尴尬境地。

现阶段，由于我国各社区管理资金来源有限，投入受限，社区养老服务专业化水平低，服务内容简单。有些社区在一些节日发起的社区志愿者养老服务活动虽然对社区养老工作的启动起到了一定的作用，但若要提供较为长期和全面的居家养老服务，无疑是“杯水车薪”。有的社区开辟居家养老服务新模式，建立起老年日间照料中心，让老人接受“白天入托接受照顾和参与活动，晚上回家享受家庭生活”的居家养老服务。但就目前来看，新乡镇居家养老服务机构尚未形成规模，设施不完善，无法满足老年人的需求。加之大多数社区管理及服务人员缺乏社区管理的专业知识和技能，社区工作的岗位培训缺乏系统性和连续性，专业化的服务项目较少，医疗护理、心理咨询等其他专业化服务需要进一步拓展。

机构养老模式的主体是养老院、福利院以及各种康复中心，老年人通过入住养老院、福利院等养老机构，进行集中供养和居住，由专人负责照料日常生活。这种养老模式在一定程度上减轻了子女的负担，同时避免了因为生活习惯、价值观念等问题引起的生活冲突。但是，由于专业的机构养老模式成本高，同时也无法满足老年人对亲情交流的渴望，更谈不上提供老人所需要的精神慰藉。就一般新兴乡镇来讲，现存的养老院、福利院建立时间相对较新，其服务设施和专业服务水平能够紧跟社会的发展和需要，养老院的一些基础设施建设、服务人员水平、管理模式等也都需要向标准化和规范化迈进。就政府来讲，需要考虑如何加强对养老问题的政府投入，建立以家庭养老模式和社区养老模式为主、机构养老模式为辅的养老模式，使养老资源配置合理化、管理标准化、医疗服务专业化，从而更好地满足人们对养老问题的基本需求。

二、新乡镇社区居民养老模式分析

（一）新乡镇社区居民养老模式特征

居家养老服务是指政府和社会力量依托社区，为居家的老年人提供生活照料、家政服务、康复护理和精神慰藉等方面服务的一种服务形式。建设居家养老服务体系，一方面，利于缓解养老服务供给总量不足的问题，利于减轻社会老龄化带来的养老压力，利于社会主义和谐社会的建设；另一方面，利于提高政府对居家养老服务的管理效率，利于创新服务内容和提高服务质量，利于居家养老服务行业的健康发展。

2008 年，我国政府出台《关于全面推进居家养老服务工作的意见》，提出要“积极推动居家养老服务在城市社区普遍展开”。2012 年 12 月 28 日，我国召开第十一届全国人民代表大会常务委员会第 30 次会议，会议修订并通过了《中华人民共和国老年人权益保障法》，新增第二十七条“国家建立和完善以居家为基础、社区为依托、机构为支撑的社会养老服务体系”，这是我国第一次在法律条文中明确指出居家养老的基础性作用，将建设社会养老服务体系写进法律条文。该法将“老年人养老主要依靠家庭”修订为“老年人养老以居家为基础”，标志着我国政府有关养老的重心已由家庭养老转向居家养老；此外，该法规定居家养老服务的服务内容为“生活照料、紧急救援、医疗护理、精神慰藉、心理咨询等”。

居家养老服务的供给主体涉及家庭、社区、社会和政府四大方面，据政府和其他供给主体之间的关系，我国现存的居家养老服务模式分为“政府主办、层级参与”模式、“政府主导，机构合作”模式和“政府购买、市场运作”模式三种。

（二）新乡镇社区居民居家养老案例

寿安镇是四川省历史文化名镇之一，素有“长寿寿安”之称。全镇43000余人，有近8900名老年人。为促进社区乡镇和谐，提高寿安镇老人整体幸福指数，该镇政府在复兴社区创建了居家养老服务中心，并引入了成都朗力养老服务中心，在当地创办了朗力馨悦生活馆，提供“益寿益安”老年人服务项目。

朗力馨悦生活馆是一个综合性的养老服务中心，旨在为寿安镇老年人打造幸福的晚年生活。中心开设了送餐、康复理疗、助洁、助浴、心理慰藉等13项居家上门服务。还积极引导本土社会组织开展了16个居家养老服务公益项目，从心理与生理两方面更好地服务于辖区老年人。

馆内各种硬件设施齐全，包括聊天室、棋牌室、书画间、健身室、老年餐厅、接待室、阅览室、多功能活动室等，在这里，老人家属可以很方便地来看望老人，老人也可以通过视频与子女聊天，同时，考虑到老人的身体健康状况，中心配备专业医生、护士随时为老人提供便利的服务和安全保障。在文娱活动方面，中心组织老年人集体学习、集体比赛、出游等活动，开展各种各样的文娱活动，不仅实现老有所养，更让老年人有一个快乐的精神生活，保持积极快乐的生活态度，实现老有所乐。

朗力馨悦生活馆以该社区服务中心为例，运营初期，由寿安镇政府出资购买服务，每年3万元；市政府对床位进行补贴，每张床位每年1万元。以年为单位，由第三方进行评估，老人满意度达85%以上，还可获得额外奖励。

知识拓展

关于养老小镇的建设，我国在农业部的引导下，开展了大量养老小镇的建设工作。各地都进行了试点工作，据不完全统计，现在全国共有10000多个养老小镇在筹备过程中。这需要引起我们的高度重视，养老小镇建设对我国养老产业的发展有重要的作用。

案例点评

简介：在世界自然遗产和历史文化遗产所在地峨眉山—乐山大佛的边缘，有人筹办了一家叫“四川长寿湖养老小镇”的养老基地，投资者经过近4年的准备和筹办，没有一点规划用地指标而使项目无法进行。归根到底，养老小镇建设的土地指标是极其稀缺的。

点评：土地始终是养老小镇建设的第一瓶颈，需要地方主管部门统一安排、长远规划才能进行。

第十五章　乡村村民居家养老模式

从现在统计口径来看，我国城镇化的水平还处于相当低级的阶段，城镇人口还不能占到全国总人口的40%，所以大量乡村居民的养老问题是我们关注的重点之一。

第一节　乡村村民居家养老面临的危机

由于我国农村人口数量巨大，居住十分分散，经济收入水平相对较低，还有部分人处于贫困状态，所以乡村居民的居家养老面临一定的困难。

一、乡村空巢老人居家养老实务

（一）乡村空巢老人养老现状及问题

1. 收入微薄、劳务繁重

对于乡村老人而言，家庭养老模式依然是现阶段的基本养老模式。从经济状况来说，与城市大部分老人相比，乡村空巢老人没有退休工资，且只有极少数的老人有最低生活保障。此外在乡村，农民收入有限，只有很少一部分人会缴纳养老保险金，所以大部分人年老后无生活来源和保障，经济上完全依赖子女。在乡村之中，农民的生计大部分来源于农作，随着城市经济的发展以及人口流动规模的扩大，乡村子女离开农村进入城镇打工，与老年人在生活上存在时空分离，家中劳作的重担就落在了老人的身上。加之农民愈加发现务农所得收入不再像过去一样能满足一家的开销，于是青壮年劳动力会选择放弃务农。而在土生土长的老一辈乡村老人眼中，土地依然十分重要，或者是内心的不舍，让他们依然坚持在那“一亩三分地”上，但是对于体力日渐衰微的老人来说，务农的生活无疑是繁重的。

2. 健康状况差

随着年龄的增加，老年人的身体每况愈下，有些老人甚至是疾病缠身，因此大多数需要子女在生活方面予以照顾。但是对于乡村空巢老人来说，大部分则是老夫妻互相照顾，甚至是独居老人无人照顾。当遭遇疾病时，尤其是乡村老人，有病撑着也是常见的现象，无钱医治以及无人照顾是他们最为担忧的问题。当前，绝大多数农村老人参加了“新农村合作医疗”，但由于自费部分难以承担，门诊费用又不能报销，“空巢老人”仍普遍存在“小病拖，大病扛”的现象，加之农村青壮年劳动力大多外出务工，农村剩下的大部分是老人、妇女、儿童等，家庭安全也成了不得不考虑的因素。

空巢老人一旦生病，外出就医由老伴陪伴，则无人照看家中，户里户外两头牵挂。调查发现，“空巢老人”最怕生病卧床，若是卧床在家，只能由老伴照顾，或者是自己照顾，难得有“外援”帮忙照顾。若是独居的空巢老人生病，情况则更为严峻，几乎无人照顾，甚为艰难。

3. 精神生活极不丰富

关注人的精神生活，是社会高度文明的一个标志。而在农村，因为经济条件有限、文化程度偏低以及精神需求意识不足等原因，老年人的精神慰藉几乎为零，精神生活水平非常低。子女外出务工，并且将配偶及小孩也带到城市生活和接受教育，而把年迈的老年人留在农村，这样村庄生活就无比寂寞。他们自身文化程度决定了他们的精神需求意识不足，根据相关调查显示，乡村空巢老人主要的娱乐方式是在家看电视，或是找邻居串门聊天。闲暇生活单一，精神文化缺乏，大量空闲时间难以打发，导致老年人精神苦闷。这是一个很不好的现象。这实际上是农村生活公共空间缺失、生活“私密化”的一个表现，大量的老年人都在家看电视，面对面的交往就少了。加上农村的娱乐设施建设不够，更多的时候他们面临的是孤寂，感情上很脆弱，这严重影响了农村老年人整体生活的质量，使得老人容易产生孤苦、自卑、抑郁等消极情绪，即所谓的“空巢综合征”。

4. 照顾孙辈压力较大

一些农民工外出务工时，也有可能会因各种原因而将子女留给家中的老人照顾。留守儿童正处于受教育的年龄，由于远离父母，心理和生理成长都面临着许多的问题。但大部分老人文化水平低，没能力辅导孩子学习，重养轻教，使得大多数儿童在学习上自觉性差，被动学习，成绩一般或较差，只有极少数优秀，而且道德行为差，没有安全意识，心理发展不健全。留守儿童面临的许多问题，究其原因，是因为父母长期外出务工，而家庭教育氛围差，老人又没有能力培养孩子。此外，老人因年老体弱、安全保护意识不强等原因无法认真行使对儿童的监护权，加之他们年幼，辨别是非以及自我保护能力低下，很容易受到伤害，导致留守儿童患病不能及时医治和受到意外伤害的事件屡有发生，孩子的安全状况存在诸多隐忧。而乡村空巢老人是无法应对这些问题的，因此照顾孙辈这个任务于他们而言无疑是个重担。

（二）乡村空巢老人养老需求

1. 日常生活照料需求

大多数父母年老时是需要子女在生活方面予以照顾的。老年人体力日渐下降，生活也许尚可自理，但有些事情青壮年来料理会更好。无子女的乡村“空巢”老人，一些能够顺利地享受到社会福利，进入养老院；有子女的“空巢”老人，由于子女长期在外务工，大部分不能多花时间回来照顾父母，也只是在重要的日子，或是家中父母生病时才会回来。空间上的隔离，使得“空巢”老人在生活中难以得到照料，只得和老伴相互照顾；若是独居的“空巢”老人，情况更为严峻，不仅生活得不到照料，若是突发疾病或遭遇意外，甚至有可能因为得不到及时的救治而面临死亡。有的家庭，父母不仅得不到子女应有的照顾，连原本应由子女耕种的土地也留给了老人。老年人出于对土地的情感或是固定思维，只要是尚有劳动能力，都不会放弃劳作；同时如果子女将孩子留给了“空巢”老人，老人还得照顾孙辈的生活起居，这无疑又加重了“空巢”老人的负担。

2. 医疗保健康复需求

“空巢”老人这一特殊群体的生理和心理健康都不容忽视，有研究表明，“空巢”老人的慢性病患病率比较高。“空巢”老人，特别是没有配偶的“空巢”老人，由于子女不在身边，容易产生孤独感，孤独感又会进一步导致抑郁、焦虑、绝望等心理疾病。但是，与城市相比，我国农村原有的卫生和社会保障体系十分薄弱，这对解决农村“空巢”老人的健康问题极为不利。我国农村地区（特别是一些内陆、山区省份的农村地区）的特点是经济发展落后、卫生资源相对不足、交通不发达。

农村地区“空巢”老人的经济状况与城市地区“空巢”老人的经济状况相比要差得多，依靠子女养老是农村老年人主要的养老方式。上述这些不利因素都可能影响农村“空巢”老人对卫生服务的利用，进一步影响他们的健康，从而造成恶性循环，有研究证实最让农村“空巢”老人担心的问题就是健康状况和医疗费用。

3. 对社会活动的需求

老年人生理功能的衰退和社会角色的转变等原因使其心理健康状况受到了负面的影响，甚至降低对自己价值的判断。乡村老人由于体力下降而减少或退出生产活动，各器官对外界的反应也渐下降，使得他们对事物的判断、记忆以及思维能力也随之下降，无法更有效地接受新知识，而导致一种“落伍”的状态，这种状态进而有可能使他们封闭自己，不愿与他人多做沟通，产生自卑、孤独、失落的情绪。子女长期在外工作，无法有效地帮助老年人解决这些心理问题。多参加社会活动可以保持老年人与现实环境的交流和接触，增强他们的价值感，而且可以使老年人具有较高的生活满意度，拥有较大的幸福感。

但是在乡村中，基础设施建设尚不完备，可供老年人集体参加活动的条件还没完全具备。乡村“空巢”老人本就较为孤独，因此能做的就只是走出家门，多与邻居沟通交流；或是体力尚可的状态下，多去乡镇集市上走走，以保持与社会的沟通。相比于城市老人，他们所能享受到的设施或是参加的活动很少，且与社会的接触面也不及城市老人广。

（三）“空巢”老人居家养老服务内容

1. 为“空巢”老人提供差异化养老服务

“空巢”老人的养老服务不能“一刀切”，需要针对不同年龄段的老年人提供分类保障。对于60～70岁尚有一定劳动能力的老人，可采取这样的对策，完善现有的农村家庭承包经营制度，巩固农业基础设施，比如水利、机耕道等，稳定这部分老年人的农业收入，让他们到农业生产领域继续创造价值，一方面养活了自己，不构成对家庭和国家的负担；另一方面继续创造财富。70～75岁的农村老人，无劳动能力但有自理能力，在家庭中的地位下降，养老纠纷开始增多。目前正在部分省份进行试点的新农保政策，可以优先提高70多岁老年人的给付水平。因为目前新农保一个月55元钱，对于那些有收入的低龄老年人而言，其政策的边际效用，要远远低于对70岁以上老年人的效用。75岁以上的老人对子女的依赖程度达到最高。随着老人疾病风险增大，对医疗服务的需求增加，需要完善正在农村实行的新农保制度。

2. 动员社会力量关注“空巢”老人问题

现如今我国步入老龄化，老年人人数增加，老年人的相关问题也不断增多。但是对于“空巢”老人的问题，子女可能没有能力关注，一方面是因为在外工作，无时间或者无经济能力长期守在老年人身边亲自照顾；另一方面是因为一些人孝敬父母的观念方法不同或是善待老人的意识薄弱。一些社会力量逐渐开始关注“空巢”老人，并且帮助“空巢”老人解决或缓解了部分问题。因此，动员社会力量关注“空巢”老人的问题以辅助“空巢”老人养老也是可行之道。在村委会或者社区的组织下，让一些社会工作机构介入“空巢”老人的养老，在城市的一些社区早已经进入实践阶段，而且社会工作机构也可以提供相应的专业服务；此外借助慈善公益组织的力量，也可以缓解“空巢”老人的资源不足的问题。定期的探访或者是对“空巢”老人的援助，都可为“空巢”老人带来温暖。同时，一些高校的研究或者是媒体网络的关注，也可以帮助人们更加了解“空巢”老人的状况，并且让一些慈善人士也能够有合适的渠道去帮助一些需要帮助的“空巢”老人。

二、乡村失能老人居家养老实务

（一）乡村失能老人养老现状及问题

失能老人是指有身体功能障碍或认知功能障碍的老人，身体功能障碍主要是指个人活动能力或是生活自理能力的丧失。认知功能障碍是指记忆、定向、注意判断等大脑功能的丧失。有学者将具有认知功能障碍的老人称为失智老人，并将失智老人与失能老人的概念并列起来。但失能老人很多是伴有失智现象的，而且很多老人的失能是因为失智引起的，因此没有必要将二者完全割裂开来进行不同对策的研究。本书采用的是广义的失能老人的界定，即本书所研究的失能老人包含失智老人。

2016年年底全国老龄办、民政部、财政部在京共同发布第四次中国城乡老年人生活状况抽样调查结果，调查结果显示，我国失能半失能老年人大致4063万人，占老年人口的18.3%。与城市失能老人相比，农村失能老人的问题更加突出。由于农村不仅基本没有养老保险和服务设施、医疗服务，为失能老人提供服务的社会服务也基本属于空白，生活在农村中的失能老人生活艰苦，家庭和子女是失能老人生存的主要资源。传统农村养老的基本模式是家庭养老，失能老人在家庭中能够有人照料。但由于农村中大量劳动力外流，农村养老人力资源严重短缺，农村家庭的养老功能严重弱化。农村中的失能老人“混吃等死”现象普遍存在，并有愈演愈烈之趋势。

1. 失能老人经济境遇堪忧，难以承受养老支出

随着身体机能的逐渐老化，老年人自我满足的能力也会逐步下降，如生理能力、心智能力和生活自理能力下降，老年人为满足生存所需的医疗、照顾等服务就需要从市场上购买，而这一类项目的费用都比较昂贵和稳定，倘若没有一定的经济实力，即

使有需求也无法满足。对于失能老人而言，很多产品和服务更是一种刚性的需求，因此稳定足够的经济对于他们而言是不可缺少的，经济需求往往被认为是老年人最重要的需求。

大部分城市失能老人家中经济条件尚可，而且因为生活在城市中，更能方便地获取需要的服务或者设施。但是对于乡村失能老人而言，一方面，他们的经济能力一般不及城市失能老人，无法像城市失能老人一样得到较高质量的养老服务，而且由于很多作为刚性需求的养老设施过于昂贵，使得一些家庭的经济陷入困境，拉低了生活水平。另一方面，农村养老设施和服务更为稀少，失能老人有可能不能及时得到相应的服务，而对其身体产生不可逆的伤害。

2. 乡村机构养老服务缺乏，失能老人缺乏专业照顾

机构养老是在政府的主导下，由各类养老机构为身体功能受损或因其他原因需要生活照料和身体护理的老年人所提供的专门服务。这种养老机构从功能上划分有以生活照料为主、以身体护理为主以及二者兼有的不同类型。机构养老方式可以集中资源，针对老人的身体特点和各方面的特殊需求，为他们提供护理、食宿、照料等有针对性服务。根据调查发现，老人选择养老院作为安度晚年的场所，主要基于以下考虑：减轻子女照护负担；避免不同代际关系因为生活理念、作息等差异产生的摩擦和冲突；减少自己生活的不便，减轻家务劳动的压力；享受专业化的护理服务。

由此可见，机构养老模式有自己的独特优势。但机构养老也有自身的限制和弱点，目前农村地区政策缺位、资金不足等原因使得机构养老的运行难以满足失能老人的养护需求。相当多的养老院不愿意接收失能老人，只接收健康能够自理的老人。一些老人一旦丧失了生活能力，就会被“扫地出门”。虽然有些民办养老机构不以失能作为限入条件，但是出于成本和收益的考虑，服务质量也难以保证。最为重要的是缺乏专业的服务，失能老人所需的更多的是医疗服务，但是一般的乡村养老机构并不具备针对失能老人专业的医疗服务。

3. 乡村居家养老人才缺乏

现如今，我国乡村失能老人居家养老缺少必要的服务队伍和设施。由老年人的居家养老意愿以及我国国情尤其是家庭小型化所决定，我国养老服务的准备严重不足。一是有资质并适合从事社会护理的护理员仅有 2 万多人，长期照料机构和护理人员的严重缺乏，使重度失能老人的机构养老面临重重困难。二是护理型养老床位严重不足，据全国老龄化科学研究中心调研数据显示，2013 年底全国有 16.6% 的失能老年人愿意入住养老机构，但全国能够提供康复护理服务为主的养老机构少之又少，民办养老机构中仅有 15% 左右的康复护理机构能够提供长期“康复护理”服务，失能老人护理服务需求远不能满足。供需严重脱节，失能老人难以享受到专业的养护服务，这是数量方面的不足；另外，居家养老服务人员业务素质不高，服务水平也很低。居家养老服务人员以下岗失业人员为主，专业培训比较欠缺，服务意识比较淡薄，这是服务质量上的不足。

（二）乡村失能老人养老需求

1. 医疗康复需求

老年人相较于其他年龄群体，有更高的患病概率，医疗需求的满足对老年人生活质量的提高起到关键作用。老年人所患疾病多是慢性病，对于低龄老人而言，一般不会遭遇严重的健康问题，但随着年龄的增长，老年人罹患疾病的概率、种类以及严重性都会不断增长。很多人会面对多种慢性病、由慢性病引起的周期性急剧发作，以及多种功能损害，有些甚至是不可逆的伤害。老年人恢复能力弱，康复时间长，因此日常的照料中对专业性的医疗服务有一定的需求。

目前我国60岁的老年人平均寿命为18年，而平均预期带病期约为13年，这就意味着我国的老年人存在大量的照料需求。据中国老龄科学研究中心的数据，城市完全失能老年人中，有照料需求的占77.1%；农村有照料需求的占61.8%。照料需求要求照顾者对常见的老年疾病有一定的了解，并且具有一定的处置技术，针对老年人的身体状况进行相应的协助。对照料需求较高的老年人具有80岁以上、独居、活动能力下降、曾经中风、最近生病、最近出院、接受多种药物治疗等特征。失能老人是其中的一大群体，他们照料需求的满足对于专业性、技术性是有一定要求的，不同于一般的生活照顾。

2. 精神慰藉需求

老年人由于身体衰弱、丧偶、社会地位和价值的降低等原因很容易产生抑郁、孤独、焦虑等精神问题，精神需求的满足是其生活满意度提高的重要因素。老年人的精神需求涉及社会、家庭、个人等层面：社会层面，尊老敬老的社会环境有助于提高老年人的社会地位，帮助老年人找到自我价值的存在，减少老年人的失落感和挫折感；家庭层面，子女的成才立业、体贴孝顺会给老人带来情感上的慰藉；个人层面，将自尊建立在多样的活动、角色、个人品质等的基础上，老年以后会有更高的、更稳固的自尊。乡村失能老人生活本就较为枯燥乏味，缺乏丰富的社会活动。此外，他们一部分身体机能的丧失，使得他们对自我价值的认知也下降，相比于身体健全的老年人则更容易引发心理问题，他们也就更需要精神慰藉。

3. 临终关怀需求

临终关怀并非一种治愈疗法，而是一种专注于在患者将要逝世前的几个星期甚至几个月的时间内，减轻其疾病的症状、延缓疾病发展的医疗护理。临终关怀目标是提高患者的生命质量，通过消除或减轻病痛与其他生理症状，排解心理问题和精神烦恐，令病人内心宁静地面对死亡。同时，临终关怀还能够帮助病患家人承担一些劳累与压力。其主要任务包括对症治疗、家庭护理、缓解症状、控制疼痛、减轻或消除病人的心理负担和消极情绪。所以临终关怀常由医师、护士、社会工作者、家属、志愿者以及营养学和心理学工作者等多方面人员共同参与。

受传统观念的束缚，临终关怀教育尚未普及，一方面由于长期受传统的死亡观、伦理观的影响，人们对于死亡采取否定、回避的负面态度。另一方面，在中国人的伦理观中，百善孝为先，当家中的老人病入膏肓之时要放弃治疗而接受临终关怀，会担心背上不孝的骂名而难以抉择。即使是最后选择放弃治疗，人们都会选择回到家中，尽可能地让家人陪伴在身边，而不是选择让别人照看。因此在中国，乡村失能老人的临终关怀，更多的是家人的陪伴，而不是专业的护理。

（三）乡村失能老人居家养老服务内容

老人一旦遭遇失能，不可避免的就是需要他人的照料。按照国际通行标准分析，吃饭、穿衣、上下床、上厕所、室内走动、洗澡 6 项指标，一到两项“做不了”的，定义为“轻度失能”，三到四项“做不了”的，定义为“中度失能”，五到六项“做不了”的，定义为“重度失能”。重度失能老人属于完全不能自理，生活全靠别人的扶助。半失能包括“轻度失能”和“中度失能”的、生活基本不能自理的老年人。

就目前而言，由于大多数老人受“养儿防老”等传统观念的思想的影响，以及老人对家庭的亲情感和依恋感，失能老人主要依靠的仍然是家庭养老，家庭照料模式在很长一段时间内在我国的长期照料服务体系中占据重要的地位。这种照料模式可以使失能老年人不必离开自己熟悉的家就能得到照料，自然受到大多数老年人的欢迎，所以家庭照料模式仍然是城市空巢失能老人首选的照料模式。前文也提到，由于一些养老机构并不具备为失能老人提供照料服务的能力和设施，同时也考虑到收益和成本的问题，即使有为失能老人提供照料服务，其专业程度也不高。

1. 半失能老人长期照料服务内容

半失能老人已经基本丧失生活自理的能力，所以必须依赖他人的协助来照料生活，因此，维持生存需要的日常生活照料服务对失能老人来说是最基本的长期照料服务内容，具体所包括的内容有做饭、喂饭、洗澡、做家务、上下床活动等。

在有关调查中发现，失能老人生活照料服务中对做饭的需求最为强烈。饮食需求是维持生存最基本的需求，一般来说，由于失能老人身体功能受到损害，生活不能自理，也丧失了基本的劳动能力和做家务的能力，所以需要有人专门为其提供饮食照料；有些失能老人由于疾病的影响对食物的要求也比较高，所以饮食照料还需要提供健康合理的饮食。如患有糖尿病的老年人在饮食上就必须格外注意。

洗澡是失能老人最容易丧失的活动功能，大部分的失能老人无法自己洗澡，需要他人代劳或者协助才能完成。由于失能老人年事较高加上身体机能受损，所以在家务劳动方面难免力不从心，一些失能老人不能进行任何家务劳动，有少数失能老人需要他人协助才能进行。失能老人在穿衣和吃饭方面的功能丧失最少。以上情况反映出失能老人在生活上遇到的困难主要集中在那些需要消耗大量体力的活动上，比如失能老人大多行动不便，外出活动、做家务、买东西等活动需要他人代劳。

2. 完全失能老人长期照料服务内容

完全失能老人相比于半失能老人则丧失了全部的生活自理能力，有些严重的甚至是久卧床上，意识模糊。他们就像是刚出生的小孩，在生活上完全需要照顾。吃饭、喝水、排便以及洗漱等基本的活动都需要他人协助才可完成。

三、乡村临终前无子女老人居家养老需求实务

（一）乡村临终前无子女老人养老现状及问题

由于个人的选择、不能生育或子女先于父母死亡等原因，总是存在着部分老人没有子女的现象。从家庭养老的角度考虑，子女对于老年人家庭供养具有显著作用。如果说独生子女家庭本质上是风险家庭，那么无子女家庭则可看作事实上的风险家庭。这种事实上的风险表现为两方面：一方面，对于微观的大多数个人和家庭来说，无子女意味着老年人从子女处获得的各种支撑存在缺失；另一方面在经济供养、生活照料、精神慰藉等方面都面临着更大的风险。

1. 临终前无子女老人生活处境凄凉

根据埃里克森人格发展八阶段理论，最后一阶段是完善与绝望（老年期）。在这人生的最后阶段中，个人会经常回忆和总结自己一生的活动，力图给自己的一生作出一个使自己满意的解释，并给它画上一个完美的句号。如果个人不能找到这样一种满意的解释，将陷入追悔和绝望的情绪之中。无子女老人在临终前自然也会回忆起自己过去的生活，无子女老人的生活质量明显低于有子女老人，这样的一段经历会让无子女老人有晚年凄凉的感觉。当年老无法再自在地参加社会活动只得长期待在家中时，因为生活中缺少家人，生活无法得到精心的照料，情感上得不到来自家人的关心，晚景凄凉。

2. 老人长期忍受病痛和死亡带来的身心折磨

有的研究认为，无子女老人在身心健康等方面会表现出与有子女老人的明显差异，因为无子女老人没有子女等家庭成员的照顾，身体上的不适不能得到及时的治疗和重视，同时会引起心理的落寞，因此身体状况会较差。无子女老人由于缺乏子女的养老支持，在经济收入来源、生活方式、社会交往乃至身心健康等方面显著低于有子女老人。许多老年人在晚年时期，疾病缠身，常为病痛所折磨。同时，在生活上由于没有子女，而无法像有子女老人那样得到合适的照顾。病痛的折磨常常让老人备受煎熬，内心逐渐会产生一些消极情绪，不能像有子女老人那样得到及时的开导。人们历来对死亡都带有惧怕和逃避的消极情绪，有些老人临终前能够看淡生死，但是有些老人却因为对死亡的了解不够，而对死亡极其恐惧。

（二）乡村临终前无子女老人养老需求

1. 临终前无子女老人需要医疗救助

无子女老人在临终前因为身体状况已经十分堪忧，生活已经基本不能自理，需要精心的照顾。包括饮食以及生活安排上，越是专业的照顾，越是能提高老人最后的生活质量。但是由于没有子女，相比于有子女的老人已经少了很多照顾和心理上的安慰。同时因为其身体被疾病所困，除了生活上的照顾之外，常常也需要专业的医疗服务。如一些心脑血管疾病的老人，平时生活中需要常常监测身体状况，或者是其他专业的护理，如果缺乏一定的医疗常识，可能会让老人受到疾病的折磨。无子女老人晚年生活质量较有子女老人一般较低，本就深受疾病的折磨，还有可能对死亡抱有恐惧的心

理，因此临终前更需要精心专业的照料。一般的保姆或者是养老院里的工作人员，并不具备专业的护理或是临终关怀经验。同时，有些无子女老人并不具备一定的经济能力去支付这些服务，能够享受到这些专业服务的老人覆盖率也不高。

2. 临终前无子女老人继续关怀

临终，即患者即将结束人生的最后日子里，不仅身体受到病痛折磨，其心理上也伴随着巨大的痛苦和压力。需要人们给予精心的照料和良好的抚慰，使其能较愉快地度过生命的临终阶段达到永恒的归宿。这种全面的人道主义临终关怀事业，在许多国家已经得到了重视。临终关怀的特点体现出对人的尊重和全面的人道主义照顾，无子女老人晚景较为冷清寂寞，同时临终前也有可能深受病痛的折磨，因此对无子女老人进行临终关怀是十分有必要的。

对这些不以治愈为目的的无子女老人，使其接受支持治疗和全面的照顾以减轻心身痛苦；这种临终关怀治疗不以延长其生存时间为重，而是以提高患者的临终阶段的生命质量为宗旨；这种全面照顾不仅注意患者的躯体痛苦，更注重对患者的心理关怀和社会支持；这种临终关怀是全方位的、整体的，不但包括对临终患者的关怀，也包括患者的家属，对其进行慰藉、关怀、帮助和居丧照顾。

（三）乡村临终前无子女老人居家养老服务内容

家庭养老模式在乡村依旧是基本的模式，尽管有一部分老人会因为无儿无女而能进入养老院养老，但是也有少部分无子女老人因为一些原因而不前往养老院，这样的老人临终前会选择亲戚或是邻居来帮忙料理。

第二节　乡村居家养老实务

一、发达地区乡村居家养老需求及实务

（一）发达地区乡村居家养老需求

发达地区的乡村能够享受到更多的政府政策以及城市服务，即使是身居乡村的老人，对于居家养老也不必过于忧心。在生活上，由于发达地区的大部分家庭经济状况较为充裕，日常生活的照料能够得到家庭或专业人员的较好服务。在发达地区，由于人们意识更为强烈，即使是在养老院中，养老服务也更为专业。其次，老人的医疗保健康复的需要也能较好地得到满足，老人身体衰退，需要及时专业的医疗服务，因为地理位置和经济条件相对较好，他们能够很快地接受到医疗服务。最后，发达地区的一些乡村，其实在很大程度上受到了城市生活的影响，人们的生活也更加丰富，老人生活也随之变化，可以更为便利地参加各种社会生活，继续体现个人价值。

无论在什么地区，老人居家养老首先需要的就是日常生活的照料，因为年事已高，体力下降，很多家务或者个人活动都需要帮助，发达地区大部分家庭经济条件较好，子女或是请保姆能够帮忙料理老人的生活。其次是老人的医疗保健需要，老人常常会

受各种心脑血管疾病的侵扰，因此专业的医疗服务也是必不可少的。发达地区拥有更多的医疗资源，且地理位置较为便利，因此发达地区的乡村也能更好地享受医疗服务。最后是老人们在社会角色发生转变以后，不再从事生产活动，生活只剩下“颐养天年”，但是减少参加各种活动，使得老人开始对生活产生无聊、落寞的消极情感，这是因为缺少必要的人际沟通以及开始减少对外界知识的获取，而最好的办法是促进老年人多参加一些社会活动，可以帮助缓解消极情绪。

（二）发达地区乡村居家养老实务

1. 发达地区乡村居家养老服务内容

发达地区乡村居家养老服务的首要内容就是为老人提供日常生活的照料，大部分家庭还是通过家人来对老人提供日常照料，有一部分因为工作或是专业水平等问题，而请保姆或是专业的人士来家中对老人进行照料。除此之外，也就是老人的医疗服务，一般在发达地区的乡村，能够较为容易地到达医院等，因此只要经济条件允许，一些医疗服务或者是康复设施能够很及时容易地提供给需要的老人。最后，老人的精神需求也得到了很好的重视，一些地区的新农村建设如火如荼，在村内开设有老年活动中心以及图书室，老年人的参与性都很高，极大地丰富了老年人的生活。

2. 社会工作介入乡村居家养老案例

通过相关资料发现，社会工作介入乡村居家养老的案例不在少数。社会工作作为一门助人的专业，在中国的乡村居家养老中发挥着重要的作用。下面通过一则案例来讲述社会工作如何介入乡村居家养老。

在S村设有老年人活动中心，以及图书室，平时可以在村委会大院里和村里的活动广场开展活动，该村于2015年建立了S村老年文体中心。S村委领导积极宣传本村优势，并且连接各种资源，经常会有市区志愿者协会的志愿者和高校的师生来开展以居家养老为主题的老年人活动，不仅老人们参与的积极性高，而且丰富了该村居家养老的内容。参与的老人多为本村的留守老人以及孤寡老人。S村现阶段的养老服务只涵盖本村老人休闲娱乐方面的服务，其养老服务体现不出个性化，并且服务的针对性不强，服务的种类和形式较单一。据调查，社区内的老人在精神文化层面享受的服务数量依旧少且服务水平低，并不能满足老人晚年生活的需求。

社工在服务农村留守老人居家养老的过程中，大致按照以下服务模式。首先，社会工作者通过大量地走访农村留守老人的家庭，建立了良好的沟通关系。其次，通过大量走访，有针对性地选择重点服务对象进行点对点细致化服务，包括为服务对象提供日常生活照料以及关注老人的心情和内心变化等。再次，通过大量的走访以及细致化的服务工作，社会工作者为农村留守老人量身制订了养老服务。最后，社会工作者为服务对象链接社会资源，向政府及公益组织等寻求大量的帮助。

社会工作者服务农村留守老人具有三大优势：第一，社会工作者的服务更具专业化、多元化；第二，社会工作者的服务更加的细致化，针对重点服务对象进行点对点、多对一的服务；第三，社会工作者可以为农村留守老人链接强大的社会资源，包括政府及公益组织等的协同助力。

二、欠发达地区乡村居家养老需求及实务

（一）欠发达地区乡村居家养老发展现状

1. 缺乏居家养老专业机构和人才

欠发达地区的乡村经济水平更加落后，乡村建设也不能及时地更新，居家养老的专业机构和人才极其缺乏。由于经济落后，发展机会少，欠发达地区的养老机构工作人员不够专业，或是服务不够专业，乡村居家养老的老人只能够接受到来自个人家庭中的日常照料。

2. 居家养老服务内容不专业、项目不完善

欠发达地区的养老服务尽管存在，但是其养老服务内容并不专业，且项目不完整。一些地区具备养老机构，但是目前许多地区的养老院床位不能满足养老需求。一些养老机构所能提供的服务也只是提供日常的服务，而这些服务即使是普通的保姆也能够胜任。而一些身患疾病的老人，所需要的不仅是日常的照料，还包括专业的医疗服务以及心理辅助。除此之外，欠发达地区的养老设施并不完备，能够提供给老人参加的各种项目也并不完善，休闲娱乐也覆盖不全，养老服务体现不出个性化，并且服务的针对性不强，服务的种类和形式较单一。

3. 居家养老缺乏政府资金支持

我国原有的农村社会养老保险制度存在覆盖面小、保障水平低等弊端，1998 年后受政策调整影响，全国大部分地区的农保工作出现了参保人数下降、基金运行难度加大等问题，一些地区的农保工作甚至陷入停顿状态。由于财力不足，欠发达地区的居家养老服务需要家庭来负担一部分费用购买服务，这无论是在观念上还是在经济能力上都有着很大的障碍。特别是在贫困地区农村，经济发展严重滞后，子女负担很重，没有经济能力购买服务。

（二）欠发达地区乡村居家养老实务

1. 欠发达地区乡村居家养老模式的构建

首先，政府的主导作用，动员社会力量参与到居家养老服务体系中。政府作为居家养老模式的主体，本着以人为本的原则，应充分发挥自身的主导作用。但即便是经济发达国家也难以实现养老事业的大包大揽，应动员一切可以动员的社会力量，将政府主导和社会参与结合起来，共同致力于对失能老人的关怀。其次，建立独立于医疗保险和养老保险体系之外的长期照料服务体系，加快发展护理保险。再次，建设一支素质优良的人才队伍，为失能老人提供专业化护理。失能老人需要全天候全方位的生活照料，这对护理人员的素质要求较高，失能老人的生活状况取决于护理人员的护理水平和道德素质，对此，我们必须强化对护理人员入职前的职业培训和道德培训，组织一支专职照护人员和志愿者相结合的服务队伍。最后，建立失能补贴制度，加强养老服务的资金保障。加大资金投入，满足失能老年人的养老服务需求，是推进居家养老服务体系建设的重点任务。

2. 欠发达地区乡村居家养老服务内容

欠发达地区的乡村居家养老服务内容相较于发达地区的乡村居家养老服务内容更为单一，由于经济状况落后，大部分欠发达地区不具备专业的养老机构，或者养老机构并不能提供专业的服务。另一个原因也是因为传统的家庭养老模式占据主要的地位。因此居家养老服务的内容主要还是包括日常生活照料和简单的医疗保健服务，在精神层面上没有相应的服务或者只有较少的服务。

3. 欠发达地区乡村居家养老人才队伍建设

我国的居家养老人才队伍缺乏激励机制，难以吸引人才。目前，我国养老服务行业工资普遍较低，难以吸引高素质人才；养老护理员没有晋升通道，没有评职称、依据绩效发奖金等激励方式。缺乏对人员的激励措施，则难以调动养老服务队伍积极性，在工作的过程中，难以形成职业归属感。我国欠发达地区的乡村居家养老人才队伍的工资和晋升渠道是远低于全国水平的，因此这些地方的养老服务只是一些较为基本的服务，甚至缺乏专业的服务。

知识拓展

当前，我国正处于中国特色社会主义新时代，“精准扶贫”的工作正在紧张进行中。据国家统计部门公布，2017 年，全国有 350 万农户迁移出山区集中居住，这为今后中国的养老解决了许多重大的难题。

案例点评

简介：在我国西部某乡村居住区，老人因病死在家中十多天，尸体都腐烂了，才被邻居发现。

点评：这是在农村居住分散区发生的事情，其实在城市也有此类案例出现。

第十六章　偏远乡、村的居家养老

到2020年，我国要全面解决脱贫问题，偏远山区的居民在摆脱贫困以后，有一定质量的居家养老需求就会得到相应的满足。

第一节　偏远乡居民居家养老

偏远山区乡镇居民的养老问题要得到有效的解决，首先要解决偏远乡镇所在地居民的居家养老问题，这是非常关键的一步。

一、有条件的地区要集中建设居住区

（一）1965年广东省就将偏远地区村民集中到山下居住

1. 简　介

1965年是中华人民共和国成立以来经济社会发展最好的年份，广东省的经济发展显示出良好的势头，当时的省委、省政府根据广东偏远山区经济落后的情况，大胆地提出了要解决农民的生产和生活上的根本问题，改变山区的贫困和落后面貌。当时陶铸同志就大胆地提出了把居住在海拔较高、交通不便、分散居住的农民迁移下山集中居住，从根本上解决当地农民生产生活吃水方面的困难，这个良好的试验在广东省进行了一段时期，收到了很好的效果，但是由于众所周知的原因被迫停顿了下来。

2. 点　评

将偏远山区零星居住的农民迁移在一起集中居住是促进经济社会文化发展的最好方式，可以节约和有效地配置有限的资源，可以让农民享受现代化带来的成果和便利，但是好的方法要有好的社会环境才能得以持久实施。现在整个国际、国内形势都处于良好的状态，我国偏远地区农民应该享受到国家发展和改革开放带来的成果。

（二）偏远乡村居民集中居住的优越性

1. 精准扶贫选择

国家要实现全面建设小康社会的大目标，首先就要解决精准扶贫的问题。偏远山区的分散居住的农民，由于文化水准、风俗习惯、自然条件、交通条件和卫生设施的限制，要分别维持原状，单家独户的精准扶贫将会投入更多的人力、物力、财力。更为重要的是，精准扶贫的成果难以持久维持，所以选择让分散居住的偏远山区的农民

相对集中居住是精准扶贫的最优方式。

2. 让出这片山区便于绿化保护

经过中华人民共和国成立60多年来的建设，我国偏远山区广大农民经济状况得到了极大的改善，生活水平也有了很大的提高，按照我国传统的文化和风俗条件，多数偏远山区的农民会把一生的积蓄用于建设住房，一代一代地传下去，大部分人一辈子都是为给下一代建设住房而生活着。在我国实行独生子女政策以后，偏远山区农民多数是独生子女家庭，相当部分有两个孩子，但大部分进城打工去了，因此，偏远山区的农民家庭也呈现小型化。但是，要引起我们高度关注的是，农民往往修建一些质量不高但面积却很大的房子，把这些分散的农民迁移下山集中居住以后，会腾出较大的优良的土地，便于耕种和绿化。

3. 养老更方便

我们在研究应对老龄化措施方法的时候，最棘手的问题就是广大农村农民的养老问题，尤其是偏远山区分散居住的农民的养老问题，失能半失能老人、空巢老人有质量的养老是偏远山区养老的重要目标，让这些分散居住的偏远山区的农民集中居住是解决山区农民养老的最好的途径。在我国偏远山区医疗设施比较缺乏的情况下，集中居住可以改善农民的医疗和卫生条件，是一种很好的选择；偏远山区医务人员比较缺乏，养老人才更是十分稀缺，集中居住有利于这些人力、物力资源的充分利用，有利于偏远山区农民的养老质量的提高。

二、逐步改善居住环境

（一）首先解决水源供应问题

1. 解决分散居民供水问题

在我国广大的偏远山区，尤其是西部地区，分散居住居民的吃水问题和牲口生活用水问题都面临着较大的困难，尤其是遇到干旱、灾害，分散居住农民用水就受到了严重的威胁。由于偏远山区地域广阔，自来水设施设备的安装需要较多的经费，偏远山区经济又相对落后，所以，把这些分散居住的农民集中起来居住，首先解决了他们最基本的生活用水和生产用水问题。

2. 解决山下居民水源保护问题

我国经济发展到现在，环境保护已经提到了十分重要和突出的地位。在广大城市和工业集中区，环境保护的问题得到了基本的解决和重视，虽然还存在许多严重的问题，但是大的方面已经得到了基本的满足。在我国广大农村，特别是偏远山区，由于农民的居住分散，大部分地区基本上无法解决生活污染的问题，家禽家畜的污染也比较严重，分散居住在偏远山区的农民往往选择在水源比较丰富的地方居住，而这些水源也是山下、城镇和农民集中居住区的水源，一户或几户分散居住的农民及其家禽家畜对水源的污染给山下城镇和农民用水带来了极大的危害。把这些分散居住的农民集中到山下居住，从根本上解决了山下、城镇和农民集中居住区的水源的安全和质量问题。

（二）解决占有耕地问题

1. 分散居住大量占有土地

在我国偏远山区分散居住的农民，住房、生产设施、家禽家畜用房以及配套设施会占用较大的面积。据我们在四川西部地区山区的样本调查可知，平均每户农民占有土地在1.2亩左右，由于分散居住农民住址的选择都是在地理位置较好的地方，绝大部分房屋及其附属建筑占用质量较好的耕地。根据样本分析，分散居住在偏远山区的农民集中居住以后，平均每户约节省2/3的占用土地，400平方米以上的占地，经过初步简单的改造就会变成优良耕地。

2. 集中居住会节约大量优质耕地

把偏远山区分散居住的农民迁移下山集中居住会节约大量的优质的耕地，据我们采集的样本分析可知，一般每户农民用房及其附属设施共占有耕地1.2亩左右，约800平方米，如果迁移下山集中居住，至少每户可以节约500平方米左右的优质耕地。进一步估算，在偏远的乡，如果把300户偏远的农民集中在两三个地方居住，可以节约将近300亩左右的优良土地，这是一个十分宝贵的资源，对子孙后代都有极其重要的作用。

（三）改善居住环境

1. 集中居住节约住房建设资金

按照我国农村的风俗和传统，当农民富裕以后，首先是集中所有精力为下一代修建一座很大而能支撑门面的房屋，并且有互相攀比的状况，特别是在偏远山区，分散居住的农民往往把一生仅有的经济积蓄都用在修建房屋上。根据普遍的调查，农民用传统模式修建的木结构的瓦房，有效使用期一般在30~40年，而按照新的技术和材料建设的住房，有效居住使用期一般为100年。所以将这些分散居住在偏远山区的农民迁移到相应的集中居住区，集中建房，会节约巨大的建设成本。可以这样分析比较，分散居住的农民建设的居住和附属用房，一般可供一代人使用，而按照现在的建筑技术和材料建设的居住用房一般可供两代人使用。

2. 集中居住有利于养老实施建设

偏远山区的分散居住的农民几乎根本没法建设养老设施，一旦老人进入高龄阶段，特别是产生半失能、失能状态，就无法享受现在社会发展带来的养老设施的优惠。

三、从发展生产着眼未来

（一）集中居住有利于教育

1. 有利于学校建设

在我国东部和中西部经济较为发达的地区，农村的学校建设经过几次改革、调整和发展，大部分农村一个乡镇只有一两所小学，由于交通条件较为发达，农村子女上下学基本上就集中在乡政府所在地，有少数的乡和较偏远的地区设有一所小学。但是在较偏远的山区，由于交通条件较差，在乡政府所在地设立一所小学难以满足农村孩子的上学问题。在偏远的山村建设小学也存在许多困难和问题，首先是教师的严重缺乏；其次，学校的规模太小，随着事态的发展也会被淘汰，所以偏远山区的小学的建设布局也是一个难题。把大部分分散的农民集中起来居住，有利于集中财力、物力，建设符合国家要求的小学，有条件的地方还可以建立幼儿园。

2. 有利于子女上学

偏远山区的农民集中居住以后，由于学校的布点和建设比较合理，有利于子女上学，这从根本上解决了山区农民的长远发展问题，有利于人才的培养和今后山区建设的更快发展。

（二）有利于交通建设

1. 分散居住道路建设困难

偏远山区分散居住的农民，道路崎岖不便于行走。中华人民共和国成立 60 多年以后，我国除西藏及少数地区外，村村通了公路，东、中部和西部大部分地区乡村道路已经 90% 以上的硬化，这是我国农村富裕和经济发达的重要表现之一。但是在偏远的山区，由于部分农民居住过于分散，要从已建成的乡村道路拓展道路到分散的农户，往往有几千米之长，所需要的投资和费用很高，如果非要专门为一户或几户农民修道路是不合适的。

2. 浪费土地和资金

在偏远的山区为分散居住的农民修建道路，会大量地浪费土地。我们作一个比较分析可知，如果在偏远山区修一条 5000 米长的道路，如果路面 3 米宽，就会需要 15000 平方米的土地，再加上还应该设有几个车辆交会的宽阔地点，这个道路大约使用的土地在 30 亩左右，这是一个极大的浪费。

同样，修建5000 米的道路，由于是山区地质条件较差，所使用的资金会在50 万元以上甚至更多，这些资金将所有的农民搬到集中居住地建设房屋也能满足要求。这不但节约了大量的资金成本，更主要的是改善了山区农民的居住条件和生活环境，更有利于老人的养老生活。

（三）规划和建设

1. 规　划

现在正是我国全面建设小康的关键时期，国家对偏远山区精准扶贫也有了相当大的资金投入，财政对边远山区的补贴种类也较多，比如退耕还林补贴、森林绿化补贴、扶贫资金补贴、养老设施资金补贴、水利建设补贴等，这充分体现了国家对偏远山区建设小康的重大支持和帮助。同时，国家也特别强调养老问题，因此，各地有关部门和养老机构，要充分利用现在的大好形势，对偏远山区分散居住农民迁移下山集中居住，做好长远规划，现在一些地区的“十三五”规划虽然已经制定，还可以补充和完善，中长远规划也应该充分考虑偏远山区的农民的集中居住问题。

2. 建 设

偏远山区农民的集中居住地建设应该注意以下几点：

第一，在规划时一定要考虑长远利益，留有余地。

第二，要根据当地的经济条件，不要太超前，要讲究实效。

第三，在我国东中西部地区，都有一些新农村建设的先进经验可以学习借鉴。

第四，偏远山区农民集中区的建设不能有太“理想化”的要求，要用新思维思考新常态下新型农民的要求。

3. 关于人才方面的探讨

在偏远山区广大农村，由于经济相对落后，交通不便，相对闭塞，严重的问题就是缺乏人才。因此，在进行偏远山区农民集中区建设的时候一定要注意培养相关的人才，特别是管理型和服务型的人才，要防止农民集中区建成以后管理不善，带来负面的影响和效果。

对于偏远山区分散居住的农民进入集中区居住以后，一定要对他们在观念上、生活上、生产上进行指导和引导，帮助他们克服实实在在的困难，让他们适应新的居住环境，改变传统的生活习惯，过上现代的新农村的集中居住的幸福生活。

第二节 偏远村居民居家养老

这是一个涉及面很广，而且需要各地政府高度重视，各方面人士共同努力完成的民生工程。

一、有条件的下山居住

（一）创新下山居住条件

1. 政府集中建设“新农村”搬迁村民居住

我国“十一五”规划期间，开始了大量的社会主义新农村建设，全国各地都有一些试点单位，获得了许多成功的经验，经过十多年的建设，我国有相当一部分山区居民下山居住，特别在东部经济发达地区和中西部中心城市以及郊区经济条件较好的地区已经把大部分偏远山区的分散居住的农民，迁移到山下集中居住，解决了偏远山区农民的集中居住问题。

十三届全国人大一次会议《政府工作报告》指出，2017 年，全国已搬迁 350 万人到山下集中居住。这为养老创造了良好的条件。

2. 政府规划区域吸引村民下山居住

在大部分地区，地方政府经过规划留有偏远山区农民的居住区域。根据地方经济的发展状况，由地方政府给予一定的财政补贴。分期分批安排偏远山区农民到规划的地方建房，逐步实现集中居住。

（二）经济措施

1. 政府经济补贴

为了实现偏远山区农民的精准扶贫得到全面小康水平，采取积极的政策和措施，动员鼓励吸引偏远山区的农民到山下集中居住，大部分农民在他出生的地方居住习惯了，不愿意离开原有的地方，政府在动员的情况下，采取经济补贴的措施，让偏远山区的农民到集中地区修建房屋，只需要花很少的资金。在有些地区，如浙江的很多县和乡镇、四川成都的郊县，给予了农民优惠的经济补贴政策，使他们真正得到了实惠，在离家乡不远的地方过上了城镇人口的生活，得到了小康生活水平。

2. 政府解决村民就业

偏远山区的农民到政府指定集中居住地以后，最大的问题有三个方面：

第一，经济收入来源问题，过去在山上自给自足的农业收入，也有少量的经济林木水果等可以出售，获得家庭的经济来源。下山集中居住以后，在地方政府协调下，根据农民的年龄文化和技术特征，安排到附近的企业就业，让他们有固定的经济收入来源，过着比山上优越的经济生活。

第二，部分农民还可以组织他们到原来的地方去发展种植业和养殖业，但是居住条件和生活条件都有了极大的改善。

第三，主要是子女或者孙辈的就学问题解决较好，不但解决了他们的后顾之忧，还为下一代的发展创造了良好的学习条件。

第四，边远山区的农民十分怀念单家独户的生活，当他们的子女或孙辈从城里学习打工回来以后，居住了较好的房子，生活环境得到了较大的改善，多数会安心于集中居住地的生活。

二、“互联网＋”远程养老系统

（一）网络建设全覆盖

1. 村村连接互联网

在我国大部分偏远山区分散居住的农民，集中居住以后，有利于互联网宽带设备安装，为村村实行互联网联通提供了便利条件。一方面节约了安装设施设备的费用；另一方面便于维修维护，使农村互联网的整体水平得到了较大的提高。

2. 农村信息现代化

由于互联网的广泛应用，农村信息化水平得到了普及和发展。从我国农村信息化水平的整体来看，还只是极少数农民掌握和运用互联网，在过去极其分散的居住条件下，要实现互联网的全覆盖还是有很大难度的。集中居住以后情况就不一样了，一方面设施设备条件有了很大的改善；另一方面，有文化的农民还可以辅导更多的农民使用互联网，运用于生产生活和产品的销售，极大地改善了过去农村信息不畅、交通不便的环境，有利于农业生产的进步和发展，促进农业技术的进步，推动农业现代化的逐步实现。同时增加农民的收入，提高整个农村的生产生活和整体文化水平。

（二）远程养老系统

1. 紧急救助网络建设

在我国偏远山区和农村，由于信息不畅通，道路设施较差，交通不方便，一旦出现老人突然发病产生危险的情况，抢救就会遇到各种各样的困难。实行集中居住以后，农村医疗站点也比较健全。尤其是缩短了120和其他紧急救助的距离，极大地方便了老人危险病情的紧急救助，能够尽可能地避免不必要的危险发生，使更多的老人得到有效的紧急救助。

2. 远程医疗网络建设

偏远山区和农村不断地实行分散居住向集中居住转化。农民的集中居住，有利于远程医疗系统的广泛应用。

2014年6月国家发改委、民政部、国家卫生计生委颁布《关于组织开展向养老机构的远程医疗政策试点工作的通知》，明确提出要探索市场化的服务模式和运作机制，在局部地区要构建有利于面向养老机构开展远程医疗应用的有利环境。

从首先试点的三个省市来看，分别是北京市、湖北省、云南省，它们都具有大部分的山区和偏远的地区。对这些山区和偏远地区的农民实施集中居住以后，更有利于远程医疗的展开，获得了较好的效果。

三、建立大系统的志愿者服务

（一）全国志愿者大系统建设

1. 全国志愿者组织系统建设

我国社会文化高度发展，2015年12月全国注册的志愿者1亿多人，经常积极参加活动的志愿者8800万左右，这是非常令人高兴的事。但是这些志愿者中80%以上处于中心城市或城镇，广大农村的志愿者人数还很少。为了应对我国老龄化带来的挑战，提高我国社会的文化素质，提高整个国民素质水平，我们还需要广泛组织全国性的志愿者系统，特别是在广大农村通过大量的宣传组织广大农民成为志愿者。从国外的成功经验来看，我国的农村志愿者系统还有巨大的发展空间。据资料显示，从2015年统计的145个国家和地区的志愿者状况来看，处于前三位的是缅甸、美国和新西兰，而我国只处于144位。进一步分析可知处于第一位的缅甸属于第三世界发展中国家，农村所占的面积比城市要多，也有大量的山区存在，整体经济文化水平远不如我国。所以在一段时间内，我们在农村发展广大志愿者队伍是完全可能的，这是我国全面建设小康的重要标志之一。

2. 区域志愿者系统建设

志愿者队伍的组织主要是在基层单位和各自单个的地区，因此各个地方政府工会、共青团、妇联、企业、乡镇村的管理部门，都应该学习和组织志愿者队伍。要让大家充分认识到一个地区、一个部门、一个单位的志愿者队伍是否组织较好，是该地区、该部门、该单位的整体素质高低的表现之一。从现在的志愿者组织的状况来分析主要影响的因素如下：

第一，地区部门单位领导的重视程度。如果领导重视了地区，该地区部门的志愿者活动就会有声有色。

第二，领导带头群团组织积极性高。各地区的志愿者组织形式是多种多样的，现在也兴起由个人带头组织独立的志愿者队伍，但总体上还是以部门单位群团组织带头组织的志愿者队伍占大部分。

第三，要有初始的活动经费。志愿者队伍组织在我国发展之所以不快，重要原因之一就是初期的活动经费缺乏，要解决这个问题，应该由单位群团组织慈善家、企业家或志愿者个人筹集一定资金作为志愿者组织的活动经费，这样才能使志愿者队伍不断壮大，活动更为广泛，坚持较为久远。

（二）养老志愿者系统建设

1. 建立专门养老志愿者体系

在我国的各个地区由于老年人数量所占比例越来越大，养老所需要的志愿者也越来越多。因此各地区的主管部门和养老机构，应该积极地组织该地区的专门为养老服务的志愿者队伍。一方面，在老年人当中的低龄老人可以自己组织养老服务的志愿者队伍，也可以吸收其他年龄的志愿者参加，低年龄段的老人不断进入高龄年段以后，还有老人不断地进入这个队伍，形成良性循环，让老人整体的养老质量得到志愿者的帮助；另一方面，地方政府部门和养老机构可以组织社会的其他人士加入专门为老人服务的志愿者队伍，当老人出现病危和紧急状态的情况时，志愿者队伍能为抢救老人的生命贡献力量。同时，志愿者队伍也能在平时为老人提供一定的服务和帮助。

2. 养老志愿者和老年人对接系统

志愿者队伍的组织形式是多样化的，志愿者队伍的服务方式和方法也是多样化和个性化的。在志愿者队伍中的老年志愿者，最大的优势是有时间可以自由支配，随时可以提供针对性的、个性化的志愿者服务。社会化的志愿者队伍由于志愿者的年龄阶段的不同，工作岗位的不同，技术专长和特质都不同，也可以有适应老年人需要的志愿者服务。为了更好地、充分地发挥志愿者队伍的作用，志愿者队伍可以组织有关志愿者针对个别老人的特殊需要，进行志愿者服务的有效对接。

第三节　全面小康下的居家养老

在我国广大农村的偏远山区，居家养老是最主要的养老方式。在我国经过精准扶贫以后，进入全面小康阶段的居家养老，需要一个更高档次的物质和精神的文化生活要求。同时要根据我国整体经济社会发展水平，使部分集中居住的农民逐步就地转化为城镇居民的生活状态，解决农村农民的养老难题。

一、建立示范基地

（一）居家养老示范基地简介

1. 黑龙江

黑龙江省处于我国最北部，也是我国东北最老的工业基地的重要省份之一。既有我国著名的“北大荒”，广大的平原粮仓，也有大兴安岭覆盖的山区。在我国应对老龄化的过程当中，黑龙江省的政府部门十分重视养老，总体上走在全国的前列。主要有以下两个标志性的案例。

第一，黑龙江民政学校。最近几年在培养养老人才方面，做了积极的工作，在2015年为全省培养3000多位养老护理员，并将100多位养老护理员输送到上海市的养老机构。由于服务态度好，工作技能比较全面，受到上海市有关方面的肯定和赞扬。

第二，齐齐哈尔市的养老机构办得较好，齐齐哈尔市的市委市领导对养老事业高度重视，克服财政上的困难，利用棚户区的改造，采取综合治理的方式，建立养老机构。机构设施设备条件较好，不但满足了本地老人的养老需求，还吸引了天津、山东等地的老人异地养老。并且得到外地养老老人的一致好评，这是十分难能可贵的。

2. 甘　肃

甘肃省是我国西部的重要省份之一，土地43万平方千米，人口2600万，地处河西走廊，安西地区是极其干旱的荒漠，有“春风不度玉门关”之荒凉的描述。但是在这样相对落后的西部地区，由于政府很重视养老产业的发展，在人才培养、养老机构的建设等方面都做了积极的工作。虽然自然条件相对较差，在居家养老方面可以说走在全国的前列。

（二）讲　评

1. 关于区域经济环境与居家养老

在我国各个地区居家养老是养老总目标中最基础、最主要的养老方式，东部地区整体经济环境形势良好，但是发展也不是很平衡，在广东省也有一些偏僻的山区和落后地区，在中西部地区，也有经济较为发达的中心城市和环境优美的乡镇。因此居家养老应该考虑区域经济的环境。根据当地的历史文化传统、居住的形式和格局，有针对性地研究居家养老应该采取的主要形式，养老机构应该提供有效的高质量的服务。前面我们所列举的黑龙江和甘肃，就是我国中部和西部地区有代表性的省份，它们根据自己的实际情况，在政府部门的重视下，在养老人才培养、养老机构建设和居家养老方面都处于先进的水平。可是在东部和中部部分地区，虽然经济条件较好，但是由于领导不太重视，养老管理人才缺乏，养老产业的发展处于较为落后的状态，这是需要引起重视的。

2. 历史文化传统与居家养老

一个国家和地区的养老模式的选择，主要是根据历史和文化传统进行的，基本的自然条件和历史文化传统决定了人们居住地的选择、房屋建筑的布局和结构。特别是改革开放40年来，我国广大乡村居民房屋的建设，农民居住地的发展和调整决定了当地养老的基本方式，总体而论，在我国的广大农村，特别是在偏远的山区养老的主要方式就是居家养老。

（三）全面小康为居家养老提供了大环境

1. 内蒙古牧区居民定居点建设

在我国内蒙古地区牧民采取游牧的方式，他们的居住采取流动的方式，改革开放以后在广大的牧区，实行了由国家扶持动员牧民定居的基本居住方式。大部分牧民改变了传统的生活习惯，采取了集中居住的形式。这对于子女上学、整个居民的医疗卫生条件的改善、老年人的养老起到了重大的积极作用。同样在新疆、西藏、青海、甘肃、宁夏等地区的广大牧民也采取了集中定点居住的基本形式，这为居家养老创造了基本的物质环境。

2. 偏远地区村民集中居住是发展趋势

在我国广大偏远地区的农村分散居住的农民，在全面建设小康社会的大环境下，有相当部分地区已经采取了不同形式的集中居住的方式，这是我国农村居家方式采取的重大改革和变化，只有这样才能从根本上解决偏远山区农民的小康生活保障问题，在文化、教育、医疗、卫生、交通、互联网生产现代化和养老方面都有着重大的意义。特别是集中居住改变了传统的生活习惯和模式，这将对我国整个偏远农村的经济文化的发展起着决定性的作用。

二、对口卫生、教育、养老扶贫

（一）对口卫生扶贫

1. 关于偏远地区医疗卫生对养老扶贫的简介

国家长期实行经济发达地区对经济落后地区对口支援扶贫政策，我国长期有在医疗方面对西部经济落后地区对口支援的传统，自中华人民共和国成立以来，国家每年都会派大量的医疗工作队到新疆、西藏、青海、四川、云南、甘肃、宁夏、内蒙古等地区进行医疗卫生方面的对口支援工作，在东部省份向西部落后地区的对口扶贫的总体工作中，医疗卫生方面的对口支援是重要的方面。最近几年，国家出台一系列的文件，对西部进行卫生和养老方面的对口支援，2015年11月，国务院办公厅转发卫生计生委等部门《关于推进医疗卫生与养老相结合的指导意见的通知》。2014年6月，国家发改委、民政部、国家卫生计生委发布《关于组织开展面向养老机构远程医疗政策试点工作的通知》，2015年3月国务院办公厅颁发《关于印发〈全国医疗卫生服务体系规划纲要（2015—2020年）〉的通知》。这些文件从不同方面对中东部地区医疗卫生方面向西部地区对口支援和养老方面提供了政策性的规范。

2. 点　评

关于卫生医疗的对口扶贫问题，是中华人民共和国成立60多年来处理得最好的国内事务之一。经济发达地区对偏远山区农村的卫生医疗条件的改善，长期做了大量的无私的援助。在关于养老扶贫上，还应该总结过去的经验，吸取教训，运用新的理念和手段提高养老扶贫的水平和档次。

（二）对口教育扶贫

1. 简　介

中华人民共和国成立后，整个国家和经济发达地区对西部经济落后地区和偏远山区做出了大量的教育扶贫和对口支援工作。改革开放以后，大量的教师志愿者深入西部偏远山区和农村进行支教活动。东部经济发达地区的政府和相当多的企业支援西部山区建立了数量不少的希望小学，对改变西部偏远山区教学设备设施起了积极的推动作用。使整个偏远西部山区教学水平和质量有了很大的提高。

2. 点　评

养老方面的对口支援和扶贫工作，主要是在养老人才培养方面做了大量的工作。2014 年 6 月，教育部等 9 部门发布《加强推进养老服务业人才培养的意见》，特别强调要加强养老人才的培养，并且要对经济落后地区提供帮助和支持。2013 年 11 月，民政部办公厅发布《关于开展全国养老护理员远程培训工作的通知》，专门对养老护理员的培训工作作出安排和部署，通过远程教育培训养老人才，有利于西部落后地区享有“互联网 +”的科技成果。通知中规定全国养老护理员远程培训分两个阶段进行，第一阶段在北京、河北、吉林、黑龙江、上海、安徽、山东、河南、湖北、湖南、广东、重庆、四川、贵州、甘肃 15 个省份开展试点，其中除北京、上海、山东、广东外 11 个省区市都是中西部经济落后的省份，这说明国家将对中西部养老人才的教育的支持摆在重要的位置。

（三）对口养老扶贫

1. 关于对口支援养老扶贫的简介

国家对中西部地区的对口支援做了大量的工作，对养老方面也十分重视。民政部在 2013 年 12 月发布的《关于建立养老服务协作与对口支援机制的意见》中，强调在养老扶贫对口支援上坚持辐射功能，以城带乡优势互补长期协作共同发展的工作方针，通过养老服务协作与对口支援机制加快农村和欠发达地区养老服务业发展，确保到 2020 年我国全面建成以居家为基础、社区为依托、机构为支撑，功能完善、规模适度、覆盖城乡的养老服务体系。要坚持尽力而为与主动作为相结合、政府引导与市场推动相结合、立足当前与着眼长远相结合、对口支援与共同发展相结合的基本原则。确定对口支援合作的任务包括：开展人员培训，加强互相合作，开展异地养老、“候鸟式”养老，分享管理经验，提供技术指导和加强设备支持等工作。

2. 点　评

民政部关于经济发达地区对我国中西部农村和欠发达地区的对口支援协作和扶贫，作了相当细致和符合实际情况的规定，对中西部和偏远山区农村的养老提供了帮助和支持，已经取得了一定的成效。

三、建立造血机制

（一）关于“输血机制”和“造血机制”

1. 含　义

所谓“输血机制”是一个形象的说法，意思是指经济发达地区对偏远农村和山区农民的支持就好像对一位贫血的人通过输血的方式来增强活力，提高健康水平，将这种方法用于对口支援，在经济学和管理学上人们形象地把它称为对口支援和扶贫工作中的“输血机制”。

所谓“造血机制”是指在对口支援和扶贫工作中，对采取的基本方法的形象比喻，把经济落后地区形象地比喻为一个贫血病人，不是用简单的输血的方式，而是采用从根本上治疗和调整病人的身体，增加他的造血功能，而使身体逐步健康起来的基本方法。

2. 历史经验教训

在中华人民共和国成立60多年的历史里，国家对西部落后地区的支持和帮助，曾经长期采用类似输血的方法，得到了适得其反的效果。有资料表明，我国在1950—1980年30年间，对西藏地区人力、物力、财力的支持，折合成人民币为1000多亿元，经过分析研究可知，国家在30年间对西藏人民的经济援助可以让每个西藏人按当时的生活状况不需要付出任何劳动就能过着很不错的生活，实际上等于把整个西藏人养了起来。

在我国改革开放以后，我们总结了过去的历史经验和教训，采取了对西部农村和欠发达地区如西藏支援以“造血机制”为主的基本方式，主要在培养人才，发展教育，改善卫生医疗设施，逐步普及科学技术，推广先进的农业、畜牧业等生产技术，加强交通等基础设施建设的投入，取得了良好的效果。在养老的对口支援和扶贫方面一定要坚持运用造血机制的方法。

（二）从长远和根本上帮助偏远乡村发展

1. 长远基础建设

我国东、中部经济发达地区对西部经济欠发达地区的帮助和支援，要从长远利益和根本上考虑和解决问题，首先要重视的是对这些地区的基础设施建设加大投入和支持帮助，主要是在道路交通建设方面，比如我国青藏铁路的建设就是对西藏、青海地区的有根本性的战略性的支援，受到了全世界广大民众的称赞。同时对西部地区农田基本水利设施、林业畜牧业设施基本建设提供有效的帮助，才能为西部地区的长远发展打下坚实的基础。

2. 教育卫生文化建设

教育是根本，国家和经济发达地区对西部农村和欠发达地区在教育上的支持和帮助也是极其重要的一方面，人才是决定性的因素，发展教育为西部地区培养自己民族的人才，是从最基本的方面支援西部地区的发展，过去做了大量的工作，今后还应该保持和提高支援的水平和档次。人民的身体健康、生活富裕离不开医疗卫生方面的保障作用。中华人民共和国成立60多年来，西部农村和欠发达地区医疗医药卫生水平有了极大的改善，但是，总体而言还不能满足广大民众的需要，还有很大的差距，因此需要进一步在医疗卫生方面对他们进行支援和帮助。

文化传统是引导人们思想的决定性因素，要不断地提高西部落后地区全体人民的文化知识水平、社会道德水平，加强法律法制观念、祖国观念。经济发达地区和东部地区的有关部门要在文化艺术、思想进步方面帮助西部偏远农村农民和群众丰富文化生活，提供精神食粮，逐步提高国民的整体素质，加强文化设施建设的投入也是对西部落后地区和偏远农村支援的一个重要方面。

3. 养老实施建设

在全国上下都在应对全国老龄化带来的挑战的时候，经济发达地区对西部农村和偏远乡村的支援和帮助，在养老设施建设方面是一个重要的环节。按照国家2015年养老设施建设的有关规定，在西部新建的小区和社区中要充分建设完善的养老设施，在西部分散居住的偏远农村的农民集中居住点也需要增加养老设施的投入，东部经济发达地区在养老设施的建设和养老设备的支持上，应该多做一些工作，使农村老年人的养老在硬件方面有较好和健全的保障。

总之，经济发达省份对西部偏远农村山区、欠发达地区的经济援助和养老扶贫方面的帮助，要从长远利益出发，在基础设施建设、教育卫生文化建设、养老设施建设方面提供与当地经济社会条件相适应的配套的支持和帮助，这样才能发挥真正的效益。

知识拓展

关于农民占用土地的介绍如下。

在我国广大的农村，每家每户农民的宅基地都是很宽大的。首先，他们的房间很多，同时一般还有一个院落，特别是在南方和西部地区，养家禽家畜的房间面积很大，虽然这些房屋建筑比较简陋，但是它们占有大量的土地，有1/3的农民家庭饲养家畜家禽的面积比人居住的房屋面积还要大，房屋四周的林木果树道路占地面积也很大，还有一种普遍存在的情况是，大部分农民在新建住房以后，旧的房屋虽然已很破旧，但是并不把它拆除，占用了大量的土地。根据我们在川西平原采集的样本来看，平均每户住宅附属用房、道路和房屋四周林木所占用的土地80%都在1.2亩以上。

案例点评

简介：关于我国社会主义新农村建设的案例。在西部某中心城市的郊县，10年前在设计新农村建设的时候，每户农民留有饲养四头左右生猪的用房，以及饲养家禽房屋、农民种蔬菜用地，平均每户农民占地200平方米以上，这是一种非常理想化的做法，是脱离实际的，也是不现实的。

结果为这些农民准备的饲养猪和家禽的用房，90%以上被浪费，不可能被充分地使用，造成了不好的影响和后果。

点评：上述案例告诉我们，当农民集中居住以后，实际上已经进入了半城镇化的生活状态。现在的新农村，基本上不可能每家每户还像30年前那样，自己养猪、养鸡鸭等。首先卫生条件就不许可，是严重的环境污染。这种设计倒退到了30多年前，严重落后，并违背了人们新的思维模式、生活方法方式。

第四篇

老少偏边地区居家养老实务

第十七章　精准扶贫政策中的革命老区居家养老服务

精准扶贫是全面建设小康社会的关键性的重要一步，我国革命老区主要在偏远的山区和经济欠发达地区，为了实现我国革命老区的全面小康社会的建设目标，只有在精准扶贫取得初步的成功以后，才能进一步实现全面小康社会，革命老区的居家养老也能得到更好的实现。

第一节　精准扶贫对居家养老的政策安排

革命老区的居家养老是在最近50年内十分重要的大事，这是一个中长期的目标和战略发展任务，我们在对老区进行精准扶贫的时候，一定要充分考虑居家养老的现在和将来的利益，综合平衡，有利于将来的发展。

一、精准扶贫政策中的居家养老政策的主要内容

（一）居家养老与精准扶贫的内在契合性

1. 发展居家养老对精准扶贫产生的意义

居家养老是我国养老中的基础和主导形式，在我国广大的革命老区，居家养老也是今后相当长一段时期内必须采取的基本的养老形式，“居者有其屋”是中华民族5000年来追求的目标和传统之一。中华人民共和国成立60多年来，经过长期的努力，基本实现了这个目标。但是在我国广大革命老区和偏远山区，虽然解决了广大群众的基本住房问题，要达到全面小康社会的满足现代生活的老人的养老设施和住房还有相当一部分问题需要进一步解决。

居家养老的有效解决，对精准扶贫具有很重要的意义。

第一，需要解决革命老区的空巢老人的家庭的脱贫问题，这是革命老区精准扶贫的重要的内容和要求之一。

第二，革命老区大量存在的半失能、失能老人的养老问题也需要解决，解决好了老区人民养老问题，大量进城的农民工就不会重返家乡照顾他的父母。据国家统计部门的统计，现在我国有失能老人4000万左右，半失能老人2000多万，共涉及6500万左右的家庭，这个问题解决好了，其实他们在城里工作和打工的子女无后顾之忧，对整个社会经济文化的发展都具有很大的促进作用。

第三，居家养老问题是我国社会养老的最基本的方式之一，是我国综合实力的提

高、社会文明、精神生活健康、经济、文化建设、社会进步的整体要求。

2. 精准扶贫在养老方面存在的问题亟待解决

第一，关于养老管理和服务人才的培养问题。养老方面的人才在全国来说都是十分缺乏的，但是在广大革命老区更加奇缺。2016 年中国养老事业发展基金会会同北京市社会管理学院在我国著名的革命老区井冈山市举行“养老人才培训活动”，准备在两三年内培养 1000 多名养老护理方面的专业人才，这只是开了一个好头，在我国广大革命老区急需大量养老人才，必须加大培养力度。

第二，广大革命老区存在分散居住老人的养老问题。根据我们的调查研究，我国长征路线经过的革命老区，沿途经过几十个县，与四川“彝海结盟”相互连接的贵州、四川 15 个县的广大革命老区，都是海拔 2000 ~ 5000 米的高山地区，分散居住的农民和少数民族较多，他们的养老问题就存在严重的挑战。

第三，医疗问题。经过 60 多年的努力和发展，我国广大革命老区的缺医少药的状态得到基本的改善，但是总体上还存在许多缺陷，革命老区居家养老老人的紧急救助和治疗条件都需要较大的改善。

（二）精准扶贫政策中的居家养老政策、法规、法律的主要内容

1. 主要内容

以居家养老为基础是我国养老的总目标、总要求，也是一个基本的国策。国家出台了许多有关扶持的政策，关于在革命老区中贯彻的精准扶贫的聚焦养老政策主要如下。

第一，关于革命老区居家养老的法律法规和政策都贯彻在有关的法律法规中，有《老年人权益保障法》《社会养老服务体系建设规划（2011—2015 年）》《民政部关于鼓励和引导民间资本进入养老服务领域的实施意见》《国务院关于加快发展养老服务业的若干意见》《关于加强老年人家庭及居住区公共设施无障碍改造工作的通知》《关于加强养老服务标准化工作的指导意见》《关于推进城镇养老服务设施建设工作的通知》《关于建立健全经济困难的高龄失能等老年人补贴制度的通知》《关于鼓励民间资本参与养老服务业发展的实施意见》《关于进一步做好养老服务业发展有关工作的通知》《关于开发性金融支持社会养老服务体系建设的实施意见》。

第二，国家颁布的《中国农村扶贫开发纲要（2011—2020 年）》中重点扶持政策有七个方面，其中第七条是对革命老区、县给予重点扶持。这是在我们查阅的相关文献中少有的对老区扶持的专门条款。

第三，1986 年国家确定重点扶持贫困县的标准是：农民人均纯收入 150 元以下，但对革命老区以及少数民族自治县则放宽到 200 元（牧区 300 元）以下。

2. 重点分析

在我国广大的革命老区中有相当一部分是东中部发达地区，如江苏、安徽、浙江、广东等地的革命老区就是属于经济发达地区。河南、湖北、江西等地的革命老区属于中部中等经济发达地区，因此我们认为中华民族历史文化传统中有着重要的“感恩”“吃水不忘挖井人”的光荣传统。因此在关于养老的扶持政策方面应该注意专门研究和加强对革命老区的贫困老人的扶持政策的研究，尤其是还健在的老人、高龄老人，在

中国人民革命和解放的斗争过程中都不同程度地做过一些贡献和牺牲。他们现在年老了，在养老上存在一定的困难，国家和人民应该给予他们适当的经济上的补助，各地政府部门和养老机构要有针对性地对革命老区的养老提供更优良的服务。

现在我国已经出台了对于贫困地区养老的扶持政策，只是在很少的方面专门提及革命老区，有关部门和学者把革命老区和少数民族地区合并在一起研究，这是有一定道理的，但还存在一些缺陷和不足。部分革命老区在地理位置上处于少数民族地区，在享受养老的扶贫政策上应该和少数民族地区有所区别，应该同时享受少数民族的优惠扶持政策，也要享受对革命老区的扶持政策。我们关注到，1986 年制定的对经济相对落后地区政权的收入标准是 150 元，少数民族地区和革命老区是 200 元，而牧区是 300 元的标准，后来有关标准又作了相应调整，但总体上是把少数民族地区和革命老区混为一谈，这是需要认真研究的重要的问题之一，从我国优秀的历史和文化传统来分析：中华民族之所以有如此伟大的成就，与革命老区人民长期做出的牺牲和贡献是分不开的。我们认为，国家应该专门制定出对革命老区贫困老人的关心和帮助的专门政策措施。

二、精准扶贫和全面建设小康背景下居家养老政策的连续性和持久性

（一）精准扶贫政策的要求

1. 精准扶贫政策制定连续性

所谓精准扶贫，重要的要求之一就是在“精准”二字上，一方面，在我国几十年的民族解放斗争中，形成了大量的革命老区。它们分布在我国的东、中部地区，由于东部地区经济已经相当发达，大部分革命老区不存在脱贫的问题。另一方面，我国对革命老区的扶贫工作已作出了相当大的贡献，中部地区的革命老区经济有了较大的发展。现在人们普遍看到的革命老区，尤其是经济较为落后的革命老区，大部分分布在西部地区，革命老区和少数民族地区居民混合居住在一起。少数民族也为中国革命的成功作出了巨大的贡献，最有名的是贵州遵义地区、广西百色地区、川豫皖革命根据地地区、红军长征经过地区、陕甘宁革命根据地等革命老区都是多民族居住地区。所以在扶贫政策上，往往把革命老区和少数民族地区结合在一起对待。在分析上述情况以后，我们必须考虑到在精准扶贫中革命老区制定养老扶贫政策的连续性。

2. 完善精准扶贫中居家养老政策持久性

在我国广大的革命老区中，特别是处在西部地区需要扶贫的革命老区，在制定居家养老政策上，应该加大扶贫力度，提高补助标准。从国家人口分布来分析少数民族占全国人口的 8.5% 左右，需要精准扶贫的全国人口为 2000 万左右，大部分在少数民族地区，但同时又属于革命老区的需要精准扶贫的人口不是很多，各级政府和慈善公益团体或养老机构，只需要用一定的力量进行深入细致的工作就可以完成对革命老区的精准扶贫的任务。尤其是对革命老区的困难老人，应该逐家逐户，对每一位需要帮助的老人提出具体的方案，保持政策的持久性。

（二）全面建成小康的革命老区的继续发展

1. 设置一张革命老区分布图

中华人民共和国成立60多年来，我国的革命老区已完全确定。从文化传统教育方面来看，革命的纪念馆博物馆已基本建立齐全。在进入21世纪的新常态下，养老及其相关的政策安排应该有新的方式和概念。对革命老区的人员的支持和帮助，有可能也完全有必要制定一张革命老区的分布图。在卫星遥感系统十分发达的今天，要制定一张关于居民老区的分布图，并不是一件很难的事情，在全面建设小康社会和精准扶贫的前提下，有一张革命老区的区域分布图是很有必要的，特别是在养老扶贫方面，有明确的帮扶目标和对象，对整个社会文化传统建设都是很有必要的。

2. 开展革命老区养老的慈善活动

对革命老区贫困老人的帮助，一方面，政府的有关政策给予实质性的帮助和扶持；另一方面，我们提倡在精准扶贫全面建设小康的关键阶段，积极组织对革命老区的革命老人的公益慈善活动，也是一个很好的方法。通过设立革命老区养老公益基金的方式，可以对革命老区需要帮助的老人做出较为持久的扶持和帮助。

第二节 “一带一路”倡议下的革命老区建设

我国“一带一路”倡议确立以来，整个中国大部分地区被古丝绸之路及其延伸段连接起来，大量的“古茶马古道”重发青春活力，为革命老区建设带来了生机。

一、“一带一路”与革命老区情况介绍

（一）基本情况介绍

1. 关于“一带一路”

我国提出的关于“一带一路”的经济和社会发展战略，为我国的长江经济带经济区、丝绸之路和海上丝绸之路经济区的发展提供了强大的推动力。“一带”，是指长江经济带的整个辐射地区的经济社会文化发展区域，是以长江流域为中心，包括长江支流所覆盖地区的经济发展交通基础设施建设，能源开发与利用，产业合理布局，教育和文化产业的发展，信息和物流业的开发，“互联网+”新兴产业开拓创新，社会发展综合资源的利用和规划等全方位的发展战略。长江经济带是长江流域所涵盖的经济发达地区，在东西方向是我国的中心和核心地区，具有极其重要的战略地位和发展前景。

丝绸之路中的陆上丝绸之路已经被世界多数国家公认，在国家的外交、经济、交通、文化交流、民族发展等方面起到了相当重要的作用，已经具有悠久历史。海上丝绸之路是我们在新的时代新常态下新思维的成果，海上丝绸之路的发现和提出与我国国际地位的提高和整体经济实力的增强是紧密联系在一起的，经过十多年的开发和利

用，已经奠定了将来发展的基础，在2017年5月北京举行“一带一路”世界论坛以后，受到了包括世界银行、国际货币基金组织等国际社会和30多个国家元首或首脑的高度重视，确定了引人注目的合作协议，决定在2018年继续举行新一届“一带一路”的北京论坛。这对我国革命老区的发展将会起到很大的促进作用。

2. 革命老区情况连接

我国“一带一路”倡议的实施和运用，广泛连接着我国80%以上的革命根据地和革命老区：长江经济带在距离上最近地联系着井冈山地区、鄂豫皖革命老区、川湘根据地、大别山革命老区、川陕革命根据地、红军长征经过地区；从丝绸之路方面来看，联系着江苏、山东、安徽革命老区，陕甘宁革命根据地，陇西南根据地，新疆革命老区；海上丝绸之路方面联系着闽浙革命老区、两广革命老区、海南革命老区等。“一带一路”广泛的商业贸易经济文化活动，将给这些地区带来更多的业务往来、生产和商品交换，从而带动整个地区的产业发展，增加就业，繁荣文化。

“一带一路”的革命老区，还可以和中心城市以及地区商业中心紧密连接，互相促进，使整个社会经济文化得到较快发展。

（二）抓住机遇发展

1. 规划和建设

与“一带一路”紧密连接的革命老区，要充分利用新的发展战略机会，以及“十三五”规划纲要的修订，做好革命老区中长期发展规划。“一带一路”带来了经济、社会、教育、文化、卫生等方面的发展。在其基础上，发展“一带一路”上的革命老区的养老产业。并利用“一带一路”带来的国内外的科技市场和人才的资源，发展新兴的产业。总体规划既要符合当前的发展需求，又要照顾长远的利益。

与“一带一路”紧密联系的革命老区，要抓紧基础设施建设。充分利用“亚洲基础设施投资银行”、国家开发银行和地区商业银行提供的基本建设投资资金着眼长远，面向未来，尽可能地建设好一些基础设施，为今后的发展做好准备。

2. 开放的战略

在革命老区的建设中，要坚持改革开放的发展战略方针，以及开阔的国际视野，利用“一带一路”所连接的国际优势，和“一带一路”国家和地区建立新型的经济贸易、文化交流、人才和劳务互通。充分利用自己的优势和“一带一路”带来的新的发展机会，创造出比过去历史时期高数倍的发展速度。

二、基本方法和途径

（一）基本方法

1. 建设小型开发区和工业集中区

全面建设小型开发区和工业集中区，是沿海经济特区、改革开放试验区、保税区、行业开发区和工业集中区30多年成功的开发经验和模式。革命老区由于区域和条件的限制，过去处于相对落后的状态，现在要充分利用“一带一路”所带来的极好的发展机遇，学习沿海地区先进的工业开发区和工业集中区的经验，加快区域的发展，迅速改变相对落后的情况。

2. 公司加农户模式

在革命老区传统的农业、畜牧业、林业、小型加工业、各种水果和蔬菜种植、特种中药材和花卉种植，都有很多不可替代的优势。在长期的发展过程中，主要是由于生产规模较小、技术落后、销售渠道严重阻塞、信息不畅通等原因引起革命老区特色的农林牧副渔产品，没有得到较大规模的发展，更没有得到价值提升，这是由当时的历史条件决定的。在新的国际、国内的形势条件下，国家伟大的发展战略给我们带来了极好的机遇。现在比较成功的经验是：通过公司加农户的经营管理模式能够改变过去传统的方法和途径。把革命老区特有的农产品、药材、花卉等迅速地销售给国内外客户，较快地获得发展资金。

（二）有效的途径

1. 引进外资

我国改革开放40年，整个国家经济实力和国际地位得到了很大的提高，经济发展的国际化市场化程度也得到了极大的提高。对于革命老区来说，引进外资有了新的概念和理解，所谓外资既包括外国资本又包括本地区以外的资本。革命老区的经济部门和企业家应该充分注意，在相对偏远的革命老区、少数民族地区和山区引进国外资本已经不是什么特殊的事情。外国资本对我国东部和中部经济发达地区寻求投资以后，也会根据我国的发展战略和部署，把资本投向我国的西部地区、革命老区、偏远山区和少数民族地区，并且能够获得更大更好的投资收益。在我国高速公路、铁路、高速铁路、机场等交通设施有了更大的发展以后，整个国家的西部地区、革命老区山区和少数民族地区都会成为外国资本投资的最佳选择。另外，对于革命老区来讲，所在的区域之外的资本也是一个投资资金重要的来源。国家早在“十一五”规划期间，就实行了东中部地区到西部地区投资发展的战略，已经获得了一定的成效。但是在产业布局、新技术、新能源、新产品的运用方面项目还比较少，规模也不大。在实行“一带一路”发展战略以后，又经过这十多年的投资和发展，整个革命老区、西部地区、偏远山区和少数民族地区经济环境有了极大的改善，基础设施建设也有了较快的发展。在这一阶段，引进我国东部和中部的资本投入会有更好的投资环境，会使项目的实际能力和目标得到较好的实现。

2. 开发旅游项目

在我国进入中等收入国家发展水平以后，人们的生活观念和方式都会引起重大的变化。在旅游方面，根据国际发展的经验，会把“观光式旅游”改变为“度假式旅游”，这会给整个社会生活带来重要的变化。革命老区、偏远山区和少数民族地区往往处于环境优良、风景美丽的地区，有极大的可供开发的旅游资源。由于过去长期交通条件较差，人们的消费需求还没有达到相对的水准，所以革命老区、偏远山区和少数民族地区的旅游项目发展较少。现在的环境有了极大的改善，充分利用革命老区所具有的特色和文化自然资源发展旅游项目是一种很好的方式。要提醒大家注意的是，我们必须改变传统的思维模式，由于人们土生土长在固有的环境当中，没有发现自己所处地区优秀的旅游资源，对本地的优势有“不识庐山真面目，只缘身在此山中”的感叹。

虽然我国在开展乡村游的活动中取得了很好的成绩，全国有 2 万多个优秀的乡村旅游项目，但是在革命老区、偏远山区和少数民族地区，乡村游的特色项目开展得还不是很多。我们要充分运用国家“一带一路”开发战略带来的极好的机遇，在革命老区加大开发旅游项目投入。

我国在“十三五”规划期间，把发展文化产业作为国家的重点发展支柱产业之一，总投入在 15000 亿元左右，这也是一个极好的发展机遇。革命老区可以利用自己的历史文化资源优势，充分利用革命老区在中国人民求解放长期的战斗生活中的光荣历史、先烈和英雄的模范事迹、战役和战斗的故事、革命的文化优秀传统，形成新的旅游特色景点，丰富人们的文化生活内涵，和乡村旅游结合在一起，打造出有特色的旅游项目。

3. 养老项目建设

根据我国总体的养老目标方法和途径，以及发展的模式和要求，在革命老区养老项目的建设有如下优势。

第一，区位优势。我国大部分革命老区，位置上都在偏远山区和少数民族地区，长期以来比较闭塞，但占据着名山大川，靠近旅游风景胜地，空气新鲜，环境优美，是开发养老项目的最佳选择地。

第二，本地区养老的需要。根据国家经济发展的状况，革命老区、偏远山区和少数民族地区，空巢老人、失能老人和分散居住的老人都需要养老项目的建设和发展，以便于集中居住机构养老。分解在城市工作或打工的子女对老人的担忧。

第三，吸引外地老人养老的需要。由于革命老区、偏远山区和少数民族地区的区位优势，自然条件优良，适合老人养老。尤其是农产品和食品受污染的程度较低，消费水平相对于东部、中部要低很多，对外地的中等收入的老人有较大的吸引力。

第四，自然环境的良好优势。革命老区、偏远山区和少数民族地区自然环境优良，又和风景旅游区紧密相连，污染很少，空气新鲜，有利于吸引我国东部、中部地区的老人养老。

总之，革命老区、偏远山区和少数民族地区，在充分利用我国“一带一路”重大发展战略带来的机遇时，要更新观念，合理规划布局，积极引进外资，加快发展地方经济，努力开发旅游项目和养老项目，推进本地区经济社会文化建设的快速发展。

知识拓展

关于“一带一路”延伸路线的简介。在我国“一带一路”的重大的发展战略确定以后，国际、国内的专家学者进行了深入的研究，进一步丰富了“一带一路”的内容和发展思路。在“一带一路”发展的辐射作用下，提出了关于“一带一路”发展的延伸路线的思想和方法。将“一带一路”经过地区主要的节点，产生分支和延伸，充分运用“一带一路”发展战略的扩大效应和辐射作用。建立了与“一带一路”紧密相连的延伸线路的经济开发区、旅游风景区、工业集中区、保税区、边境贸易区等，与“一带一路”紧密相连的经济特区，开发项目和经济社会发展亮点。

例如，四川、贵州的学者和长征研究专家们就把红军长征路线作为“一带一路”延伸线段的经济开发区。既可以整段开发，又可以分段分区块开发，充分利用和分享“一带一路”开发战略带来的优惠。

案例点评

简介：作为“一带一路”发展战略辐射和延伸线段之一，川西红军长征路线是重要的经济示范区之一。改革开放以来革命老区利用国家实施西部大开发战略的有利契机和国家对此类地区的政策照顾、资金扶持，通过自身艰苦奋斗，取得了一系列的发展成就，比如经济快速发展地区实力明显增强；个人收入不断提高，生存和发展条件不断改善。但是由于人口、自然环境、经济发展程度、交通等因素的影响，发展依然面临着许多的问题，比如工业化、城镇化水平低，无力“以工补农，以城带乡”；地方财力严重不足，投入建设的能力太弱；交通、水利能源等基础设施建设滞后，经济发展条件欠佳；贫困依然严重，扶贫压力大；生态环境恶化日益突出，严重影响经济发展。

国家对于老少地区的发展一直相当关注，但目前国内外对于该问题的研究也极为稀少，没有形成完整的理论或者是结构完善的研究体系，因此，该项目的研究具有非常重要的理论和现实意义。在此背景下，本项目拟在川西红军长征沿线选定极具代表性的大渡河—冕宁—毛尔盖沿线的15～16个县进行经济示范区的打造，以提高该地区的经济发展水平和人民收入水平。本项目的实施，就是实体化地将政府、高校、企业等多方力量整合，努力实现地方经济发展、企业转型升级等多元化目标，为红军长征地区的发展探索出更加切合社会实际的新路。

已建成中国第一个红军长征沿线经济发展示范区，通过信息服务为该地区的经济建设提供强大的动力支持，并通过专家提供示范区规划和具体措施建议，定期或不定期地开办人才培训班，建成农业示范基地、旅游示范区，引领企业到该地区考察投资和定向援助等形式，有效促进该地区经济快速发展，把该示范区打造成具有领头作用的标杆地区。

点评：该示范区是在“一带一路”发展战略实施以后紧密结合长征路线革命老区的综合经济开发项目。在发展目标、开发手段和模式上都有很多创新，项目投入实施以后，将对革命老区经济社会文化发展起到重大的推动作用。

第十八章　革命老区居家养老

我国的革命老区大部分处在偏远山区和少数民族地区，由于社会风俗和文化传统、区域经济发展相对落后等方面的因素制约，居家养老在居民养老中所占的比重比社区养老和机构养老要高得多，因此革命老区的居家养老课题显得特别重要。

第一节　对口支援革命老区居家养老

我国改革开放以来长期实行经济发达地区对革命老区的对口支援、扶贫、经济开发建设的帮助。在养老问题上，中东部的经济发达地区也应该加强经济支援和帮助工作。

一、引入本地区的养老先进模式

（一）对口扶贫地区情况简介

1. 情况简介

我们在研究革命老区居家养老的时候，应该分为三个类型来研究。一是东部革命老区居家养老问题。例如，东北老革命根据地的居家养老问题一般分为两种情况，辽宁省的大部地区、吉林和黑龙江的中心城市都属于经济较发达的地区，天津、河北、山东总体上属于东部经济发达地区，江苏、浙江、福建、广东大部分革命老区都属于经济发达地区。二是中部地区的革命老区，内蒙古、河南、安徽、湖北、江西等中部地区的革命老区处于经济中等发达地区，也有相当一部分在国家级的贫困县地区，属于对口扶贫支援的状态。三是西部 11 省区市大部分革命老区处于偏远地区和少数民族地区，是需要对口扶贫的重点部分。

革命老区的主要分布所在地是少数民族地区和经济落后地区，但是经过中华人民共和国成立60 多年以来的长期的发展，特别是改革开放40 年来的快速发展，总体发展水平有了很大的提高，特别在经济发展上有如下特点。

第一，经济上高速发展。我们主要从民族八省区，包括内蒙古、广西、西藏、宁夏、新疆、云南、贵州、青海统计资料来分析，2015 年经济增长速度继续保持超过全国平均 6. 9% 的态势。

第二，产业结构优化转型发展良好，第一产业稳定发展，第二产业所占比例有所下降，第三产业增长明显。少数民族地区和革命老区第三产业的发展水平总体上超过平均水平。

第三，固定资产投资增速减缓。在整个民族地区和革命老区。由于投资收益率相对较低，固定资产投资低于全国固定资产投资的平均水平。

第四，财政收支明显增长。国家财政对我国民族地区和革命老区增加了扶持力度，使它们的财政收入和支出都有了明显的增长，总体高于全国平均水平。在 2014 年西藏的公共预算财政收入增加幅度很高，是全国平均增速的 3.6 倍，是 2014 年 GDP 增速的三倍。

第五，城镇化进程加快。根据国家的发展规划，民族地区和革命老区总体发展趋势增长比例远远高于全国平均水平。2014 年全国城镇化统计增长率为 54.77%，内蒙古自治区增长率达到了 59.51%。

第六，居民收入快速增长。从全国统计基数来看，少数民族地区和革命老区的城乡居民收入总体上低于全国水平，但是增长速度远远高于全国水平，城乡居民收入差距明显缩小。

2. 养老情况简介

在我国广大的被对口支援和被扶贫的地区，除少部分东部和中部的省份以外，大部分处于西部的贫困地区和少数民族地区，这一地区的养老主要有三种情况。

第一，传统形式下的居家养老。特别是在偏远山区广大农村 99% 以上的老人是居家养老，这是民族传统文化传统风俗习惯所决定的。

第二，失能老人医院养老。在西部贫困地区和革命老区，少部分失能老人由于家庭无法照顾，只有在医院长期居住，尤其是在临终前的一段时间，只能在医院里度过。

第三，极少数的机构养老。在我国西部地区和革命老区由民政部门举办的养老机构，设施设备等相对较好，管理也比较规范。现在也在接收少部分非“三无”老人养老，进入社会化和市场化的养老方式。

(二) 扶贫地区和被支援地区比较研究

1. 国家对老区对口支援政策简介

在改革开放以后一段时间，根据经济发展的梯度理论，我国的省区市被分为三个部分，即东部、中部和西部地区。东部地区为我国经济发达地区，主要包括北京、天津、河北、山东、江苏、浙江、安徽、上海、广东、福建 10 个省市；中部地区为中等经济发达地区，主要包括黑龙江、吉林、辽宁、河南、湖北、湖南、江西、广西、山西、内蒙古、海南 11 个省份；西部地区是经济欠发达地区，主要包括宁夏、青海、陕西、甘肃、新疆、西藏、四川、云南、贵州、重庆 10 个省市。上面的初步划分方法主要是根据地理位置来确定，实际上根据经济发展水平人们往往把广西、内蒙古都划分为欠发达地区。后来，重庆市成为中央直辖市以后，仍然属于西部欠发达地区。重庆市的主要状况是，除了老的重庆市三县八区以外，川东地区都属于经济落后的山区，所以重庆市从经济发展的状况看总体上仍然属于经济欠发达地区。

根据以上省区市经济发展状况，东部经济发达的 10 个省份对西部经济欠发达的 10 个省区市（包括广西和内蒙古）进行对口扶贫支援。在中央有关部委的统一安排下，东部的省份对西部的省份分别对口支援。中部地区的省份中也有一些贫困县和落后地区存在，也由东部的省份进行对口支援。

2. 老区发展模式简介

我国革命老区的发展模式，主要是根据当地的地理位置、气候条件、矿藏和物产方面建立有特色的经济发展模式。主要有以下几个方面：

第一，建立以革命标志为特色的旅游开发区。最为著名和典型的是，井冈山革命旅游开发区、韶山旅游开发区。

第二，建立经济开发区。主要有鄂豫皖广西百色经济开发区。

第三，综合发展模式。如延安革命老区、遵义革命老区。

二、尊重被支援老区风俗，创造融合养老新模式

（一）我国老区养老风俗简介

1. 井冈山地区

井冈山位于江西南部的山区，朴素勤劳的井冈山民众创造了自己的文化，在不同时期的民俗活动中沉淀了他们的生产方式、生活方式和文化方式。

例如重阳节，农历九月初九，称“九九重阳”。农村做糖糕、咸糕祝贺。重阳节为敬老，单位慰问离退休老人蔚然成风。农村则给老人送礼物，祝老人健康长寿。

2. 陕甘宁地区

陕甘宁地区的养老风俗，主要体现西北民族的特点，以居家养老为主，老人主要在儿子家里养老。

3. 红军长征路线地区

红军长征路线地区是一个范围广大的地区，红军从江西出发，经过湖南、贵州、四川、陕西等省。各省老人养老的风俗习惯相互影响又有很大的区别，贵州、四川等省的少数民族地区，各个少数民族的养老服务是有很大区别的，一个共同特点是居家养老，老人主要住在儿子家里养老。

4. 东北革命老区

东北革命老区的情况也有它的特殊性，在历史上山东省有不少人迁移东北，因此他们的居家养老，既有东北林区的传统，也有山东地方民族特色。

5. 苏豫皖革命老区

苏豫皖革命老区经过中华人民共和国成立以来60多年的建设，特别是改革开放40年来经济发展，大部分地区已经成为我国经济发达地区，养老的问题解决相对较好，虽然这些地区也有各自的地方风俗人情，但主要是汉族聚居地区，居家养老为主的情况尤其明显。

6. 全国的革命老区

在我国革命斗争的长期过程中，几乎每个省都有革命老区存在，比如在福建省泉州市，革命老区办公室日常办公，为老区人民服务；在海南省的三亚地区，有以“红色娘子军”革命故事表现的革命老区，这是我国知名度较高的革命老区之一，他们养

老的风俗习惯，以当地的少数民族风俗人情为主。

（二）创新革命老区养老模式

1. 革命老区示范养老模式简介

由于我国革命老区分布在全国各地，经济发展水平相差很大，居住模式、生活方式、风俗习惯也相差很大，主要概括总结出以下养老模式：

第一，以机构养老为主加居家养老相结合的模式。在福建泉州有一个革命老区，由于他们经济较发达，大部分老人采取机构养老的模式，各类民间办的养老机构，床位较为充裕，为广大需要机构养老的老人提供在政府资助下的机构养老模式，另外一部分人则采取居家养老模式。

第二，以社区养老为主及与居家养老相结合的模式。我国井冈山地区，经过中华人民共和国成立60多年来的长期发展，已经成为一座中小型城市。社区居住方式已经成为老区人民主要的居住形式。社区设施和管理普遍较好，老区居民普遍采取社区养老和居家养老相结合的养老模式。

第三，居家养老为主的养老模式。在我国广大的革命老区特别是西部山区、少数民族地区的革命老区，主要采取居家养老的模式。目前还健在的人数极少的老红军基本上采取机构养老的模式。大部分老八路在干休所、疗养所养老，主要还是居家养老模式。绝大部分解放军采取居家养老模式，贫困地区的革命老区主要是采取居家养老模式。

2. 医疗养老结合模式

医养结合的养老模式是养老方式的一种侧面的概括，主要是指在社区和养老机构注重配备医疗机构的养老模式。严格地讲，在养老机构建立条件较好的医院，注重社区医院和医疗点的分布，在居民集中区注重医疗机构的建立，为老人的养老提供更为方便优良的医疗服务。这些都可以称为医养结合的养老模式。在传统的军队武警的光荣院、疗养院、干休所医养结合的条件都是很好的，在大量的革命老区新建的社区都十分重视医疗条件的建设，老人养老的医疗和就诊需求都得到了很好的满足。

3. “互联网+”深度服务下居家养老模式

革命老区养老模式主要是居家养老，国家推出的互联网远程医疗系统非常有利于地处偏远山区、少数民族地区的革命老区的医疗条件的改善，网上会诊，远程诊断，利用互联网进行远程手术指导，这些都为地处偏远山区的革命老区的医疗条件提供了极大的帮助。对广大居家老人充分利用互联网进行深度服务，随着互联网技术的普及和应用，对革命老区老人的居家养老还会提供更便捷的养老咨询和医疗综合服务。

三、注入“造血机制”

（一）革命老区“造血机制”研究

1.“精准扶贫”模式

对革命老区的精准扶贫主要体现在以下几个方面：

第一，对革命老区的贫困县、贫困乡、贫困村脱贫的目标要制定时间表，认真研究和落实，限期完成脱贫目标。

第二，精准扶贫要将革命老区的脱贫责任落实到每一户每一个人，不能有任何遗漏。对这些家庭和个人都要有准确的脱贫要求。

第三，精准扶贫重点在于帮助革命老区的每户和每个人寻求发展生产，取得经济收益的方式方法，让他们自身有较长时期内摆脱贫困的自我发展能力。

第四，精准扶贫要做到可持续发展，防止革命老区的群众在脱贫以后一段时间内重新回到贫困状态。要特别注意的是根据联合国的标准，贫困水平的最低限度在不断提高，只有通过不断的努力才能够赶上和适应整个世界摆脱贫困的基本要求，达到摆脱贫困的水准。

2.“开发区”模式

革命老区摆脱贫困实现全面小康的最基本方式之一，就是建立开发区发展的模式。只有通过较大规模的投入、较高水平的开发区的建设，才能从根本上改变革命老区落后的生产方式。运用先进的科学技术引进专门的人才和项目，才能使革命老区经济社会文化得到较快的发展。

3. 乡村旅游开发模式

革命老区开发乡村旅游发展模式，有他人不可取代的优势，主要如下：

第一，地位优势。革命老区所处的区域位置是他人不可替代的，也是不可复制的，绝大部分地区处在风景优美的偏远山区，有利于开发旅游项目。

第二，特有的“文化革命”传统优势。革命老区的形成，是中国漫长的革命历史所形成的特殊亮点所决定的。比如“红军长征 18 勇士飞夺泸定桥”，这是由特定的红军长征途中的突出的历史事件形成的革命传统文化的一大亮点，在世界上是独一无二的，既不可以替代，也不能复制。

第三，乡村游的特殊资源。比如泸定桥镇周围的乡村利用这个历史遗迹组织乡村游也具有极其突出的特色，也是别人不可取代和复制的。

（二）革命老区养老模式

1. 经济发达地区的养老模式

我国经济发达地区的革命老区的养老模式，也有许多突出的特点。

第一，在经济发达的革命老区中经济发展水平比较先进的养老模式，比如江苏常熟市新四军养伤的著名的沙家浜地区就属于经济发达的革命老区，由于旅游经济开发很好，群众的生活水平普遍很高，他们的养老模式是机构养老和居家养老为主。一方面，部分老人经济条件较好完全可以到机构养老；另一方面，居家条件也很好，多数采取居家养老的方式。现在的老人基本上还是多子女时代的老人，在家中养老的照料问题绝大部分可以利用医疗机构和亲友有效地解决。可以预见再过 5 年至 10 年以后，多数老人处于独生子女状态，但由于他们经济基础较好，完全有条件进入机构养老。这是我国东部经济发达地区革命老区养老的先进的模式之一。

第二，经济发达地区的经济发展水平较低的革命老区的养老模式，是以居家养老和社区养老相结合的模式。如河北的白洋淀地区、福建的海陆丰地区是这种模式。

第三，发达地区的欠发达地区的养老模式，一是以居家为主的基本养老模式。比如山东的沂蒙革命老区、福建的古田会议地址革命老区，都属于发达地区中的落后地区，由于文化传统和风俗习惯、居住方式的限制和决定，只能主要采取居家养老模式，这是由于总体的经济发展水平还比较低，导致相当部分居民还不能采取机构养老的模式，社区建设也相对落后。即使居住在社区，养老模式也是以居家养老为特色的居家养老模式。

2. 经济中等发达革命老区养老模式

经济中等发达的地区主要是指我国中部地区和西部大中城市的革命老区，其养老模式主要特点分析如下：

第一，机构养老、社区养老、居家养老相协调发展的模式。首先，这些地区的老人属于老红军、老八路的占绝大部分，他们当中的相当一部分人进入了干休所、光荣院、军队武警的疗养院养老。因此机构养老的人数也占相当大的比重。其次，中部地区的大中城市社区的设施设备还是比较完善的，革命老区的老人一部分选择社区养老。最后，广大的中部的革命老区的老人还是选择居家养老为主的养老方式。比如大别山革命根据地老区、井冈山革命根据地老区都属于这种养老的典型模式。

第二，以居家养老模式为主。在中部地区也有一些经济相对落后的山区和还没有建成小康的贫困县的乡镇和村存在，这些地区的老人主要选择居家养老。比如东北“抗日义勇军革命老区”，由于他们处在偏远的山区，经济较落后，加上最近一段时期东北地区经济结构的调整，使当地经济发展大大减速，群众的可支配收入普遍较低，多数人很难选择机构养老。社区的设施也比较落后，只能选择居家养老为主的模式。

第三，我国养老发展的总目标为“居家养老为基础，社区养老为主导，机构养老为支撑”。也有养老模式的“973”方案，即所有老人中90%的居家养老，7%的社区养老，3%的机构养老，居家养老占绝大多数。中部地区的革命老区在经济发展水平、社会管理方式、文化风俗习惯，比较典型地体现了我国总体发展水平，选择居家养老为主的模式是必然的。

3. 经济欠发达革命老区养老模式

我国的经济落后地区主要是指西部地区和中部部分经济欠发达的地区，绝大部分革命老区都处在山区和少数民族地区以及偏远地区，其养老模式主要有以下特点：

第一，在中心城市和中等城市的革命老区养老模式受城市的发展水平所决定。比如在重庆市区的红岩地区的革命老区、在贵州遵义会议地址的革命老区，当地居民的养老和城市居民没有区别，完全融入城市的一般养老模式。

第二，西部经济落后地区的革命老区，由于经济条件相对落后，交通设施基础条件较差，居住十分分散，人口稀少，落后的传统的建筑方式为主体，绝大部分老人基本上还处于比较传统的居家养老模式。红军长征路线经过的革命老区多数是这种模式。总体上还需要在国家组织的精准扶贫条件下，基本养老条件才会有较大的改善。

第二节　适当集中的老区居民居家养老

我国绝大部分的革命老区地理位置上处于西部地区、少数民族地区、偏远山区，为了改善当地老人的生活环境和居住条件，必须学习我国东部和中部地区成功的经验，把我国革命老区的大部分的分散居住群众组织起来集中居住，才能从根本上提高他们的生活质量和生命质量，过上真正幸福的养老生活。

一、建立适当集中的老区养老居住区

（一）革命老区集中居家养老的优越性

1. 实现功能齐全的城市化转型

革命老区居民的集中居住养老有利于实现革命老区的城市化的转型，这与我国全面建设小康社会的目标相一致。我国城市化建设进程还需要扩大规模和提高速度，重要的途径之一就是将部分农村人口就地转为城镇人口。部分革命老区的群众集中居住也属于农村人口向城市转移的重要方面，这既有利于革命老区的长期发展，又有利于革命老区老人的养老，还可以解决革命老区人民的下一代上学、就医、就业等方面的现实问题，是一种很好的选择。

以延安为例，该地推行居家养老社区服务模式。2017 年，延安市将全面推行包括网格化管理在内的居家养老社区服务模式，到 2017 年年底，新建 42 个社区服务中心。

一周内，延安市社区慧泽网格员侯某已经是第三次为高大爷上门维修电脑了。80 岁的高大爷儿女都长期工作在外，闲不住的高大爷尝试网上写作，可刚接触电脑，时不时就会遇上拦路虎。

80 岁退休教师高大爷："我有时候就打个电话，小侯，你来，我的电脑我又不会用了，一会儿他就来了。他给我教的这一套，不然我什么都不懂。"

同样住在慧泽社区的惠大妈，常年独自带着身患重残的女儿生活，平日里，社区网格员就成了她跑里跑外的大帮手，她有事外出的时候，生活不能自理的女儿也只能交给网格员照顾。

延安市宝塔区慧泽社区居民惠大妈："我今年也七十多岁了，有这样一个（残疾）孩子，也是挺不容易的，都要靠我，实在忙不过来，就只有叫社区的这些孩子。"

慧泽社区住有 4000 多户居民，社区以 200 ~ 300 户为标准，划分成 20 个网格，并由 20 名网格员分区管理，形成"网格全覆盖、服务零距离、管理无盲区"的网格服务管理新模式。

延安市宝塔区慧泽社区网格员侯某："像平时我们都开玩笑说，我们有时候是修理工，有时候是清洁工，有时候还有可能是他们的搬运工，反正是有什么活儿我们都去干，只要是大家需要的。"

延安市宝塔区慧泽社区党支部书记说："特别是对老弱病残这一块，只要群众有什么需求，给我们网格员打个电话，我们网格员及时了解群众的困难和需求，由社区可以帮助解决一些问题。"

社区服务中心通过分区域细化服务，实现由一个个网格员把社区服务送上居家养老的家门口。目前，延安市区31个社区都已实现网格化管理，建立起一支包括432名网格员在内的专业化社区服务队伍，社区的精细化管理和人性化服务水平进一步得到提升。在2017年的《政府工作报告》中，延安市提出：要全面推行居家养老社区服务模式，建设42个城乡社区服务中心，进一步完善社区功能，提升社区服务能力，让越来越多的老年人享受到"居家养老、社区服务"。

2. 有利于集中财力、人力

革命老区群众的集中居住有利于大量集中人力、财力，解决老区人民的脱贫和全面建设小康社会的问题，需要大量的道路交通设施、基础教育建设的投入，医疗卫生机构的投入，互联网和通信设备设施的投入，都需要大量的人力、物力和财力，尤其是在偏远山区和少数民族地区，各地分散居住的老区人民每家每户相隔的距离很远，会比平原地区和经济发达地区的投入增加数倍，因此让他们适当地集中居住，有利于从根本上解决他们小康社会建设的难题，更有利于革命老区人民的养老质量的提高。

3. 有利于节约土地

革命老区分散居住的农民适当集中居住，这样节约最大的就是土地资源，可以从以下两个方面进行分析研究：

第一，从每户农民住宅用地上节约土地。根据我们的样本研究，革命老区、偏远山区分散居住的农民占有的宅基地，配套设施用房，道路和房屋前后林木用地平均每户在1.2亩左右；如果集中居住，平均每户0.3亩土地就足够了。因此革命老区分散居住的农民集中居住以后，平均每户可以节约0.9亩土地。特别在偏远的山区有效的土地资源十分缺乏，而大部分农民居住所占的土地是土壤质量比较好的地区，集中居住对于革命老区有效地集中土地资源成效是十分明显的。

第二，道路建设能节约大量土地。革命老区、偏远山区和少数民族地区分散居住的农民，从已有的乡村公路修筑连接到农民家门口的道路，少则几十米，多则几千米。为了满足汽车、拖拉机、收割机等交通农机设备的需要，一般需要修建宽2米左右的道路。如果是1000米长的连接线路约占地2000平方米，如果减去过去0.5米宽的道路还可占地1500平方米，这是对革命老区偏远山区宝贵土地资源的极大浪费。

（二）对于中等规模的革命老区集中居住养老

1. 基本情况

我国有一些大型的著名的革命老区，如井冈山地区、延安杨家岭革命老区、遵义会议地址革命老区等都已形成中小城市的规模。但是我国大量存在的是居住人口中等规模的革命老区，一般是指革命老区居住地所在人口是5000~15000人。在我国进入中等收入水平国家以后，旅游事业有了较大的发展。过去一些革命老区相对规模比较小的所在地，经过最近几年的发展，有相当部分已经进入或即将进入中等规模革命老区的行业。随着“一带一路”倡议的实施，“十三五”规划的逐步实现，会有越来越多的革命老区人口规模扩大。比如远离西部中心城市成都600千米之外的泸定桥革命老区，人口规模也迅速扩展，成为中等规模的革命老区。

2. 集中养老更为有利

在居住人口中等规模的革命老区，将所辖范围分散居住的居民集中到革命纪念馆附近居住，既有利于改善革命纪念馆周围的人文环境，更有利于革命老区老人的养老。民政部门和养老机构要根据当地的环境条件、大部分老人的养老需求，设计出有特色的革命老区养老模式。

（三）革命老区分散地区的养老机制

1. 革命老区居民集中居住是养老的最佳选择

革命老区居民的集中居住养老其实有两种概念和模式，分别如下：

第一，机构养老，在革命老区偏远山区和少数民族地区由于人口密度相对较低，某一地区居住的人口相对较少，按照通常的考虑，以居家养老为主是非常好的方式。但是面对失能老人和空巢老人，他们的养老问题就很难解决了。因此我们可以作另外一种选择模式，集中财力、物力在政府的大力支持和帮助下，扩大养老机构建设，将相当部分老人送入机构养老。这可以从根本上解决革命老区分散居住的老人养老问题。

第二，根据城镇化发展水平的需要，在革命老区建设一个到几个按照新规定、新标准设计的适老养老的设施设备，比较完善的小区。让老人在比较完善的小区中集中居住养老。

2. 养老院资源的充分利用

根据我国几十年的民政设施的建设，在革命老区和少数民族地区都有由国家投资、民政部门管理的养老机构，基本的功能是在传统的城区吸收“三无”老人入住，在农村吸收五保户入住，即我们经常讲的乡镇养老院。为了充分地利用这些国有养老院资源，应该根据国家有关的法规和政策，吸收民间资本和原有的公有养老机构合作投资，扩大其建设规模，增加床位，满足革命老区社会老人的养老需求，进行市场化、商品化的运作。

二、对失能、半失能老人实行机构养老机制

（一）对失能老人的介护服务

1. 机构养老和介护服务

在我国广大的革命老区，由于其对我国解放和建设作出了积极的贡献，应该对当地老人的养老有一些更优惠的经济扶持和帮助。特别是改革开放以后，大量的革命老区、偏远山区和少数民族地区与东部经济发达地区的居民收入水平差距加大。在这些欠发达地区，虽然国家做了大量的扶持和帮助，他们的可支配收入增长比例略高于发达地区，但是由于基础水平太低，收入和消费水平与东部发达地区的差距越来越大。

因此，对革命老区的失能老人应该加大经济补贴，把相当一部分失能老人送入机构养老，从根本上解决他们的养老难题。

2. 机构养老的经济选择

由于革命老区、偏远山区和少数民族地区大部分人属于传统体制上的农民，整体上基本养老保险和基本医疗保险水平很低。因此政府有关部门应该根据实际情况制定出比较切合实际的政策，加大补贴力度，让这部分人进入机构养老。同时应该组织社会公益慈善机构，积极地投入革命老区、偏远山区和少数民族地区的养老事业，更广泛地设立多种形式的养老基金，帮助他们顺利度过老年生活。

（二）对半失能老人的介助服务

1. 机构养老和介助服务

对于广大革命老区的半失能老人，能进入机构养老是最好的方式之一，半失能老人还要看其失能的程度，大部分人可以采取居家养老的模式。

2. 介助服务有效组织活动

革命老区的半失能老人，大部分长期处于偏远山区和少数民族地区，他们的自助能力是比较强的。适当地引进一些经济发达国家采用的康复理疗模式，对他们会有很大帮助。

三、以乡镇为中心的养老居住区的建立

（一）革命老区乡镇行政功能作用发挥

1. 乡镇的地区中心整合功能作用

在革命老区所处的大部分地区，乡镇的行政管理功能能得到长期的发挥。在应对老龄化问题上，更要充分利用传统的乡镇管理功能解决养老实际问题。

2. 乡镇养老居住可以满足老年人的家乡情结

革命老区、偏远山区和少数民族地区分散居住的农民，迁出深山偏远地区到乡镇所在地集中居住区域。既能保持他们的故乡情结、传统的风俗习惯、饮食卫生习惯，又能节约资源，得到有效的子女教育，交通便利，较好的医疗卫生服务更有利于老人的养老，这是一个综合功能较强的养老模式。

（二）乡镇居住养老具有普遍意义

1. 保留历史性特征

革命老区、偏远山区和少数民族地区分散居住的农民，迁移到乡镇所在地集中居住，有利于保留这些居民的传统的风俗习惯的历史性特征，这是我们在一起研究养老问题的时候需要引起注意的。

2. 生活习惯性

革命老区分散居住的农民迁移到集中居住地的居住问题，一定要充分尊重他们的生活习惯，不能把他们迁移到离原来居住地太远的地方生活，特别是老年人，要改变他们几十年的生活习惯是十分困难的，对有些人来说几乎是不可能的。革命老区集中

居住的农民的迁移下山，如果破坏了他们的生活习惯，与其说是提高养老质量，不如说是破坏了他们正常的养老生活。

四、以民族居住地就近集中片区模式

（一）革命老区和少数民族结合地区的利益模式

1. 尊重民族习惯的革命老区集中养老片区建设

我国大部分革命老区处在少数民族地区。如果需要集中居住，可以重新建立民族村这样的居住点，以尊重少数民族的习惯。

2. 多元化的革命老区集中养老片区建设

我国革命老区和少数民族地区的居住情况也是复杂多样的，也可以根据新的形势要求，根据多数人的意愿，建立多元化的养老片区。

（二）因利制宜革命老区和少数民族养老模式

1. 机构养老选择

根据革命老区和少数民族地区的发展状况，要解决居住分散且人口稀少的特点，采取机构养老的模式也是一个重要的选择。

2. 异地养老选择

在我国多数革命老区和少数民族地区有大量的汉族干部、工程技术人员，一部分人也和少数民族通婚，生有子女。他们的养老也可以选择回到家乡异地养老。在他们的带动下，有一些人选择异地养老，这也是一种很好的方式。

第三节　革命老区特殊居民机构养老

革命老区是我国长期革命解放战争中留下来的光辉的社会遗产，老区人民为我国的解放事业作出了积极的巨大贡献。这部分居民人数本来就不多，对其中的特别困难的特殊老人，应该给予特殊的政策，让他们享受质量较高的养老生活。

一、老区老人的机构养老

（一）“空巢”老人的机构养老

1. 和子女协商

革命老区的老人都在农村和偏远山区生活习惯了，最习惯的还是居家养老方式，引导他们进入机构养老，要认真和子女协商，做好耐心细致的思想工作，让他们高高兴兴地到机构养老，同时，要和老人的子女认真商量，让老人的子女经常到机构看望老人，关心老人的养老生活。

2. 政府经济补贴

革命老区老人的养老问题，最根本的关键的还在于经济问题。对于革命老区的空

巢老人应该根据精准扶贫的原则，从根本上弄清楚子女集体经济收入状况，供养关系的提出针对每个家庭的具体经济补贴数额，进行公示，征求当地群众的意见，符合条件的送到机构养老，从根本上解决他们养老过程中的困难。

（二）异地养老

1. 到子女能照顾的养老机构

革命老区的老人由于传统文化和风俗习惯的原因，即使在经济状况基本允许的情况下，绝大多数人也愿意在家里养老，而不愿意去机构养老，如果在其子女工作地的附近的机构养老，老人的子女能够利用空余时间，尽可能多地陪伴老人，是一种较好的办法。

2. 志愿者服务到位

革命老区、偏远山区和少数民族地区，老人无论是居家养老还是在机构养老，都需要得到社会各方面更多的关心支持和帮助。政府部门、社会团体和养老机构应该更广泛地组织志愿者队伍，为老人提供细心的关怀和服务，让他们也享受到新的时代新的社会生活带来的优惠。

二、老区烈士家属老人的机构养老

（一）民政设立养老机构

1. 无条件接受革命老区的烈士家属老人养老

国家民政部门对于烈士家属有专门的抚恤和照顾规定，这是非常必要的。现在革命老区的老人一般是中华人民共和国成立前出生的，都不同程度地为革命作出过一定的贡献，如今他们老了，在养老生活上有困难，民政部门设立的养老机构，应该无条件地接受他们养老，具体办法应该根据革命老区的实际情况制定，在广泛地征求群众的意见以后实施。

2. 民政部门全方位协调解决

我国民政部门的主要职责就是解决社会救助，革命烈士及其家人，残疾军人、退伍军人，以及社会上需要救助的人群基本生活困难，在新常态下应该有全方位的适合的解决办法。

（二）其他养老机构养老

1. 接收革命老区烈士家属养老是一种责任

社会资本办的养老机构、外国资本办的养老机构、慈善公益事业举办的养老机构都应该充分认识到革命老区烈士家属养老是一种神圣的责任，应该给他们更多的关爱和帮助，具体管理办法由当地养老机构和地方民政部门协商确定。

2. 政府民政部门经济补贴

社会新办的各类养老机构，在接收革命老区老人的养老上，会给予更多的优惠措施，如果资金方面较大，可以申请民政部门的经济补贴和补助。

三、革命老区军属老年人的机构养老

（一）革命老区现役军人家属机构养老

1. 政府相关规定

在新的历史条件下，国家的现役军人由兵役法规定，在革命老区服现役军人不像在战争时期需要很多人。当时由于国民党统治区和革命老区是封锁状态，需要更多的青年人参军，现在革命老区青年人在家参加生产劳动的更多，军人家庭的老人养老需要，应该按地方的有关规定进行经济补贴和照顾。

2. 社会有关组织协调解决

关于革命老区军人家庭的老人的养老，首先，当地县政府民政部门帮助解决；其次，乡镇和村也应该主动承担责任；再次，社会工作者和志愿者组织也要积极参与其中；最后，养老机构要充分利用自己的优势继续开展服务。

（二）革命老区退伍军人的机构养老

1. 退伍军人的养老问题解决

现在国家对在1949年前参加革命的退伍军人的养老问题解决是比较好的。对伤残军人的抚恤和帮助也比过去有了巨大的改进，大部分地区的民政部门的工作作风也有了很大的改变。但是对于正常退伍军人的养老问题还没有应有的重视，还应该有新的帮助和补贴措施，通过对他们养老的关心，提高全社会对军人保卫祖国边疆的奉献精神给予赞誉。

2. 伤残军人的机构养老

革命老区的伤残退伍军人，如果在居家养老上遇到困难，最有效和便捷的办法就是将他们送入专门的养老机构养老，在政府有关部门适当补助经济补贴的情况下，是一个很好的办法。

3. 退伍伤残军人直系亲属机构养老

新时期的退伍伤残军人，在按照部队的有关规定进行安置以后，他们的养老问题能够得到基本的解决，但是对于他们的直系亲属，尤其是父母和配偶因为养老问题也应该得到相应的照顾，根据实际情况提出具体的解决办法，相当一部分人进入机构养老是比较好的选择之一。

现在国际和国内整个发展都呈现新常态，虽然和平和发展是整个世界发展趋势，国际合作也存在多边共赢共享的状态，但是保卫国家的安全、防止国内外敌对势力的破坏，还是需要有现代化军队和军人的奉献。因此我们要通过解决他们的养老问题，让全社会形成对军人的尊重氛围，这是形成优良的社会风气的一个重要方面，也是养老事业的一份重要的责任。

知识拓展

关于革命老区和偏远山区少数民族地区的关系简介。

在人类社会的发展过程中，西方资本主义经济发展，对其他国家侵略的历史阶段。

自第一次鸦片战争以后，中华民族一代又一代的志士仁人就开始寻求民族解放的道路。后来中国共产党找到了一条由农村包围城市的解放道路。革命者们在敌人统治不太严密的山区或农村建立革命的根据地和人民的武装，消灭了各种反动派，建立了中华人民共和国。革命根据地红军军队居住的地方就叫革命老区。由于当时的历史环境，必须选择偏远的山区和少数民族地区开展革命斗争。

案例点评

简介：成都郊区双流区农民宅基地占地样本调查。为了节约土地资源，国土资源部在部分地区试点，由有关土地平整机构投资，将农民的宅基地进行测量和平整，并且将村里的传统的沟、道路进行整理。一方面，农田基本建设得到了更加优化；另一方面，美化了农村的环境。有关机构将平整出来的多余的土地，交国土资源储备中心统一使用。

点评：这是一个很好方法，应该广泛推广。

第十九章　边境地区居民居家养老

我国有漫长的国防边境线和广阔的国防边境地区。当地居民的养老问题也是我们必须十分重视的一个方面，保卫祖国的边疆是我国光荣的历史传统，也是边疆长治久安和人民生活幸福的重要保证。任何地区居民的养老都是我国政府部门和养老事业工作者的神圣的职责。

第一节　适应边界安全的居家养老

我国边境地区的自然条件、群众的居住环境、文化传统和风俗习惯决定了我国边境地区的老人主要采取的养老形式是居家养老。为了奖励他们保卫祖国边疆的精神，为了让每个边境地区的老人都能够享受到改革开放带来的成果，必须认真研究和探索他们居家养老的方式方法。

一、建立新的边防安全条件下的养老模式

（一）我国戍边守关历史传统简介

1. 历史状况回顾

中国的国防和边疆安稳及牢固是举世闻名的。公元前 221 年，秦始皇统一中国以后就开始修筑万里长城，后来经过不断的修建形成了地球上规模最为宏大的人工建筑，这是最有说服力的历史事件。

我国的“花木兰从军”历史故事，再一次证明中国人民为了保卫自己的领土完整、边防安全愿意作出各种重大的牺牲和奉献。

在近代现代反抗外国侵略和掠夺的过程中出现过像岳飞、郑成功这样的抗敌的英雄。在长期的中国人民抗日战争和解放战争中，中国人民作出了巨大的牺牲，共计牺牲约 4000 万民众才换来了中华人民共和国的成立，有效地巩固了国家的边疆安全。

无数历史事实证明，中华民族具有永久的凝聚力和吸引力，中国的边防是牢不可破的，是无数的志士仁人和边关将士无私奉献带来的。

2. 中华人民共和国成立以后至 2013 年的情况

中华人民共和国成立以后的 60 多年来，为了保卫国家的领土完整，在中华人民共和国刚刚成立就派出志愿军抗美援朝保卫了国家的平安。我们还十分有效地进行了和平解放西藏的行动，并且在 1962 年成功地进行了中印边界的自卫反击战，保障了领土

的安全和完整。中华人民共和国成立初期，我们有百万大军进军新疆，践行了伟大的戍边守关的行动，取得了巨大的成功。

在海防边防上，我们成功地进行了“六五海战”，保卫了我国海疆的安全。1969年我国成功地进行了“珍宝岛自卫反击战”，保卫了我国边境江河中岛屿和领土的安全，打击了敌人“核威胁”下形成的嚣张气焰。

1982年我国还进行了成功的中越自卫反击战，保证了我国领土的安全和完整。

在21世纪，我国成功地进行了湄公河流域边境安全的多国联合巡逻行动，有力地保障边境的安全和边民正常幸福生活。

3. 新常态下的基本状况

第一，在经济投资方面快速增长。有数据可查，在2000—2009年中央财政转移支付196亿元，年均增速46%；发改委等各部门为边疆壮行资金投入增加，发改委预算投入800亿元；交通部“十一五”期间购置税177亿元；水利部门安排项目投资73.8亿元；农业部投资9.47亿元；教育部安排资金17亿元；文化部中央国家新闻出版广电总局等安排资金42.5亿元。

2011年以来中央财政和各部门的资金投入比十年前增长了一倍多，因此边疆经济有更快更好的发展。

第二，人民生活水平显著提高。2009年边境地区农民年人均纯收入3969元，比2000年增长一倍多，2011年至今边境地区农民人均收入又增加了一倍多。

第三，边境地区开发区的快速增长。2009年我国共有边境开发区15个，2010年以来，我国边境贸易和边境开发区大力发展，新设立了较多的保税区、边境保护区，尤其是“一带一路”倡议的提出，为我国边境地区的开发带来了巨大的机会和帮助，随着我国国际地位的不断提高，边境经济还会有较大的发展。

（二）建立新常态下边关养老新模式

1. 发扬传统边界居家养老传统

我国新常态下的边关地区，人们的居住条件得到了很大的改善，现在环境状况和内部装饰设施与过去不可同日而语，这就为边关地区居家养老创造了最基础的条件，同时在很多重要的边境贸易口岸地区，也确实有条件较好的小区和社区，因为他们社区的居家养老也锻造了很好的环境条件。由于边境农民大多数是少数民族，居家养老是他们的传统文化风俗习惯决定的，也是80%以上的居民愿意选择的养老方式。

2. 创新边界养老新模式

因为经济条件的重大改变，科学技术的高度发展，医疗卫生设施的更新和提高，交通条件的改善，边境地区的养老模式需要创新，主要有以下几个方面：

第一，以居家养老为基础、社区养老为依托、机构养老为支撑的传统模式。这是和我国内地基本一致的养老模式，在少数经济发达的传统的大型的边境口岸城市实施。如黑龙江的漠河、新疆的霍尔果斯、辽宁的丹东都可以尝试这种模式。

第二，以居家养老为主、机构养老为辅的模式。这是一种创新模式，即80%左右的老人采取居家养老，10%左右的老人采取机构养老，把大部分居住十分分散的空巢老人、半失能老人、失能老人通通集中到机构去养老，从根本上解决他们养老的难题。

第三，建立边境居民居住区的养老模式。把大部分居住分散的边民、农民转移到集中区居住，享受新型的社区养老和居家养老模式。

第四，远程服务救助模式。少数分散居住的农民，如果交通条件较好，又有两三个子女在身边，也可以居家养老，政府有关部门或养老机构采取远程救助方式服务提高他们的养老质量，同时这类居住区会成为边境上天然的"哨所"，有利于国防安全。

二、军队和边区联建的养老模式

（一）军队和边区居民联合建立养老模式

1. 军队为主形式

我国边境地区有着长期的拥军爱民的光荣传统，"军民一家亲"是正常状态。边防军队和警察利用自己的医疗卫生设施设备为老百姓服务，在有条件的地方也可以建立养老机构，为当地农民服务。

2. 军队帮助形式

地方建立养老机构，军队和警察部队提供必要的帮助和支持，使养老机构的条件更为好些，建设过程更为顺利一些，这是一个很好的方式。

（二）边民养老模式选择

1. 边民为主

边境地区的农民也有相当部分在国家改革开放的过程中，建立和发展了自己的经济实体，有了相当的经济实力，政府有关部门或养老机构应该和他们联系，投资建立适合当地需要的养老机构，满足人们养老的需要。

2. 民政补偿

民政部门补偿养老机构是全国采取的通用做法。这里专门讨论这个问题是因为在边防地区建设养老机构，国家民政部门要统一规划，增加经济补贴和扶持的力度，这是关系到国家边防安全的大事。

三、加大对边防地区分散居家养老的经济补贴

（一）边防地区分散居家养老的重大意义

1. 有利于建立时代边防长城

边境地区的居民祖祖代代在边防居住，对国家有着深厚的感情，边防地区居住的农民有一种特殊的文化理念，对居住地有浓重的依恋之情，他们在此居家养老对下一代有很好的影响，对边防地区经济和社会发展有着重要的作用，可以说，一个很好的边疆农民的家庭就是一种很好的"边防站"。

2. 边界居民老年人居家有重大作用

他们可以把热爱祖国边疆的情结传给下一代，一个长久生活在边疆的农民家庭就是一座很好的界碑，也有利于边防部队和武警的充分的利用。对我国边防的发展历史也是一个很好的记载。

（二）加强对边防地区老年人经济补贴

1. 经济补贴

边防地区居住的老年人，无论是从主观上还是客观上来分析和观察，对边防地区的安全和经济建设都有积极的作用，因此，国家和地方政府都应该对他们进行较多的经济补贴和关心帮助。

现在我们国家在管理体制方面，还需要进一步研究和发展提高，尤其是在精准扶贫上还需要更加具体的方式方法和政策的体现，在大的方面，革命老区、少数民族地区和边疆地区补助基本上是混为一谈，区别很小，虽然改革开放40年来对偏远落后地区、边疆地区和少数民族地区的扶持和帮助注重了“造血机制”运用，这是值得鼓励和赞扬的，但是，对革命老区和边疆地区有较大贡献的人们在经济补贴上力度还不够大，对革命老区和边疆地区老人的养老问题还研究不够，措施还不够具体。

2. 多种关怀

对于在边防地区居住的养老的老年人，因为他们在青年和中年时期对我国边疆建设作了贡献，给他们的养老提供全方位的帮助和关怀是十分必要的。包括医疗卫生、居住条件、康复健康、精神社会、文化娱乐、体育锻炼等方面都应该给他们以支持。

我国边疆地区老人的养老，必须高度重视社会发展的新常态，因此要用新的思维方法、新的理念，采取新的方式，制定新的措施和实施意见，才能符合世代前进发展的要求，才能满足广大边防地区老人养老的实际需要。

第二节　相对集中居家养老模式

我国的边疆地区绝大部分处于山区和少数民族地区，自然条件和气候条件都相对比较差，特别是对于大部分分散居住的边疆农民来说，采取集中居住方式有利于他们的居家养老。我国边防地区的养老一定要创造出新的模式，才能体现出中国特色的养老模式。

一、建立新型的边防居民集中养老片区

（一）重大意义

1. 有利于边防安定

边防地区居民集中居住以后，有利于极大地改善他们的生活条件，有利于子女及其下一代的教育、医疗卫生、文化娱乐、体育锻炼质量提高。让他们在边防地区也能够过上内地群众过的生活，他们会积极支持亲人投身于保卫边疆的各行工作，有利于边疆的安定。同时老人的养老生活过得好，联防地区工作人员也无后顾之忧。

2. 有利于边防经济建设

老人今天的生活就是年轻人将来的写照，边防地区居民集中生活区建设的质量高了，让当地人过上了好日子，一方面是实行建设国家全面小康社会的要求，另一方面

是农民就地实现城镇化的人口转移目标。不但让当地青年人甘心参与边疆的经济建设，还可以吸引内地的有志青年参加边疆工作，投身于保卫边疆的行列。

3. 有利于边防军民团结

我国边防地区的养老工作做好了，肯定有边防军队或武警部队的一份功劳，一定会得到边疆地区居民的赞扬，有利于加强军民团结。对于当地居民来说，国家和政府对老年人的养老的照顾使他们看到了自己的未来和希望，只要自己努力地工作，为边疆的经济和社会的发展作出自己应有的贡献，你老了也会过上幸福的晚年生活。从军队和武警部队的家属角度来看，他们看到边疆老人过着幸福生活，也是一个很大的欣慰，也有利于军队和武警部队干部战士家属积极支持他们安心守卫边疆的事业。

（二）建立边防军民集中养老片区

1. 建立边防集中居住

我国边防地区的居民居住十分分散，这非常不利于老人的健康养老。由于自然规律的原因，老人的身体机能和功能会迅速衰退，身体的抵抗力和免疫力逐渐降低，容易受到疾病的危害，老年人的养老是最为重要的问题。我国边疆地区医疗条件相对较差，道路设施也较差，老人一旦遇到危险疾病在抢救上就会遇到麻烦。集中居住以后首先是对老人发生危险和疾病的状况容易及时发现，抢救也比较及时，能防止老人不必要的死亡。

2. 建立边防集中养老片区

在我国边疆大型和中型的口岸城镇经济条件和环境相对较好，为了保障当地老人的养老，应该建立养老片区。主要有以下优势：

第一，有利于当地老人的集中养老。边疆地区养老管理和服务人才十分缺乏，集中片区有利于充分吸引和利用养老方面的人才，也有利于当地老人对养老机构的选择和比较，能找到适合自己的养老服务机构。

第二，有利于养老资源的合理利用。根据 2015 年国家的规定，养老社区和片区应该在生活照料、医疗护理、康复保健、精神慰藉、文化娱乐、体育锻炼等方面健全设施设备，为老人提供养老服务。但是边疆地区老人居住过于分散，国家难以对养老设施进行过多的投入，只有相对集中的养老才能满足国家投资建设的安排。

第三，吸引外地老人到边疆地区养老。我国内地的大部分老人还没有机会到我国的边疆观光旅游，当他们退休进入养老阶段以后，有些老人有这样的文化志趣，愿意选择到风景优美的边疆地区养老机构养老，现在也有一些成功的案例。

第四，有利于“候鸟式”养老。我国国土辽阔，南北纬度跨越较大，东西时区有三个之多。老人可以利用季节的差异，南方老人夏天到北方养老，北方老人冬天到南方养老，东部的老人夏天到西部养老，一般居住 1 个月到 5 个月，享受边疆丰富的自然风光带来的幸福生活。

第五，有利于促进当地经济发展。边疆地区人才相对缺乏，内地老人有相当部分具有文化知识和专业特长，他们到边疆地区养老会带来新的理念，也可以老有所为，为边疆建设作出一定的贡献，促进当地社会文化的发展。

二、边防点片连接的居家养老模式

（一）边防军民居家养老模式

1. 鼓励有生活能力的老年人居家养老

我国边疆地区主要是少数民族生活集聚区，长期的文化传统和风俗习惯，使他们养成了以居家养老为光荣的状态。虽然国家在边疆地区对养老机构有了较大的投入，但总体上还是不能满足所有老人的需求。因此我们要采取适当的措施，鼓励有生活能力的老人选择居家养老为主的养老方式。

2. 建立多种养老服务机构为其服务

居家养老需要社会养老服务机构提供全方位的服务，因此在边疆地区应该组织成立多种养老服务机构，为居家养老的老人提供“十送”服务，如医疗卫生服务、文化娱乐服务等。由于通常状况下边疆居民居住十分分散，像内地中心城市这样的养老服务机构，是难以正常经营的。一方面是需要服务的老人太少了；另一方面是收费不能太高，所以我们要研究边疆地区养老服务机构的保本运营问题，政府补贴和志愿者服务是比较好的方式之一。

（二）边防居住片区的居家养老

1. 边防居住片区的居家养老服务

在边防地区大中型的口岸和城镇，居民小区和社区有很好的条件，居家养老也是很好的选择。小区和社区内部应该建立日间照料中心、全托或夜托服务中心，以及其他养老服务机构外片区小区居住的老人服务。

2. 边防社区管理功能充分发挥

由于20世纪的大部分时间处于战争或“冷战”状态，边疆地区的社区主要是由军队和武警集中管理，也有一部分是直接为边防服务的国有事业机构，其社区是封闭式的管理。

20世纪80年代以后世界走向和平与发展的模式，我国改革开放以来的边防社区和小区也在转变其管理功能，把以行政管理为主的功能逐步改变为以服务为主的社区管理功能。当前的社会条件下，边疆地区的社区应该加大向养老服务管理功能的转变，为老人服务。

第三节　边防地区半失能、失能老人机构养老

由于我国边防地区人烟稀少，居住非常分散。失能、半失能老人的养老问题尤其显得严重，需要我们共同研究解决。

一、失能、半失能老人的机构养老

（一）边防地区养老机构建立探索

1. 主要由国家投资建设养老机构

我国边防地区的军队和武警部队及其家属广大的边疆农民，为保卫国家的安全作

出了重要的贡献，国家应该用更大的投入关心他们的养老问题。从现在来看，国家已经在边防地区投资建设养老床位6万多张。总体来看，已经达到千位老人占有25张床位，比国家的规定“千位老人拥有30张床位，到2020年千位老人拥有40张床位”，还有相当大的差距。因此国家财政和民政部门应该加大投入力度，在边疆地区建设有相当档次的养老服务机构。

2. 积极支持社会资本建立民办公助的养老机构

中华人民共和国成立60多年来，边疆地区经济有了飞速的发展，民营企业有了很大的成功和进步，因此国家要支持民营企业在边疆投资设立养老服务机构。主要有以下方面：

第一，边疆地区本地民营资本建立养老服务机构。边疆地区一些成功的民营企业家，关于爱国和产业结构调整的需要，为了发展当地的经济和社会文化，投资兴建养老机构也是一个重要的举措，政府部门应该给予较大力度的支持。在土地划拨、税收、信贷、规划建设方面给予优惠政策，帮助和支持他们发展养老服务产业。

第二，内地资本到边疆设立养老机构。有远见卓识的内地企业家一方面是为了促进边境贸易的需要；另一方面是为了支援国家边疆建设回馈社会，到边境地区设立养老机构也是一个重要的善举。当地政府应该在财政、土地划拨、规划建设、税收方面给予他们更多的支持，使他们的投资能够顺利，进而获得较大的成功。

（二）失能、半失能老人的机构养老

1. 对失能老年人的介护服务

在正常情况下失能老人应该得到优良的介护服务，我国从2010年起就鼓励设立养老护理院，对失能老人进行介护照顾服务。但是在我国广大边疆地区，由于老人们都以居家养老为主，养老护理院的建设还比较少，今后还应该建立更多的老人护理院为边疆老人养老服务。

当前的基本状况是，边疆地区的失能老人主要采用的是居家养老为主、医院治疗为辅的养老模式。这对多数家庭来说是可以的，但对少数边疆的困难家庭一方面是难以承担医疗费用；另一方面是家庭也缺乏护理人员，老人子女外出打工以后，失能以后的养老会遇到较大的困难，这需要我们寻求更好的解决办法。经济补贴和机构养老是最好的方式之一。

2. 对半失能老年人的介助服务

在我国广大边疆地区，由于居住十分分散，半失能老人难以享受中心城区上档次、上规模的社区提供的日间照料中心、夜托或全托照料中心的社区养老服务方式。因此绝大部分半失能老人或者采取居家养老方式，或者进入养老机构养老。

二、边防地区无子女老人的机构养老

（一）我国无子女老年人养老问题

1. 基本状况

据民政部门统计，临终时我国无子女老人有7000万左右，这部分老人进入高龄期失能和半失能状态以后，养老会遇到很大的困难。据我们的样本分析可知，约有3000万老人是失伴老人，这些老人的养老进入高龄段以后遇到的困难也很大。因此国家有关部门养老机构社会慈善组织要共同寻找对策，提高这部分老人的生活质量。

2. 基本政策

根据当前国家养老的基本政策，这部分临终时无子女的老人约有1/3是城镇退休职工，他们成为孤单老人以后又不能享受“三无”老人的优惠政策，并且这部分老人往往属于高龄老人，由于他们退休较早，基本养老保证金标准较低，所以生活上会遇到相当大的一些困难。现在的基本状况是由于我国城乡人们在食品消费方面的支出相对较少，即人们常说的“吃是用不了多少钱的”，他们还有基本的住房，因此还能过着正常的养老生活。但是一旦遇到疾病困难，基本医疗保险金制度规定个人付费部分就会给他们增加经济开支上的困难。因此，有关部门应该积极探讨对这部分临终时无子女老人的关怀照顾优惠措施。

（二）基本对策

1. 有生活能力阶段的养老

对于大多数临终时无子女老人来说，在有生活能力时养老应该注意以下几个方面。

第一，要早有准备。一旦发现自己失去子女以后在有生活自理能力的情况下，就要为以后高龄段的养老做好准备。首先，要积蓄一定的资金为治病和进入养老机构进行充分的准备。其次，要注意锻炼和保养身体，增强抵抗疾病的能力，减少生病医疗费用开支。

第二，坚持居家养老为主。居家养老是最方便和节约资金的重要方式之一。

第三，选择异地的养老模式。根据我国现在的社会经济状态，中心城市的消费水平一般是在普通城镇和乡村的2倍以上。如果在北京机构养老，会比到河北的县城养老机构养老的费用高出2倍多。为了提高养老质量，选择异地县城和乡镇养老是一种不错的方式。

第四，回到家乡养老。现在中心城市生活的老人有一部分来自我国广大的农村，或者乡、镇、县城，回到家乡养老是一个很好的选择方式，中国有句古语叫作“落叶归根”，这也是很有道理的，既符合中华民族的文化历史传统，又节约经费开支，进入机构养老。

第五，边疆地区的退休职工回到内地养老。我国历来重视提高边疆地区工资人员的生活待遇和工资水平，因此，边疆地区的退休人员回到家乡或者内地养老，既可以节约经费开支，又得到了落叶归根的效果。

2. 半失能、失能阶段的机构养老

当临终时无子女的老人，进入高龄和大半失能、失能状态的时候，机构养老几乎是唯一的选择，主要有以下对策。

第一，购买一定量的商业养老保险。这是对我国基本养老保险的一个重要的补充，最近国务院颁布了“发展养老商业保险的规定”，这是一个非常积极的信号，随着国家保险体系的完善，我国临终前无子女的老人还会享受到更多的实惠。

第二，早日准备“以房养老”。国家已经在部分保险公司试行以房养老的方案，但是力度还很小，范围也很狭窄，推广普及程度也很不够。因此，当老年人进入一定的年龄阶段后，就要通过专门的机构进行身体评估和养老评估，让自己做好准备和选择，临终时无子女的失能、半失能老人，用自己现有的住房进行部分变现补贴自己的养老生活，是一个非常好的方式方法。

第三，增加国家的补贴。政府各有关部门要专门研究，对临终时无子女老人的经济补贴政策，加强对他们的关心帮助和照顾，充分体现国家和政府对老年群体的关怀。

知识拓展

国家发展改革委、财政部、民政部《关于印发〈养老服务体系建设中央补贴激励支持实施办法〉的通知》（发改社会〔2016〕2776 号）（节选）：养老服务体系建设，人物投资由中央和地方共同筹措解决，中央预算内投资的重点是：（1）支持老年养护院，荣誉军人休养院，符合要求的医养结合养老设施。床均面积实施 42.5 ~ 50 平方米，每个项目床位控制在 500 张以内，建设规模在 21250 平方米以内。（2）支持光荣院，特困人员供养服务设施（敬老院）建设，床均面积实施 26.5 ~ 32.5 平方米，每个项目床位控制在 300 张以内，建设规模在 8000 平方米以内。（3）老年养护院，荣誉军人休养院，光荣院，特困人员供养服务设施（敬老院）建设，可以申请设备补贴。

案例点评

简介：成都某企业家根据养老产业发展的需求和老人的文化传统、风俗习惯、兴趣爱好，在西部地区作了大量的市场研究，决定在云南某边境口岸开发一家异地养老的机构，经过 3 年的运作获得了基本的成功，得到了社会和相关部门的认同和赞扬。

点评：在商品化、市场化高速发展的今天，在国家调结构促增长的基本形势下，企业都会根据市场和社会发展的需要，寻找适合自己发展的项目，上述案例就是这样一个典型的例子。

第二十章　少数民族地区的居家养老

我国是一个多民族的国家，有55个少数民族，一亿多人口分布在我国全部的县、市、区。我国少数民族主要居住地在西部地区、偏远山区和边疆地区，除少部分中心城市县城和乡镇外居住十分分散，因此他们的养老质量受到严重的影响，政府部门、养老机构和社会团体都应该给予更多的关注，尽可能提出积极的改进措施和办法。

第一节　尊重民族习惯居家养老

我国少数民族虽然种类繁多，居住分散，但是他们都继承和发扬了中华民族居家养老的光荣传统。每一个民族都有自己的风俗习惯、生活习惯和文化特色，我们都应该给予十分的尊重。同时，根据社会发展新的要求，帮助和支持他们在新常态下的居家养老。

一、尊重少数民族居家养老习惯条件下的养老服务

（一）我国少数民族居家养老习惯简介

1. 蒙古族

在我国的少数民族中，蒙古族是有独特的生活方式的民族之一，在历史上是著名的游牧民族，根据放牧的需要四处流动。改革开放以后，国家采取了将草原分给牧民所有的方式，让家家有了自己的草原和牧场，建立了新的少数民族定居点，有的进行了就地的城镇化转变，使他们有了自己的房屋和居住地，这为蒙古族老年人的居家养老提供了最基本的物质基础，使他们过上了幸福的养老生活。

蒙古民族有尊老爱幼的习俗。他们的谚语中说："尊敬德高的人，敬爱年老的人""对喂乳汁的母亲要敬爱，对教字母的老师要尊重""老人的经验教育人，太阳的光辉温暖人"，等等，表现了对老人的尊重和爱戴。

2. 回　族

回族也是少数民族中具有十分明显风格和特色的民族之一。中华人民共和国成立以后，尤其是改革开放40多年来，大部分回族人有了自己较好的家庭住宿，部分家庭有了自己的院子，大部分人住上了独栋的较好的砖木结构的房屋，回族老年人过着自己民族风格和传统的居家养老生活。

回族有着家庭养老的传统，受伊斯兰敬老思想的影响，老人普遍受到后辈的尊重

与侍奉，享受天伦之乐。但随着改革开放的深入发展，传统的养老方式受到挑战，回族老年人赡养问题日益突出，而现行的社会保障体系以及法律制度无法从根本上解决这些问题，这要求建立具有时代特色和地方特色的养老方式。在对同心县回族进行实地调查过程中发现，关于回族地区养老问题的解决，除了发展社会养老保险、完善养老保障机制外，借鉴回族的尊老养老习俗，强化人们的尊老养老意识，促成养老观念的转变，对解决西部民族地区养老问题也有重要的推动作用。

回族是一个十分讲究卫生的民族，除个人卫生、家庭卫生外，饮食卫生尤其讲究，处处突出“洁净”二字。回族禁食猪肉。马、驴、骡、狗等不反刍的动物肉，性情凶残的禽兽（如鹰、虎等）肉、自死禽兽的肉和一切动物的血，都在禁食之列。穆斯林不禁食的动物，都须请阿訇念经代宰后才能吃。《古兰经》规定，穆斯林不准抽烟、喝酒。但回族讲究饮茶，每有客登门，先端出“盖碗子”来敬茶，接着是瓜果、馓子、油饼，招待客人。盖碗茶有芝麻、果干和葡萄干、桂圆肉等，五颜六色，味道醇香，营养丰富。喝茶时左手托盅，右手抓盖，用盖将浮在上面的白芝麻轻轻吹刮，边饮茶边嚼芝麻，茶毕可将盅内干果吃尽。

回族的食俗。在中国的少数民族中，没有一个民族像回族那样广泛地分布于中国各地。据文献记载，唐宋时期利用南方航路来中国华南地区的伊斯兰教商人，在其居住的地区内始终保持着纯粹的伊斯兰教文化。相反，汉族却开始食用这些商人带来的槟榔。事实上，即使在色目军的屯营中，作为回教军队，士兵们吃的也是伊斯兰教的饮食。随着军事驻屯的逐渐永久化，他们的生活也转变为屯田生活。在明朝灭亡清朝建立后，色目人脱离屯田，集体转变为专门从事运输和商业的社会阶层。随着周围环境的变化，他们逐渐接受了各地的饮食文化。

3. 藏　族

居住在青藏地区的农民和牧民祖祖辈辈沿袭着许多优良的尊老敬老习惯，老年人在家庭、村寨、社会上到处都受到尊敬，青壮年人都自觉形成了一种尊老敬老的好习俗。生活在世界屋脊上的藏族人民，有着独特的风俗禁忌。

他们接待客人时，无论是行坐还是言谈，总是让客人或长者为先，并使用敬语，如在名字后面加个“啦”字，以示尊敬和亲切，忌讳直呼其名。迎送客人，躬腰屈膝，面带笑容。室内就座，要盘腿端坐，不能双腿伸直，脚底朝人，不能东张西望。接受礼品，要双手去接。赠送礼品，要躬腰双手高举过头。敬茶、酒、烟时，要双手奉上，手指不能放进碗口。

藏族人禁吃驴肉、马肉，最忌吃狗肉，凡盛过这些肉类的器具便不再使用。有些地区的藏族人也不吃鱼。

敬酒时，客人须先用无名指蘸一点酒弹向空中，连续三次，以示敬天、地和祖先。接着轻轻呷一口，主人会及时给添满，再喝一口再添满，连喝三口，至第四次添满时，必须一饮而尽。这是约定俗成的规矩，不然会认为客人不懂礼貌，瞧不起他。

吃饭时要食不满口，咬不出声，喝不出响。喝酥油茶时，主人倒茶，客人要待主人双手捧到面前时，才能接过来喝。不熟悉的男女忌在一个碗内揉糌粑。碗杯等器具禁止扣着放置，因为只有过世者的碗杯才扣着放置。

藏历年初一，忌讳扫地，不能吃带馅的食品，不准哭泣、骂人、吵架，不准说“空”“没有”“病”“痛”“死”“杀”“穷”“不要”“倒霉”等不吉利的话，藏族人认为这样会预兆全年不吉祥。过年期间不得向别人借东西，怕招致全年不富裕。

藏族最大的禁忌是杀生。牧区冬宰时牧人心疼那些牲畜，不忍心下手，所以西部牧区屠宰是用大针从背部刺入内脏，尽量让被宰的羊减少痛苦；中部牧区则用绳子缠绑羊嘴，让它窒息而死。牧人认为动刀宰杀是不可取的残酷行为，反对捕杀野生动物。

禁忌在别人背后吐唾沫、拍巴掌。妇人不能在人面前抖裙子，认为那样做会给对方带来不幸。行路遇到寺院、玛尼堆、佛塔等宗教设施，必须从左往右绕行，藏族人认为走反了方向会有罪过。翻越高山顶时，不能发声，否则会招致风雪、冰雹。

不能把骨头扔到火中，认为这样做会招来鬼怪。忌在家中吹口哨，因为只有送鬼时才吹口哨。家有病人，禁人来访。晚上忌讳往外倒垃圾。天黑后，白色的东西不能拿出家外，避免财气外流。亲属去世后，49 天内忌办喜事、唱歌跳舞，以便让亡灵安静地升上天堂。

不得跨越法器、火盆；经筒、经轮不得逆转；忌讳别人用手触摸头顶。

不要付钱给为你拍照的当地人，也不要强行拍摄他们不希望你拍的内容，可以送给他们一些食品或药品来赢得他们的信任。近距离拍摄人物，尤其是僧侣、妇女时，一定要事先征得对方同意，以避免不必要的麻烦。不要以任何形式拍摄天葬，请尊重当地民族风俗和情感。

进入寺院，须经过寺院管理喇嘛的同意，进庙时忌吃大蒜或身上留有蒜味（藏族认为大蒜会玷污神佛）、戴帽子、吸烟、摸佛像和宗教用具、翻经书、敲钟鼓等，更不能将上述物品当成坐垫来坐。在寺院内也不要抽烟。

4. 彝　族

彝族史称“乌蛮”“罗罗”“倮倮”，有诺苏泼、聂苏泼、倮倮泼、香堂、蒙化等自称。彝族的节日以农历六月二十四的“火把节”最为隆重。

彝族有着大分散、小聚居的生活特点，所以各地的彝族住宅不很相同。但屋内大多设一个火塘，塘火终年不熄，除用于取暖、照明、炖煮或烘烤食物外，亦是聚友会客的中心。火塘的锅庄石或三脚架，不能用脚去踩，严禁往火塘里吐唾沫、烧烤不洁之物，并禁忌在火塘边裸露身体。

在长幼、男女、主客之间，彝族有严格的礼俗。途遇长辈，晚辈须待立一侧，让长者先行；长辈入室须让其上座，余再依次而坐；吃饭时，长辈坐上方（习称“上席”），晚辈依次坐两旁和下方，并侍候长辈，为其添饭、夹菜、泡汤。不能摸成年人和老人的头。

兄弟可与嫂嫂开玩笑，但兄长不能与弟媳开玩笑。客人入室让上座，主人坐在客人左边，小辈坐在客人对面。禁止穿草鞋上火炕床；上楼要脱掉鞋子；禁止裸体、半裸体的成年人入家门；不能用脚踩门槛，或坐在门槛上；不能用筷子敲桌子和碗；禁止在家中吹口哨、唱山歌、说粗话；妇女的衣裤不能晾晒在过路的地方和蜂窝旁边；

禁止面对着太阳大小便。

5. 壮　族

壮族是中国人口最多的一个少数民族，主要分布在桂、粤、滇、黔、湘等地。壮族是岭南一个历史悠久的土著民族。先秦时期史籍所记载的居住在岭南地区百越部族中的“西瓯”“骆越”等，是壮族最直接的先民。

壮族先人在中国古代曾先后被称为俚僚、溪峒、乌浒等。宋代始称“僚”“撞”“僮”“仲”，明清有称为僮人、良人、土人等。中华人民共和国成立前写作“撞”，是壮语“Cuengh”的音译。1949年后改“撞”为“僮”，1965年10月12日，根据当时的国务院总理周恩来的提议，并征得壮族人民的同意，由国务院正式批准，把僮族的“僮”改为“壮”。壮族与贵州的布依族，越南的岱依族、侬族、热依族的语言文化基本一致。2011年1月24日至29日，在央视第七频道播出12集壮族文化纪录片《丽哉勐僚》，从各个领域全面地解读了壮族文化。

壮族是个好客的民族，过去到壮族村寨任何一家做客的客人都被认为是全寨的客人，往往几家轮流请吃饭，有时一餐饭吃五六家。平时也有相互做客的习惯，比如一家杀猪，必定请全村各户每家来一人，共吃一餐。招待客人的餐桌上务必备酒，方显隆重。敬酒的习俗为“喝交杯”，其实并不用杯，而是用白瓷汤匙。客人到家，必在条件许可的情况下给客人以最好的食宿，对客人中的长者和新客尤其热情。用餐时须等最年长的老人入席后才能开饭；长辈未动的菜，晚辈不得先吃；给长辈和客人端茶、盛饭，必须双手捧给，而且不能从客人面前递，也不能从背后递给长辈；主人家先吃完饭的要逐个对长辈、客人说“慢吃”再离席；晚辈不能落在全桌人之后吃饭。

尊老爱幼是壮族的传统美德。路遇老人要主动打招呼、让路，在老人面前不跷二郎腿，不说污言秽语，不从老人面前跨来跨去。杀鸡时，鸡头、鸡翘必须敬给老人。路遇老人，男的要称“公公”，女的则称“阿婆”或“婆婆”；遇客人或负重者，要主动让路，若与负重的长者同行，要主动帮助并送到分手处。

6. 维吾尔族

维吾尔族以农业为主，种植棉花、小麦、玉米、水稻等农作物。此外还擅长园林艺术。维吾尔族是一个多源民族，最主要的来源有两支：一支是来自蒙古草原的回纥人，另一支是南疆绿洲上的土著居民。这两部分人于840年大规模会合，至16世纪初完全融合完成。在漫长的历史发展过程中，维吾尔族人民用勤劳和智慧创造了优秀的文化，有着独特的民族风情。

“维吾尔”是维吾尔族的自称，意为“联合”。主要聚居在新疆维吾尔自治区天山以南的喀什、和田一带和阿克苏、库尔勒地区，其余散居在天山以北的乌鲁木齐、伊犁等地，少量居住在湖南桃源、常德以及河南开封、郑州等地。

维吾尔族也有自己独特的文化艺术，如故事集《阿凡提的故事》、音乐舞蹈史诗《十二木卡姆》、维吾尔族舞蹈等闻名中外。维吾尔族传统舞蹈有《顶碗舞》《大鼓舞》《铁环舞》《普塔舞》等；维吾尔族民间舞蹈有《赛乃姆》《夏地亚纳》；民间乐器有“达甫”

（手鼓）、“都他尔”和“热瓦甫”等。维吾尔民族医学是祖国医学的重要组成部分。

维吾尔族待客和做客都有讲究。如果来客，要请客人坐在上席，摆上馕、各种糕点、冰糖等，夏天还要摆上一些瓜果，先给客人倒茶水或奶茶。待饭做好后再端上来，如果用抓饭待客，饭前要提一壶水，请客人洗手。吃完饭后，由长者领作“都瓦”，待主人收拾完食具，客人才能离席。吃饭时，客人不可随便拨弄盘中食物，不可随便到锅灶前去，一般不把食物剩在碗中，同时注意不让饭屑落地，如不慎落地，要拾起来放在自己跟前的“饭单”上。共盘吃抓饭时，不能将已抓起的饭粒再放进盘中。饭毕，如有长者领作“都瓦”，客人不能东张西望或立起。吃饭时长者坐在上席，全家共席而坐，饭前饭后必须洗手，洗后只能用手帕或布擦干，忌讳顺手甩水，认为那样不礼貌。男女青年要结婚时，由阿訇或伊玛目（均为宗教职业者）诵经，将两块干馕蘸上盐水，让新郎、新娘当场吃下，表示从此就像馕和盐水一样，同甘共苦，白头到老。婚宴要在地毯上铺上洁白的饭单，最先摆上馕、喜糖、葡萄干、枣、糕点、油炸馓子等，然后再上手抓羊肉、抓饭。

7. 苗　族

苗族，是一个古老的民族，散布在世界各地，主要分布于中国的黔、湘、鄂、川、滇、桂、琼等省份，以及东南亚的老挝、越南、泰国等国家。

根据历史文献记载和苗族口碑资料，苗族先民最先居住于黄河中下游地区，其祖先是蚩尤，“三苗”时代又迁移至江汉平原，后又因战争等原因，逐渐向南、向西大迁徙，进入西南山区和云贵高原。自明、清以后，有一部分苗族移居东南亚各国，近代又从这些地方远徙欧美。苗族有自己的语言，苗语属汉藏语系苗瑶语族苗语支，分湘西、黔东和川黔滇三大方言。由于苗族与汉族长期交往，有一部分苗族兼通汉语并用汉文。苗族的宗教信仰主要是自然崇拜和祖先崇拜。

在2010年中国人口普查中，中国苗族总人口为9426007人，在少数民族中居第四位。苗族人十分注重礼仪。客人来访，必杀鸡宰鸭盛情款待。若是远道来的贵客，苗族人习惯先请客人饮牛角酒。吃鸡时，鸡头要敬给客人中的长者，鸡腿要赐给年纪最小的客人。有的地方还有分鸡心的习俗，即由家里年纪最大的主人用筷子把鸡心拈给客人，但客人不能自己吃掉，必须把鸡心平分给在座的老人。如客人酒量小，不喜欢吃肥肉，可以说明情况，主人不勉强，但不吃饱喝足，则被视为看不起主人。

苗族讲究真情实意，非常热情，最忌浮华与虚伪。主人路遇客人不抢走第一步，不走在前面；交谈中用敬语称呼；迎客要穿节日服装；招待贵客要到寨子外摆酒迎候；客人到家门，男主人要叫门，告知在家的女主人，女主人要唱歌开门迎客；在客人面前，女主人不登高上楼；宴会上以鸡、鸭待客为佳肴，尤以心、肝最贵重，要先给客人或长者，客人则分给众人享用，次序是先长后幼。客人不要称主人“苗子”，他们喜自称“蒙”。

（二）少数民族居家养老服务

1. 少数民族居家养老服务机构

以下是对察布查尔居家养老服务的实际调查报告，这是一个非常典型的，能说明问题的生动案例：从2011年刚开始的62名服务人员服务198名老人，到2014年服务人员增加到198名，政府支付的服务报酬达61万元。

如95岁的服务对象敖晞对机构服务人员佟新芳有了依赖，如果两天她没时间去看老人，老人就给佟新芳打电话说："丫头，你是不是病了，身体不舒服吗？"

11月28日，家住察布查尔锡伯自治县孙扎齐牛录镇的居民佟新芳早早吃过饭，收拾完家务，就来到服务对象66岁老人关巴梅家中，给老人做饭，帮老人洗漱、收拾家务。像这样每天接受佟新芳服务的还有3位老人，他们年龄最大的95岁，最小的66岁。

经过2年的朝夕相处，如今，佟新芳成了4位老人最亲密的人。老人有了这个"丫头"，家里家外干净整洁，精神不再空虚。老人活得体面，佟新芳每个月也有了1200元的服务收入，2014年，佟新芳主动提出"退保"，取消了低保户的身份。

这是察布查尔锡伯自治县启动居家养老新模式后带来的好处。

察布查尔县现有老年人口21661人，占全县总人口的11.16%，已经步入老龄化社会。其中，80岁至89岁的老人有1485人，90岁以上的有364人。在这些老人当中，五保户有1384人，城市无收入、无住所、无赡养人员有496人。

2009年，县民政局作了一次摸底调查，一些留守老人、五保户老人没人管，有的连吃饭都成了问题，尤其是少数民族老人不习惯去养老院，怎么办？最后县民政局研究出台了居家养老新模式，给90%的老人提供居家养老服务，7%的享受日间照料，3%的老人到敬老院去。

海努克乡五保户和空巢老人在该县最多。2009年，海努克乡启动居家养老试点工作，乡里6名低保户按照不同需求为老人提供打扫卫生、做饭、整理内务、精神抚慰、心理慰藉等服务，2011年低保人员的服务按照每小时8元付费，所有费用由政府承担。2014年服务费用涨到每小时10元。

加尕斯台乡居民阿孜古丽·吐尔逊家里条件不好，长期靠低保金维持生活，自从她成为乡里居家养老的服务员后，每个月有了固定收入，与4名老人朝夕相处，她成了老人无话不谈的好朋友。2015年3月，她的一名服务对象突发急病，她连夜租车把老人送到了县人民医院，并陪护了两天两夜。其间，她给老人喂饭、翻身、按摩，悉心照顾，老人感动得数次落泪。老人说，她无儿无女，却比有孩子的家庭还幸福。而阿孜古丽却没把这次陪护算进自己的收费时间。阿孜古丽说："时间长了，跟老人产生了感情，总觉得应该帮老人做点什么，如果这也算作费用，心不安！"

54岁的伊力巴依是哈萨克族，他服务的孤寡老人有维吾尔族、哈萨克族，他帮老人收拾房屋、洗头、洗澡，带着老人散步，把这些老人看成自己的亲人。

63岁的达吾列老人身体不好，行动不便，伊力巴依不放心他一个人在家，跟妻子商量后就把老人接到自家生活，并在院子里为老人盖了一间新房。如今，老人跟他们生活了3年之久。老人在伊力巴依眼中已经不单单是服务对象，而是自己的亲人。

为了让居家养老模式更好地运作，察布查尔县民政局引进该县的"爱心妈妈"协会和"喜利妈妈"家政服务中心，由其承包经营管理。如今，居家养老已经成为该县民政工作的一项品牌工程。

2. 流动的巡回检查服务模式

丘北县地处滇东南岩溶山原丘陵地带，地势西南高，东北低，地理环境差，自然条件恶劣，少数民族经济来源匮乏，生活水平低下。境内居住着汉、壮、苗、彝、瑶、白、回7个民族，属典型的边疆少数民族地区。据统计，全县老龄人口中农村老年人占90%以上。农村的老年人是一个不容忽视的困难群体，很久以来，人们关注的是城市人口的养老问题，而对在黄土地上一生辛勤耕耘的老年农民的养老问题关注甚少。由于农村生活条件与城市相比较差，能否妥善解决农村老年人口的养老问题，关系到构建社会主义和谐社会的成败，必将给我国经济、政治、社会、文化发展带来深刻的影响，也给我国的安老养老工作带来了巨大挑战。

我国作为四大文明古国之一，自古就有敬老、养老的优良传统。这一传统世代相传而经久不衰，对传承民族文化，维系人心和社会稳定起到了重要作用。目前在农村社会养老保障制度还处于探索和试点阶段，传统的家庭养老、儿女养老模式正面临挑战。

目前丘北县少数民族养老一直沿用以“家庭养老”为主，“集体养老”“社会养老”“商业养老”和“社会养老保险”为辅的养老模式。

二、我国少数民族农村养老模式简介

（一）少数民族农村家庭养老模式

家庭养老是以家庭为单位、由家庭成员主要是年轻子女或孙子女赡养老年家庭成员的养老模式。其主要为老年人提供经济供养、日常生活照料、精神生活慰藉三个方面。家庭养老在我国，特别是在农村有着悠久的历史。中华人民共和国成立以来，农村经济虽然有了很大的发展，经济和社会结构也发生了较大的变化，党和政府努力在农村建立和发展新的社会保障体系，但家庭在养老中的地位并未发生根本动摇，其作用也未为其他养老模式所取代。家庭养老之所以一直是农村养老的主要模式，是因为家庭养老模式符合我国“以孝为先”的几千年的传统孝文化，我国自古就有养儿防老的古训，也就是说养育子女最主要的原因，就是要子女在自己年老的时候能够为自己养老，家庭养老方式正好迎合了这一传统观念，子女可以表示自己的孝心，老人享受养儿防老的特权。家庭养老模式让老年人更加体会到家庭的温馨，更容易增加老年人的幸福感，老年人最开心、最满足的莫过于儿孙绕膝，儿女能够为老人养老，形成其乐融融的家庭氛围，增加老年人的幸福感。但是随着我国社会家庭结构的变化和人口老龄化程度越来越严重，家庭养老模式的缺点越来越凸显，首先，随着我国人口与计划生育的有效实施，农村中独生子女越来越多，这也就意味着一对独生子女夫妇要赡养四个老人，这对家庭造成了很大的经济负担，不利于老年人的养老；其次，随着社会节奏的加快，年轻人的生活压力越来越大，年轻人大部分时间花在工作上，工作之余根本没有时间和精力来照顾家中的老人，也没有时间和老人交流，这也使得家庭养老方式的职能缺失，不能满足老人的需求；最后，随着我国改革开放制度的进一步深化，农村进城务工人员越来越多，农村人口城镇化步伐进一步加快，农村“空巢”老人越来越多，家庭养老基本形同虚设，这些状况的出现使得家庭养老模式难以实现对农村老人的养老职能，影响农村养老的效果。

（二）农村少数民族集体养老模式

集体养老是由集体经济组织对年老多病、无依无靠的老人进行赡养的制度，主要形式有五保户和养老院制度。其受益主体集中在伤残人和无儿无女的老年人等困难群体上，对一般老年人无法覆盖，集体主要通过土地供养、集体筹资等方式实现对老无可养老人的供养，为老年人提供基本生活保障。丘北县有敬老院3所，供养老人41人，每人每月发放五保人员补助费104元，由财政拨款为其解决生活、医疗、吃住问题。但是由于集体养老存在的物质基础是农村集体经济组织的经济能力，从目前的乡村两级巨额债务缠身、各地发展差距过大的情况来看，集体养老只能作为农民养老的重要补充形式，很难普及和规模化发展。

（三）农村少数民族商业养老模式

随着农村部分居民生活日渐富裕和保险业的发展，一些农民参加了各种形式的农民养老保险。这可作为未来社会养老保险的补充形式，也可以为将来向社会化养老制度转轨奠定基础，缓和老龄化高峰期支付养老费用的困难。主要有保险公司开展的独生子女父母养老保险、村干部和义务兵养老保险及其他人员的养老保险。投保方式上可一次性投保，保险公司在投保者年老时按不同交费标准支付不同的养老金。

（四）农村少数民族社会养老保险模式

从1991年开始，民政部门根据国务院的决定，在农村经济发达地区和比较发达地区推行农村社会养老保险试点。其主要做法是，根据农民自愿、在政府组织引导下，从农村和农民的实际出发，保险资金以农民个人缴纳为主、集体补助为辅，国家予以政策扶持，实行储备积累的模式，建立个人养老保险基金账户，根据积累的资金总额和预期的平均领取年限确定养老金的领取标准，缴纳标准和支付标准实行多档次，养老保险以县为单位统一核算，统一管理。丘北县于2010年启动了农村社会养老保险，截至2013年底，全县有241428名农民参加保险，三年农村养老保险基金累计收入20822万元（其中，财政拨款收入13642万元，向参保农民征收养老金7180万元），三年累计支付农村养老金10607万元。2013年有47855名农民领取了养老金，支付保险金额3535万元，预计5年内实现新型农村社会养老保险全覆盖。新型农村社会养老保险养老方式通过多渠道大范围地筹集资金，为农村养老提供了最充足的资金保障，养老涉及面广、效果显著，另外该种方式可以结合其他任何一种养老方式发挥综合性的作用，代表未来我国农村养老方式发展的方向。

三、尊重少数民族宗教习惯的养老服务

（一）少数民族宗教简介

1. 藏　族

藏族是我国少数民族中宗教传统习惯最为浓厚的民族之一。他们主要信奉佛教，

经过长期的发展形成了自己的宗教特色，叫作藏传佛教，也有叫喇嘛教的，以西藏拉萨的大昭寺和青海省的塔尔寺的宗教活动特色形成藏传佛教的两大流派。

2. 回　族

回族主要信奉伊斯兰教，他们具有国际上伊斯兰教的基本特点，又形成了中国风格和中国特色，他们的风俗习惯和文化传统决定了他们大多数人都信奉伊斯兰教。

3. 其　他

在我国的其他少数民族中，信奉宗教的人比较多，主要信奉佛教、道教、伊斯兰教、基督教、天主教等，正宗的宗教教种和教派。所有的宗教活动都以热爱祖国维护祖国的统一为基本要求，宣传和带领信众积极参加社会经济建设，支持家乡和促进地方经济文化的发展。

（二）宗教信仰下的养老模式选择

1. 尊重少数民族宗教信仰

我国的宪法和法律规定，公民有信仰宗教的自由，也有不信仰宗教的自由，大部分少数民族选择了信仰宗教，我们应该尊重他们的信仰文化、传统风俗习惯和生活习惯，少数民族老人的养老具有民族的传承，又受宗教传统活动的影响，这是正常的，也是合理的。

2. 探索新常态下少数民族养老模式

在习近平中国特色社会主义新时代的社会经济文化形态下，少数民族的养老模式可以做如下选择：

第一，各民族的传统的居家养老模式。这是由长期的历史和文化传统决定的，总体上看我国多数少数民族的传统的家庭结构是比较牢固的，因此，居家养老有其优势和长处。

第二，居家养老与社区养老相结合的模式。在我国少数民族相对集中的地区，自治区首府，民族自治地区的州、盟和市的所在地，县级政府所在地，经济发达的乡镇政府所在地，都会有规模较大、档次较高的社区和小区，当地的老人都能够享受到社区养老机构的服务，同时又能够体验居家的温情。

第三，机构养老模式。由于我国少数民族大部分居住在偏远山区和边疆地区，居住比较分散，距离医药卫生条件和社会服务比较好的城镇很远，对于“空巢”老人、失能老人和半失能老人来说，选择机构养老是最好的方式。

三、民族混杂居住区的居家养老模式

（一）协商共建共享养老模式

1. 一方为主的模式

在我国大部分地区，少数民族与汉族都混着居住在同一区域，因此，我们要本着尊重少数民族风俗习惯的原则，探索出一个少数民族和几个少数民族为主体的居住养老模式，有些少数民族已经和其他民族的生活方式十分接近，比如满族和蒙古族，在汉族地区居住将很难区分出是哪一个民族，因此，各个民族都要互相珍重，建设以一个民族风格特色为主的养老模式居住地，照顾其他民族的特殊要求和需要。

2. 共建同享模式

在某些地区，由于历史原因形成了多民族的居住地，各个少数民族应该互相尊重其生活习惯文化传统和风俗习惯，以包容的姿态和宽阔的胸怀，建立多民族都能理解和接受的共建共享的养老模式。

（二）居家养老服务机构的建立基本方法

1. 建立理想的少数民族养老机构

在少数民族居住区建立养老服务机构，是一件困难比较多的事，主要有以下选择。

第一，大型社区和小区的养老服务机构的建立。并不是说在一切少数民族地区要建立像中心城市一样的养老服务机构都是很困难的。在大中型城市重要的边疆口岸少数民族居住较多的地方都可以有大型的社区和小区，也应该建立日间照料中心、社区医疗机构、文化娱乐设施、康复机构、老年咨询机构和心理咨询室为居家养老老人提供全方位的服务。

第二，建立社会化、商品化的养老服务机构。为少数民族中居住区或者乡镇边防口岸所在地的居家养老的老人提供如“十送”服务的全方位的居家养老服务。

第三，建立“互联网+”的少数民族养老服务机构。特别是在医疗卫生方面，由于人才较少，交通条件设施落后，远程教育医疗的开展是最有效的，国家在这方面已经做了大量工作，国际上也有成功的经验可以借鉴，特别是对于老年人疑难病症在基层医疗具有极其重要的作用，可以让偏远地区的老年人得到有名的专家教授的医疗和诊断。

2. 坚持“人性化”服务

我国少数民族人口稀少，种类繁多，居住十分分散，交通设施落后，民族的风俗习惯更有其特点，宗教信仰也各有不同，总之，少数民族老人的个性化特征比较明显，因此，我们要针对不同的老人开展“人性化”“个性化”服务，以满足不同民族的不同特色的老人的养老服务需求。

第二节　适当集中条件下的少数民族居家养老

为了从长远利益着想，从根本上改变少数民族生活条件的落后状态，尤其是改变偏远地区和落后地区少数民族的居家养老的状态，建立少数民族的集中居住区，是解决少数民族老人养老质量问题的基本方式方法。

一、少数民族“山下居住集中区”

（一）示范地区简介

1. 广西壮族自治区

在广西壮族自治区，比较早地实施了将山区的少数民族迁移到山下集中居住，这样更好地解决了少数民族分散居住面临的生活上和生产上的困难，在桂林市、柳州市和百色市以及其他地区都有这样类似的先进的案例可供大家学习和借鉴。

2. 内蒙古自治区

内蒙古自治区是在我国少数民族自治地区当中普遍实行少数民族集中居住的地区，改革开放以后，政府关心蒙古游牧民族的发展，实行将广大牧场分配给牧民家庭管理所有的办法，使每户牧民都有自己的草场，实行围栏放牧制度，建立了大量的蒙古族的集中居住区。在政府的支持和帮助下，广大牧民都有了自己的定居点，为他们的居家养老创造了新的良好的物质基础。

3. 四川西昌

西昌市隶属四川省凉山彝族自治州，是我国有名的少数民族地区之一。为了改变少数民族的生活状况，让他们发展经济，提高社会文化水平，很早就将少数民族迁移到山下居住，建立新型的少数民族村寨，开展特色旅游，发展民族手工工艺产品，从根本上帮助少数民族克服了生产生活上的困难，使当地老人的养老生活发生了天翻地覆的变化。

最近几年，州政府领导根据国家养老产业发展的需求，充分利用西昌市的优美环境，适合老人生活的气候条件，优秀的民族文化传统，于每年举行“火把节”。在“春节”人们旅游高峰期宣传西昌市养老的优势条件，吸引更多的外地老人到西昌市养老，成都市、乐山市、宜宾市、重庆市、绵阳市的老人都热衷于到西昌养老度假，参观一处山寨，享受良好的气候条件，欣赏民族风情，推动了少数民族地区经济的发展。当地政府的目标是打造国际养老度假胜地。

（二）少数民族居住区的养老服务

1. 小型养老院的建立

少数民族人口少、经济相对落后，为了满足少数民族老人养老的需要，应该在少数民族地区建立一些微型、小型的养老院。所谓微型养老院，是指入住老人在30人以下，甚至只有几个老人的家庭式的微型养老机构；小型养老机构是指300人以下或者100人以下的养老机构，这些机构的建立都需要政府的支持和帮助，特别是给予更多的资金补贴和政策上的关怀。

2. 居家养老服务机构服务

少数民族地区的居家养老主要有两种情况。

第一，在地区、市、州、盟所在地建立商品化市场化的养老服务机构。由于这些地区居住人口较多，老人的经济收入和水平也不是太低，在实行居家养老的时候，应该得到各种养老服务机构的帮助。这些地区的养老服务机构服务水平和质量应该和内地的县城差不多，甚至还会高一些。

第二，在县城、乡、镇的少数民族集中居住区建设居家养老服务机构。这种难度会大很多，主要是市场容量小，往往会出现需求不足、供大于求的现象，会给这类小型的养老服务机构带来经营上的困难，我们应该探索出有效的方法来克服困难，为少数民族老人养老提高质量。

二、相对集中养老是少数民族养老的最佳办法

（一）优越性

1. 资源节约

少数民族居住十分分散，边疆地区的少数民族人口密度是全国人口密度的1/50，因此要满足大部分少数民族都按标准设置规范的养老设施，会造成资源的浪费。从经济方面来考虑几乎是不可能的，只有极少数个别的地方可以在分散的条件下建设一些养老设施，所以应当尽可能地把分散居住的少数民族集中起来建立居住地，才能满足老年人养老的需求。

2. 便于管理

在少数民族居住的边远山区，即使有可能投入建设了相当条件的养老基础设施、良好的设备，也很难进行有效的管理和充分的利用，一方面需要服务的老年人太少，用具和设施不可能被得到充分的利用，也是一种浪费；另一方面，由于过于分散、道路遥远，难以进行有效的管理维修和服务，只有采取相对集中居住的方式，才能很好地解决少数民族老人的养老问题。

3. 便于服务

养老服务和其他服务一样都是要计算成本的，少数民族过于分散的居住条件，是十分不利于养老机构为其老人进行服务的，一是交通费用成本就很不合算；二是时间问题，为一个居住偏远的少数民族老人服务，往往需要几小时甚至更长时间，收费又不能太高，因此分散居住的少数民族老人很难享受到养老服务机构的高质量的有效的服务。

（二）少数民族社区模式

1. 社区养老选择

少数民族养老也有社区养老模式的选择，主要有以下几种情况：

第一，少数民族地区的养老形式相对较少。从全国的养老模式选择来看，选择社区养老的老年人在全国范围来看只占7%，这还是在20年前提出的基本数量概念。据预测，到2025—2030年我国社区养老的总人口应该在20%左右，即使是这样也主要在中心城市能够体现，在少数民族的经济发达的地级市和县城社区养老的比例会有一些提高，但是相对于内地来讲也是比较少的。

第二，在多民族混合居住区的社区养老。在一些经济较为发达的城镇，在大型边境口岸地区有一些大型的上档次的社区和小区，由于小区养老设施设备比较先进，服务机构也比较健全，能形成真正的社区养老模式。

2. 社区环境下的居家养老模式

在按照新的标准建设养老设施设备比较齐全的社区中居家养老，是少数民族生活中养老方式的一种最好的选择，主要有如下优势：

第一，我国社区管理模式的改变带来了好处。从过去的居民委员会的管理模式改

变为社区管理模式，从根本上把过去行政管理功能为主改变为服务管理功能为主，能享受到社区管理机构带来的服务。

第二，能享受社区养老服务功能带来的好处。新型的社区和小区一般建设有日间照料中心、医疗机构、康复机构、老年活动中心、文化娱乐中心、体育中心、老年服务和咨询机构，以及其他老年服务公司，能最大限度地满足老年人的养老需求。

第三，能享受社会服务机构带来的好处。新建立的社区和小区一般建设在商业服务业条件较好的城镇和城市，社区和小区居住的人口规模也相对较大，老年人的养老需求也较为丰富，能够享受整个城镇和养老服务机构带来的优质服务。

第三节　新形势下少数民族地区居家养老

在我国整个社会经济文化高度发展的新常态下，尤其是近几年"互联网 +"的广泛运用，直接影响到人们生活的方式和方法，少数民族传统的居家养老也应该受到新的影响，具有一些新的元素，为少数民族养老提供更佳的服务。

一、少数民族地区居家养老传统的发扬

（一）发扬少数民族居家养老优势

1. 少数民族家庭稳定传统的居家养老优势

按照传统意义来讲，大多数少数民族的家庭家风都有一个优势，主要体现在少数民族家庭相对稳定，很多家庭的老人在家庭中有较高的威望，并且管理着家庭的主要经济收入和支出。同时，少数民族的青壮年仍然保持着较好的敬老、爱老、养老的光荣传统，少数民族绝大部分人有深厚的家乡的情怀，居家养老仍然是当前少数民族首选的最主要的方式。

2. 当前少数民族居家养老选择

目前少数民族的居家养老选择主要有如下几种：

第一，传统的居家养老。还有相当一部分少数民族居住在偏远山区和落后地区，过着传统的居家养老生活，总体上比过去有了很大的进步和提高。

第二，新型民族村寨的居家养老。改革开放以后国家对少数民族地区做了大量的投资，很多地区建设了新型的民族村寨，这部分老人的居家养老条件也有了较大的改善，子女和孙辈往往受到了较好的教育，有了文化和一定的专业技能，在外地工作或者打工，老年人的养老生活有了基本的经济保障。

第三，集中居住区的居家养老。这类居住区的建筑条件较好，地理位置选择也较好，医疗设施相对齐全，养老天气较好。

第四，新型社区和小区的居家养老。在大中型城市的少数民族居住的社区和小区，老人养老的服务需求能够得到较好的满足，是一种较高层次的养老生活方式。

（二）建立少数民族居家养老服务体系

1. 国家支持需要的养老机构建设

我国的少数民族大部分住在偏远山区和边疆地区，他们为保障我国边境的安宁做出了重要的贡献。因此，国家应该加大投入，在少数民族地区建立更多的工友的养老机构，以满足空巢老人、失能老人和半失能老人养老的需求。

2. 居家养老服务机构的设立

少数民族都是以居家养老为主体的民族。但是，他们的居住条件有三方面缺陷：一是居住十分分散；二是交通不便；三是离城镇很远。所以要建立与少数民族居家养老相适应的服务机构是有相当难度的，最需要建立少数民族居家养老的服务体系，才能担当此重任。

二、建立新生态下的民族村寨

（一）已经建设的民族村寨的养老设施建设

1. 改建养老服务设施

在改革开放的40多年里，我国许多少数民族地区已经建设了一些民族村寨。但是由于当时的历史条件决定没有建设较好的养老设施，因此，现在要根据国家新的规定和发展的要求，进行养老服务设施的改建扩建工作。

2. 新建养老服务设施

部分已经建成的少数民族的村寨和集中居住区域，基本上没有养老服务设施，只需要对咨询机构进行调整，新建国家新的标准规定的养老服务设施。

（二）正在建设中的少数民族村寨

1. 按照新的标准建设

2015年国家规定了新建的社区和小区的养老设施建设服务标准，正在建设的少数民族村寨，应该修改或调整规划按照国家新的标准建设养老服务设施。

2. 适当引入先进地区的理念

我国整个经济发展都存在区域的差异性，少数民族地区的发展也很不平衡，总体上比内地落后一些，但是也有部分地区经济条件或环境十分先进，比如，云南的丽江和香格里拉，黑龙江的漠河口岸，新疆的伊犁等，都是较为发达的少数民族地区和边境地区，这些地区在少数民族村寨建设方面都很先进。

（三）规划少数民族新型村寨建设

1. 创新我国少数民族村寨建设标准

由于我国少数民族种类较多，分布区域很广，风俗习惯、生活习惯和文化传统都具有独特之处。因此要根据各个少数民族的特色环境条件，创新符合他们生活需要和养老需求的新型的民族村寨建设标准。

2. 建设先进的少数民族村寨

我国经济的高速发展，为少数民族带来了良好的发展机会。探索和成功建设先进的少数民族村寨，能展现中华民族的自信心，同时也表明了国家对少数民族的关心支持和帮助。

三、多种形式的少数民族养老心态

（一）贵州省少数民族养老模式简介

1. 简　介

在2000年前后贵州省是我国除五个少数民族自治区外的省份中最落后的省之一，大部分经济指标比青海省还要落后，又是我国重要的少数民族之聚居地。在全面应对老龄化的挑战以后，国家对贵州省输入了大量的“造血机制”，通过精准扶贫的方式发展民族经济，积极推进民族旅游区的开发，大量建设具有民族特色的少数民族村寨，从根本上提高少数民族的经济收入水平，让大部分少数民族养老有了基本的经济保障，应该说贵州省创造“以发展经济促进养老”的新型少数民族养老模式。

在贵州省的黔东南苗族彝族自治州，建立了多家以彝族苗族为特色新型村寨和旅游景点，受到了国内外人士的高度好评。

2. 点　评

贵州省的情况表明，只有实事求是、发展生产才是少数民族提高养老质量的最根本方法和途径。

（二）我国少数民族地区旅游养老模式简介

1. 云　南

云南省是我国少数民族种类最多的省份，地处我国西南边陲，在历史上经济十分落后，交通闭塞，少数民族的经济收入水平很低，缺乏养老的经济基础条件。政府部门选择了开赴云南的少数民族的旅游资源以后，使民族经济有了较快的发展，也选择发展民族旅游经济促进养老质量提高的路子，收到了良好的效果。

云南自古有少数民族的文化传统，美丽的传说发展少数民族旅游，著名的有昆明石林风景区、大理风景旅游区、漓江古镇风景旅游区、香格里拉风景旅游区等，都是全国著名的旅游风景区，带动了当地少数民族经济的迅速发展。

现在云南省又在开辟南线，东南、东部地区新的少数民族村旅游发展景区，并带动云南省少数民族地区的经济发展，稳步提高少数民族养老的生活质量和老年人的生命质量。

2. 西　藏

西藏少数民族地区在养老方面有独特的风格，他们充分利用青藏高原的自然条件、风俗人情和宗教文化大力发展旅游产业，通过发展经济，促进社会文化发展，提高少数民族的收入水平，从根本上解决老人养老的经济基础条件，收到了很好的效果。

传统的旅游线路是北京、成都至西藏拉萨布达拉宫和通过青藏公路“自驾游”。自青藏铁路通车以后，西藏迎来了旅游的春天，首先开通了北京至拉萨、成都至拉萨两条客运线路；其次开通了上海至拉萨、西安至拉萨的旅游线路，带动了青海格尔木至西藏沿途少数民族地区的经济发展，使整个西藏少数民族的养老水平得到了很大的提高。

3. 新　疆

中华人民共和国成立以后，新疆的少数民族地区得到了国家的大力支持和帮助，发展石油开采和炼油工业；建立了世界著名的农业基地，使新疆经济有了很大的发展。改革开放以后，同时发展了旅游业，使偏远落后地区的少数民族的经济得到了很大的发展，最近几年，中国进入中等收入发达国家行列，从观光旅游向度假旅游转移，已开通上海至乌鲁木齐、杭州至乌鲁木齐“十日游”专列旅游为代表，表明新疆少数民族旅游业有新的发展，从经济基础条件上解决了少数民族老年人养老的根本问题。

知识拓展

2014—2015 年国家对少数民族地区财政投入状况简介。

第一，2011—2014 年国家共安排中央财政兴边富民补助资金 61 亿元，增加中央预算内投资专项安排，累计投入 40 亿元，使边境地区经济发展显著增长。

第二，2014 年生产总值为 9436 亿元，成长速度高于东部和中部地区，公共财政预算收入 815 亿元，比“十一五”末增长 134.6%。

第三，固定资产投资 7697 亿元，比“十一五”末增长 90.6%。

第四，边境地区交通进一步发展，2011—2015 年通高速公路的县由 18 个增加到 46 个。这对于少数民族地区和边疆地区的经济文化社会发展有着决定性的作用。

第五，2011—2015 年我国中央财政专项扶贫资金从 272 亿元增长到 467.45 亿元，年平均增长率为 18%，以后每年还要增加，再配合以教育扶贫、技术和人才资源输入机制，少数民族集聚区会得到较快的增长。

案例点评

简介：1990 年年底，贵州省是我国少数民族自治区外的省份中经济最为落后的一个省，其大多数经济指标比青海省还要落后。比如，当时贵州省还没有一家中外合资企业或者外商独资企业；贵州省的人均占有电话数为全国倒数第一。人们都为贵州省的落后感到担心和忧虑，但是在国家中央政府进行了“造血机制”扶贫和开发帮助以后，他们发展山区经济和少数民族旅游经济，用十几年的时间就改变了落后面貌。

点评：从贵州省的经济发展战略来看，最基本一点就是根据本地区的实际情况发展有特色的少数民族经济，从根本上解决老年人的养老问题。

第二十一章　居家养老发展趋势研究和预测

居家养老在我国养老的总目标和总规划中处于基础的地位，在20年前我国制定了养老发展结构和规划的总目标是“居家养老为基础，社区养老为依托，机构养老为支撑”养老模式，即著名的“973”养老规划模式。直到现在还适合于我国大部分地区的养老基本状况，这是难能可贵的。本章是全书最后一章，需要对我国以居家养老为基础的养老模式作适当分析和预测，以供大家参考。

第一节　独生子女家庭居家养老

要分析预测今后一段时间的养老发展趋势，必须了解过去的历史民族特色和文化传统。认真研究我国现阶段养老的基本状况，找出能影响全局的关键的主要的事物内在联系，以及相关的因素和条件，才能把握住事物发展的本质，寻求有指导意义的理论和方法。

一、历史特色论（1982—2016年）

（一）独生子女家庭养老模式

1.“4+2+1”家庭的养老选择

由于我国在20世纪前后进入了一个特殊的历史发展阶段，在经过外国列强的侵略掠夺以后，最终推翻了封建王朝，却没能把外国势力赶出中国，世界上又发生了第一次世界大战和第二次世界大战，之后中国人民再经过4年的努力而建立了中华人民共和国。在以后的一段时间里，国家和人民克服重重困难，发展民族经济已经取得了很大的成功。

在那个太平的历史条件下，中国的人口得到了快速的增长，给整个社会的发展带来了巨大的压力。中国人面临着解决吃饭问题、就业问题、社会和谐协调发展的问题，这都是关系到国计民生的重大课题。我国实行改革开放政策，已经找到了发展我国经济的基本道路和方式。针对我国人口众多的状况，采取了极其严厉的政策，施行“一胎化”的“计划生育”强制措施，限制人口的盲目高速发展。

我国经过1980—2014年的控制人口阶段，总体上达到了控制人口的目的。但是，为今天我们全面应对老龄化社会带来了巨大的挑战，“4+2+1”家庭人口模式的现状，使我们必须付出更大的努力，选择有效的积极的养老模式。

2. 经济条件决定的养老选择

从基本因素上考察和研究，决定和影响我们进行养老模式选择的主要有以下因素：

第一，经济条件因素。在居家养老、社区养老和机构养老之间选择，首要因素在于我们的经济基础条件怎样。居家养老是最基础的，除了“三无”老人和五保户以外，绝大部分人能选择居家养老；社区养老选择也要看经济条件，养老条件好的社区住房价格较贵，大部分老人的经济条件可能达不到；机构养老更不用说了，在传统的城市居民中70%以上不可能承担机构养老的经济开支。据统计资料表明，2015年年末北京市城镇居民人均月基本保险金额为2777元，据我们调查，北京市公办养老机构在保养老金每月为2200元左右，但他们的基本任务是接收“三无”老人，其他社会老人要进入公办养老机构，排队会在几十年以后。

北京市民办养老机构的基本最低收费为每月4800元左右，如果是半失能老人，每月收费会在7500元以上。以北京市为例计算，正常的退休老人基本养老金要高出平均养老金的43%才有可能进入民办养老机构养老。具体分析可知，老年人都会留有一些自己支配的零花钱，根据我们研究的样本可知，零花钱的数量一般在老人可支配收入的30%左右，依此计算，在北京要进入郊区的民办养老机构，一位老人的月可支配收入应该在6300元以上。

第二，文化传统因素。有些老年人在经济上是可以满足机构养老经费开支的，但是他们受中国传统文化的深刻影响，误以为进入机构养老会引起亲友的议论：认为“他的子女没有爱老、敬老、养老之心”，自己和子女都“脸上无光”，其实这是一种误解，现在社会上人们普遍能够正确地理解或接受机构养老方式。

第三，家庭结构形式。老人虽然能够承受机构养老的经济负担，但是其家庭机构认为他的居家养老更为合适一些，又有三种情况：一是现在高龄老人生活在多子女家庭，为“4+4+2”或者“4+4+3”家庭人口结构，子女可以照顾他们养老；二是老人的孙子和孙女还在上幼儿园和小学阶段，需要他们照顾；三是老人身体健康，老人伴侣同时生活很好，无须进入机构养老。

第四，居住环境因素。有老人住在大型的新兴的高档社区，养老设施设备齐全先进，社区有老年活动中心、日间照料中心、医疗中心、康复中心、文化娱乐中心、全托或者夜间照料中心、体育锻炼中心、老年咨询和心理服务中心等，过着良好的社区居家养老生活。

（二）独生子女养老的养老模式

1. “2+4+2+1”家庭的养老模式选择

由于经济的发展和社会的进步，环境保护意识加强，社会安定和医疗卫生条件改善，我国人口的平均寿命普遍提高很快，“四世同堂”的长寿家庭也有不少，即家庭人口结构为“2+4+2+1”状态，这里的“2”是指独生子女父母的双方还有一位高龄老人健在，有十分长寿的家庭的情况是四位高龄老人都还健在，这种独生子女家庭承受的爱老敬老养老的压力就大了。一个家庭有4~8位老人，独生子女夫妇还要承担工作任务和教育、培养子女的责任，可见他们家务劳动的压力和心理压力会有多大。中国还有“老还小”的传统说法，老年人到了一定的年龄状态，往往会回忆往事；记忆力减退；像小孩一样争强好胜；几位老人身体上都有病痛；可以说这就是一个小型微型的家庭养老院。应该说他们是居家养老和机构养老的结合体，在经济条件比较宽松的情况下、在社区养老服务比较好的情况下，选择居家养老方式是最合适不过的。

另一种状态是，由于老人较多可以请2个家庭保姆照顾老人，他们可以互相帮助，互相监督，轮流值班，分工合作，多数时候还会有较好的效果。

再一种情况是，如果一位老人是失能、半失能状态，也可以选择在机构养老。

2. 文化观念更新下的机构养老

在新的文化观念影响下，我国大部分独生子女家庭面临机构养老的选择，因为只有一个孩子，不可能像中国古代一样受“父母在不远游”传统观念的束缚。大部分独生子女在外地工作，甚至在国外定居，大多数情况下，父母老了以后不可能和子女生活在一起，在进入高龄、失能和半失能状态以后，不得不选择机构养老方式。

根据我们的调查分析可以知道：现在老年人，在还有自理能力的情况下，大多数选择居家养老模式，不太接受机构养老模式。但是可喜的是，现在45～65岁的有文化的人，大部分养老观念有了较大的变化，他们都乐意在年老后选择机构养老方式，有一部分人已经采取投资的方式，在海南、黑龙江、峨眉山、西昌、杭州郊县的风景名胜地区建设养老机构购置养老床位，为将来机构养老做好充分准备。

二、“男女平等”大条件下的区域风俗习惯家庭分析

（一）“重男轻女”风俗较为严重区域养老分析

1. 偏重“男方”居家养老

在我国北方的大部分地区，传统的重男轻女的观念在部分人中还有比较严重的存在，在农村表现更为突出一些。年青一代经过现代教育以后，在城市工作或者打工，为了尊重老一辈的意见，相当部分人采取了偏重男方的居家养老模式。如果女方是在南方和西南地区生长的，其父母不习惯于北方的生活方式，尤其是在餐饮方面，南方和北方相差很大，多数人也不习惯北方的干燥的气候条件，因此往往会选择在南方养老，到了高龄阶段，只有从居家养老模式转变为机构养老模式。

2. 协商条件下居家养老

一种情况是，独生子女这一代人都是北方人或者另一方是南方人，采取哪一种居家养老模式，是由年轻人双方协商解决的。大部分在中心城市和东部沿海城市工作的年轻人，没有能力购买宽敞的住房，把双方的父母都接到城里居住，实行“4+2+1”居家养老模式。

协商居家养老模式又有以下三种情况：

第一，由女方的父母到子女工作的城市居家养老。大部分时候是为了带孙子、孙女需要，并且全力以赴地帮助子女做家务，现在中心城市和大城市，有些孩子上初中以后还需要祖辈接送上学，这成了一种新的社会现象。

第二，男女双方的父母轮流到子女所工作的城市居家养老。与其说是养老事实上主要是为了照顾孙辈需要，特别是在孙子和孙女在幼儿时期、上幼儿园到小学三年级阶段，离不开祖辈的照顾。

第三，男方父母到子女工作的城市居家养老。这种情况较少，在中国的家庭生活和社会管理中，有一种最难处理的关系就是婆媳关系，因此，男方的父母要长期在子女家养老，重要一条就是婆媳关系处理非常融洽，这种情况是不多的。

（二）“男女平等”条件下的居家养老

1. 城市养老观念“大众化”

自1999年年末我国正式宣布进入老龄化社会以来，将近20年的时间了，人们对我国养老的政策、方针、法律、法规以及养老模式都有了较为深刻的了解。特别是在城市，男女平等的基本观念已深入人心，在独生子女条件普遍存在下，传统意义上的城市居民的养老观念已经“大众化”，所谓大众化，就是城里的居民几乎人人都懂得怎样养老，已经基本消除了旧的文化传统风俗习惯带来的养老的束缚。特别是国家基本养老保险金和基本医疗保险金制度的执行状况良好，整个城市包括乡镇的城镇居民绝大部分过上了比较理想的养老生活。

2. 农村养老观念“传统化”

在我国广大农村传统的养老观念还根深蒂固，“养儿防老”的传统风俗观念还处在主导地位，在生育上“重男轻女”倾向还比较严重，因此造成一些不必要的家庭纠纷和社会矛盾，很大程度上影响社会的稳定。从常理来看，男女性别比失调，不利于国家的长远发展和民族的兴旺发达，也为今后的养老带来一定的困难。当然，这也是当前农村的社会生产力相对落后所引起的，农业劳动需要强壮的劳动力，相信今后科学技术的发展，农业劳动机械化的程度进一步提高，人们的思想观念也会得到很大的转变，既有利于农村的社会发展，又有利于应对老龄化带来的挑战。

三、“啃老族”家庭养老

（一）“啃老族”家庭分析

1.“啃老族”家庭养老问题分析

所谓“啃老族”，是指在我国20世纪末21世纪初开始产生的年轻人不爱工作，待在家里依靠老一辈供养其生活的一些人。这是我国社会经济文化发展到特殊状态的产物，一方面由于社会化市场化经济环境带来的激烈竞争；另一方面国家经济的高速发展，又为现在的壮年和老年带来了较好的经济收入或者稳定的基本养老保险金和基本医疗保险金，几乎全部是独生子女家庭，传统的城镇居民的父母基本收入完全可以供一家三口正常生活。同时，国家建立了基本生活保障制度和失业保证金制度，为“啃老族”的存在，提供较大的环境条件。

“啃老族”现象的存在，直接影响有关家庭老年人的养老生活质量，政府部门、社会团体、养老机构应该探索一套积极有效的方法，以提高“啃老族”家庭的老年人的养老生活质量问题。

2.“啃老族”将来如何养老

从长远来看，“啃老族”将来的养老问题是一个极其重要的社会问题。从某种程度上也会影响到社会的稳定，所以要引起我们的高度重视。我国至少要用相当长的时间才能解决我国在特殊历史条件下产生的养老问题。古人讲过，“人无远虑，必有近忧”，这包含着非常深刻的道理，我们要全方位地考虑到养老方面的各种问题，才能够迎接更为理想的未来。

(二)“啃老族”养老应对措施

1. 设立“独生子女”养老基金

在“独生子女”和“啃老族”联系在一起的时候，我们充分地认识到这类家庭老人的养老质量会受到严重的影响，要想办法解决因“啃老族”带来的社会问题，需要考虑到长远的将来，已存在的独生子女家庭和未来的独生子女家庭的养老问题。根据国际上的先进模式，设立独生子女养老基金是比较好的方法和途径之一。

2. 设立“独生子女”商业保险

我国的保险体系还在建立之中，社会要发展，历史要前进。经济发达国家几百年的成功的保险产业的方法和模式是可以为我们学习借鉴的。虽然我国已经实行了“二孩”政策，但是现在大量的独生子女会在25~64年的时间区间进入老龄阶段，他们的养老问题我们也需要认真考虑，社会才能在和谐状态下公正、公开、公平地正常发展。独生子女商业保险已经开始实施，但是广度和深度还不够，加强宣传和推广，让更多的人参与进来，解决好养老的后顾之忧。

四、更为严肃的思考

(一)居家养老与“商品房”开发

1. 过度强调居家养老会刺激“商品房”开发吗

国家的经济、社会、教育、文化、军事等各方面都应该协调发展，在不同的历史条件下，各个大领域都应该有自己适合的位置，互相影响，紧密联系，任何一个领域离开其他领域高速的发展或者十分落后，整个社会都是畸形的、不和谐和不协调的，尤其是大经济实体、国家和地区都是这样。

居住条件是一个国家和地区最主要和基础的领域之一。它涉及方方面面，首先是社会的各个方面，居家养老是最大的社会问题之一，也关系到社会的各个领域，比如房地产市场，如果我们不恰当地过分地强调居家养老，必然会带来房地产市场的消费。从某种意义上来说，当前我国房地产市场“高热”不退，与我们某些部门过分养老为基础是有很大关系的。我们必须注意到这样一种情况，在大中型城市50%以上的家庭有2套住房，子女带着孙子或孙女住，另外1套是两位老人住，周末和节假日或者子女出差以及外出学习时才共住1套房。对于“4+2+1”的家庭，往往会有3套住房，因为另外一方的父母还有1套住房甚至2套住房，这样实在是一种浪费，根据我们的调查分析，这也是刺激商品房房价上涨的重要原因之一，最理想的方法是这种“4+2+1”的标准家庭在同一城市有2套住房是最合适不过了，考虑到风俗习惯和家庭关系的处理，最多3套住房，实际上也还有一定的浪费，所以有关政府部门、社会组织、养老机构要共同协商探索1套节约住房的养老办法，在很大程度上调节过热的房地产市场。

2. 适当机构养老为住房“调节剂”

根据我国的“973”养老模式和目标，机构养老占3%，后来又升为4%，这是一个进步，但实际上在养老的总目标方面还应该根据现在的实际情况做调整，因为这个总目标是在20年前制定的。

我们作如下一种样本分析：有两位80岁的老人，采用住房养老的方式会使用1套房子，面积在80～110平方米，如果他们进入机构养老，最多用40平方米的房屋就可以了，这会节约住房的1/2；还有一种情况，如果一位老人去世以后，另一位老人到机构养老是最佳的选择。

我们还可以作一个宏观的分析和预测，现在全国的2.3亿老人中，约7000万是传统的城市户口，我们再进一步分析，有5000万是老人夫妇健在，这就会是2500万个家庭，还有2000万是只有一位老人健在，合计为4500万个家庭。如果我们将其中1/3由居家养老改为机构养老，这样在全国可以节约1500万套住房，如果按每套住房平均80平方米计算，老人进入养老机构平均使用40平方米住房，那么每户老人会节约40平方米住房，全国1500万户老人进入机构养老，至少会节约6亿平方米的商品房；如果又以每户60平方米的住房估算，会解决1000万户城市人口的住房，这将对房地产市场的高温高热不退起到重要的调节作用。

（二）如何应对我国“老年化”高峰期

1. 高度重视

根据多方面的预测和估计，我国老龄化的高峰期会发生在2035—2045年，以现在的发展速度，每年增加900多万老年人，到2035年的时候，老年人口会在4亿左右，由于开放“二胎”政策，我国总人口也会在14.5亿左右，老年人口占全国总人口的30%左右，如果以2040年为高峰期的最高峰值年，全国的老年人口会占总人口的35%左右，老年人口总数会超过4.5亿，85岁以上的高龄老人会占老龄总人口的30%左右，因此我们全社会应该高度重视应对我国老龄化高峰期的到来，从思想上、物质上、人才上做好充分的准备。

2. 全面规划

离现在还有将近20年的时间，在全国老年人口2.32亿的基础上，老年人口总数会翻一番，因此我们必须从现在起就全面规划应对老龄化的政策方针、措施，尤其是基础设施建设和人才培养，要在“十三五”“十四五”“十五五”“十六五”4个五年计划内，做好全面规划，实际上应该做一个2020—2040年的长远发展规划，各省、自治区、直辖市及国家机关各部门都应该在这20年内严肃思考、认真研究，应该做好哪些应对老龄化的具体工作。

第二节 “二孩”政策实施后的居家养老

一、历史过渡期（2016—2040 年）研究

（一）“二孩”放开与养老关联度分析

1. 总体分析影响不大

我国从 2016 年开放“二孩”政策以来，受到了整个社会的高度关注和重视，具体情况有两个方面供我们研究参考，主要如下：

第一，城市的情况。传统的城市居民对生第二个孩子总体上热情不高，关注度不大，从我们调查样本分析可知，由于我国实行了长达 34 年的独生子女政策，大部分人对独生子女的生活比较习惯。在可生二孩的育龄妇女中，30 ~ 35 岁的这一部分人也有两种思想方法，一种是第一个孩子才几岁，马上生二孩会给家庭带来很大的负担；另一种情况是想生二孩，但也需要一个准备过程。在 36 ~ 50 岁的大龄妇女中，大部分人处于犹豫徘徊状态，由于长期以来医疗部门宣传高龄妇女生孩子危险程度很大，所以选择生二孩的人较少，另外就是住房和经济原因，因此在传统的城市居民中，大多数人对生二胎的热情度不高。

第二，广大农村的情况。在我国农村的多数地区，在独生子女政策已有调整的情况下，大部分农村人口，如果第一个孩子是女孩，总想生第二个孩子，希望生育一个男孩，多数人宁愿接受罚款，也要生育二孩。另外一种情况是，“二孩”政策实施以后比较放心地生第二个孩子。

2. 利大于弊

全面实施“二孩”政策是有利于国家发展民族兴旺的大事，因为整个人类的发展过程在 20 世纪后期，医疗技术没有解决计划生育问题之前，一般的家庭是多子女状态，现在的家庭生两三个孩子在整个人类的发展过程也是十分正常的。根据经济发达国家的经验，严厉的独生子女政策会让全社会的人口比例失衡，少年、中年和老人不呈均衡的状态，更为严重的是，年轻的劳动力和人才会产生短缺。实施“二孩”政策以后，对我国老人的养老的生活质量没有多大影响，总体上是利大于弊。

（二）历史的选择

1. 社会和国家发展的需要

在 2013 年，我国东北地区率先发现，人口年龄比例严重失调，大量的青壮年外出打工，在东北的大部分地区人口出现负增长状态，这一方面是“一胎化”政策带来的弊端；另一方面是经济结构调整成为助推剂，如果再不开放“二孩”政策，我国很多地区就会出现欧洲经济发达国家劳动力和人才供应不足的状况，这将直接影响社会的协调发展。

2. 民族兴旺的需要

中华民族要振兴必须后继有人，长期实行多子女的无控制的人口生长态势，给社会的发展带来了人口爆炸的危机，但是我们不能走向另一个极端，长期实行一胎化的政策。由于疾病、自然灾害、人为事故的原因，一旦出现伤亡情况就会使某个家庭从此消失，在长时间内实行过度的计划生育政策会影响民族的发展和兴旺。

二、经济条件下养老预测（2041—2060 年）的探索

（一）有一定影响

1. “2 +4 +2 +2”家庭模式大量出现

由于社会经济文化的发展、环境保护的加强、医疗卫生条件的改善，我国人口平均年龄增长的趋势还会进一步维持，现在我国每年增加 900 多万老年人口，其中 85 岁以上的高龄老人每年以 100 多万的速度增长，因此，在“二胎化”政策实行以后，会较多地出现“2 +4 +2 +2”的家庭模式，即在一个家庭中有两位 85 ~95 岁的老人，有 4 位 60 ~75 岁的老人，再加两位中青年和两个孩子的家庭人口结构模式，预计在我国人口高峰期的阶段，这类家庭会占老人家庭的 20% 左右，因此我们要探索和讨论应对的措施和方法。

2. 养老质量有降低趋势

在很多二胎的家庭，又有 1 ~2 位 90 岁左右的高龄老人，再加上 4 位 60 ~70 岁的老人，抚养两个孩子，会使这两个中青年经济压力和家务劳动的压力都增加，在 6 位老人中，一旦出现半失能、失能的状态，就会聘请保姆，从而带来经济压力，因此，这些老人的养老质量会有所下降。

（二）应对措施

1. 设立“二孩”发展基金

现在人们对“二孩”带来的经济压力还没有多大感觉，随着时间的推移，大部分家庭都有“二孩”以后，虽然社会的平均经济收入水平有所增长，但相对于“一孩”的家庭来说，“二孩”家庭的经济负担必须加以应对，设立“二孩”发展基金是较好的应对方式之一。

2. 经济调节措施

现在我们面临两难的选择，一方面是大部分的传统的独生子女家庭，父母进入老年以后普遍的舆论要求是，对独生子女的老人由国家财政给予一定的养老补贴；另一方面是国家恢复“二胎”政策以后，部分人也认为对于生二胎的家庭要给予适当的经济补贴，结果是传统的独生子女家庭要求经济补偿，新生的生“二孩”的家庭也要求经济补偿，这会给整个国家的财政支出带来一定的压力，也会对社会的公平公正带来一定的挑战。采取什么对策，我们分析认为，首先是对传统的独生子女家庭老人给予一定的经济补偿，再过 20 年或更长的时间，当“二孩”家庭中的直系老人进入老年期以后再给予一定补偿。

第三节 居家养老的发展研究

一、从居家养老传统到机构养老的转变

（一）转换的必然性

1.“独生子女”政策34年带来的结果

我国1982—2015年实行了极其严格的独生子女政策，同时，这些人又实行了国家的晚婚晚育政策，这种情况下，这些人普遍进入老龄期，由于独生子女基本上在外地就业或打工，这批老人的养老生活受到一定的影响。现在民众对于独生子女家庭老人经济补偿的呼声较高，但是还没有相应的具体政策出台，2014年国家卫生局计生委办公厅发文《关于开展计划生育家庭养老照护试点工作的通知》，通知要求省级层面试点工作组织开展阶段性评估，及时发现问题，总结经验，为在全国全面推开计划生育家庭养老照护工作探索可行模式和途径，看来是该出台对独生子女家庭养老基本措施的时候了。

2. 文化观念更新结果

现在的独生子女家庭的老人大部分出生于中华人民共和国成立以后，长期受新的文化观念和教育的影响，传统的居家养老的观念已经逐步淡化，独生子女大部分无法留在老人身边照料他们的养老，因此在他们身体机能和功能逐步退化、生活自理能力逐步降低的情况下，选择机构养老就成为必然。

（二）从居家养老转换为机构养老的优越性

1. 关于节约资源

现在我国独生子女家庭的基本结构是，独生子女结婚以后大部分在外地工作，尤其是大中型城市和沿海地区较多，又因为我国房地产市场长期处于过热状态，大部分独生子女难以在中心城市购到宽敞的住房，难以把4位老人接到城市养老，因此，部分老人选择机构养老是很好的方式，机构养老最大的优越性在于能够节约资源，特别是减少房地产方面的投入和开支。

2. 关于调节社会关系

现在的独生子女家庭普遍是“1+4+2+1”的模式，独生子女结婚以后，要把双方的老人甚至祖辈集中在一个家庭居住，可能会出现一些家庭矛盾和纠纷，特别是我国南方北方或者东方西方的独生子女结婚以后，其父母由于生活习惯，特别是食品卫生习惯不同，很难调节好家庭的生活，如果独生子女老人中的一方选择机构养老，就会使通常的家庭关系便于协调，也能调节因此而带来的社会关系上的不和谐状态。

二、社区养老到机构养老转移

（一）必然性

1.“二孩”政策效益

在我国实施“二孩”政策以后，家庭人口有了增加，两个孩子长大以后，正常情

况下需要单独的房间，一个家庭 4 位或 5 位老人居住在一起，会有很多不方便、不适应的地方，因此现在的社区养老模式，实际上是社区环境下的居家养老模式，现在的居家养老模式，也会受到一定的冲击，最好的办法就是将独生子女婚姻状态下一方的父母转入机构养老。

2. 文化观念结果

按照中国的古老的传统“养儿防老”，老人们总会跟儿女居住在一起。由于现在我国的经济高速发展以后，国际化的进程也不断加快，人们对于西方文化观念的接收较为普遍，西方人子女一旦成人就过独立生活的理念对中国有较为深刻的影响，因此部分社区养老的老人到高龄或半失能、失能以后，愿意选择机构养老的模式。

（二）优越性

1. 家庭观念变化

在我国传统的家庭观念中，老的一辈始终要照护着晚的一辈，只要老人还有一点活动能力，都会在家中承担一定的家务劳动，照顾孙子一辈，现在这种观念有了较大的改变，儿子的一辈，接受新文化、新思想、新思维较多，对父母一辈教育孙辈的基本方式难以接受，所以当前大多数家庭在对子女的教育观念上就有了很大的变化，生活观念也有了很大的变化。所以传统的在社区居家养老的模式难以稳固地发展，必然将部分老人引向机构养老的方向。

2. 养老质量提高

如果经济条件能承受机构养老支出的家庭，老人选择机构养老可以全面提高养老的质量，尤其是老年人进入高龄的、半失能失能状态以后，独生子女难以承担对老人的照料，一方面他们有工作上的压力；另一方面还要照顾两个孩子的生活和学习，所以难以有更多精力照顾老人是正常的合理的，居家老人的生活质量肯定没有机构老人的生活质量高，因为机构是专业化的服务，团队协作模式，所以能保证老人的生活质量和生命质量。

三、2060 年居家养老和今天的居家养老研究

（一）国际经验

1. 从居家到机构

20 世纪 80 年代，经济发达的国家，如英国、法国、德国、美国、日本、澳大利亚先后进入了老龄化社会，由于他们的历史文化传统不同、风俗习惯不同，大部分人习惯并选择了机构养老模式，总体情况发展较好。这主要是由他们的居住方式和保险体系决定的，子女成家以后，就与老人分开独立居住。尤其是美国，还兴起了“拎包入住”的普遍居住模式，在这种基本的居住形态下，他们到了老年时期很适应到机构养老，这也是非常正常的事情。

2. 从机构到居家

在西方经济发达国家实行了 30 年左右机构养老为主体的模式以后，老人开始寻求

新的养老方式，即从机构养老为主转变到居家养老。

因此，我国部分研究养老发展的专家学者，想吸取国外的历史经验教训，跳过从居家养老到机构养老这个普遍存在的模式，直接提倡以居家养老为主，这是需要讨论和研究的。

（二）我国模式发展趋势

1. 从居家到社区

当前，我国采取以居家养老为基础、社区养老为依托、机构养老为支撑的模式，总体上是比较适合的，我国和经济发达国家国情比较有两大重要区别。

第一，我国的人口城市化水平较低，经济发达国家进入老龄社会的时候，人口城镇化程度普遍达到90%以上，有的国家甚至是95%以上，所以他们要实行社区养老和机构养老，占相当大比例的养老模式，是社会经济能力可以承受的。

但是，我们国家进入老龄化社会的时候，人口城市化程度还不足40%，用现在的统计口径，把进城务工的农民也作为新的城镇人口计算，人口城市化程度也只有60%左右，我国大量农村居住分散，还有相当一部分人居住在偏远山区、少数民族地区和边疆地区，居家养老模式的选择是不得不采取的。

我国经济高速发展以后，新型的社区和小区建设大量出现，也有相当部分山区的农民迁移下山进入集中居住区，这就实现了从居家养老向社区养老模式的转变。

第二，我国人口基数太大，又处于未备先老、未富先老的状态，大部分城乡人口必须采取居家养老的形式，并逐渐地向社区养老转移。

2. 从社区到机构

由于我国实行了长期的独生子女政策，而且经济发展又呈区域化发展的差异化趋势，国家经济发展的格局是，东部地区经济高速发展，接收就业能力较强，因此大部分独生子女集中到东部城市就业和打工，所以西方经济发达国家的社区养老模式，我们也不能照抄照搬，可以预计，由于这部分独生子女老人逐渐进入高龄期，出现半失能、失能状态，他们无法在独生子女所居住的社区养老，这就必然选择机构养老的模式。

（三）发展轨迹

1. 走完过渡期

所谓“过渡期”，是指我国进入老龄化社会以后，在精准脱贫和全面建设小康社会阶段消除“一胎化”到全面实施“二孩”政策阶段的时期，这是我国养老模式中的过渡期。

按照社会发展的通常模式，我国实行“一胎化”政策用了34年的时间，要逐步恢复到整个社会都是以两胎为主体的家庭结构模式，也应该需要34年的时间，这是人类社会人口发展的普遍规律，是不能够用人们的主观意志加以改变的，这也是一个不可越过的“山峰”，因为人的生命是客观的。我们具体分析一下，1982年实施“一胎化”政策的时候，一个男性28岁、女性25岁组合的家庭，生了一个孩子，到2016年正好

34 周岁，而他的父亲就会是 62 岁，母亲 59 岁，纷纷进入或即将进入老龄阶段，他们的养老是难以跳过这 34 年的独生子女的过渡期的。

同样的状况分析可知，由于中华人民共和国成立以后，曾经产生两次人口生育高峰期，即 1950—1960 年第一次生育高峰期和 1964—1981 年第二次生育高峰期，我国人口的快速增长要到 2040—2050 年，才能走完我国人口增长的高峰，这个人口高速发展带来的状况要走入正常人口发展状态也有一个过渡期，也是大约需要 31 年的时间，即我国人口的爆发式增长是从 1950—1981 年 31 年中产生的，完成我国人口正常发展的过渡期也是不能回避的，即经过 2050—2080 年的过渡时期，才能回到人口正常发展状态，是客观的历史存在。

2. 与国际共同趋势

从国际人口发展的状况看，最近 100 多年，大致具有如下基本特征：

第一，20 世纪前半期，由于发生了两次世界大战，受战争影响的国家，人口发展的基本规律受到了严重的破坏，20 世纪后半期，整个世界人口都产生了爆发式的增长，50 年内总人口几乎增长了 2 倍，现在这些人口增长迅速的国家都面临着调整人口结构，走向人口正常发展的道路。

第二，经济发达国家由于历史传统、风俗习惯、文化观念的直接影响，纷纷进入了老龄化社会，存在人口负增长的基本趋势，很多国家实施了鼓励生育的政策，这个基本趋势还会持续一段时间。

第三，非洲等发展中国家在 20 世纪末 21 世纪初，产生了人口快速增长的倾向，现在的青壮年人口在整个国家和地区人口中占很大的比例，面临着调节人口发展的需求，否则也会带来一定的社会混乱。

第四，我国在经过 30 多年的人口调节恢复的过渡期以后，会和世界上大多数经济发达国家一样，具有人口发展的基本特点，我国和它们的不同之处在于，我们的人口基数大，还需要一定的调节时期，才会融入与国际社会人口共同发展的基本趋势。

我们是世界上最大的发展中国家，也是世界上人口最多的国家，我们将根据中华民族的优秀传统和文化观念，充分运用中华人民共和国成立 60 多年来和改革开放 40 年带来的经济飞速增长的优势，和国际社会一道，共同处理好人口发展过程中出现的新情况和新问题，积极有效地应对老龄化社会带来的严重挑战，保证一代又一代的老人提高生活质量和生命质量，实现老有所养、老有所依、老有所学、老有所教、老有所为、老有所乐的养老总目标。

知识拓展

奥古斯汀（Augustinum）是德国最知名的高品质老年颐养品牌和德国最主要的社会服务公司之一，20 世纪 40 年代末，公司成立了第一家居住式的颐养中心。它的出现彻底打破了传统养老院的经营模式。

目前，奥古斯汀在德国拥有 21 家品牌养老院，近 8000 位老人在那里找到了自己的家。它拥有 3000 多名专业员工，全套顶级的生活、娱乐设施，每年还有大批志愿服务人员为其工作。

奥古斯汀针对的主要是身体健全的老人，为他们提供全套的护理和文化交流活动。除了做养老院，奥古斯汀还拥有有关养老的医疗器械公司、全德国最好的心脏专科医院，以及数家德国著名的内外科专业医院。甚至在德国某个小城，奥古斯汀养老院还拥有当地最好的穹拱餐厅。餐厅只有周末才对外开放，想来吃饭的话要提前很长时间预约。

奥古斯汀居住式养老院打破了亚洲传统养老院的经营模式，1962 年在德国建立了第一家居住式养老院，奥古斯汀还在慕尼黑等 20 多个城市连锁经营。针对的是月收入 1000 欧元、处于中等收入水平的老人。奥古斯汀 2003 年营业额为 1.9 亿欧元。

这一号称国内顶级的养老院——奥古新诺颐养中心已于 2010 年上海世博会前建成并投入运行。该项目由德国著名的奥古斯汀养老院与上海龙君置业有限公司共同出资，总投资额预计达到 9.4 亿元。

奥古新诺颐养中心由德方设计，分两期建设，一期工程总规划建筑面积 85000 平方米，提供 500 套公寓及相应配套设施；二期工程预计提供 750 套公寓及相应配套设施。

这个项目受到关注的另一点是它的外资背景。作为德国最大的社会服务企业，奥古斯汀是德国最知名的高品质老年颐养品牌在中国的开创性试点。

案例点评

简介：美国有一个世界著名的养老小镇叫“太阳城”，居住人口 15 万人，大部分是老年人，其余是为养老之用的养、医、学、购、游的管理和服务人员，该小镇经过 20 年时间建成。

点评：美国养老小镇具有先进性，和美国比较，我国最大的差距在于，我国耕地面积十分有限。我国人口众多，美国国土面积和我国差不多，但其人口不到我国的 1/4。土地是制约我国养老小镇建设的关键。

附录一

当代养老产业研究院简介

当代养老产业研究院（Research Institute of Contemporary Pension Industry）成立于2015年，是中华人民共和国民政部批准成立并直管的社会服务机构。

宗旨：以党中央国务院有关养老文件为指导，为我国养老产业提供优质高效的服务。

任务：在民政部的领导下，进行养老产业理论研究、产品设计、评估认证、产业合作、技术咨询、学术交流、信息服务、教育培训等。

研究院成立以来，深入贯彻党的十八大、十九大精神，按照国务院《关于加快发展养老服务业的若干意见》和《国家老龄事业发展和养老体系建设规划》等重要政策性文件的部署和要求，紧紧围绕研究院章程和民政部批准的业务范围，改革创新、锐意进取、内练素质、外树形象、夯实基础、服务社会，推动了各项工作紧张有序地开展。

健全了领导班子，成立了“当代养老产业研究院党支部”，配备了高素质的工作人员，完善了内部管理制度，成立了由国务院参事室、世界环境健康组织、民政部、全国老龄办的著名养老专家和清华大学、北京大学、四川大学等教授组成的专家顾问委员会，设置了秘书处、研发部、项目部、联络部、培训认证部和评估认证中心、网络服务中心、机构养老中心、社区养老中心、居家养老中心、旅居养老中心、教育培训中心、养老企业服务中心等服务机构，建立了官方网站和“拐棍网”公益服务网站。

与中华慈善总会共同组织开展了“慈心暖万家，健康中国行”“畅想慈爱，共筑中国梦”等大型公益活动。

与中华慈善总会大众慈善促进委员会、中国医药卫生事业发展基金会、中民社会捐助发展中心、中社社会工作发展基金会、中民华林养老服务管理有限公司、安徽康华养老服务公司、北京中民纵横信息咨询有限公司、北京地海文化发展有限公司、泰安市泰山慈善基金会、中民鲜优（北京）科技发展有限公司、北京经研企业管理中心等单位建立战略合作伙伴关系。

有效地开展了养老护理员培训基地建设，公益养老示范培育基地建设，旅居养老示范培育基地建设和养老产业发展基金、养老机构服务评估认证中心筹备等工作，为推动我国养老产业稳步快速发展奠定了坚实的基础。

附录二

中華慈善總會
CHINA CHARITY FEDERATION

中华慈善总会大众慈善促进委员会

中华慈善总会大众慈善促进委员会是在民政部备案的中华慈善总会分支机构，其前身是中华慈善总会大众慈善。

中华慈善总会大众慈善促进委员会从其前身 2009 年成立以来，持续关注救灾扶贫、安老助孤、支教助学、扶残助医、慈善文化宣传等几大领域，开展了中慈爱心图书室、关爱女性健康、关爱青少年、关爱军人家庭、大众慈善医疗等多个慈善项目，并通过编印《大众慈善》杂志促进全国慈善经验交流，积极推动慈善文化传播。

管理规范、项目规模、社会影响力日益扩大，这些成绩得到了社会各界的普遍认可。执行会长张倩玉女士连续两届荣获中华慈善总会授予的“中华慈善突出贡献奖”；连续三届荣获民政部授予的“中华慈善奖”，并得到李克强总理等多位国家领导人的接见。

不忘初心，砥砺前行。中华慈善总会大众慈善促进委员会将秉承“让大众参与慈善，让慈善惠及大众”精神理念，不断加强自身管理，规范运作，踏实进取，广结善缘，努力帮助更多需要帮助的人，大力弘扬慈善理念，为促进慈善事业发展、共建和谐社会贡献力量！

中华慈善总会

2017 年 12 月 11 日

参考文献

[1] 王长坤. 先秦儒家孝道研究[M]. 成都：四川出版集团，巴蜀书社，2007：55.

[2] 吕红平. 先秦儒家家庭伦理及当代价值[M]. 北京：人民出版社，2015：207.

[3] 肖群忠. 孝与中国文化[M]. 北京：人民出版社，2011：53－54.

[4] [英] 马林诺斯基. 文化论[M]. 费孝通，等译. 北京：中国民间文学出版社，1987：27－28.

[5] 刘海鸥. 从传统到启蒙：中国传统家庭伦理的近代嬗变[M]. 北京：中国社会科学出版社，2005：7.

[6] 靳飞. 建国初期北京市对乞丐的收容与救助[J]. 兰台世界，2013（28）：35－36.

[7] 苏振芳. 我国民政事业的历史演变及其构建[J]. 人文社会科学学报，2007（4）：115.

[8] 苏春红. 人口老龄化的经济效应与中国养老保险制度的选择[M]. 北京：经济科学出版社，2010：117.

[9] 苏振芳. 人口老龄化与养老模式[M]. 北京：社会科学文献出版社，2014：60.

[10] 李汉才. 中国农村养老保障制度的历史沿革及发展特征[J]. 河北大学学报，2014（3）：117－118.

[11] 张甲习. 农村合作医疗保险存在问题及建议分析[J]. 特区经济，2007（2）：151.

[12] 米什拉. 资本主义社会的福利国家[M]. 郑秉文，译. 北京：法律出版社，2003.

[13] 戴德·奥斯本，特德·盖布勒. 改革政府，企业精神如何改革着公营部门[M]. 上海：上海译文出版社，1996.

[14] 张奇林，赵青. 我国社区居家养老模式发展探析. 东北大学学报（社会科学版），2011（13）：5.

[15] 叶青，李毅. 政府采购制度源流探析——兼论“政府集中采购”概念的使用[J]. 现代财经（天津财经大学学报），2002（4）.

[16] 卡佳. 政府的钱不好花[J]. 社区，2005（9）.

[17] 吕学静. 日本社会保障制度[M]. 北京：经济管理出版社，2000.

[18] 和春雷. 社会保障制度的国际比较[M]. 北京：法律出版社，2001.

[19] 费孝通. 家庭结构变动中的老年赡养问题[J]. 北京大学学报（哲学社会

版)，1983（3）.

[20]张跃，王瑜，李超超．少数民族养老模式研究——以云南少数民族村寨调查为例［J］．思想战线，2004（2）.

[21]邬沧萍．提高对老年人口生活质量的科学认识和战略对策刍议［J］．老龄问题研究，2002（4）.

[22]赵宝华．提高老年生活质量对策研究报告［M］．北京：华龄出版社，2002：39.

[23]中国扶贫开发年鉴编委会．中国扶贫开发年鉴2015［M］．北京：团结出版社，2015.

[24]赫景秀．美国“结伴养老”一举三得［J］．社区，2011（6）：60.

[25]陈竞．邻里互助网络与当代日本社会的养老关怀［J］．中南民族大学学报（人文社会科学版），2008（5）：106－109.

[26]朱传一．开拓互助组合养老的新模式［J］．中国社会工作，1997（1）：34－35.

[27]蔡清辉．结伴养老［J］．老同志之友，2006（7）：11.

[28]刘林，智东．“老年互助”式居家养老［J］．社区，2009（2）：26.

[29]王玉龙．德国的互助式养老［J］．社区，2012（12）：62.

[30]顾世显．互助——开启德国养老新大门［J］．老年人之友，2009（7）：44－45.

[31]陈静，江海霞．角色理论视域下精英老年人社会参与的特征和价值探析——基于河北省保定市的个案研究［J］．河北科技大学学报：社会科学版，2013（1）：28－34.

[32]冯丽，田建军．老年人“走婚”搭伴，养老无可奈何的“前卫”［EB/OL］．http//news.xinhuanet.com/focus/2005－12/31/content_3884427.htm，2005－12－31.

[33]谭琳，徐勤，朱秀杰．“搭伴养老”：我国城市老年同居现象的社会性别分析［J］．学海，2004（1）：121－126.

[34]国家住房和城乡建设部住宅产业化促进中心．养老住区智能化系统建设要点与技术导则［J］．住宅产业，2012（2）：63－66.

[35]高焕兵，鲁守银，王涛，等．中医按摩机器人研制与开发［J］．机器人，2011，33（5）：553－562.

[36]穆光宗．我国机构养老发展的困境与对策［J］．华中师范大学学报：人文社会科学版，2012，51（2）：31－38.

[37]李兵水，时媛媛，郭牧琦．我国居家养老服务供给主体分析：从老年人对居家养老服务供给主体的期望的视角［J］．广西经济管理干部学院学报，2012，24（2）：14－24.

[38]张团，穆光宗，傅旻．机构养老之品质内涵研究——以台湾兆如多层级养老机构为实例［J］．华中科技大学学报（社会科学版），2013（6）：112－118.

[39]安秀芳，孙印峰．刍议“医养结合”政策执行变形风险与规避［J］．老年科

学研究，2016（5）.

［40］矫晓红．充分发挥社区医疗服务功能 有效化解老年人医养结合难题［J］．卫生软科学，2016（1）.

［41］臧少敏．“医养结合”养老服务开展现状及模式分析——以北京市为例［J］．老龄科学研究，2015（12）.

［42］邓诺，卢建华，周业勤．医养结合养老模式探索［J］．中国老年学杂志，2017（7）.

［43］孙文芊，丁先存．公立医院医养结合模式可行性研究［J］．安徽农业大学学报：社会科学版，2013（5）.

［44］杨根来，刘开海．老年服务管理实务［M］．北京：机械工业出版社，2018.

［45］王诺，张占军，等．机遇还是挑战：中国积极老龄化道路［M］．北京：经济科学出版社，2014：172.

［46］杨团．慈善蓝皮书：中国慈善发展报告（2017）［M］．北京：社会科学文献出版社，2017.

后 记

2016年5月27日，中共中央总书记习近平在政治局集体学习第三十二次会议上，对我国养老事业发展作出了极其重要的指示和深刻的阐述，明确指出了我国养老既是一个新的挑战，又是一个很好的机遇，这为我国养老产业发展指明了正确的方向。

当代养老产业研究院和中华慈善总会大众慈善促进委员会共同组织编写的《中国养老实务手册》基本体系是根据我国养老体系的核心构架，在编写结构上，套书采用“三册式”安排，第一册为《居家养老实务手册》，赡养老人是中华民族的光荣传统，必须作专门的研究，这是一个涉及面十分广泛的关系到我国养老的重大研究课题。第二册是《社区养老实务手册》，专门探讨新形势下的社区养老的服务和管理问题。第三册《机构养老实务手册》主要根据现有养老机构的现状和社会需求提出具体的指导和帮助。

《中国养老实务手册》分三册单行本出版，供不同类型养老机构的领导和管理人员阅读，为了有利于大、中型养老机构、政府和行政管理部门、高等院校和研究单位研究使用，也准备把全书作为“全卷本”出版。

《中国养老实务手册》编委会邀请和组织了全国50多位养老研究领域的专家、学者，政府管理部门的领导，高等学校的教授和养老机构经验丰富的高级管理人员参加本书的编写和指导工作，在此对他们表示崇高的敬意和感谢。

本册为《中国养老实务手册》第一册《居家养老实务手册》，直接参加本卷编写人员分别为：第一章由刘开海、秦永红、顾晓霞编写；第二章由刘露、秦永红、顾晓霞、刘开海编写；第三章、第四章和第五章，由秦永红、刘开海编写；第六章、第七章和第八章，由顾晓霞、刘开海编写；第九章由秦永红编写；第十章由秦永红、付乐编写；第十一章由秦永红、刘开海编写；第十二章由李贝贝、秦永红编写；第十三章由秦永红、李贝贝编写；第十四章由付乐、秦永红编写；第十五章由秦永红编写；第十六章由刘开海、刘露编写；第十七章由詹柯、刘开海编写；第十八章、第十九章、第二十章及第二十一章，由刘开海、王华民编写。徐林、陈剑青、谭小娅协助本书案例点评部分的创作，并做了大量的翻译工作。高环成教授参与了早期写作提纲的部分讨论工作。

由于我国养老产业规模巨大，我国养老事业的发展还处于起步和探索阶段，可以供我们学习的成功经验还不是太多，我们的水平有限，不当之处请大家批评指正。为了配合大家学习和使用本书，我们将在《中国养老实务手册》组织单位的网站上和大家探讨实际问题，共同为我国养老产业、养老事业、养老服务业的稳步发展作出积极的努力。

刘开海

2018 年 3 月 12 日于北京